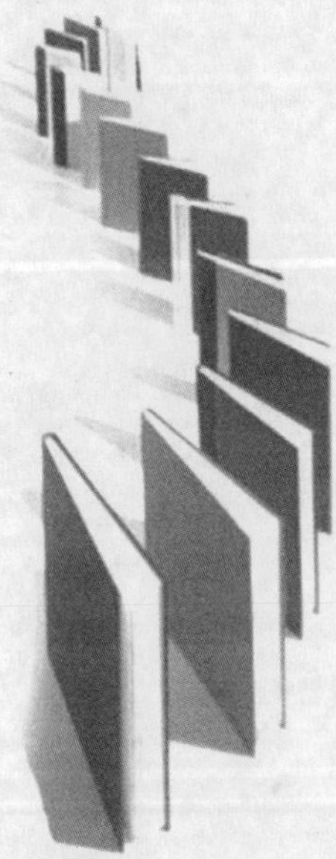

A Ação Civil Pública como Via Alternativa ao Dissídio Coletivo:

A tutela jurisdicional normativa, dos direitos sindical e de greve e das políticas públicas relativas aos servidores

PAULO AMÉRICO MAIA FILHO

Mestre em Direito Processual pela UERJ. Professor da UFPB.
Vice-presidente do TRT da 13ª Região.

Ao primo e amigo, com a gratidão do autor

A Ação Civil Pública como Via Alternativa ao Dissídio Coletivo:

A tutela jurisdicional normativa, dos direitos sindical e de greve e das políticas públicas relativas aos servidores

LTr 75

LTr®
EDITORA LTDA.

Rua Jaguaribe, 571
CEP 01224-001
São Paulo, SP — Brasil
Fone (11) 2167-1101

Produção Gráfica e Editoração Eletrônica: R. P. TIEZZI
Projeto de Capa: FÁBIO GIGLIO
Impressão: CROMOSETE
LTr 4183.6
Janeiro, 2011

Visite nosso site:
www.ltr.com.br

Dados Internacionais de Catalogação na Publicação (CIP)
(Câmara Brasileira do Livro, SP, Brasil)

Maia Filho, Paulo Américo

A ação civil pública como via alternativa ao dissídio coletivo : a tutela jurisdicional normativa... / Paulo Américo Maia Filho. — São Paulo : LTr, 2011.

Bibliografia.

ISBN 978-85-361-1559-4

1. Ação civil 2. Convenções coletivas de trabalho 3. Direito processual do trabalho — Brasil 4. Dissídios coletivos 5. Justiça do trabalho — Brasil I. Título.

10-11701 CDU-34.998:33(81)

Índices para catálogo sistemático:

1. Brasil : Dissídio coletivo do trabalho : Ação civil pública : Direito do trabalho 34.998:33(81)

A Selda, minha esposa.
A Selda, minha filha.

AGRADECIMENTOS

De tudo quanto foi essencial à conclusão deste trabalho, nada teria sido feito sem o apoio das pessoas às quais apresento os meus sinceros agradecimentos.

Aos meus pais, pelo aprendizado que tornou possível a minha formação pessoal e acadêmica.

A minha esposa e filhas, das quais a generosidade e criatividade são minhas fontes de reflexão.

Aos meus companheiros de judicatura do Tribunal Regional do Trabalho da 13ª Região e de magistério da Faculdade de Direito da Universidade Federal da Paraíba, pela compreensão, confiança e estímulo, sem os quais não teria como desenvolver esta pesquisa.

Ao professor doutor *Leonardo Greco*, processualista completo, orientador atento e incansável, pelo acolhimento e acompanhamento, desde o primeiro momento, das ideias que se transformaram neste livro.

Aos professores *Afrânio Jardim, Eduardo Von Adamovich, Luiz Fux, Humberto Dalla Bernardina de Pinho, Paulo Cezar Pinheiro Carneiro* e *Vicente Barretto.* Nas pessoas deles, agradeço a oportunidade do convívio no ambiente acadêmico da Faculdade de Direito da Universidade do Estado do Rio de Janeiro, fator determinante na formação de qualquer aluno de pós-graduação.

A *Glauco Campos, Albanete Souza* e *Izabela Maia*, firmes na retaguarda, agradeço o apoio que recebi.

SUMÁRIO

PREFÁCIO

De extrema atualidade é o presente estudo, desenvolvido por Paulo Américo Maia Filho, no âmbito do Programa de Pós-Graduação em Direito da Universidade do Estado do Rio de Janeiro, a respeito da tutela coletiva na Justiça do Trabalho.

A partir da observação do paradoxo que se verifica no esvaziamento do instituto do dissídio coletivo de natureza econômica, como consequência da alteração do disposto no art. 114 da Constituição, enquanto se expande a tutela coletiva no âmbito da jurisdição civil comum, e fundado em sólida fundamentação teórica, procura o autor demonstrar a potencialidade da ação civil pública para vir a substituir com vantagem o dissídio coletivo em grande parte de seu antigo campo de aplicação.

Por mais que o constituinte tenha tido a intenção de priorizar a negociação coletiva, como meio de equacionamento das reivindicações dos trabalhadores, a verdade é que um ordenamento jurídico democrático, como hoje é o brasileiro, não pode deixar de facultar o acesso à via judicial de qualquer pretensão de tutela de interesses dentro de uma relação jurídica continuativa, como é a relação de emprego, ainda que destinada a criar, no seu âmbito, novos direitos e obrigações.

Nós temos uma larga tradição de intervenção judicial nos contratos, seja para restabelecer o seu equilíbrio econômico, seja para adaptá-los a novas realidades que influam na sua execução, e nunca faltarão comandos emanados da própria Constituição para dar-lhes suporte jurídico. Bastaria no nosso caso a invocação da "valorização do trabalho humano", adotada como princípio da ordem econômica constitucional (art. 170), para justificar a judicialização dos dissídios trabalhistas de natureza econômica.

Portanto, iludem-se os que pensam que a redução do campo de aplicação do tradicional dissídio coletivo econômico, pela nova redação que a Emenda Constitucional n. 45 atribuiu ao art. 114 da Constituição, teria tido o condão de desjudicializar esses conflitos, porque a isso se opõe o inciso XXXV do art. 5º da Carta Magna, cláusula pétrea que assegura o amplo acesso à justiça.

Esse foi apenas o ponto de partida do autor que, mergulhado até a alma no mundo das relações trabalhistas, empreendeu ampla e consistente reflexão sobre as suas consequências, identificando nas ações civis públicas do processo civil comum o instrumento apto a implementar a promessa constitucional do acesso à justiça na esfera trabalhista, submetendo-o a rigorosa análise para avaliar em que medida o seu arsenal normativo é satisfatório como instrumento de tutela das relações jurídicas nessa área.

Com bastante competência, envereda o autor pelo exame de questões específicas, como os limites da jurisdição normativa na ação civil pública, a sua projeção em matéria salarial, na solução das lides sindicais e dos conflitos de greve, inclusive dos trabalhadores públicos e na chamada repressão a condutas antissindicais.

Tenho certeza de que este livro contribuirá intensamente para o fortalecimento da tutela coletiva dos direitos trabalhistas, evidenciando o seu caráter garantístico e a sua absoluta compatibilidade com a autorregulação das convenções e dos acordos coletivos.

Por outro lado, o estudo também servirá para aperfeiçoar as relações entre os sindicatos e os integrantes da respectiva categoria, despindo a tutela coletiva de qualquer caráter autoritário.

Mas, certamente, a implementação desse novo modelo exigirá algumas adaptações, não só em matéria de coisa julgada, mas também no eventual preenchimento de lacunas decorrentes das peculiaridades das relações trabalhistas, que o autor aponta e que poderão servir de sugestões para uma futura revisão legislativa da matéria.

Rio de Janeiro, 15 de junho de 2010.

Leonardo Greco

1. INTRODUÇÃO

1.1. Considerações iniciais

Seguindo a vertente dos milagres econômicos do período pós-Segunda Guerra, iniciado pela Alemanha Ocidental, na década de 1950, e pelo Japão, na década de 1960, o Brasil, a partir de 1968, viveu um alto índice de desenvolvimento(1) e passava uma imagem internacional de sociedade desenvolvida e urbana, com uma classe trabalhadora já suficientemente sindicalizada e organizada na mobilização e na luta pelos seus interesses.(2)

A realidade, porém, era outra. A de uma sociedade tensa e explosiva, estigmatizada pelo abismo social e econômico, na qual havia um dualismo básico, estruturado e organizado institucionalmente pelo Estado: de um lado, uma massa de trabalhadores, empregados, desempregados ou subempregados; de outro, uma pequena minoria detentora do poder e do capital.

A partir de um regime "burocrático-autoritário", impedia-se a participação popular e adotava-se uma política ostensivamente restritiva do ponto de vista trabalhista, com o objetivo direto e imediato de conter o aumento real da massa salarial, inclusive com recorrentes intervenções nos sindicatos.(3)

Já a partir de 1974, após o primeiro grande impacto decorrente da alta do petróleo e dos primeiros sinais de colapso da economia brasileira, operou-se significativa e gradual ampliação do aviltamento de salários, responsável pelo aumento da concentração de renda, cada vez mais excessiva, e que tem como uma de suas causas, apontada em vários estudos,(4) a inefetividade das instituições judiciais, inclusive do processo judicial, identificado como lento e ritualista, incapaz de tutelar os conflitos

(1) O chamado "milagre econômico brasileiro" SINGER, Paul. *A crise do milagre*: interpretação crítica da economia brasileira. 4. ed. Rio de Janeiro: Paz e Terra, 1977. p. 15-33.

(2) FARIA, José Eduardo. O judiciário e o desenvolvimento socioeconômico. In: *Direitos humanos, direitos sociais e Justiça.* São Paulo: Malheiros, 2005. p. 12.

(3) *Ibidem,* p. 13. O fenômeno não era só brasileiro, pois, na Itália, já a partir de 1954, vivia-se situação semelhante, com o "contenimento dei salari e 'wage drift', salário dipendente da variabile capitalista e perdita del potere da parte del sindicato." VENEZIANI, Bruno. Il conflitto sindicale in Italia. In: *Rivista Trimestrale di Diritto e Procedura Civile,* ano XXVII, n. 4, Milão: Giuffrè, dez. 1973. p. 1.625. Tradução do trecho para o português: "contenção de salário e *wage drift*, salário dependente da variação capitalista e perda de poder do sindicato." O termo *wage drift* aqui significa a diferença entre o salário básico e a remuneração total do trabalhador (tais como comissões, bônus e participação nos lucros); essa diferença diminui substancialmente nos períodos de desaceleração da economia.

(4) ZALUAR, Alba. Para não dizer que não falei de samba: os enigmas da violência no Brasil. In: NOVAES, Fernando (org.). *História da vida privada no Brasil.* São Paulo: Companhia das Letras, 2006. v. 4, p. 251-257.

do operariado. O Judiciário, por seu turno, passou a ser reconhecido como incapaz, tanto de se adaptar aos novos tempos, como de resolver os conflitos de uma sociedade em transformação.(5) O próprio modelo de produção do direito, liberal-individual--normativista, apresenta sinais de esgotamento, frente aos reclamos de uma crescente complexidade social, clamando por direitos transindividuais.(6)

Após a promulgação da Constituição de 1988, instalou-se um contínuo processo de debate sobre o sistema processual e sobre o modelo de um Judiciário mais adequado às necessidades da sociedade brasileira. Isso aconteceu por dois motivos: primeiro, devido à iniciativa governamental, a partir de um revitalizado projeto "neoliberal", que via o Direito do Trabalho como "Direito do Capital"(7), e entendia a "Reforma do Estado", não mais como proteção social, mas como "desregulamentação", inclusive cedendo a pressões de países desenvolvidos, preocupados com os seus investimentos locais.(8) Em segundo lugar, pelo interesse despertado na sociedade civil, afetada pelos impactos da ineficiência da prestação jurisdicional.

Estava em curso o contínuo e crescente processo de fragilização do Estado, que se externava pela nítida transposição dos conceitos, fórmulas e regras dos quadros do privado para os do público, inclusive no plano processual. A chamada "privatização" do processo.

Posteriormente, a eleição de um líder sindical da classe trabalhadora para a Presidência da República fez gerar enorme expectativa em torno de eventuais modificações no contexto das relações do trabalho e do sistema processual trabalhista. Em julho de 2003, foi criado, sob a coordenação do Ministério do Trabalho e Emprego, o Fórum Nacional do Trabalho, que tinha como objetivo o estabelecimento de metas e diretrizes de uma ampla reforma do modelo trabalhista como um todo, com reflexos nos sistemas sindical e processual vigentes.

Desses estudos e entre o consenso e o dissenso,(9) foram encaminhadas várias propostas de reformulação legislativa ao Congresso Nacional. Uma das únicas aprovadas até hoje, no contexto da Reforma do Judiciário, pela Emenda Constitucional (EC) n. 45/04, foi a que ensejou o atual texto do art. 114, § 2º, da Constituição Federal, o qual praticamente aboliu da previsão constitucional a jurisdição normativa

---

(5) Um fenômeno latinoamericano, identificado com o declínio da confiança no sistema legal. PRILLAMAN, William. *The judidciary and democratic decay in Latin America*: declining confidence in the rule of law. Westport: Praeger, 2000. p. 16-17.

(6) STRECK, Lenio Luiz. *Hermenêutica jurídica e(m) crise*: uma exploração hermenêutica da construção do direito. 2. ed. Porto Alegre: Livraria do Advogado, 2000. p. 17.

(7) Ou, como disse Pereira: "um ramo pobre do Direito Econômico". PEREIRA, Luciano Castilho. Dignidade ao homem que trabalha. In: *Revista Anamatra*, n. 55, Brasília, 2008. p. 21. Na mesma linha, Cf. LYRA FILHO, Roberto. Direito do capital e direito do trabalho. Porto Alegre: Fabris, 1982. p. 13 *apud* GARCIA, Ivan Simões. *Revista LTr*, 2007, v. 5, p. 572.

(8) O Consenso de Washington, de 1989, dita modelo econômico e estrutural para os países da América Latina e o Caribe. Posteriormente, o Relatório n. 319, do Banco Mundial, faz severas críticas ao Judiciário daqueles países, apontando soluções para que atinjam padrões internacionais.

(9) VIANA, Marcio Túlio. A reforma sindical, entre o consenso e o dissenso. In: *Revista LTr*, v. 68, São Paulo, ago. 2004, *passim*. A própria exposição de motivos revela que muitas das propostas não foram consensuais.

trabalhista,[10] com a quase supressão do dissídio coletivo de natureza econômica, hoje resumido a simples instrumento de atuação de juízo arbitral, condicionado à prévia vontade das categorias envolvidas em conflitos coletivos.[11] Ao que parece, essa decisão resultou da perspectiva da valorização da negociação coletiva, fundada em dados estatísticos que demonstravam um decréscimo do número de dissídios coletivos no ano de 2002,[12] embora outra realidade tivesse se revelado, após aquele mesmo ano, quando o Tribunal Superior do Trabalho mudou radicalmente sua visão processual do dissídio coletivo,[13] passando a admiti-lo, mais amplamente, como expressão do princípio do Acesso à Justiça.

Se houve época em que se acreditava que o vigor, a vitalidade e a representatividade de um emergente movimento sindical progressista brasileiro iriam transformar, radicalmente, as relações coletivas entre o capital e o trabalho, valorizando a negociação coletiva,[14] isso mudou a partir da automação e da perda da essencialidade do trabalho, verdadeiro trunfo no confronto e nas lutas pelas reivindicações. Além disso, esse sonho desmoronou com a globalização e a transnacionalização do capital e do trabalho, fatores do enfraquecimento do movimento sindical, notadamente nos países dependentes do capital externo, atados ao modelo econômico norte-americano, com estruturas arcaicas, emperradas, tradicionais e descompromissadas com a Justiça Social.[15]

Acrescente-se que mesmo para o projeto neoliberal levado a cabo na Reforma do Judiciário, que desaguou na EC n. 45/04, para o qual a jurisdição normativa

(10) Atendendo a uma recomendação do Comitê de Liberdade Sindical da Organização Internacional do Trabalho — OIT, a partir da denúncia n. 1.839, formulada pela Central Única dos Trabalhadores — CUT, de 17 de maio de 1995, por conta do exercício da jurisdição normativa, pelo Tribunal Superior do Trabalho, no julgamento da greve dos trabalhadores da PETROBRAS, inicialmente deflagrada em 27 de setembro de 1994. Para as referências aos acontecimentos que antecederam à denuncia e o inteiro teor da recomendação da OIT remete-se a: PISCO, Claudia Abreu Lima. Dissídios coletivos e mútuo consentimento. Análise da constitucionalidade da exigência. In: *Revista LTr*, v. 73, São Paulo, jan. 2009. p. 74-75.

(11) Silva faz uma retrospectiva: "As representações, tanto do segmento econômico quanto do profissional, inclusive a do governo, tencionavam a extinção pura e simples do poder normativo, deixando que patrões e empregados medissem forças livremente na defesa dos interesses de cada um, sem a intromissão direta do governo. A exceção ficaria apenas nos casos de greve em serviços essenciais com riscos para a comunidade. Porém, graças à brilhante intervenção do Juiz do Trabalho Luiz Philippe Vieira de Mello Filho, representante do Tribunal Superior do Trabalho no Fórum Nacional do Trabalho, optou-se pela extinção parcial do poder normativo, ficando condicionado o seu exercício à solicitação conjunta das partes em conflito. O poder normativo ficaria reservado às partes como uma espécie de arbitragem judicial, na modalidade *livre solução*". SILVA, Edson Braz. Aspectos processuais e materiais do dissídio coletivo frente à Emenda Constitucional n. 45/04. In: *Revista LTr*, v. 69, São Paulo, set. 2005. p. 1.039. O então Juiz Luiz Philippe Vieira de Mello Filho é hoje Ministro do Tribunal Superior do Trabalho.

(12) BARROS, Cássio de Mesquita. Representatividade dos sindicatos. In: *Revista LTr*, São Paulo, set. 2004. p. 1.046.

(13) PEREIRA, José Luciano Castilho. A reforma do poder judiciário: o dissídio coletivo e o direito de greve. In: COUTINHO, Grijalbo; FAVA, Marcos Neves (coords.). *Justiça do trabalho*: competência ampliada. São Paulo: LTr, 2005. p. 248.

(14) As famosas greves do ABC, então vistas como movimento de desobediência civil, foram emblemáticas nesse sentido.

(15) Levando, dentre outros fatores, à formação de uma sociedade gerenciada pelo "medo" fomentado pela ausência de qualquer estabilidade no emprego. BAUMAN, Zygmunt. *Medo líquido*. Rio de Janeiro: Jorge Zahar, 2007.

trabalhista seria um instrumento autoritário e antidemocrático do sistema sindical corporativista, a supressão pura e simples dela estaria condicionada à efetiva reforma do atual modelo sindical, sob pena de se estabelecer, como se fez, um hiato normativo hoje vivenciado.(16) Sem a liberdade e a autonomia das entidades sindicais em relação ao Estado, não há democracia e representatividade, pressupostos de uma legítima e adequada negociação coletiva,(17) do que se conclui que a supressão desse modelo de tutela jurisdicional estaria condicionada à reforma do atual modelo sindical, o que, até agora, não ocorreu.(18)

Como era de se esperar, a simples alteração no texto constitucional não representou a solução dos problemas. Pelo contrário, a quase supressão do chamado "poder normativo" da Justiça do Trabalho, pela via dos dissídios coletivos, diante do impacto da EC n. 45/04, diminuiu-lhe a capacidade de solucionar os conflitos de dimensão coletiva entre categorias.

Ao mesmo tempo, surgiram problemas teóricos e práticos relacionados com a sua nova competência. Um deles, talvez o maior, é o relacionado às causas que tutelam as relações de natureza administrativa entre os servidores e os entes públicos, nelas incluídas as relativas à greve.

Se, de um lado, as greves dos servidores públicos estatutários ou submetidos a qualquer outra relação jurídico-administrativa não estão submetidas à competência da Justiça do Trabalho, de outro, o modelo processual previsto para a tutela desse direito é, na essência, trabalhista — o dissídio coletivo —, aspecto de sua jurisdição normativa, automaticamente inclusiva, onde impera a técnica da legitimação extraordinária passiva, de pouca compreensão na jurisdição comum, o que tem levado a um rompimento político-ideológico nas ações que têm sido utilizadas para esse fim. Com o dissenso, o pluralismo excessivo e as iniciativas individuais, há grande dificuldade para o exercício das faculdades processuais e a tutela do direito material.

A busca por um instrumento processual ideal também se faz presente no tocante às lides sindicais, cuja competência, antes da Justiça Comum, veio para a Justiça do Trabalho. Tratava-se de uma contradição, corrigida pela EC n. 45/04, pois, de um lado, o direito sindical insere-se no contexto do direito coletivo do trabalho, regulando relações coletivas e grupais de trabalhadores organizados, aspecto fundamental da

---

(16) ROMITA, Arion Sayão. O poder normativo da Justiça do Trabalho: Antinomias constitucionais. In: *Revista do Tribunal Superior do Trabalho*, v. 67, n. 2, Brasília: TST, abr./jun. 2001. p. 46-47. SILVA, Edson Braz. *Op. cit.*, p. 1.040.

(17) Até nas negociações coletivas de iniciativa estatal, como a proposta com a edição da Lei Complementar n. 110/01, rotulada como o "maior acordo do mundo", vê-se clara intenção de se investir contra conquistas da classe trabalhadora, em uma perspectiva neoliberal de "flexibilização das relações de trabalho". No caso específico dessa proposta governamental e como bem colocou DIAS, o objetivo "[...] foi o de eliminar as demandas a respeito dos percentuais de reajustamento das contas do FGTS, suprimidas por sucessivos planos econômicos, e que foram reconhecidos como devidos pelo Supremo Tribunal Federal". DIAS, Carlos Eduardo Oliveira. O "maior acordo do mundo" e seus reflexos no contrato de trabalho. In: *Revista LTr*, v. 67, São Paulo, n. 2, fev. 2003. p. 157. Tanto que o art. 6º, III, do referido diploma, condicionava a celebração do acordo à prévia "declaração do titular da conta vinculada, sob as penas da lei, de que não está nem ingressará em juízo discutindo os complementos de atualização monetária".

(18) Tanto que a proposta de supressão estava inserida na PEC n. 369/05, que trata da Reforma Sindical.

negociação coletiva, e, de outro, a competência para a tutela desse direito, no âmbito da Justiça Comum, levava, de imediato, a duas consequências desastrosas: a primeira, pela factível possibilidade de serem proferidas decisões conflitantes entre dois segmentos do Judiciário,[19] pois, à jurisdição laboral, também se atribuía a prerrogativa de examinar os pressupostos de validade e regularidade dos sindicatos,[20] quando estes ajuizavam ações coletivas em defesa dos seus representados ou substituídos; e, a segunda, a que se propõe enfrentar, à utilização inadequada do sistema processual, refletida nas ações que eram utilizadas para esse fim, a partir de modelos de formatação para a tutela processual individual. Se o sistema da jurisdição comum, estruturado a partir do Código de Processo Civil e configurado para a solução de conflitos individuais, praticamente excluía a tutela coletiva até o final da década de 1970,[21] havia, na solução dos conflitos sindicais, contradições teóricas e obstáculos práticos em relação a várias questões, sobretudo no que dizia respeito à legitimidade extraordinária e à vinculação de terceiros ao resultado da demanda, que era, no fundo, coletiva, mas que era tratada, no plano processual, de forma individual.

Feitas estas considerações, pode-se dizer que é na preocupação de refletir, cunhar e polir a utilização dos instrumentos processuais de tutela coletiva à luz da instrumentalidade do processo e da fungibilidade das suas formas, sem os comprometimentos que estas mantêm com a tradição processual sistemática e escolástica que elas próprias pretendem superar, que serão desenvolvidas nas páginas seguintes.

1.2. O objeto do trabalho

O trabalho encontra-se estruturado, basicamente, em três partes.

Na primeira, busca-se demonstrar o problema no plano teórico-fenomenológico, a partir do qual são projetadas as reflexões de ordem processual.

Essa parte inicia pela demonstração fenomenológica do papel contemporâneo do Estado e do Judiciário, como fundamento originário-existencial: (a) da teoria processual do Acesso à Justiça; (b) da crescente influência do direito material sobre o processo; e (c) da criatividade da interpretação judiciária (Capítulo 2). Segue pela construção de uma motivação hermenêutica, ínsita à equidade e à jurisdição normativa trabalhista (Capítulo 3). Nessa parte, destaca-se, ainda, o dissídio coletivo como instrumento processual de tutela coletiva (Capítulo 3), a tutela processual das lides sindicais (Capítulo 4) e a tutela processual do direito de greve (Capítulo 5).

Tendo por constituída a base do estudo, passamos, na segunda parte, ao enfoque essencialmente comparativo. De início, pelas tendências dos dois modelos de tutela

(19) Isso também ocorria para a aferição da legalidade de multa aplicada pelo Ministério do Trabalho, sob a invocação de desrespeito à legislação trabalhista, como, *v. g.*, existência ou não de vínculo de emprego.

(20) Nesse sentido: NICÁCIO, Antônio. *Reforma do poder judiciário*. São Paulo: LTr, 2006. p. 101.

(21) Exceção feita à Lei da Ação Popular, Lei n. 4.717/65, parcialmente alterada pela Lei n. 6.513/77, que lhe conferiu mais efetividade; posteriormente veio a Lei da Ação Civil Pública, Lei n. 7.347/85.

processual coletiva: o das ações do sistema processual civil e o normativo trabalhista, procurando demonstrar os comprometimentos insuperáveis, hoje verificados, entre este e suas tradições de exercício na via exclusiva do dissídio coletivo (Capítulo 6). Depois, pela demonstração, também comparatista, da plena viabilidade do uso da Ação Civil Pública como via alternativa ao dissídio coletivo (inclusive para o exercício da jurisdição criativa, dita normativa) e via adequada à tutela das lides sindicais (Capítulo 7).

Na terceira parte, como ponto de chegada, enfrentamos, de *lege ferenda*, a proposta de um novo modelo processual coletivo trabalhista, na perspectiva do Projeto da Reforma Sindical: aspectos inovadores e controvertidos (Capítulo 8).

O presente estudo, portanto, tenta abrir um espaço novo. Não apenas como tese inovadora no âmbito do Direito Processual, mas, na crença de que o estudo: (a) deve reivindicar para si *efetividade*, aqui entendida como capacidade de transformar objetivamente uma determinada realidade processual; e (b) deve propor fórmulas que permitam apresentar respostas rápidas para alguns problemas que o cotidiano forense apresenta em relação aos conflitos coletivos trabalhistas, aqui entendidos em sentido amplo, envolvendo os submetidos à jurisdição civil.

2. ASPECTOS DA JURISDIÇÃO CONTEMPORÂNEA

Desde os primórdios do movimento do Acesso à Justiça, o enfoque conferido à jurisdição passou a exigir um maior esforço e reflexão. A crise, gerada pela contradição existente entre a hipertrofia normativa[22] e a falta de efetividade do sistema, levou à ruptura de paradigmas. Em um primeiro momento, pela crise institucional, gerada pelo aumento desenfreado do fenômeno da desobediência civil,[23] caracterizada pela banalização da ilegalidade e da impunidade, que não é exclusivamente brasileira.[24] Em um segundo, pelo aumento e incremento quantitativo e qualitativo das atribuições jurisdicionais, frente ao novo papel que se espera do Judiciário, notadamente para o suprimento dos chamados "vazios de efetividade", com o aumento de sua intensidade e o alargamento do seu alcance, notadamente para a tutela dos interesses coletivos da classe trabalhadora. Verdadeiro desafio redistributivo que hoje lhe é imposto pelos sistemas de organização política dos Estados, que passaram ou almejam passar do "liberalismo" ao "socialismo", na quebra do dogma estanque da teoria da separação de poderes.[25]

Uma nova fórmula de hermenêutica do direito surge como pressuposto do seu exercício e em resposta às expectativas geradas pelas mudanças: mais criativa, menos extensiva, pró-ativa, aberta para acoplamento a outras ciências (*fuertes tendencias*

(22) Cappelletti é enfático ao iniciar uma das suas mais consagradas obras: "Uma característica evidente do nosso século XX foi a proliferação de leis sem precedentes na História. Em resposta ao progressivo agravamento das condições sociais e econômicas, os modernos legisladores andaram transbordando códigos, leis, com o mesmo ritmo com o qual as fábricas, ultrapassando limites, produziram poluição. Com isto não desejo condenar ou amesquinhar esse colossal fenômeno que muitos chamaram de *orgia legiferante* ou, também, *poluição legislativa*." CAPPELLETTI, Mauro. *Processo, ideologias e sociedade*. Tradução de Elicio de Cresci Sobrinho. Porto Alegre: Fabris, 2008. v. 1, p. 7. Em outro aspecto, Irti, citado por Bezerra: "O código é uma lei sagrada. A proliferação de leis sagradas representa dessacralização, já que, ao serem abundantes, adquirem as normas um caráter instrumental que as desvaloriza". IRTI, Natálio. *La società civile, elementi per uma analisi di diritto privato*. Milão: Giuffrè, 1992. p. 51 *apud* BEZERRA, Paulo César Santos. *Acesso à Justiça*: um problema ético-social no plano da realização do direito. 2. ed. Rio de Janeiro: Renovar, 2008. p. 95-96.

(23) Exemplo emblemático foram as greves do ABC, ao tempo em que elas eram proibidas, entre o final da década de 1970 e início da de 1980.

(24) José Eduardo Faria coloca: "[...] a imagem de que os códigos teriam sido convertidos em simples ficção e de que sua violação sistemática teria sido convertida em regra geral, expressando a falência das instituições jurídico-judiciais, tornadas anacrônicas por não terem sabido renovar-se". FARIA, José Eduardo. *Op. cit.*, p. 17.

(25) Para Bonavides: "A separação de poderes é, como vimos, técnica em declínio, sujeita a gradual superação, imposta por requisitos novos de equilíbrio político e acomodação a esquemas constitucionais cujo pensamento já não assenta em razões preponderantes de formalismo na proteção de direitos individuais, conforme o teor clássico de sua elaboração inicial e finalidade precípua ao tempo do velho liberalismo." BONAVIDES, Paulo. *Do Estado liberal ao Estado social*. 4. ed. Rio de Janeiro: Forense, 1980. p. 37.

interdisciplinares),(26) alargando o espaço para a utilização da equidade, como método de interpretação, em papel promocional e subsidiário à implementação das políticas públicas e sociais; sem desprezar, contudo, a teoria e a prática legal, mas, antes pelo contrário, reconstruindo-as e reinterpretando-as, contra uma ortodoxia e um suposto neutralismo formal, que sustentam as desigualdades em relações tão desequilibradas como as existentes entre o capital ou entre o Estado (como empregador) e o trabalho.(27)

Qual é o impacto que as transformações da sociedade contemporânea acarretaram na jurisdição e na hermenêutica do direito?

Qual é o novo papel que se espera do Judiciário, notadamente na tutela dos direitos fundamentais coletivos trabalhistas? Será que o sistema processual comporta ou é compatível com as novas exigências?

São essas as perguntas que procuraremos responder, em breves linhas, no capítulo que se seguirá.

2.1. O papel do Estado e do Judiciário na sociedade contemporânea

Cumprindo o vaticínio de *Lassalle*, em sua célebre conferência de 16 de abril de 1862 (*Uber das Verfassungswesen*),(28) as constituições mais avançadas dos países ocidentais do Atlântico norte não impediram as graves violações aos mais elementares direitos do homem. As forças de poder político na Europa, na primeira metade do século XX, que fizeram eclodir a Segunda Grande Guerra Mundial, demonstraram (como a história antes já havia demonstrado) que, do confronto entre a Constituição jurídica e a Constituição real, esta resultante das forças efetivas de poder, a primeira sucumbe e não passará — nas palavras de *Lassalle* — de um pedaço de papel: *ein Stuck Papier*.(29)

Finda a Guerra, a Carta da Organização das Nações Unidas (ONU) de 1945(30) introduziu a expressão "direitos humanos" no cotidiano da comunidade internacional, e o seu respeito passou a ser a grande ideologia do constitucionalismo mundial.(31)

---

(26) FLORES, Joaquín Herrera. Reivindicación del movimiento de derecho alternativo: claves para recuperar el espacio de lo común. In: *Revista da Amatra*, v. VI, ano X, n. 29, dez. 2007. p. 5. Em nota de rodapé, o autor complementa: "En Brasil, la simbiosis entre derecho y psicoanálisis sigue manteniendo fuerza en los Congresos que sobre tales relationes se siguen celebrando en Curitiba e impulsados por el prof. de la UFPR, Dr. Jacinto Nelson de Miranda Coutinho." Na mesma direção, texto de Mauro Cappelletti sobre a obra de EHRENZWEIG, Albert A. Psychoanalytic jurisprudence. on ethics, aesthetics, and "law". In: *Rivista di Diritto e Procedura Civile*, ano XXIX, n. 4, Milão, dez. 1975. p. 1.579-1.583.

(27) Em sentido contrário ao movimento de *common law* denominado *Critical legal studies*: FLORES, Joaquin Herrera. *Op. cit.*, p. 5.

(28) LASSALLE, Ferdinand. *Gesammelte reden und schriften, que é uma Constituição?* Tradução de Walter Stöner. Rio de Janeiro: Laemmert, 1969. p. 112-113 e 117-118.

(29) *Loc. cit.*

(30) A Carta das Nações Unidas foi assinada em São Francisco, nos Estados Unidos da América do Norte, em 26 de junho de 1945, após o término da Conferência das Nações Unidas sobre Organização Internacional, entrando em vigor em 24 de outubro daquele mesmo ano. O Estatuto da Corte Internacional de Justiça faz parte integrante da Carta. Posteriormente, em 1993, a Conferência de Viena, da ONU, consagrou um lastro relevante, homogêneo, indivisível e universal da fundamentação dos direitos humanos, como base de um consenso internacional para a convivência pacífica e coletiva.

(31) Abandonando-se o referencial do interesse público, que foi objeto de manipulação por vários regimes ditatoriais, como, *v. g.*, o nazismo, fascismo, as ditaduras latino-americanas, entre tantos outros.

No conteúdo da investigação científica do discurso que se propõe a desenvolver e no contexto das limitações do seu objeto, apesar da constatação de que as ideias de direitos humanos e de direitos fundamentais encerrem conceitos possíveis de ingresso nos quadros da polissemia das suas próprias categorias-base, assumimos a posição de que a positivação constitucional dos direitos humanos torna-os direitos fundamentais em sentido formal. Nas palavras de *Jorge Miranda*: "[...] todos os direitos fundamentais em sentido formal são também direitos fundamentais em sentido material. Mas há direitos fundamentais em sentido material para além deles."(32)

O constitucionalista português explica:(33)

> Admitir que direitos fundamentais fossem em cada ordenamento aqueles direitos que a sua Constituição, expressão de certo e determinado regime político, como tais definisse seria admitir a não consagração, a consagração insuficiente ou a violação reiterada de direitos como o direito à vida, à liberdade de crenças ou à participação na vida pública só porque de menor importância ou desprezíveis para um qualquer regime político; e a experiência, sobretudo na Europa nos anos 30 e 40 deste século, aí estaria a mostrar os perigos advenientes dessa maneira de ver as coisas.

Parte-se da convicção de que os direitos humanos, sendo fundamentais ao Estado — pois constituem a base jurídica da humanidade no seu nível de dignidade compatível com os valores vigentes —, não são constituídos quando este os inclui na ordem jurídica, pois lhe é algo preexistente.(34)

Mas de nada adiantaria a mudança de paradigma constitucional, se a tese de *Lassalle*, antes confirmada historicamente, continuasse a prevalecer. Como o respeito aos valores humanos, alçados à ideologia constitucional, sobreviveriam à sombra dos valores reais de poder, centrados na chamada "Constituição real"?

A força normativa da Constituição jurídica, expressada ou não nos seus princípios positivados, não poderia depender apenas da sua adaptabilidade às condições reais e factuais de poder ou a uma realidade social, histórica e política vigente.

Foi nesse cenário que *Hesse*, em 1959, criou a teoria da "vontade da Constituição": *Wille zur Verfassung.*(35) Contrapondo-se a *Lassalle*, propôs que o texto constitucional, embora não possa, por si só, realizar nada (nem desprezar o contexto social, histórico

---

(32) MIRANDA, Jorge. *Manual de direito constitucional*. Coimbra: Coimbra, 1988. t. IV, p. 9.

(33) *Loc. cit.*

(34) Diversamente: SCHIMITT, Carl. Verfassungsrechtliche Aufsätze. 2. ed. Berlin: Duncker & Humblot, 1973. p. 190 *apud* ALEXY, Robert. *Teoria dos direitos fundamentais*. trad. da 5. ed. alemã, Suhrkamp Verlag, 1986, por Virgílio Afonso da Silva. São Paulo: Malheiros, 2008. p. 66; e Santos, para quem: "[...] os direitos humanos são aqueles direitos que toda pessoa possui pelo simples fato de ter nascido nesta condição 'humana', configurando-se como gênero, enquanto direitos humanos fundamentais, ou simplesmente 'direitos fundamentais' seriam aqueles direitos, espécie do gênero direitos humanos, que em determinado momento histórico, político, cultural e social de um povo, este resolveu positivá-los no ordenamento jurídico, sobretudo em sua Carta Magna, ou seja, na Constituição Federal." SANTOS, Enoque Ribeiro dos. Internacionalização dos direitos humanos trabalhistas. O advento da dimensão objetiva e subjetiva dos direitos fundamentais. In: *Revista LTr*, v. 72, n. 3, São Paulo, mar. 2008. p. 280.

(35) HESSE, Konrad. A força normativa da Constituição. *Die normative kraft der verfassung*. Tradução de Gilmar Ferreira Mendes. Porto Alegre: Sergio Antonio Fabris, 1991, *passim*.

e político), pode impor tarefas e estabelecer pressupostos realizáveis, que, assimilados na consciência dos seus destinatários e mais especificamente na dos responsáveis pela ordem constitucional, cria força ativa.[36] A práxis, e não o conteúdo, passa a ser o grande referencial valorativo da norma constitucional.

Da obrigação do cumprimento de "tarefas", dirigidas aos administradores por imperativo constitucional, nascem, para os cidadãos, os chamados direitos derivados "a prestações" (*derivative Teilhaberechte*). *Canotilho*, ao identificá-los, explica: "Os poderes públicos têm uma significativa 'quota' de responsabilidade no desempenho das tarefas econômicas, sociais e culturais, incumbindo-lhes pôr à disposição dos cidadãos prestações de várias espécies, como instituições de saúde, segurança, transportes, telecomunicações, etc."[37]

Bobbio arremata, dizendo que o mais importante não é a fundamentação ou a previsão normativa e abstrata de respeito aos direitos humanos, mas a sua efetivação concreta,[38] a partir da concepção de um Estado Social, que tem no Acesso à Justiça e à jurisdição uma das suas pilastras fundamentais. No mesmo sentido, *Duran*, em obra clássica sobre a tutela judicial: "La garantia jurisdiccional constituye el instrumento 'capital' para asegurar la efetividad de los derechos fundamentales, al punto que puede decirse que no hay derechos fundamentales si no existe garantia jurisdiccional de los mismos."[39]

Enquanto o Estado tradicional se sustentava na Justiça comutativa, o Estado social o faz na Justiça Distributiva; aquele outorgava direitos sem menção de conteúdo, enquanto este o faz com bens jurídicos de conteúdo material; o primeiro era fundamentalmente um Estado-Legislador e de uma Justiça legal e só formal, o segundo é um Estado-Gestor, de uma Justiça legal e material,[40] tendo como vetor axiológico o respeito aos direitos fundamentais.

As relações jurídicas, sejam entre particulares ou entre estes e o Estado, também passaram a ter o mesmo referencial axiológico e jurídico: o respeito aos direitos humanos fundamentais; seja na perspectiva objetiva e subjetiva, seja na da eficácia vertical e horizontal.

No plano objetivo, os direitos fundamentais assumem o significado de base da ordem constitucional, atuando em caráter supraindividual, como fundamentos da

---

(36) *Ibidem*, p. 21.
(37) CANOTILHO, José Joaquim Gomes. *Direito constitucional*. 4. ed. Coimbra: Almedina, 1989. p. 449.
(38) Com as suas palavras: "Quero dizer que, nestes últimos anos, falou-se e continua a se falar de direitos do homem, entre eruditos, filósofos, juristas, sociólogos e políticos, muito mais do que se conseguiu fazer até agora para que eles sejam reconhecidos e protegidos efetivamente, ou seja, para transformar aspirações (nobres, mas vagas), exigências (justas, mas débeis), em direitos propriamente ditos (isto é, no sentido em que os juristas falam de 'direito')". BOBBIO, Norberto. *A era dos direitos*. 3. reimpressão Tradução de Regina Lyra, apresentação de Celso Lafer. Rio de Janeiro: Elsevier, 2004. p. 82.
(39) O trecho correspondente na tradução é: "A garantia jurisdicional constitui o instrumento 'capital' para assegurar a efetividade dos direitos fundamentais, a ponto que se pode dizer que não há direitos fundamentais se não existe garantia jurisdicional dos mesmos." DURAN, Manuel Carrasco. *Los procesos para la tutela judicial de los derechos fundamentales*. Madrid: Graficas/85, 2002. p. 34.
(40) PELAYO, Manuel Garcia. *Las transformaciones del Estado contemporaneo*. 2. ed. Madrid: Alianza, 1985. p. 14.

comunidade,[41] limitando o campo de atuação do próprio Estado e influenciando a ordem positiva infraconstitucional, inclusive na possibilidade de delimitação e restrição dos direitos subjetivos individuais. No plano subjetivo, esses direitos fundamentais ficariam à mercê de uma prévia atuação do Estado, consistente em uma delimitação positiva infraconstitucional quando, só então, adquiririam plena eficácia e exigibilidade. Seriam os chamados direitos "na medida da lei".[42]

Nas relações entre o Estado e particulares (como, *v. g.*, entre o particular e o administrador, ou legislador, ou juiz), a eficácia desses mesmos direitos é vertical, no sentido de ser direta e imediata.

Já nas demais relações "equilibradas" entre particulares e como nos dois polos há titularidade de direitos fundamentais, pode-se dizer que a eficácia é horizontal, no sentido de ser indireta e mediata, a depender, em cada caso concreto, da mediação ou até mesmo da intervenção do Estado.[43] Aludiu-se a relações "equilibradas" porque, nas "desequilibradas", a eficácia é vertical (ou, como preferem alguns, horizontal com efeitos de vertical),[44] a partir das "aberturas" ou "portas de entrada" (*Einbruchstelle*), inspiradas na doutrina constitucional alemã[45] e pelo estabelecimento de uma "ponderação de interesses" entre a autonomia privada e a desigualdade fática.[46] *Marinoni* completa: "no caso de manifesta desigualdade entre dois particulares, também existe relação de natureza vertical",[47] como, poderíamos acrescentar, *v. g.*, nas relações entre o capital e o trabalho e nas de consumo.

De uma forma ou de outra e invocando-se o magistério de *Tessler*, citando *Canaris*, pode-se dizer que o dever do Estado em tutelar os direitos fundamentais faz nascer uma relação direta, de eficácia vertical, entre ele e o cidadão, a qual se traduz na obrigação daquele em tutelar o direito ameaçado. Já nas relações entre os cidadãos e

---

(41) Nesse sentido: SARLET, Ingo Wolfgang. *A eficácia dos direitos fundamentais*. 7. ed. Porto Alegre: Livraria do Advogado, 2007. p. 166.

(42) Assim, expressamente Mendes: "Nesses casos, a atuação do legislador revela-se indispensável para a própria concretização do direito." MENDES, Gilmar Ferreira. *Direitos fundamentais e controle de constitucionalidade*: estudos de direito constitucional. 2. ed. São Paulo: Método, 1999. p. 45.

(43) *Ibidem*, p. 41.

(44) GUANTHER, Salvador Del Rey. Derechos fundamentales de la persona y contrato de trabajo: notas para una teoria general. Relaciones laborales. In: *Revista critica de teoria y pratica*, n. 1, 1995. p. 188 *apud* GOULART, Rodrigo Fortunato; HASSON, Roland. A eficácia horizontal dos direitos fundamentais nas relações de trabalho. In: *Revista trabalhista direito e processo*, n. 25, ano 7, São Paulo: LTr, 2008. p. 139.

(45) Mendes coloca: "Um meio de irradiação dos direitos fundamentais para as relações privadas seriam as cláusulas gerais (*Generalklauseln*) que serviriam de 'porta de entrada' (*Einbruchstelle*) dos direitos fundamentais no âmbito do Direito Privado." MENDES, Gilmar. *Op. cit.*, p. 224.

(46) Daniel Sarmento acrescenta: "Por tudo isso, tem-se entendido que a fixação de limites para a incidência dos direitos fundamentais nas relações entre particulares envolve um problema de ponderação com a autonomia privada. Esta ponderação, num Estado que 'leva a sério' a democracia, deve ser realizada primariamente pelo legislador. No entanto, na falta de norma, ou diante da sua inadequação em face dos valores constitucionais em jogo, a competência transfere-se para o juiz. Nestas hipóteses, a resolução da colisão não terá como fugir 'de uma análise tópico-sistemática, calcada nas circunstâncias específicas do caso concreto', como bem destacou Ingo Wolfgang Sarlet." *A vinculação dos particulares aos direitos fundamentais no direito comparado e no Brasil*. SARMENTO, Daniel. *Leituras complementares de processo civil*. 5. ed. DIDIER JÚNIOR, Fredie (org.). Salvador: JusPodivm, 2007. p. 173.

(47) MARINONI, Luiz Guilherme. A jurisdição no Estado contemporâneo. In: *Estudos em homenagem ao professor Egas Dirceu Moniz de Aragão*. São Paulo: Revista dos Tribunais, 2005. p. 40.

como nos dois polos da relação jurídica existem titulares de direitos e interesses contrapostos, estes produzem eficácia horizontal, para também impor ao Estado a obrigação de eleger e tutelar o interesse e o direito que prevaleça no caso concreto.[48]

A mesma autora completa:[49]

> [...] ao se referir ao Estado, alude-se à vinculação do Executivo, do Legislativo e do Judiciário na consagração dos direitos fundamentais. O Executivo, além de estar obrigado a atuar em consonância com os valores fundamentais, tem o dever de fiscalizar, limitar e conformar as atividades que eventualmente ameacem a integridade do direito fundamental. O Legislativo encontra-se diretamente atrelado à edição de normas protetivas dos direitos fundamentais, sejam regras regulamentadoras para dar eficácia às normas que não possuem aplicabilidade imediata, sejam normas processuais, que conferem as técnicas adequadas para a prestação jurisdicional.

Frente à inoperância do Executivo e do Legislativo, a obrigação em tutelar passa ao Judiciário, que, "[...] por sua vez, como também está vinculado de forma imediata à realização dos direitos fundamentais, diante da omissão do legislador ou do administrador não pode restar inerte. Cabe-lhe assumir a função de concretização dos direitos fundamentais do caso em tela".[50]

Como já visto, se para a concretização dos direitos fundamentais de dimensão subjetiva há a necessidade de edição de norma positiva infraconstitucional, por força da eficácia vertical desses direitos frente ao Estado-Legislador (Poder Legislativo), a desafiar, nas palavras de *Mendes*, citando precedentes da Corte constitucional alemã (*Bundesverfassungsgericht*) "[...] em primeira linha, ao legislador a tarefa de realizar ou concretizar os direitos fundamentais das relações privadas",[51] a sua inobservância leva ao Judiciário, como dever institucional, a tarefa do suprimento das lacunas legislativas.

Cabe-lhe, portanto, em extensão do controle do poder político, um novo desafio: o de assumir o papel de centro de gravidade da democracia, que se traduz pela judicialização da vida pública, como adiante se verá, passando de secundário a prioritário. Visto o fenômeno por *Antoine Garapon*:[52]

> A justiça, aliás, tem fornecido à democracia seu novo vocabulário: imparcialidade, processo, transparência, contraditório, neutralidade, argumentação [...] O juiz — e a constelação de representações que gravita à sua volta — proporciona à democracia imagens capazes de dar corpo a uma nova ética da deliberação coletiva.

---

(48) TESSLER, Luciane Gonçalves. O papel do Judiciário na concretização dos Direitos Fundamentais. In: MARINONI, Luiz Guilherme (coord.), *Estudos de direito processual em homenagem ao professor Egas Dirceu Moniz Aragão*. São Paulo: Revista dos Tribunais, 2005. p. 152.

(49) *Loc. cit.*

(50) *Ibidem*, p. 153.

(51) MENDES, Gilmar Ferreira. *Op. cit.*, p. 224.

(52) GARAPON, Antoine. *O juiz e a democracia:* o guardião das promessas. 2. ed. Do original: *Le Gardien des Promesses*. Tradução de Maria Luiza de Carvalho. Rio de Janeiro: Revan, 2000, p. 45.

A partir do caminho trilhado por *Liebman*, o processo passa a ser visto, na esfera constitucional, como instrumento de justiça e para garantia da liberdade.[(53)] A Constituição é a fonte de identificação das posições jurídico-materiais dos cidadãos na sociedade e no processo, que assume nova dimensão institucional, funcionando como instrumento de democracia participativa e de peça fundamental na organização do poder.[(54)] Os direitos fundamentais passam a ser identificados como "máximas processuais".[(55)]

Releva observar, no caso brasileiro, que a Constituição de 1988, ao consagrar o princípio da aplicabilidade imediata das normas de direitos fundamentais, forçando-lhes a imperatividade (art. 5º, § 1º),[(56)] autoriza e investe o jurisdicionado no poder de exigir do Estado, através do Judiciário, as "[...] prestações positivas ou negativas, que proporcionem o desfrute dos bens jurídicos nelas consagrados",[(57)] como, *v. g.*, em relação aos direitos sociais de segunda dimensão: o trabalho; um salário justo; a organização e a liberdade sindical; o estabelecimento de um limite máximo para a duração da jornada de trabalho; um meio ambiente artificial sadio; o amparo ao desempregado; a proteção à mulher e ao menor; a negociação coletiva e a greve, dentre outros. Significa dizer que os direitos fundamentais nas relações de trabalho, com eficácia vertical *lato sensu*, impõem uma atuação pró-ativa do Estado, inicialmente exigida apenas para as relações com eficácia vertical *stricto sensu* (Estado-pessoa), com o objetivo de aplicar o princípio fundamental da igualdade, pela redução das desigualdades existentes.[(58)]

Em síntese, pode-se dizer que o aspecto objetivo dos direitos fundamentais, além de estabelecer diretrizes para a concretização, aplicação e interpretação de todos os ramos do direito substantivo, reflete-se, através do direito fundamental de Acesso à Justiça,[(59)] processualmente, nas respectivas tutelas, pois o papel do Estado contemporâneo é o de tutelar esses direitos. "A jurisdição passa a ser um modo normal de governo"[(60)] e o processo, de instrumento de solução de conflitos, transforma-se, até,

(53) LIEBMAN, Enrico Tulio. Diritto costituzionale e processo civile. In: *Rivista di Diritto Processuale*, Padova: Cedam, 1952. p. 327 e ss.

(54) Baracho é enfático: "A doutrina do Constitucionalismo integra-se com o Processo, que materializa as normas capazes de impedir a concentração do poder, limitam suas manifestações decisórias, por meio de organismo competente." BARACHO, José Alfredo de Oliveira. Processo constitucional. Rio de Janeiro: Forense, 1984. p. 363 *apud* OLIVEIRA, Carlos Alberto Álvaro de. *Do formalismo no processo civil*. 2. ed. São Paulo: Saraiva, 2003. p. 83.

(55) CANOTILHO, José Joaquim Gomes. Tópicos de um curso de mestrado sobre direitos fundamentais, procedimento, processo e organização. In: *Boletim da Faculdade de Direito de Coimbra*, 1990. p. 151-201, esp. p. 192 e ss. *apud* OLIVEIRA, Carlos Alberto Álvaro de. *Op. cit.*, p. 83.

(56) BARROSO, Luiz Roberto. *O direito constitucional e a efetividade de suas normas*: limites e possibilidades da Constituição brasileira. 2. ed. Rio de Janeiro: Renovar, 1993. p. 228.

(57) SANTOS, Enoque Ribeiro. Internacionalização dos direitos humanos trabalhistas: o advento da dimensão objetiva e subjetiva dos direitos fundamentais. In: *Revista LTr*, v. 72, n. 3, São Paulo, mar. 2008. p. 282.

(58) Em sentido análogo: GOULART, Rodrigo Fortunato; HASSON, Roland. A eficácia horizontal dos direitos fundamentais nas relações de trabalho. In: *Revista Trabalhista Direito e Processo*, n. 25, ano 7, São Paulo: LTr, 2008. p. 139.

(59) Embora a expressão "Acesso à Justiça" tenha conotação mais ampla, envolvendo a tutela de direitos por outras vias, que não apenas a judicial, a referência aqui é restrita, identificada como a de acesso ao processo. No Brasil, esse direito fundamental encontra-se explicitamente garantido no art. 5º, XXV, da Constituição Federal, que consagra o princípio da inafastabilidade da jurisdição.

(60) GARAPON, Antoine. *Op. cit.*, p. 49.

em método de gestão de setores inteiros. Para *Garapon*: "Antes concebido de maneira negativa e punitiva, a justiça torna-se positiva e construtiva. Outrora parecendo expressar um certo atraso nos costumes, a instituição judiciária traz doravante esperanças de mudança. Considerada como instituída, vê-se agora como instituidora."(61)

O fenômeno, visto por *Cappelletti*, revela-se pela necessidade de se dar um significado concreto aos termos e valores imprecisos das Declarações dos Direitos do Homem, que os estudiosos alemães chamam de *Konkretisierung der Grundrechte*.(62) O fundamento do crescimento da importância política e social da função judicante é uma das explicações do crescimento da criatividade ou do ativismo judiciário,(63) tema que será enfrentado adiante (*infra*, 2.4).

2.2. Os desdobramentos da teoria do Acesso à Justiça. O direito a um processo justo e efetivo

Tomando-se o direito de Acesso à Justiça ou à ordem jurídica justa(64) como direito fundamental material (cláusula pétrea), cujos contornos, pela aplicação das contribuições teóricas de *Alexy*, se situam em uma dimensão, ao mesmo tempo jurídica, geral e dogmática, sua eficácia se projeta a partir de mandados de otimização,(65) variáveis em amplitude e intensidade, de acordo com as possibilidades jurídicas e fáticas de cada realidade concreta. É a práxis, e não o conteúdo, o seu grande referencial valorativo. É tarefa do Estado a sua efetivação.

A despeito de eventuais particularidades históricas que lhe alterem a significação, *Vigoriti* aponta a origem positiva e formal do direito de Acesso à Justiça no direito constitucional inglês, afirmando que a garantia do devido processo legal, consagrada na Carta Magna, não era de simples legalidade, mas sim de justiça.(66) Mas o seu funcionamento, como parâmetro e enunciado promocional a ser observado pela legislação infraconstitucional da forma como hoje concebemos, notadamente para a construção dos procedimentos processuais, só veio a consagrar-se em termos gerais e efetivos, a partir dos estudos atribuídos a *Franz Klein*, nas propostas de reformulação do *Zivilprocessordnung — ZPO*, o Código de Processo Civil da Áustria, em 1895.(67) Esses

---

(61) *Loc. cit.*

(62) A expressão correspondente na tradução é: "Concretização dos direitos fundamentais".

(63) CAPPELLETTI, Mauro. *Processo, ideologias e sociedade...*, p. 13-14.

(64) Em um sentido mais amplo, Bezerra: "Quando se pensa a justiça, não se está apenas querendo observar o aspecto formal da justiça, nem seu caráter processual. Argumenta-se com um valor que antecede a lei e o processo. O acesso à justiça, pois, nessa perspectiva, é um direito natural, um valor inerente ao homem, por sua própria natureza." BEZERRA, Paulo César Santos. *Acesso à Justiça*: um problema ético-social no plano da realização do direito. 2. ed. Rio de Janeiro: Renovar, 2008. p. 122.

(65) ALEXY, Robert. *Teoria dos direitos fundamentais*. Tradução da 5. ed. alemã, Suhrkamp Verlag, 1986 por Virgílio Afonso da Silva. São Paulo: Malheiros, 2008. p. 90.

(66) VIGORITI, Vicenzo. Garantizie costituzionale del processo civile: due process of law e art. 24 Const. Milão: Giuffrè, 1973. p. 30 *apud* DUARTE, Ronnie Preuss. *Garantia de acesso à justiça*: os direitos processuais fundamentais. Coimbra: Coimbra, 2007. p. 19.

(67) A síntese pode ser aferida na sua célebre conferência *Zeit und Geistes-strömungen im Prozesse*, proferida em Dresden, em 9 de nov. 1901. In: *Reden, Vorträge, Aufsätze, Briefe, Wien, Manz,* 1927. v. 1, p. 117-38 *apud* OLIVEIRA, Carlos Alberto Álvaro de. *Op. cit.*, p. 75.

estudos, que se notabilizaram pelo enfoque social que se atribuía ao processo, visto como instrumento de tutela dos interesses da comunidade,(68) tornaram-se metas paradigmáticas de viabilização de um sistema processual simplificado, sem custos, acessível e capaz de fazer Justiça social.(69) A partir deles, *Cappelletti* concebeu a teoria do "Acesso à Justiça", conferindo-lhe dimensão valorativa, tendo-a racionalizado e desenvolvido, propondo desdobramentos de repercussão mundial.(70)

Esse "movimento", surgido a partir de uma postura acadêmica crítica do fenômeno processual, encontra-se identificado como reação à frustração decorrente de promessas não cumpridas pela sociedade moderna, calcadas na enorme confiança que se tinha na tão propalada evolução científica, notadamente das ciências jurídicas e sociais.(71) Trata-se de um "movimento" ainda não ultimado, de superação, na busca de novos conhecimentos, novos mecanismos de tutela dos direitos fundamentais.

Nesse contexto, nasceu o chamado "Projeto Florença" em 1971, com propostas de mudanças metodológicas, a partir de padrões sintetizados nas três ondas de reformas: a) a assistência judiciária para os pobres; b) a representação dos interesses difusos; e c) o acesso à representação em juízo. A partir desses fundamentos, tendências foram disseminadas no uso do enfoque do Acesso à Justiça, como as tutelas diferenciadas, os métodos alternativos de composição dos litígios e os Juizados Especiais.(72)

Os reflexos foram sentidos mundialmente,(73) inclusive nos países de *common law*.(74)

---

(68) Schönke, citando Klein: "el proceso civil es una institución para el bien social [...] Segun esta concepción el proceso es un mal no sólo para los particulares sino también para la sociedad, y por ello, los litigios deben ser terminados tan rápida, económica e incruentamente como sea posible. Pero esto sólo puede conseguirse si el Estado tiene la posibilidad de influir ampliamente sobre la marcha del procedimiento, 'conservando la libertad de acción y responsabilidad del particular, coordinada com la dirección, limitación y complemento del Estado, de acuerdo com las orientaciones de la política social'." SCHÖNKE, Adolf. *Derecho procesal civil.* Tradução espanhola da 5. ed. alemã de Victor Fairén Guillèn. Barcelona: Bosch, 1950. p. 15.

(69) Vittorio Denti também apontava a grande influência de Klein na escola chiovendiana, a sistemática: "Da um lato, infatti, l'influenza dottrinale germânica aveva portato Chiovenda a guardare con motivata adesione allá riforma austríaca di Franz Klein, considerata come la più alta espressione del moderno rapporto tra lo Stato e il cittadino, quale si manifesta nel processo; [...]" DENTI, Vitório. *La giustizia civile.* Bologna: Il Mulino, 2004. p. 31.

(70) CAPPELLETTI, Mauro. Social and political aspects of civil procedure: reforms and trends in western and Europe. In: *Michigan Law Review*, v. 69, n. 5, abr. 1971. p. 858.

(71) GOMES NETO, José Mário Wanderley. O acesso à justiça em Mauro Cappelletti. In: *Análise teórica desta concepção como movimento de transformação das estruturas do processo civil brasileiro*. Porto Alegre: Fabris, 2005. p. 45.

(72) CAPPELLETTI, Mauro; BRYANT, Garth. *Acess to justice:* the worldwide movement to make rights effective. A general report. Publicação no Brasil com o título: *Acesso à Justiça.* Tradução de Ellen Grancie Northfleet. Porto Alegre: Fabris, 2002, *passim.*

(73) Na Espanha, Montero Aroca aponta que, a partir de 1978, inúmeras leis processuais foram editadas criando vários procedimentos especiais para a tutela dos direitos fundamentais, especialmente a Lei n. 62/78. AROCA, Juan Montero. *Proceso y garantia*: el proceso como garantia de libertad y responsabilidad. Valencia: Tirant Lo Blanch, 2006. p. 452.

(74) CAPPELLETTI, Mauro. Social and political aspects of civil procedure: reforms and trends in western and Europe. In: *Michigan Law Review*, v. 68, n. 5, abr. 1971. p. 848. O autor propunha reformas no sistema processual norte-americano.

No Brasil, os efeitos foram de enorme impacto. Na doutrina, podem ser sintetizados na obra, dentre tantas outras, de *Paulo Cezar Pinheiro Carneiro*, *Acesso à Justiça*: juizados especiais cíveis e Ação Civil Pública,[75] elaborada a partir de estudos de grupo de pesquisa da Faculdade de Direito da Universidade do Estado do Rio de Janeiro. Na legislação, como aponta *Ada Pellegrini Grinover*, já sendo o Brasil pioneiro, dentre os países de *civil law*, na criação e implementação dos processos coletivos, desde a Lei da Ação Popular (Lei n. 4.717/65), a partir de 1977, com a sua reforma (Lei n. 6.513/77), os direitos difusos vinculados ao patrimônio ambiental passaram a receber a tutela jurisdicional por intermédio do cidadão.[76]

Como desdobramento desse movimento e, ainda, com a adoção de uma postura crítica do fenômeno processual, *Cappelletti* tratou das suas tendências evolutivas, reveladas em três dimensões nos ordenamentos jurídicos da sociedade contemporânea: a primeira de ordem "constitucional"; a segunda de natureza "transnacional"[77] e uma terceira e última designada de "social".[78]

Na primeira dimensão, tem-se o que se chama, de um lado, direito constitucional processual e, de outro, direito processual constitucional.[79] No primeiro, encontra-se a chamada jurisdição constitucional, que envolve as ações que tutelam, especificamente, o controle, direto ou difuso de constitucionalidade: as ações diretas declaratórias de constitucionalidade, inconstitucionalidade ou para interpretação conforme; a arguição de descumprimento de preceito fundamental; os mandados de injunção e de segurança; o *habeas corpus*; a ação popular e as ações coletivas, como, *v. g.*, no caso brasileiro, a ação civil pública e a ação de improbidade administrativa.[80] No segundo, tem-se o conjunto de princípios e normas que defluem da Constituição, que influenciam o ordenamento processual infraconstitucional e que têm a função, como revelado por *Comoglio*,[81] *Ferri* e *Taruffo*,[82] de determinar os parâmetros a serem observados na

(75) CARNEIRO, Paulo Cezar Pinheiro. *Acesso à justiça*: juizados especiais cíveis e ação civil pública. 2. ed. Rio de Janeiro: Forense, 2003, *passim*.

(76) GRINOVER, Ada Pellegrini. Direito processual coletivo. In: GRINOVER, Ada Pellegrini; MENDES, Aluísio Gonçalves de Castro; WATANABE, Kazuo (coords.). *Direito processual coletivo e o anteprojeto de código brasileiro de processos coletivos*. São Paulo: Revista dos Tribunais, 2007. p. 11.

(77) A propósito, a obra de DINAMARCO, Cândido Rangel. *Nova era do processo civil*, no tema universalizar a tutela jurisdicional. 2. ed. São Paulo: Malheiros, 2004. p. 33-34.

(78) CAPPELLETTI, Mauro. *Processo, ideologias e sociedade...*, p. 379-384. No Brasil, já na década de 1990, essa questão foi muito bem equacionada por PASSOS, J. J. Calmon de. Função social do processo. In: BUSTAMANTE, Ricardo (coord.). *Ensaios jurídicos*: o direito em revista. Instituto Brasileiro de Atualização Jurídica, Sindicato Nacional. Rio de Janeiro: Sindicato Nacional dos Editores de Livros, 1997. p. 112-130.

(79) Nesse sentido: NERY JÚNIOR, Nélson. *Princípios do processo civil na constituição federal*. São Paulo: Revista dos Tribunais, 1992. p. 15-23; e DINAMARCO, Cândido Rangel. *Instituições de direito processual civil*. 3. ed. São Paulo: Malheiros, 2003. v. 1, p. 53.

(80) Entendendo-se a ação de improbidade administrativa como espécie de Ação Civil Pública, que apenas tem uma legitimidade diferenciada, mais restrita. Essa também é a posição de RODRIGUES, Geisa de Assis. Anotações acerca da ação civil pública como uma ação constitucional. In: ROCHA, João Carlos de Carvalho; HENRIQUES FILHO, Tarcísio Humberto Parreiras; CAZETTA, Ubiratan (coords.). *Ação civil pública:* 20 anos da Lei n. 7.347/85. Belo Horizonte: Del Rey, 2006. p. 49-51. Também é a posição do Superior Tribunal de Justiça: Primeira Turma, Resp 510.150-MA, Rel. Ministro Luiz Fux, in: *DJU* 29.3.2004. p. 173.

(81) COMOGLIO, Luigi Paolo. Il "giusto processo" civile nella dimensione comparatistica. In: *Rivista di Diritto Processuale*, Padova: Cedam, 2002, *passim*; especificamente sobre a evolução da hermenêutica constitucional italiana na interpretação do alcance do "processo justo", p. 735-739.

(82) COMOGLIO, Luigi Paolo; FERRI, Corrado; TARUFFO, Micheli. Lezioni sul processo civile. Bologna: Il Mulino, 1995. p. 20-22 *apud* MULLER, Júlio Guilherme. *O modelo constitucional de processo civil, direito*

construção infraconstitucional, pelo legislador, e posterior aplicação, pelo juiz, do procedimento. Trata-se das garantias processuais, fundamentais para a elaboração de um processo que, nas palavras de *Greco*, "em si mesmo deve formar-se e desenvolver-se com absoluto respeito à dignidade humana de todos os cidadãos, especialmente das partes"(83) e que é pressuposto de aceitabilidade de uma decisão heterônoma.(84) Um "justo processo", como síntese do princípio do *due process of law*, transformado de garantia abstrata e formal em garantia concreta e substancial.(85) Portanto, nesse raciocínio, não basta a constitucionalização do processo (*supra* 2.1), como visto por Denti, mas a institucionalização, pelo legislador infraconstitucional, de garantias que assegurem um justo julgamento e que vão além do respeito ao contraditório, para assegurar a observância ao procedimento, o uso dos meios de prova e a presença do juiz natural e imparcial.(86)

Na segunda, alude-se a uma tendência de superação das barreiras geográficas dos Estados, relativizando-se os parâmetros de soberania, notadamente na tutela dos direitos humanos. Isso ocorre, de um lado, tanto pela perspectiva incipiente de criação de núcleos transnacionais de poder, a partir da concepção de entidades de direito público externo, quanto pela flexibilização, nos ordenamentos jurídicos internos, dos dogmas que impunham barreiras à aceitação de decisões estrangeiras, inclusive para além das previsões contempladas em tratados internacionais.(87) De outro, pela internacionalização do controle das práticas dos Estados na tutela dos direitos humanos, na perspectiva, cada vez mais factível, de acesso a tribunais internacionais. Exemplos são

---

e processo: estudos em homenagem ao Desembargador Norberto Ungaretti. ABREU, Pedro Manoel; OLIVEIRA, Pedro Miranda (coords.). Florianópolis: Conceito, p. 644.

(83) Greco construiu a teoria do processo justo ou de um justo procedimento, apoiando-se no art. 111 da Constituição italiana, no art. 6º, da Convenção Europeia dos Direitos Humanos, e nas disposições IV a XI, da Constituição dos Estados Unidos da América do Norte. (GRECO, Leonardo. Garantias fundamentais do processo: o processo justo. In: *Estudos de direito processual*. Campos dos Goytacazes: Faculdade de Direito de Campos, 2005. p. 225-286). Ver também: MORELLO, Augusto M. *El proceso justo*. 2. ed. Buenos Aires: Platense, 2005. p. 705-719.

(84) *Must a decision be imposed?* Na tradução: "Pode a decisão ser imposta?" Esta é a pergunta que Thibaut e Walker procuram responder, de forma magistral, a partir de uma "[...] *psychological analysis of a procedural justice in USA*". O trecho na tradução é: "[...] análise psicológica do procedimento judicial nos Estados Unidos". THIBAUT, John; WALKER, Laurens. *Procedural justice*: a psychological analysis. New Jersey: Lawrence Erlbaum, 1975. p. 17-21.

(85) No direito italiano, Denti observou: "Agli inizi degli anni '50 risalgono le prime riflessioni scientifiche sulla garanzia del due process of law di tradizione anglo-americana, proseguite, nel decennio successivo, com l'intento di avvalorarne l'immanenza anche nella nostra Carta constituzionale: cio, segnatamente, sulla scorta della lettura evolutiva dell'art. 24 Const. Compiuta nel frattempo dal giudice delle leggi, attraverso quella sua opera di concretizzazione dei principi constituzionali che há saputo transformali da garanzie puramente formali in garanzie sostanziali." DENTI, Vittorio. *La giustizia civile.* A cura di Fábio Rota. Bologna: Mulino, 2004. p. 71.

(86) DENTI, Vittorio. Diritto di azione e la constituzione. In: *Rivista di Diritto Processuale*, Padova: Cedam, 1964. p. 116; sobre a relação entre "processo justo" e "contraditório" remete-se a Mauro Bove, art. 111, Cost. e "giusto processo civile". In: *Rivista di Diritto Processale*, Padova: Cedam, 2002. p. 479-522.

(87) *Vide* MINOLI, Eugênio. La Itália e la convenzione di New York per il riconoscimento e l'esecuzione delle sentenze arbitrali straniere. In: *Rivista Trimestrale di Diritto e Procedura Civile*, anno XIII, n. 3, Milão: Giuffrè, set. 1959. p. 1.026-1.043. No Brasil esse fenômeno foi bem observado por MOREIRA, José Carlos Barbosa. Tendências contemporâneas do direito processual civil. In: *Revista Brasileira de Direito Processual*, v. 42. Rio de Janeiro: Forense, 1984. p. 43-45.

a Convenção Europeia de Direitos Humanos, na Europa, o Pacto de São José da Costa Rica, na América, além do Tribunal Penal Internacional, este com competência criminal para as infrações penais internacionais contra os direitos humanos, após a vigência do Estatuto de Roma.

Com relação à terceira e última dimensão, a questão mais relevante tratada foi a da necessidade de coletivização da jurisdição, vista como metodologia alternativa à jurisdição tradicional, a partir de uma permissão e até estimulação do acesso judicial aos representantes públicos ou privados das coletividades organizadas ou não.(88)

Não se pode dizer, entretanto, que a acessibilidade e coletivização da jurisdição seja, apenas, efeito do movimento do "Acesso à Justiça". Na família *civil law*, quando *Cappelletti* sustentava que na sempre referencialmente citada doutrina processual italiana e ainda na metade do século XX, à exceção daquele precioso livro de *Calamandrei*, *Processo e democracia*,(89) nenhum doutrinador jamais havia se preocupado com a acessibilidade processual, os custos e a efetividade da jurisdição,(90) deve ser excepcionado o enfoque à jurisdição trabalhista.

Exemplo disso é a Lei italiana n. 604, de 15 de julho de 1966, precedida de amplos estudos e debates que se desenvolveram por mais de uma década e que tratava do processo laboral. Comentando-a, *Falletti* já enfatizava as suas virtudes e objetivos metodológicos de um processo fácil, prático, econômico, instrumento de uma justiça rápida, aberta e que refletisse a realidade, não só jurídica mas também econômica e que, ao mesmo tempo, salvaguardasse a garantia irredutível do contraditório, equacionando-o com o abandono ao rigor formal para prestigiar a decisão final.(91) Além disso, prestigiava a conciliação, a participação sindical e a arbitragem, sinalizando como paradigma para uma ampla reforma do processo civil, como forma de concretização daqueles princípios da imediatidade, oralidade e concentração.(92)

Do lado da tutela processual coletiva trabalhista, podem ser citados, só na doutrina processual italiana, inúmeros estudos ainda na regência da escola chiovendiana ou sistemática,(93) inclusive em relação aos efeitos ultrapartes das sentenças, como os de

---

(88) CAPPELLETTI, Mauro. *Processo, ideologias e sociedade*, p. 387. Vale menção o livro de Ribeiro Filho, que trabalha com os movimentos rurais coletivos dos trabalhadores sem terra: RIBEIRO FILHO, Romeo Marques. *Das invasões coletivas*: aspectos jurisprudenciais. Porto Alegre: Livraria do Advogado, 1998.

(89) CALAMANDREI, Piero. *Processo e democrazia*. Padova: Cedam, 1954.

(90) CAPPELLETTI, Mauro. Problemas de reforma do processo civil nas sociedades contemporâneas. Conferência de Abertura do Primeiro Congresso Brasileiro de Direito Processual Civil, proferida em 20.11.1991. Tradução livre de Alcides Munhoz da Cunha. In: *Revista Ciência Jurídica*, ano VI, v. 45, maio/jun. 1992. p. 38.

(91) Para Falletti: "[...] il propósito e l'assillo di um processo che, almeno nell'ambiente cosi sensibile e pratico delle controversie di lavoro, soddisfi infine l'esigenza d'uma giustizia rápida e semplice, poco costosa, aperta e e aderente allá realtà, non solo giuridica ma anche econômica e técnica, duttile e vicina. Una forma essenziale, um tipo di processo che, fatte salve lê garanzie irriducibili del contradditorio e lasciato ogni rigore allá sostanza della decisione, [...]" FALLETTI, Francesco. Nuovi problemi del processo del lavoro. In: *Rivista di Diritto Processuale*, v. XXI, Padova, 1966. p. 611.

(92) *Loc. cit.*

(93) Apenas exemplificativamente: CARNELUTTI, Francesco. *Sistema de derecho procesal civil*. Buenos Aires: Uteha, 1944. v. 1, p. 157-159, onde a temática da jurisdição coletiva normativa, denominada dispositiva e identificada como jurisdição de equidade é tratada amplamente.

Enrico Redenti.[94] Na família *common law*, desde os iniciais estudos sobre a equidade e jurisdição coletiva de *Story*[95] em 1820, originando a *Equity Rule*, da Suprema Corte norte-americana, em 1842, que admitia a tutela em grupo, deve ser enfatizado o grande e revolucionário *leading case American Steel & Wire Co. v. Wire Drawer's & Die Makers Union*, que, em 1898, veio a consagrar a ultratividade das decisões proferidas em face da coletividade passiva, tratada do processo laboral coletivo, na tutela do direito de greve.[96]

Então, pode-se dizer que o desdobramento processual da pós-modernidade, pela sua terceira dimensão — a social — do processo, inclusive o fundado do referencial do processo coletivo, teve inspirações emancipatórias a partir do modelo processual trabalhista,[97] notadamente da sua jurisdição normativa (dentre outras a brasileira), da análoga dispositiva (a italiana) e também das *representative actions* do sistema *common law*, que quebraram a regra do litisconsórcio necessário (*compulsory joinder*),[98] na dedução das *injuctions* que objetivavam barrar os movimentos grevistas.[99]

---

(94) Adamovich observa, com sua percuciência: "Na Itália, o entendimento de *Redenti* era de que os conflitos coletivos também estariam sujeitos aos *Collegi dei Probiviri*, sendo mesmo interessante anotar o exemplo por ele mencionado do dissídio entre o famoso jornal *Corriere della Sera* e os operários de sua tipografia, ocorrido em Milão, ainda em 1904, para fixação de uma tarifa, vale dizer, em linguagem de hoje, piso salarial, para os impressores, em que o Colégio entendeu que o valor então fixado devesse ser estendido a todas as demais tipografias, o que aquele célebre jurista reputou ilegal, mas, por certo, 'uma tentativa digna de atenção'". ADAMOVICH, Eduardo Henrique Von. *Sistema da ação civil pública no processo do trabalho*. São Paulo: LTr, 2005. p. 147-156.

(95) STORY, Joseph. Commentaries on equity jurisprudence. Boston, 1836. p. 148 *apud* YAZELL, Stephen C. *From medieval group litigation to the modern class action*. New Haven: Yale University, 1987. p. 218.

(96) *Ibidem*.

(97) Cappelletti reconhecia: "São, todavia, raríssimas de fato, no Direito Positivo italiano, podendo assumir aos nossos fins um rol paradigmático, as normas que permitem desmontar aquela dicotomia, atribuindo a sujeitos ou a grupos o poder de agir em Juízo civil, não pela tutela de um direito do qual são (ou afirmam ser) pessoalmente titulares, mas por um interesse mais ou menos claramente configurado como coletivo ou de categoria. Entre os poucos exemplos podem ser recordadas as normas que preveem uma forma de 'legitimação por categoria' [...] que permitem uma ação 'sindical' em algumas controvérsias de trabalho." CAPPELLETTI, Mauro. Formações sociais e interesses coletivos diante da justiça civil. In: *Revista de Processo*, n. 5, ano 2, São Paulo: Revista dos Tribunais, jan./mar. 1977. p. 133-134.

(98) Gidi aponta que tais ações foram pela primeira vez codificadas no sistema de equidade americano através da *Federal Equity Rule 48*, de 1842. GIDI, Antônio. *A* class action *como instrumento de tutela coletiva dos direitos*: as ações coletivas em uma perspectiva comparada. São Paulo: Revista dos Tribunais, 2007. p. 45.

(99) Sobre o *case American Steel & Wire Co. v. Wire Drawer's & Die Makers Union*, julgado em 1898, em Ohio, que consagrou as *injuctions* como instrumentos para a tutela das greves, disse Stephen C. Yazell: "In Wire Drawer's the company had another gol. It had employed one Paulowski, a priest who apparently also functioned as a professional strike-breaker. When he tried to enter the factory with the replacements for the striking workers, the company alleged, he found his way blocked by bands of those strikers. The company´s lawyers responded by suing the union members as a group, naming several of the leaders as representatives and seeking an injuction barring interference with Paulowski´s activities. [...] What makes the case so splendid is its blithe employment of interest representation; without worrying about privity, general right, common interests, or anything of that ilk, the court indicated that it would permit the litigation to proceed on a group basis." YAZELL, Stephen C. *From medieval group litigation to the modern class action*. New Haven and London: Yale University, 1987. p. 223. Esse *case* foi comentado por Aluisio Gonçalves de Castro Mendes: "A empresa havia empregado o padre Paulowski, que, aparentemente, também funcionava como fura-greve profissional. Por ocasião de certa paralisação, os grevistas impediram a entrada do padre na fábrica e de substitutos dos paredistas. A companhia respondeu, propondo uma ação em face dos membros do sindicato como um grupo, mas requerendo a citação apenas

Dessas três tendências evolutivas do movimento do Acesso à Justiça, notadamente da social, pode-se concluir que o acesso à jurisdição apresenta-se como condição básica de acesso aos demais direitos fundamentais e como decorrência da aplicação do próprio princípio do Estado Democrático de Direito, que pressupõe, na outra ponta, para a sua efetivação, um procedimento justo e adequado de acesso e realização do direito,[(100)] partindo-se para a concretização da ideia de que a legitimidade para o exercício do poder, inclusive o jurisdicional, funda-se na participação do cidadão sobre o qual o poder é exercido. Essa legitimidade, em todos os Poderes do Estado, fundamenta-se no reconhecimento e na defesa das garantias e liberdades coletivas e individuais.

O nascimento da ideia do processo participativo ou coexistencial é reflexo e se efetiva, como já observara *Fazzalari*, no procedimento dotado de vias permanentes de interlocução que se reflitam em um desenvolvimento dialético da relação processual.[(101)]

O poder judicial, que se revela pelo exercício do poder jurisdicional, só se sustenta pela perspectiva de ser exercido a serviço dos seus destinatários, não se justificando mais a invocação, muito factível na primeira metade do século XX, da supremacia do interesse público sobre os indivíduos, até pela mudança do referencial constitucional antes comentado.[(102)]

O processo, nesse contexto, deixa de ser instrumento autoritário e antidemocrático de exercício do poder, para ser pensado como instrumento fundamental da revolução do Acesso à Justiça e da visão tridimensional do direito, propugnada por *Cappelletti*, notadamente pela sua dimensão social e coletiva.[(103)]

---

dos líderes da greve, como representativo, a fim de obter a concessão de uma *injuction* para barrar a interferência dos demandados em relação às atividades de Paulowski. O tribunal mencionou a falta de precedentes, mas, entretanto, não teve maiores dificuldades em considerar que os líderes poderiam defender os interesses dos grevistas e que os efeitos da decisão os atingiriam. Os juízes fizeram questão de afirmar que a capacidade para representar o interesse do grupo não poderia residir apenas em autorizações formais e oficiais, mas, pelo contrário, deveria ser regulada e aferida pelas cortes, em cada caso concreto, de acordo com as circunstâncias, no sentido de que alguns pudessem defender com lealdade o interesse de todos." MENDES, Aluisio Gonçalves de Castro. *Ações coletivas no direito comparado e nacional*. São Paulo: Revista dos Tribunais, 2002, p. 68.

(100) CANOTILHO, José Joaquim Gomes; MOREIRA, Vital. *Fundamentos da Constituição*. Coimbra: Coimbra, 1991. p. 85.

(101) A "reabilitação do procedimento". FAZZALARI, Elio. Diffusione del processo e compiti della dottrina. In: *Rivista Trimestrale di Diritto e Procedura Civile*, anno XII, n. 3, Milão: Giuffrè, set. 1958. p. 869. Disse, no original: "Gli è che, allá guarentigia constituita dalla partecipazione degli interessati in contraddittorio, quivi si aggiungono gli altri e non meno pregnanti attributi che sono propri della giurisdizione." *Op. cit.*, p. 875.

(102) Considerando, inclusive, que o interesse público foi muito manipulado pelos regimes ditatoriais, como o nazismo, o fascismo, o stalinismo, as ditaduras da América Latina. Greco, com a sua percuciência, acrescenta: "[...] todos os países ocidentais que se reconstitucionalizaram nos últimos quarenta anos, a partir de regimes autocráticos, restauraram o regime democrático sobre base essencialmente humanista, erigindo a dignidade humana em supremo valor da vida em sociedade e, com inspiração jusnaturalista ou não, sobrepondo os Direitos Fundamentais do Homem à própria soberania popular". GRECO, Leonardo. *A titularidade da ação civil pública*. Rio de Janeiro: Universidade Gama Filho, 1988. p. 7.

(103) Cappelletti, com o seu brilhantismo, esclarecia o que rotulava como "revolução copernicana": "Sob esta nova perspectiva, o direito não é encarado apenas do ponto de vista dos seus produtores e do seu produto (as normas gerais e especiais); mas é encarado, principalmente, pelo ângulo dos consumidores do direito e da justiça, enfim, sob o ponto de vista dos usuários dos serviços processuais." CAPPELLETTI, Mauro. *Problemas de reforma do processo civil nas sociedades contemporâneas*. Conferência de Abertura do Primeiro Congresso Brasileiro de Direito Processual Civil, proferida em 20.11.1991. *Op. cit.*, p. 38.

Nesse sentido, a Crônica da Primeira Jornada Internacional de Processo Civil e Garantia assevera: "As concepções ideológicas a partir das quais se conformou o processo civil no século XX foram superadas e o futuro está na ideia-força da liberdade dos indivíduos como função básica do Estado democrático e, consequentemente, no processo como garantia. Em fórmula breve: Garantia processual."[104]

Essa superação, em apertada síntese, decorre do abandono das concepções ideológicas que conferiam à autoridade força superior à da liberdade, fosse pela concentração excessiva de poderes ao juiz, fosse pela diminuição de direitos das partes, outorgando novo sentido à função jurisdicional e ao processo, que se reflete tanto na Declaração Universal de Direitos Humanos de 1948, como nas constituições dos Estados.[105]

2.3. O direito material influindo o processo

Nos sistemas de *civil law*, a evolução histórica do direito processual traz, em paralelo, a evolução da sua conectividade com o direito material. Pode ser estabelecida, sinteticamente, em quatro fases: a da escola exegética; a do processualismo científico, a autonomista do direito processual ou sistemática (a da escola chiovendiana ou da teoria geral do processo); a instrumental; e, finalmente, a embrionária pós-instrumental.

Da primeira, a exegética ou *procedura civile*, concebida a partir da codificação processual italiana de 1865, enormemente influenciada pelo direito francês, em função da grande difusão do Código Napoleão em toda a Europa,[106] pode-se dizer que era pródiga pelos seus estudos sobre os atos e formas do procedimento, sem compreensão da verdadeira essência e finalidade do processo.[107] Também não tinha grande percepção da inserção da jurisdição e do processo na sociedade, caracterizando-se pela confusão que estabelecia entre os planos substancial e processual.[108]

Foi a partir do grande marco do chamado processualismo científico, centrado na obra de *Bulow* (*Die Lehre von den Processeinreden und die Processvoraussetzungen*),[109]

(104) VELLOSO, Adolfo Alvarado; DEHO, Eugenia Ariano; CIPRIANO, Franco; DOMINGUES, Frederico G.; MENDONÇA, Luiz Correia; MONTELEONE, Girolamo; AROCA, Juan Montero. Jornada ocorrida em Valência, Espanha, em 27.1.2006. In: *Revista de Processo*, n. 145, ano 32, São Paulo: Revista dos Tribunais, mar. 2007. p. 242.

(105) *Ibidem*, p. 243.

(106) DENTI, Vittorio. La giustizia civile. A cura di TARUFFO, Michele. *Op. cit.*, p. 30.

(107) SATTA, Salvatore. Dalla procedura civile al diritto processuale civile. In: *Rivista Trimestrale di Diritto e Procedura Civile*, Milão: Giuffrè, mar. 1964, ano XVIII, n. 1, p. 29-30.

(108) E pelo chamado "sincretismo jurídico". DINAMARCO, Cândido. *A instrumentalidade do processo*. 10. ed. São Paulo: Malheiros, 2002. p. 18. De certa forma também "instrumental". Assim, Giovanni Tesoriere: "La procedura civile (o processura, come allora si diceva) fu considerata, dunque, dagli esegeti come um complesso di norme dettate per la concreta attuazione del diritto sostanziale (strumentalitá) e consistenti nella disciplina delle forme necessarie per il raggiungimento di questo scopo (formalismo). Appunti per uma storia della scienza del processo civile in Itália dall'unificazzione ad oggi." (parte prima) *Rivista Trimestrale di Diritto e Procedura Civile*, ano XXVI, n. 3, Milão: Giuffrè, set. 1972. p. 1.335-1.336.

(109) BULOW, Oskar Von. *Excepciones procesales y presupuestos procesales*. Tradución de Miguel Angel Rosas Lichtschein. Buenos Aires: EJEA, 1964. p. 1-9.

publicada em 1868, ao conceber o processo como relação jurídica,[110] que se iniciou a segunda fase: a de ouro da escola processual germânica.[111] Liderada por *Wach* e da qual participaram juristas, em solo alemão, de outras nacionalidades, como os austríacos *Menger*, *Glaser* e *Klein*, o húngaro *Plóz* e o suíço *Heusler*, iniciaram-se os estudos processuais que iriam conferir autonomia científica ao direito processual, mas que, adiante, levariam à ruptura com o direito material. Isso pode ser observado, apenas para se citar um exemplo, dentre tantos, da obra de *Habscheid*, que propugnava, com toda uma base científica, no plano processual, a autonomia do objeto do processo.[112]

Na Itália, atribui-se inicialmente a *Mortara*[113] e, posteriormente, a *Chiovenda* (1872-1937), este fortemente influenciado pela mencionada reforma processual austríaca liderada por *Klein* (*supra* 2.2), o movimento de reforma do processo civil italiano, que estabelecia, em termos definitivos, o rompimento com a escola exegética. A nova escola assumia importante posição na concepção publicista do processo, centrada na noção da relação processual, como relação de direito público e na da ação, como direito público subjetivo.[114] A chamada escola chiovendiana ou sistemática

---

(110) Niceto Alcalá-Zamorra y Castillo observa: "Esta concepción, a la que se han señado antecedentes remotos (...) es genuinamente alemana: alemanes son el filósofo Hegel que la vislumbra, Bethmann-Hollweg que la sustenta, Bulow que la desenvolve; alemanes son asimismo quienes la difunden; quienes aportan a ella rectificaciones o variantes (como Kohler o Hellwig); quienes la adaptan a las distintas ramas del proceso (como John y Von Kries al penal u Otto Mayer al administrativo), y en fin, quienes mas duramente la combaten y quienes proponen su reemplazo por otras concepciones (como ocurre con Goldschimidt). Resulta, por tanto, sorprendente que algunos procesalistas sudamericanos presenten esta teoría como principalmente forjada por el procesalismo italiano, que tiene méritos mas que sobrados para no tener que despojar al alemán de ninguno de sus títulos y que, iniciado bastantes años después que el germánico, recebió la tesis de la relación jurídica perfilada hasta en sus menores detalles." CASTILLO, Niceto Alcalá-Zamora y. *Estúdios de teoría general e historia del proceso (1945-1972)*. Cidade do México: Universidade Nacional Autônoma de México, 1974. t. II, p. 308.

(111) Compreendida entre o livro de Bulow (1868) e a Primeira Guerra Mundial (1914); posteriormente retomada, em grande estilo, a partir dos *Fundamentos do Direito Processual* de Sauer, em 1919 (*Grundlagen des Prozessrechts*, Stuttgart, 1. ed. 1919) e da alta expressão da tese de Goldschimidt sobre o processo como situação jurídica (*Der Prozess als Rechtslage*: Eine Kritik der prozessualen Denkens, Berlim, 1925). *Ibidem*, p. 309-311. *Vide* também: GOLDSCHIMIDT, James. *Teoria general del proceso*. Barcelona: Labor, 1936. p. 11-64.

(112) HABSCHEID, Walther J. *Der Streitgegenstand im Zivilprozes um im Streitverfahren der freiwilligen Gerichtsbarkeit, Deutscher Heimat-Verlag*, Bielefeld, 1956. p. 328. Cf. Sobre o tema: STEFANO, Giuseppe de. L'oggetto del processo in un libro recente di Walter J. Habscheid. In: *Rivista trimestrale di Diritto e Procedura Civile*, Milão: Giuffrè, mar. 1957, ano XI, n. 1, p. 327.

(113) Dizia Salvatore Satta: "Ma Commentario del codice e delle leggi di procedura civile si intitola l'opera, in um certo senso parallela, di Ludovico Mortara, in cui veramente le esigenze speculative che troverano il loro compiuto sbocco nel diritto processuale si manifestano com piena consapevolezza. É singolare che questa vasta trattazione in cinque volume abbia acquistato nella tradizione scientifica una posizione di antagonismo rispetto allá nuova scuola, di cui è uma conferma nella lettera dello stesso Mortara pubblicata come premessa al volume degli Studi in onore di Chiovenda." *Op. cit.*, p. 34. Ver também: SATTA, Salvatore. Giuseppe Chiovenda nel venticinquesimo anniversario della morte. In: *Rivista Trimestrale di Diritto e Procedura Civile*, Milão: Giuffrè, mar. 1963, ano XVII, n. 1, p. 2-9. Carnelutti, ao dividir as escolas processuais italianas em quatro, incluía Lodovico Mortara, ao lado de Luigi Matirollo, na segunda, após a exegética, denominada de "período das teorias particulares". CARNELUTTI, Francesco. *Op. cit.*, p. 4. Para Giovanni Tesoriere, Lodovico Mortara ocupou um período de transição do período exegético para o histórico-sistemático. Nas suas palavras: "transizione dal período esegetico a quello storico-sistematico. Appunti per uma storia della scienza del processo civile in Itália dall'unificazzione ad oggi." (*parte prima*). *Op. cit.*, p. 1.341. Conferir ainda: FAZZALARI, Elio. Lodovico Mortara nella cultura processualística italiana. In: *Rivista di Diritto Processuale*, Padova: Cedam, 1997. p. 675 ss.

(114) SATTA, Salvatore. *Op. cit.*, p. 34.

(também cunhada da teoria geral do processo de conhecimento),[115] que não decorreu de qualquer abandono ao liberalismo,[116] mas de uma evolução científica, teve o grande mérito de dar ao direito processual autonomia, depurando-o do direito material.

O processualismo espanhol, não obstante submisso ao mesmo procedimentalismo da escola exegética italiana até 1920,[117] como observava *Alcalá-Zamora y Castillo* dos trabalhos de *Manresa, Lastres* e *Fábrega*, emancipou-se cientificamente, a partir dos influxos da escola chiovendiana.[118]

Consolidava-se a fase "autonomista" do direito processual.

Embora tenha conferido toda a base teórica e científica do direito processual, conferindo-lhe autonomia frente ao direito material, pela sua localização em planos distintos, a escola sistemática exagerou enormemente em sua missão. Levou a conceber um direito processual absolutamente desvinculado do material e uma unidade procedimental que olvidava as diferenças econômicas e sociais entre os litigantes, em uma concepção de ação e defesa, dissociadas do direito material.[119]

Assim, a despeito da conquista metodológica do direito processual,[120] notadamente a partir da consolidação da teoria da autonomia da ação em face do direito subjetivo material e da relação jurídica processual em face da relação substancial estabelecida entre os litigantes[121] e ultrapassadas as especulações abstratas que disso advém, no plano concreto, é impensável que um único procedimento pudesse atender a quase todas as situações do direito material, como se propugnava. Jamais poderia haver "neutralidade" do direito processual frente ao direito material.[122]

---

(115) CARNELUTTI, Francesco. *Sistema de derecho procesal civil*, p. 4.

(116) Com ideologia autoritária. *Vide* DENTI, Vittorio. La giustizia civile. A cura di TARUFFO, Michele. *Op. cit.*, p. 31.

(117) Inobstante a *Ley de Enjuiciamiento Civil de 1855*, ter inspirado vários sistemas, como disse Juan Montero Aroca: "Esta Ley de 1855 ha sido, como demostró Alcalá-Zamora, 'el código procesal más prolífico del universo' y por poner un ejemplo de su influencia bastará recordar que Alsina demostró que, de los 810 artículos del Código argentino de 1880, 392 tienen su fuente directa en aquella Ley. Se trata, por tanto, de una Ley (un código) que determinó todo el desarrollo posterior de lo que há sido el proceso civil de muchos países." AROCA, Juan Montero. *Proceso civil y garantía:* el proceso como garantía de libertad y responsabilidad. Valência: Tirant lo Blanch, 2006. p. 36-37; *vide* GUILLÈN, Victor Faibén. Il centenario del primo códice civile spagnolo di procedura civile. Tradução para o italiano de Ângelo Bonsignori. In: *Rivista Trimestrale di Diritto e Procedura Civile,* Milão: Giuffrè, mar. 1956, ano X, n. 1, p. 215-217.

(118) CASTILLO, Niceto Alcalá-Zamora y. *Estúdios de teoría general e historia del proceso*, p. 318-319.

(119) RAPISARDA, Cristina. Profili della tutela civile inibitória. Padova: Cedam, 1987. p. 217 *apud* MARINONI, Luiz Guilherme. *Técnica processual e tutela dos direitos*. 2. ed. São Paulo: Revista dos Tribunais, 2008. p. 43.

(120) Inclusive no Brasil. Ver comentário, em 1956, de CASTILLO, Niceto Alcalá-Zamora y. La scuola processuale di San Paolo del Brasile. In: *Rivista Trimestrale di Diritto e Procedura Civile,* anno X, n. 3, Milão: Giuffrè, set. 1956. p. 864-869.

(121) Por fundamentos diversos: GOLDSCHIMIDT, James. *Der prozess als rechtslage* (1925); KOHLER, Josef. *Der* prozess als rechtsverhältnis (1888) *apud* ROSEMBERG, Leo. *Da jurisdição no processo civil*. Campinas: Impactus, 2005. p. 21.

(122) Para Proto Pisani: "Ne consegue che strumentalità del diritto processuale non significa neutralità; il diritto processuale — nei nolti procedimenti e nelle varie forme di tutela in cui si articola — non è, non può essere, indifferente rispetto alla natura degli interessi in conflito: non lo è — e per questo non è corretto parlare di neutralità — poiché dalla predisposizione di procedimenti idonei a fornire forme di tutela giurisdizionale adeguate agli specifici bisogni delle singole situazioni di vantaggio dipende l'esistenza o il modo di esistenza dello stesso diritto sostanziale." PISANI, Andrea Proto. *Lezioni di diritto processuale civile*. 5. ed. Napoli: Jovene, 2006. p. 6.

Como bom observador, *Marinoni* adverte:[123]

Na realidade, as confusões entre autonomia e neutralidade do processo e imparcialidade e neutralidade do juiz não são tão inocentes assim, pois ambas têm a não elogiável intenção de afastar do Poder Judiciário algo que é fundamental para a aplicação da justiça ao caso concreto. Nem o juiz, nem o processo podem ser neutros.

Emblematicamente, aponta-se a célebre Conferência de *Piero Calamandrei, Processo e Democracia,*[124] de 1952, como o ponto de reaproximação entre direito material e processo no contexto da doutrina processual italiana. Trabalhando-a, em sua *Ideologia no Direito Processual,* de 1962, *Cappelletti* desdobrava os contornos das temáticas *giustizia e politica: sentenza e sentimento* e *la crisi della motivazione,* e concluía que se impunha uma mudança metodológica na visão do direito, em termos gerais e do processo, em particular, para a absorção das concessões filosóficas, políticas, culturais e ideológicas, inclusive na sua regulamentação, a fim de lhe imprimir direção e significado a partir das exigências do direito material.[125] Marca a ruptura com um método de estudo tipicamente escolástico, dogmático e formalista, endereçado à busca de uma ciência pura e ideologicamente neutra, a partir da consciência da instrumentalidade como polo de irradiação de ideias e coordenador dos diversos institutos, princípios e soluções do direito processual.[126]

O início da fase instrumentalista.

O vetor argumentativo se desloca de uma visão introspectiva e endoprocessual do processo pelo que ele é, para outra, antagonicamente oposta, do processo visto externamente, no seio social e em razão dos seus resultados práticos, ou seja, em razão do que ele pode obter, estabelecendo-lhe a conexão com a sociedade.

A doutrina passa a identificá-lo como instituição social, a partir da percepção de que os interesses em jogo transcendem os das partes, notadamente quando se tratam de interesses coletivos. Reflexos da superação do debate recorrente na literatura jurídica que colocava, de um lado, o direito em termos amplos e, de outro, o direito processual em particular; este, de um lado, como simples técnica de controle social e, de outro, como instrumento promocional, inclusive para a superação de desigualdades e determinação dos padrões mínimos de equilíbrio socioeconômico.[127] O direito, seja material, seja processual, passa a ser o promocional.[128]

---

(123) MARINONI, Luiz Guilherme. *Técnica processual e tutela dos direitos,* p. 45.

(124) CALAMANDREI, Piero. *Processo e democrazia,* p. 43-118.

(125) A parte do texto mencionada, no original: "Basti qui um solo cenno. Se è vero che lê concezioni filosofiche, politiche, culturali, ideologiche penetrano, direttamente o per il tramite del diritto sostanziale, nel processo e nella sua regolamentazione concreta, imprimendo ad esso certe direzioni, significati, svolgimenti che la mera lettera della norma mal saprebbe rivelare [...]" CAPPELLETTI, Mauro. Ideologie nel diritto processuale. In: *Rivista Trimestrale di Diritto e Procedura Civile,* Milão: Giuffrè, mar. 1962, ano XVI, n. 1, p. 215.

(126) DINAMARCO, Cândido Rangel. *A instrumentalidade do processo,* p. 22.

(127) FARIA, José Eduardo. *O judiciário e o desenvolvimento socioeconômico,* p. 20.

(128) Horkheimer, adotando uma postura crítica, sustenta que "o direito material, tanto quanto o processual, é instrumento de contenção das demandas": o primeiro (aquele do dever ser) e o segundo, a serviço do primeiro, conectados, estão a serviço de uma ideologia, seja a do legislador, seja a do aplicador. HORKHEIMER, Max. Ocaso. Barcelona: Anthoropos, 1986. p. 99-100 *apud* BECKER, L. A.; SANTOS, E. L. Silva. *Elementos para uma teoria crítica do processo.* Porto Alegre: Fabris, 2002. p. 47.

Então, fica claro que, no campo da dogmática, não são mais admitidos os dualismos exagerados e sempre estabelecidos entre direito primário e direito secundário; direito público e direito privado; direito objetivo e direito subjetivo. Sabendo-se que o direito não pode ser visto apenas como técnica, conceitos, fórmulas e regras, mas, fundamentalmente, no plano da realidade concreta dos fatos, parte-se para uma visão multidisciplinar, pois o direito não é estanque e sua compreensão e aplicação exige uma análise global.[129] Exemplo disso são os direitos difusos ou coletivos, cujos titulares, individualmente considerados, nem sempre são passíveis de identificação.

Ultrapassada a utopia liberal da igualdade formal entre os litigantes, são inevitáveis as formas de tutela processual diferenciadas, ou seja, uma tutela pelo equivalente em termos de posicionamento social e econômico.[130]

Em outras palavras, constata-se que a natureza do direito material tido como relevante para a sociedade influencia, decididamente, nos instrumentos e no procedimento de sua correspondente tutela, notadamente na criação de fórmulas, técnicas e instrumentos processuais. Como se infere das lições de *Watanabe*, por mais eficiência que se possa obter no contexto do processo comum, haverá sempre direitos e pretensões materiais que, em razão da sua natureza, sua complexidade ou simplicidade, ou pela urgência da tutela:

> [...] exigirão processos diferenciados seja em termos de procedimentos de cognição plena e exauriente ajustados às peculiaridades das situações substanciais controvertidas, seja em forma de cognição sumária, que atendam aos reclamos de extrema rapidez na concessão do provimento jurisdicional.[131]

---

(129) Diz Morello: "A saber relativizar interpretaciones y princípios extremos. Y a admitir — com humildad — que ninguna cuestión litigiosa en y durante el proceso se arropa em compartimentos estancos; están intercomunicadas en una sucesión no sólo coordinada, sino además interdependiente, cuya aplicación global demanda recorrer y computar el conjunto de sus fases o tramos, y que el resultado es la derivación de esa totalidad." MORELLO, Augusto M. *La justicia, de frente a la realidad*. Buenos Aires: Rubinzal-Culzoni, 2002. p. 41.

(130) Essa é a perspectiva de Comoglio à luz do processo norte-americano: "Faccio riferimento a quella 'outcome equality' che, come si è visto, nel pensiero giuridico nordamericano fotografa ed esprime l'esigenza di uma 'parità di tratamento' nei 'risultati' del processo. Si tratta, in altre parole, di uma tendenziale omogeneità od 'uniformità' nei remedies (vale a dire: nelle 'forme di tutela') ottenibili all'esito del giudizio, la qual espesso viene perseguita dal legislatore non soltanto com la predisposizione di 'rimedi' sostanziali particolarmente incisivi, ma anche com l'adozione di modelli 'speciali' e fortemente differenziati, di processo e di tutela giurisdizionale." (COMOGLIO, Luigi Paolo. Tutela differenziata e pari effettività nella giustizia civile. In: *Rivista di Diritto Processuale*, n. 6, Padova: Cedam, nov./dez. 2008. p. 1.520). Muito antes, Fazzalari já enfatizava que o equilíbrio processual das partes é pressuposto de legitimação da jurisdição, a partir das suas posições, direitos e deveres no procedimento: "La quale consiste in cio che, nel processo, i poteri, attraverso il cui esercizio si attua la partecipazione degli interessati alla norma fra le varie posizioni. Allá strutura corrisponde lo svolgimento dialettico del processo: la simetria delle posizioni soggettive, la loro mutua implicazione, la loro sostanziale parità si traducono, per ciascuno dei partecipanti, nella possibilità di interloquire non episodicamente e, soprattutto di esercitare um insieme — cospicuo o modesto non importa — di controlli, di reazioni e di scelte, e nella necessità di subire i controlli e lê reazioni altrui." (FAZZALARI, Elio. *Op. cit.*, p. 869).

(131) WATANABE, Kazuo. *Da cognição no processo civil*. 3. ed. São Paulo: Perfil, 2005. p. 168. Nessa obra, o autor identifica como característica dos processos de tutela diferenciada a redução da dimensão ou nível de profundidade da cognição; seja no plano horizontal (superfície; área passível de cognição), seja no plano vertical (nível ou profundidade da cognição). No plano horizontal, os processos são de cognição

As tutelas diferenciadas, portanto, refletem a reaproximação entre o direito material e o processual.(132)

Ao refletir o direito material, a ordem processual "oferece uma série grande e variada de técnicas, procurando amoldá-las à realidade dos conflitos, da natureza do bem ou da obrigação ou do modo como os direitos são postos em crise".(133)

E é dessa conexão entre direito material e processo (centro de gravidade da fase instrumentalista) que destacamos dois tipos de tutela diferenciada: (a) o processo do trabalho, com suas fórmulas e conceitos de concentração, oralidade, simplificação, irrecorribilidade imediata das decisões interlocutórias e inversão do ônus da prova,(134) que se espraiam por quase todo o sistema processual continental europeu (*Vigoriti* observava "[...] la esistenza in tutti i paesi stranieri esaminati di norma processuali speciali per la disciplina de rito del lavoro (v. Blanc-Jouvan per la Francia, p. 13, 26-27, 31-32; Schimidt per la Svezia, p. 201-02; Ramm per la Germania, p. 109)(135)); e (b) as ações coletivas (como ações "sem rosto"), seja, de um lado, pela utilização, da técnica da substituição processual, pressuposto de Acesso à Justiça;(136) seja, de outro, pela técnica que lhes atribui efeitos heterodoxos da coisa julgada (*ultra partes, secundum eventum litis e secundum eventum probationis*).(137)

---

limitada ou parcial, segundo a extensão permitida. No plano vertical, de cognição sumária ou incompleta, de acordo com o nível de investigação da verdade permitido. *Op. cit.*, p. 127-143.

(132) BONILHA, Márcia Giangiácomo. Tutelas diferenciadas: o resultado da reaproximação do Direito Processual e do Direito Material. In: ASSIS, Araken de; ALVIM, Eduardo Arruda; NERY JÚNIOR, Nélson; MAZZEI, Rodrigo; WAMBIER, Teresa Arruda Alvim (coords.). *Estudos em homenagem ao professor Arruda Alvim*. São Paulo: Revista dos Tribunais, 2007. p. 497-522.

(133) DINAMARCO, Cândido Rangel. *Instituições de direito processual civil*. 2. ed. São Paulo. Malheiros, 2002. v. II, p. 37.

(134) Comoglio, comentando decisão da Corte Constitucional da Itália (Ordinanza 9, apr. 2007, n. 34), releva a legitimidade e razoabilidade dos arts. 415 e 645 *del códice di procedura civile*, que consagram a irrecorribilidade de decisão interlocutória no processo do trabalho (*decreto ingiuntivo*), ressaltando a simplicidade de suas formas, o redimensionamento com a diminuição do espaço reservado à pronuncia de conteúdo estritamente processual e a potencialização na tutela de mérito. COMOGLIO, Luigi Paolo. Riti differenziati e principio di ragionevoleza. In: *Rivista di Diritto Processuale*, Padova: Cedam, jan./fev. 2008. p. 211-216 e 221.

(135) O trecho correspondente na tradução é: "[...] a existência em todos os países estrangeiros examinados, de norma processual especial para a disciplina do rito trabalhista". E complementava o autor: "Nesuno negli scritti denuncia invero preoccupazione alcuna per quella che da noi è stata chiamata l' unità della giurisdizione civile, e da tutti traspare anzi la convinzione che assoggettare alle norme ordinarie le controversie di lavoro significhi trascurarne i caratteri peculiari (sul punto vedi anche le conclusioni dello scritto di Giugni, p. 335-36) col rischio di dare quindi luogo ad uma forma di ingiustizia." VIGORITI, Vincenzo. Problemi attuali del processo del lavoro: il contributo dell'esperienza comparativa. In: *Rivista Trimestrale di Diritto e Procedura Civile*, Milão: Giuffrè, dez. 1972, ano XXVI, n. 4, p. 1.623-1.624.

(136) Nesse sentido Duarte, ao concluir: XLVI. "O escopo precípuo das ações coletivas — entendendo-se como tais aquelas que objetivam a tutela de direitos metaindividuais ou transindividuais (difusos *lato sensu*) — sempre foi, fundamentalmente, o de garantir o acesso à justiça, o de permitir uma efetiva proteção de determinados interesses que, de outra maneira, dificilmente seriam judicialmente tutelados." DUARTE, Ronnie Preuss. *Op. cit.*, p. 339.

(137) Paolo Comoglio, aludindo às tutelas diferenciadas como pressuposto da isonomia processual — "l'eguaglianza nel processo" — observava em nota de rodapé: "Si pensi, in particolare, alle class actions ed agli effetti della corrispondente *res judicata*." O trecho na tradução é: "Se pensa, em particular, nas *class actions*, e nos efeitos de sua correspondente coisa julgada." COMOGLIO, Luigi Paolo. Tutela differenziata e pari effettività nella giustizia civile, p. 1.520 e nota de rodapé n. 36. Também: GIUSSANI, Andréa. *Azioni collettive risarcitorie nel processo civile*. Bologna: Mulino, 2008. p. 13, especialmente "Azione civile collettiva e situazione sostanziale di vantaggio", p. 13-20.

Do ponto de vista normativo, constata-se até mesmo uma simbiose, caracterizada pela inclusão de normas processuais em diplomas de direito material e de normas materiais em diplomas processuais: as chamadas normas heterotópicas.[(138)]

De outra parte, sendo o direito à jurisdição justa um direito processual fundamental, dele também se extrai o direito à participação na organização do procedimento, pois não basta a simples declaração do direito, mas, antes, a instituição de meios organizatórios de realização processual, através de procedimentos adequados e equitativos, pois os direitos fundamentais "serão sempre insuficientemente protegidos enquanto estiverem desprovidos de tutela jurisdicional".[(139)]

Álvaro de Oliveira, com a sua percuciência, enfatiza o nexo causal entre a constitucionalização do direito ao processo no Brasil — que inclui a garantia de efetividade e de um processo justo (CF, art. 5º, XXXV, XXXVII, LIII, LIV, LV e LVI) — e uma chamada "garantia de resultado", estabelecida a partir de um outro nexo de natureza teleológica: entre o "agir em juízo" e a "tutela do direito afirmado", realçando-se, com isso, a importância aos tipos de pronunciamento e de tutela, com vistas aos resultados de mérito obtidos.[(140)] Potencializa-se a importância do sistema processual, não em função dos "meios", mas em função dos "fins", ou dos resultados práticos de tutela do direito material, sem esquecer, contudo, que é no procedimento adequado e justo (observando-se os direitos fundamentais intrinsecamente aplicados ao processo) que se materializa a garantia ao devido processo legal. Em síntese: "[...] a busca da tutela jurisdicional estatal se dá com a ação processual, que ensejará o emprego, pelo juiz, de diferentes técnicas de tutela jurisdicional, de acordo com as necessidades e peculiaridades do direito subjetivo material tutelado e do caso concreto".[(141)]

Não se irá enfrentar a temática, sempre polêmica, das teorias "abstrata-monista" e "dualista" da ação de direito material *versus* ação processual, como elemento de interseção entre o direito material e o processo.[(142)] Adotando-se a posição de *Fazzalari*,

---

(138) O professor José Carlos Barbosa Moreira ensina que, no contexto do universo *civil law*: "Na Itália, *v. g.*, encontram-se no *codice* numerosas disposições acerca das provas (43 artigos, de 2.697 a 2.739) [...] A questão da classificação das normas em materiais e processuais suscitou, naquele país, debate doutrinário no qual sustentou Denti, com apoio, em substância, de Cappelletti, que os problemas concretos de aplicação da lei deveriam resolver-se à luz de critérios não necessariamente fundados na atribuição das regras sobre prova a um ou a outro daqueles ramos da ciência jurídica: *vide*, do primeiro autor, o relatório apresentado ao VII Simpósio nacional da *Associazione italiana fra gli studiosi del processo civile*, de 1968, e publicado sob o título La natura giuridica delle norme sulle prove. In: *Dall'azione al giudicato*. Pádua, 1983. p. 263 e ss.; do segundo, o texto da intervenção no mesmo simpósio, publicado sob o título Um avvenimento metodologico. In: *Processo e ideologie*, Bologna, 1969. p. 253 e ss." In: *Reflexos do novo código civil no direito processual*. 2. ed. Coordenadores Fredie Didier Jr.; Rodrigo Mazzei. Salvador: JusPodivm, 2007. p. 105.

(139) MIRANDA, Jorge. *Manual de direito constitucional*. Coimbra: Coimbra, 1988. t. IV, p. 255.

(140) OLIVEIRA, Carlos Alberto Álvaro de. *Polêmica sobre a ação:* a tutela jurisdicional na perspectiva das relações entre direito e processo. Organizado por Fábio Cardoso Machado; Guilherme Rizzo Amaral. Porto Alegre: Livraria do Advogado, 2006. p. 109.

(141) *Ibidem*, p. 109.

(142) Enfrentada amplamente por Daniel Francisco Mitidiero; Fábio Cardoso Machado; Gabriel Pintaúde; Guilherme Rizzo Amaral; Hermes Zaneti Júnior; Luiz Guilherme Marinoni e Ovídio Baptista da Silva. (MACHADO, Fábio Cardoso; AMARAL, Guilherme Rizzo (orgs.). *Polêmica sobre a ação:* a tutela jurisdicional na perspectiva das relações entre direito e processo. Porto Alegre: Livraria do Advogado,

a relação entre direito material e direito processual não se estabelece, apenas, entre o direito material e a ação, mas entre o direito material afirmado e todo o processo judicial, que tem naquele o referencial argumentativo de abertura à racionalidade prática procedimental.(143)

Dessa comunicação entre direito material e processo, além da chamada "criatividade" da função jurisdicional, tema a ser tratado no tópico seguinte (*infra*, 2.4), o outro aspecto a ser enfrentado é o da contemporânea significação do princípio dispositivo, em conexão com a tutela coletiva.

Pela doutrina processual "separatista" ou "dualista", de origem alemã,(144) tem-se o "princípio dispositivo no sentido processual ou impróprio" (*Verhandlungsmaxime*) e o "princípio dispositivo no sentido substancial ou próprio" (*Dispositionsmaxime*).(145) Este, entendido como o pedido de tutela do interesse material deduzido em juízo (*v. g.*, quando o autor propõe ou desiste da demanda, o réu reconvém, o vencido interpõe recurso);(146) que para o autor (da demanda) "nada mais é do que o direito de ação (*nemo judex sine actore, ne eat judex ultra petita partium*)".(147) Aquele, como a técnica relacionada com a estrutura interna do procedimento, manifestada a partir das iniciativas endoprocessuais (*v. g.*, quando as partes invocam ou não um fato, pedem ou desistem de determinada prova).(148)

Quanto ao segundo, vê-se a total interseção entre o direito substantivo e o processo, da factível dependência estabelecida pelo poder que a parte tem de "dispor" do seu interesse material e de pedir uma correspondente e adequada tutela processual (princípio dispositivo em sentido substancial), à viabilidade do próprio processo. Para *Carnacini*, há dependência entre o êxito do processo e o regime jurídico do próprio interesse da parte,(149) mesmo que este (a observação é nossa), sob o prisma material,

---

2006, *passim*). Ver nesse sentido: ARAGÃO, Egas Dirceu Moniz de. Hobbes, Montesquieu e a teoria da ação. In: *Revista de Processo*, n. 108, p. 9-22. MIRANDA, Francisco Cavalcanti Pontes de. *Tratado das ações*. 2. ed. São Paulo: Revista dos Tribunais, 1972. t. I, p. XLIII. SILVA, Ovídio Baptista. *Jurisdição e execução na tradição romano-canônica*. 2. ed. São Paulo: Revista dos Tribunais, 1997. p. 162.

(143) FAZZALARI, Elio. La dottrina processualística italiana: dall "azione" ao "processo" (1864-1994). *Rivista di Diritto Processuale*, ano 49, n. 4, Padova: Cedam, 1994, *passim*.

(144) LIEBMAN, Enrico Tullio. Fondamento del principio dispositivo. In: *Rivista di Diritto Processuale*, Padova: Cedam, ano XV, n. 4, out./dez. 1960. p. 551.

(145) CAPPELLETTI, Mauro. *El testimonio de la parte en el sistema de la oralidad*. Tradução para o espanhol de Tomás A. Banzhaf, primeira parte. La Plata: Platense, 2002. p. 294-295.

(146) É bem-vinda a advertência de Fazzallari no sentido de que o chamado "mito da ação" leva a um enfoque equivocado das construções processuais, que são sempre vistas do ponto de vista do autor (como se este fosse o único a quem se atribui legitimidade para provocar o processo) e que devem ser substituídas, diante da factível possibilidade de todas as partes o fazerem, para novas construções, a partir das várias posições subjetivas das partes no processo, o que conduz a uma nova apresentação da "ação" como "situação jurídica composta" integrada pelo conjunto de poderes, faculdades e deveres de todas as partes que a integram. FAZZALLARI, Elio. La esperienza del processo nella cultura contemporanea. In: *Rivista di Diritto Processuale*, v. XX, Padova: Cedam, 1965. p. 25-26.

(147) GRINOVER, Ada Pellegrini. *As garantias constitucionais do direito de ação*. São Paulo: Revista dos Tribunais, 1973. p. 73.

(148) CAPPELLETTI, Mauro. *El testimonio de la parte en el sistema de la oralidade*, p. 293-294.

(149) CARNACINI, Tito. Tutela giurisdizionale e técnica del processo, en los studi in onore di Enrico Redent, II. p. 695-772 *apud* CAPPELLETTI, Mauro. *El testemonio de la parte en el sistema de la oralidade*, p. 293-297.

se apresente pela sua afirmação, *in statu assertionis*, na petição inicial[(150)] e que a discussão judicial se centre na incerteza do direito material levado a juízo. Logo, complementa:

> [...] a supressão da disponibilidade do poder de pedir a tutela jurisdicional de determinado direito subjetivo e, assim, a supressão, em relação a este, do princípio dispositivo no processo, constitui seguro sinal da transformação da relação jurídica de privada em pública (...), da qual aquele direito subjetivo constitui elemento.[(151)]

Cappelletti, contudo, enfatizava que as novas necessidades e complicações do cotidiano da vida social refletem-se nas novas tutelas processuais, as "diferenciadas", dos novos "direitos sociais", difusos, fragmentados ou "coletivos", o que tem conduzido a uma passagem "das situações jurídicas substanciais tipicamente privadas-disponíveis, para situações substanciais que, pelo contrário, são mais ou menos completamente subtraídas da disponibilidade dos titulares do direito de ação."[(152)] Como observava *Carpi*, a correlação entre direito subjetivo e interesse legítimo, ínsita às relações individuais, tem outro significado quando transpassada para uma comunidade ou grupo.[(153)]

Disso decorre a necessidade de se distinguir o princípio dispositivo em sentido processual, com a significação de "domínio das partes sobre a conduta técnica do processo", escolhendo o *iter* e os meios processuais que lhe pareçam mais adequados (iniciativas endoprocessuais) e o princípio dispositivo em seu sentido substancial, relacionado à pretensão de direito material deduzida em juízo (iniciativas jurisdicionais), para concluir que "o primeiro, mas não o segundo pode ser derrogado, sem necessariamente traduzir a transformação, em sentido publicístico, do próprio direito substancial."[(154)]

Nesse contexto, duas conclusões: (a) de *Ovalle Favela*, citando *Fix-Zamudio*, no sentido de que o processo laboral não se pauta pelo princípio dispositivo, mas "[...] por el princípio de 'justicia social', el cual procura la proteccion jurídica de los seres econômicamente débiles, para tratar de lograr un equilíbrio efectivo entre los diferentes grupos o clases sociales";[(155)] e (b) de *Ráo*, para o qual a preocupação normativista pode, de um lado, levar a "largar, em plano inferior e como que acessório, o conceito

---

(150) MOREIRA, José Carlos Barbosa. *Legitimação para agir. Indeferimento da petição inicial.* Temas de direito processual. Primeira Série. 2. ed. São Paulo: Saraiva, 1988. p. 200.

(151) CARNACINI, Tito *apud* CAPPELLETTI, Mauro. *El testemonio de la parte en el sistema de la oralidad,* p. 293-297.

(152) CAPPELLETTI, Mauro. *Juízes legisladores?*, p. 15-16. Esse tema havia sido antes desenvolvido pelo próprio Cappelletti. Cf. Formações sociais e interesses coletivos diante da justiça civil. In: *Revista de Processo*, n. 5, ano 2, São Paulo: Revista dos Tribunais, jan./mar. 1977. p. 132-136. Em sentido contrário: LIEBMAN, Enrico Tullio. Fondamento del principio dispositivo. In: *Rivista di Diritto Processuale*, ano XV, n. 4, Milão: Cedam, out./dez. 1970. p. 553 e ss.

(153) CARPI, Frederico. Cenni sulla tutela degli interessi collettivi nel processo civile e la cosa giudicata. In: *Rivista Trimestrale di Diritto e Procedura Civile,* ano XXVIII, n. 3, Milão: Giuffrè, set. 1974. p. 957.

(154) CAPPELLETTI, Mauro. *Juízes legisladores?*, p. 16. Ver também, do mesmo autor, as várias acepções do princípio dispositivo no direito comparado: *El proceso civil en el derecho comparado. Las grandes tendencias evolutivas.* Tradução para o espanhol de Santiago Sentis Melendo. Buenos Aires: Europa-America, 1973. p. 3-39.

(155) FAVELA, José Ovalle. *Derecho procesal civil.* Cidade do México: Harla, 1980. p. 8.

de proteção jurisdicional dos direitos subjetivos; de outro lado, essa preocupação não consegue conduzi-los até ao desconhecimento do 'poder jurídico', ao titular dos direitos pertencentes, de, a este título, dar vida à ação".[156]

Assim, chega-se à conclusão de que, tratando-se de direitos "sociais" e "coletivos fundamentais", não há como se suprimir, da ordem positiva processual, mesmo que em nível constitucional, o princípio dispositivo em seu sentido substancial (como se pretendeu, *v. g.*, com a quase extinção do dissídio coletivo no Brasil, pela EC n. 45/04), pois a simples existência do direito material (cuja disponibilidade é praticamente ou totalmente subtraída dos seus titulares, isto é, daqueles para tanto legitimados a agir em juízo) levará à utilização, por adaptação, das vias processuais remanescentes. Pode-se fechar uma "porta" de acesso, mas outras serão viabilizadas e utilizadas no contexto do sistema posto. É a tutela do direito substancial como base da construção de um processo, não mais pela generalizada tendência de se criar "estatutos diferenciados", apontada por *Taruffo* como causa da "crise de coerência" e da disfunção instrumental do sistema,[157] mas, a partir de adaptações das vias processuais existentes, em função da natureza do seu próprio objeto.[158] Um novo enfoque à sua natureza instrumental e à própria técnica processual.[159]

Essa "revisita" aos instrumentos existentes deve se operar sem a visão autonomista ou conceitual que os concebeu, "a fim de conferir a eles nova feição, a partir das necessidades identificadas na fase instrumentalista",[160] e numa abordagem que leve em consideração critérios de racionalidade material e não apenas formal. Trata-se de se redefinir a sistemática dos instrumentos processuais de tutela jurisdicional em uso, em atividade de superação diante das ausências e ineficiências do sistema posto.[161]

Na família *civil law*, por uma nova interpretação dos princípios da fungibilidade e da adaptabilidade processual,[162] tanto em função da complexidade estrutural do

(156) RÁO, Vicente. *O direito e a vida dos direitos*. 4. ed. São Paulo: Revista dos Tribunais, 1997. v. II, p. 417.

(157) TARUFFO, Michele. *Sobre las fronteras*: escritos sobre la justicia civil. Tradução para o espanhol de Beatriz H. Quintero de Prieto. Bogotá: Temis, 2006. p. 47.

(158) Flávio Luiz Yarshell enfatiza: "[...] o processo também pode ser visto — sempre com olhos voltados para a tipicidade — como o 'instrumento da jurisdição'. Sob esse prisma, pensar no processo é pensar no modo pelo qual o Estado desenvolve a função jurisdicional e, ao mesmo tempo, pensar nos 'caminhos' ou 'remédios' postos à disposição do interessado para desencadear o exercício dessa função. Com tais considerações, não é difícil perceber, 'retorna-se' ao tema do ingresso em juízo; não exatamente sob o ângulo da 'ação' tal como já examinado, mas sob a ótica do meio colocado à disposição tanto das partes, quanto do próprio Estado para a declaração e atuação do direito". YARSHELL, Flávio Luiz. *Tutela jurisdicional*. São Paulo: Atlas, 1999. p. 167.

(159) Nas palavras de Cappelletti: "Pero este carácter de la instrumentalidad del derecho procesal, y la técnica misma del proceso, implica una consecuencia importante: lo mismo que cualquiera otro instrumento, así también aquel instrumento que es el derecho procesal, para ser eficaz o sea para conseguir cumplir eficazmente su finalidad, debe adaptarse a la particular naturaleza del próprio objeto. En otras palabras, debe asumir aquellas técnicas y valerse de aquellos institutos que son los más idoneos para el objeto de la garantia del derecho sustancial." CAPPELLETTI, Mauro. *El proceso civil en el derecho comparado:* las grandes tendencias evolutivas, p. 18.

(160) BEDAQUE, José Alberto dos Santos. *Direito e processo*. 4. ed. São Paulo: Malheiros, 2006. p. 16.

(161) TARUFFO, Michele. *Sobre las fronteras*, escritos sobre la justicia civil. *Op. cit.*, p. 55.

(162) Sobre o princípio da adaptabilidade, disse Calamandrei ao comentar a reforma processual civil italiana da metade do século passado: "A inovação verdadeiramente fundamental introduzida em matéria de formas pelo novo Código é, pelo contrário, outra: a que a Rel. Grandi, n. 16, denomina: 'o princípio da

sistema posto, quanto da sua ineficiência pontual, em conexão com os instrumentos disponíveis, a partir de um novo referencial de operabilidade e adaptabilidade do procedimento, menos formal e ritualista e mais flexível e construtivo.[163] Na família *common law*, pela *trans-substantivity*, nova criação do *Federal Rules of Civil Procedure*, que permite a utilização flexível dos distintos métodos de procedimento desenvolvidos, paralelamente, pelos sistemas do *common law writs* e *equity*, com o objetivo de evitar que a utilização de distintos instrumentos processuais possam interferir na tutela da relação substancial.[164]

O início da fase pós-instrumentalista.

2.4. O fenômeno da criatividade da interpretação judiciária. O novo desafio da jurisdição e do processo no suprimento das lacunas legislativas

Ainda em decorrência do nexo entre processo e direito material, examinar-se-á a questão da função "criativa" da atividade jurisdicional.

O preenchimento dos "vazios de efetividade" é o novo desafio da jurisdição contemporânea e será enfrentado, não na perspectiva da jurisdição atípica-normativa trabalhista, mas na da jurisdição civil comum.

Embora *Chiovenda*, o grande referencial da escola sistemática, propugnasse uma postura pró-ativa do julgador, retirando-o da concepção da sua neutralidade formal, fazia-o, como disse *Denti*, no contexto de uma ideologia processual publicista, de factível vocação autoritária,[165] sob o prisma da sua atuação procedimental ou

---

adaptabilidade do procedimento às exigências da causa', ou, de 'elasticidade processual'. [...] O Código tem tratado de temperar a excessiva rigidez, adotando, no lugar de um tipo de procedimento único e invariável para todas as causas, um procedimento adaptável às circunstâncias, que pode ser, em caso de necessidade, abreviado ou modificado, podendo assumir múltiplas figuras, em correspondência com as exigências concretas de cada causa." (CALAMANDREI, Piero. *Direito processual civil*. Campinas: Bookseller, 1999. v. I, p. 299-300). Para Souza: "[...] o princípio da adequação é peculiar ao Direito Processual do Trabalho, na medida em que a adequação deve ser feita ao Direito Material do Trabalho. Isto significa dizer que nada obsta, antes recomenda, a construção de um princípio da adequação ao Direito Civil no tocante ao Direito Processual Civil, da adequação ao Direito Penal no que tange ao Direito Processual Penal, [...]". SOUZA, Wilson Alves de. Princípios do direito processual do trabalho: o princípio da adequação e suas variantes. In: *Revista LTr*, São Paulo, 1986. p. 50-52, 171-172.

(163) LAMY, Eduardo de Avelar. *Princípio da fungibilidade no processo civil*. São Paulo: Dialética, 2007. p. 118.

(164) Notadamente nos chamados "*complex cases*" (tutela processual coletiva), nos quais: "[...] the result of the application of judicial power is the use of different, potentially outcome-determinative procedures or rules among similarly situated cases." TIDMARSH, Jay; TRAGSRUD, Roger H. *Complex litigation*: problems in advanced civil procedure. Nova York: Foudation, 2002. p. 8.

(165) Para Vittorio Denti: "Nel proporre l'avvento di um giudice che 'come organo dello Stato, non debba assistere passivamente alla lite [...] ma debba participare allá lite come forza viva e attiva' Chiovenda aveva presenti anche lê tese mengeriane del socialismo giuridico: 'col renderei l giudice più vivamente partecipe del rapporto processuale e più immediato il suo contatto com lê parti in causa — egli scriveva nel 1909 — si avvicina la giustizia alle classi meno abbienti bem più che com approntare organismi di defesa del povero, destinati a funzionare in modo troppo inadeguato al loro nobile fine' In questa adesione di Chiovenda alle ideologie comprensivamente definite 'pubblicistiche' è stata da taluno sottolineata uma vocazione autoritária che avrebbe fatto di lui um precursore di tendenze che sarebbero state poi enfatizzatte dalla ideologia giuridica del fascismo." DENTI, Vittorio. La giustizia civile. *A* cura di TARUFFO, Michele. *Op. cit.*, p. 31.

endoprocessual, sem o significado que o ativismo judicial pode conferir à aplicação do direito, pois, pelo contrário, via ele a jurisdição como atividade estatal que teria o objetivo de fazer atuar a "vontade da lei".(166)

No mesmo sentido, dentre tantos outros, *Galli*, para quem a jurisdição seria a atividade estatal "[...] diretta ad attuare la legge ed applicarla nei casi singoli"(167), tendo, nessa concepção, o Juiz como um "longa manus del legislatore".(168)

Tesoriere, citando *Carnacini*, apontava o ponto alto da obra de *Redenti*, manifestado pela sua concepção do método indutivo, que envolvia, tanto quanto possível, a utilização da experiência para o caso concreto. Dizia *Tesoriere* que na ciência processual sucedia com *Redenti* algo de novo; e a novidade maior era a de que o homem, a vida e a história retomavam o seu lugar na consideração do jurista.(169)

Dando um passo adiante, no campo da hermenêutica, *Betti* sustentava que a jurisdição implicaria no estabelecimento de um vínculo do qual se extrai o valor da norma, estabelecendo-lhe um preceito enunciativo, igualmente de conteúdo normativo.(170)

Satta, enfatizando que o juiz antecede ao legislador, propugnava que o comando, no qual a vida jurídica se processa, se exprime e se afirma, é estabelecido em duas etapas: primeiro, na lei, e, depois, na jurisdição, que a lei, como comando concreto, encontra a sua significação, cabendo ao juiz esse controle.(171)

Após a distinção funcional de *Carnellutti*, que colocava, de um lado, a legislação como subespécie normativa na produção do direito em série e, de outro, a jurisdição para cada caso singular;(172) além da sua proclamação pela equidade na insuficiência legislativa,(173) pode-se dizer que foi em *Processo e Democracia*, no Capítulo II: "Giustizia, política: sentenza e sentimento", que *Calamandrei* enfrentou o tema da criação judiciária do direito frente ao princípio da separação de poderes.(174) Para ele, a transformação da política em direito, quando em vez, aparece por criação, não do legislador,

(166) CHIOVENDA, Giuseppe. *Instituições de direito processual civil*. Tradução da 2. ed. italiana de J. Guimarães Menegale. São Paulo: Saraiva, 1942. v. 1, p. 254.

(167) O trecho correspondente, na tradução é: "[...] diretamente a fazer atuar a lei e a aplicá-la no caso singular".

(168) GALLI, Bindo. Il concetto di giurisdizione. In: *Stuti Mariano D' Amélio*, 1933, v. 2, p. 177 *apud* MARQUES, José Frederico. *Tratado de direito processual penal*. São Paulo: Saraiva, 1980. v. 1, p. 222.

(169) TESORIERE, Giovanni. Appunti per uma storia della scienza del processo civile in Itália dall'unificazzione ad oggi" (parte II e III). In: *Rivista Trimestrale di Diritto e Procedura Civile*, anno XXVI, Milão: Giuffrè, dez. 1972. p. 1.591. Em nota de rodapé 37: "A sua produção jurídica — escreve Carnacini, citando Redenti, cit. XIV, p. 1.105 — constitui [...] uma manifestação destacada do método indutivo, graças ao qual Redenti procedendo por graus e após um conjunto, sem mais contradizer-se, adquiria uma visão do ordenamento jurídico, em si e por si mesma orgânica". *Loc. cit.* Cf. também REDENTI, Enrico. *Diritto processuale civile*. Milão: Giuffrè, 1952. v. I, p. 3-91.

(170) BETTI, Emilio. *Interpretazione della legge e degli atti giuridici*. 2. ed. Milão: Giuffrè, 1971. p. 226.

(171) SATTA, Salvatore. Di alcuni problemi della giurisdizione. In: *Rivista Trimestrale di Diritto e Procedura Civile*, anno XII, n. 1, Milão: Giuffrè, mar. 1959. p. 452.

(172) CARNELUTTI, Francesco. *Teoria geral do direito*. Tradução de A. Rodrigues Queirós e Artur Anselmo de Castro. Rio de Janeiro: Âmbito Cultural, 2006. p. 135.

(173) VIOLA, Francesco. Metodologia, teoria ed ideologia del diritto in F. Carnelutti. *Rivista di Diritto Processuale*, v. XXII, Padova, 1967. p. 53.

(174) CALAMANDREI, Piero. *Processo e democrazia*, p. 54.

mas do juiz, para o caso singular e como *lex specialis*, pois a atividade judicante expressa na sentença envolve certas premissas de ordem geral, absorvidas da sociedade: a chamada "equidade social".[175]

A utilização da expressão *lex specialis* por *Calamandrei*, como o produto da interpretação do juiz, tem enorme significação no contexto da hermenêutica jurisdicional, pois a maior dificuldade na construção de uma "teoria das fontes", para se dizer e se saber o que constitui o direito é, justamente, a "questão de saber como a *validade* encarna na realidade social-histórica, adquirindo vigência, mais exatamente adquirindo o modo de ser próprio do direito".[176]

Exatamente por isso é que há regramentos metodológicos que objetivam conferir estrutura e coordenação ao ordenamento, tornando-o o mais harmônico possível, inclusive na intrincada correlação entre os elementos normativos e não normativos. E, dentro dessa dinâmica do regramento estrutural do próprio direito positivo, a *lex specialis*[177] se sobrepõe a todas as outras. Ao propósito, *Ferraz Júnior*, tratando da regra estrutural, é claro:

> [...] é o princípio da *lex superior* (regra segundo a qual a norma que dispõe, formal e materialmente, sobre a edição de outras normas prevalece sobre estas em caso de contradição: as normas constitucionais prevalecem sobre as leis ordinárias), ou o da *lex posterior* (havendo normas do mesmo escalão em contradição, prevalece a que, no tempo, apareceu por último), ou o da *lex specialis* (a norma especial revoga a geral no que dispõe especificamente)".[178]

Iniciava-se, assim, a construção de uma espécie evolutiva da argumentação jurídica de aplicação judiciária concreta. Menos formal e extensiva, mais histórica e sociológica.

Torrente, em seu estudo em memória de *Túlio Ascarelli*, enfatizava um dos pontos firmes na obra do homenageado: a função criativa e evolutiva da interpretação.[179] A partir de uma observação do sistema *common law* e dos ensaios de *Cardoso*, *Ascarelli* fez duas constatações: a de que a quantidade de normas seria inversamente proporcional à liberdade de interpretação; e que o maior tecnicismo e a maior regulamentação do direito material levariam à diminuição da ação criativa da jurisprudência, que tende a ficar mais conceitualista, negligenciando as contribuições da boa-fé e da equidade. Isso se revelava, na experiência italiana, no primeiro caso, pelo rigor técnico da legislação substantiva civil então vigente e, no segundo, pelo exemplo paradigmático da extensão judicial dos efeitos das convenções coletivas de

(175) *Ibidem*, p. 52-54.

(176) MACHADO, J. Batista. Introdução ao estudo e ao discurso legitimador. 10. reimpressão. Coimbra: Almedina, 1997. p. 153 *apud* TUCCI, José Rogério Cruz. *Precedente judicial como fonte do direito*. São Paulo: Revista dos Tribunais, 2004. p. 21.

(177) Dizia Carnelutti: "Esta diferença, baseada no critério da *lex generalis* e da *lex specialis*, é bastante conhecida e exprime-se, quanto à jurisdição, na chamada limitação dos efeitos do caso julgado, que é o nome por que designa o produto da atividade jurisdicional." *Teoria Geral do Direito*, p. 135.

(178) FERRAZ JÚNIOR, Tércio Sampaio. In*trodução ao estudo do direito*. São Paulo: Atlas, 1989. p. 165.

(179) TORRENTE, Andrea. Il giudice e il diritto. In: *Rivista di Diritto e Procedura Civile*, anno XVI, n. 4. Milão: Giuffrè, dic. 1962. p. 1.261.

trabalho aos trabalhadores não sindicalizados.[180] Para *Ascarelli*, a experiência jurídica se move entre os polos da legalidade e da justiça substancial, que a realização processual se propõe a realizar.[181] Negando a objetiva preexistência à obra do intérprete de uma norma unívoca, conclui que é na aplicação concreta da norma que esta assume sentido e valor.[182]

Além das contundentes críticas de *Carnelutti*,[183] do ponto de vista fenomenológico e da verificação das tendências evolutivas da realidade no plano internacional, a segunda tese de *Ascarelli*, no sentido de ser a atividade judicial criativa inversamente proporcional à produção normativa, não se confirmou definitivamente.

Tanto nos países de *common law* quanto nos de *civil law*, a hipertrofia legislativa trouxe consigo a paralela e crescente criação do direito judiciário, em fenômeno universal, reflexo da expansão do Estado contemporâneo em todos os seus segmentos e que só confirma que norma legislativa, por mais completa que seja, sempre traz implícitas lacunas que devam ser preenchidas pelo seu aplicador.[184]

Na família *common law*, o aumento da produção normativa na segunda metade do século XX na Inglaterra,[185] longe de diminuir a criação judiciária do direito, fê-la aumentar. Explica *Leslie Scarman*:

> O juiz inglês moderno ainda vê a lei promulgada (*enacted law*) como uma exceção, um enxerto, ou correção do *customary law* em suas mãos: ele confere uma lealdade inabalável à palavra promulgada pelo Parlamento, mas interpreta essa palavra de maneira estrita, no seu "contexto da legislação" (*statutory context*) e partindo sempre da premissa, geralmente não mencionada, de que o Parlamento legisla em oposição às bases de um *customary law* totalmente abrangente.

Essa acentuada expansão da atividade criativa do julgador guarda sintonia com uma nova concepção das atividades políticas do Estado contemporâneo e dos seus

---

(180) *Ibidem*, p. 1.264-1.266.

(181) ASCARELLI, Tullio. Processo e democrazia. In: *Rivista Trimestrale di Diritto e Procedura Civile*, ano XII, n. 3, Milão: Giuffrè, set. 1958. p. 857-859.

(182) ASCARELLI, Tullio. In tema di interpretazione ed applicazione della legge (Lettera al prof. Carnelutti). In: *Rivista di Diritto Processuale*, v. XIII, Padova, 1958. p. 14-22.

(183) Em resposta a Ascarelli, Francesco Carnelutti dizia: "A diferença se se quisesse exprimir em termos modernos e ao Senhor particularmente, pode se mostrar na acepção de que o Senhor seja o homem do *case law* e eu aquele do *statutary law*, tomando apropriadamente *law* como direito. Se há um jurista persuadido da insuficiência da lei, eis-me aqui. Se há um jurista absorto e quase estático ante o problema, para não dizer o mistério da exceção, sou verdadeiramente eu; [...]. Mas, alguém reconhecer a deficiência da lei não quer dizer refutar-lhe a necessidade." Risposta al prof. Ascarelli. In: *Rivista di Diritto Processuale*, v. XIII, Padova, 1958. p. 22-26. O texto no original: "La differenza, se si volesse esprimere in termini moderni, e a Lei particolarmente familiari, potrebbe apparire nel senso che Lei sai l'uomo del 'case law' ed io quello dello 'statute law', prendendo, beninteso, 'law' per diritto. Ma, almeno quanto a me, non sarebbe uma espressione puntuale. Se c'è um giurista persuaso della insufficienza della legge, eccomi qua. Se c'è um giurista assorto e quase estático davanti al problema per non dire al mistero dell'eccezione, sono veramente io; [...] Ma, diamine, riconoscere l'insufficienza della legge non vuol dire negarne la necessita."

(184) CAPPELLETTI, Mauro. *Juízes legisladores?*, p. 20-21.

(185) Leslie Scarman, em palestra de 1975: "Apesar do grande volume da 'legislação' (*statute law*) dos tempos modernos (por exemplo, em 1971 foram promulgados 81 *Public General Acts*, perfazendo um total de 2.110 páginas — o tamanho atual da Coletânea Legislativa — *Statute Book* — é de aproximadamente 43.000 páginas), o *common law* sobrevive como base do sistema jurídico inglês." SCARMAN, Leslie. *O direito inglês*: a nova dimensão. Tradução de Inez Tóffoli Baptista. Porto Alegre: Fabris, 1978. p. 16.

núcleos de atuação, em combinação com o chamado sistema de freios e contrapesos (*checks and balances*), ínsito ao Estado Democrático de Direito e também a uma nova visão do "espírito" do hoje "mito" da separação dos poderes, que trataremos adiante (*infra*, 7.5.1).

De fato, como sustenta *Bergalli*, citando *Ferrajoli*, os conflitos entre moral e direito, normatividade axiológica e eficácia concreta, idealismo e realismo, e entre racionalidade substancial e racionalidade formal, se convertem em antinomias jurídicas entre normas positivas e a interpretação delas pelos juízes, próprias do processo de formação do Estado Democrático de Direito.[(186)]

O certo é que há, no contexto da jurisdição em geral, uma redefinição do papel interpretativo da norma legislativa.

Ultrapassado o modelo da passividade do juiz, em razão da necessidade de segurança jurídica, imposto pela rigidez do método teórico-positivista e o da ficção do silogismo judiciário,[(187)] que condenava o intérprete ao caminho estreito da lógica formal, levando-o a conclusões absurdas e soluções práticas inimagináveis,[(188)] a hermenêutica jurisdicional passa a ser a da racionalidade não formal, mas material; não mais para a manutenção do padrão da ordem jurídica positiva, mas para lhe alargar o alcance para os amplos setores da classe trabalhadora, suprindo-se os vazios de efetividade.[(189)] Deixa de ser técnica de interpretação de um enunciado, mesmo por uma lógica que busca o "espírito" da norma posta (técnica que busca resultados lógicos, mas nem sempre legítimos), para tornar-se "fenômeno" de compreensão; deixando de ser "auxiliar" do direito para tornar-se sua "essência".

Evidentemente, essa constatação assume proporções inimagináveis, em uma prospecção de direitos coletivos, metaindividuais, transindividuais, até em razão da profunda transformação que estes operaram em termos de estrutura judiciária de tutela.[(190)] Voltaremos, adiante, ao enfrentamento do tema mais especificamente (*infra*, 6 e 7.5.2).

---

(186) BERGALLI, Roberto. *Hacia una cultura de la jurisdicción*: ideologias de jueces y fiscales. Buenos Aires: Ad-hoc, 1999. p. 309.

(187) A explicação é de Garcia: "[...] desde o começo do século XIX sustentou-se uma doutrina hoje considerada como notoriamente errônea, de que a norma individualizada, sentença judicial ou resolução administrativa é um silogismo, no qual a premissa maior estaria representada pela norma geral (lei); a premissa menor, pela verificação dos fatos relevantes, juridicamente qualificados; e, a conclusão, pela sentença." GARCIA, Juvêncio Gomes. *Função criadora do juiz*. Brasília: Brasília Jurídica, 1966. p. 57.

(188) TARUFFO, Michele citando DOUGHERTY. *Absurdity and the limits of liberalism:* defining the absurd result principle in statutori interpretation, em 44 Am. Um. Law Rev, 1994. p. 127 ss. *Sobre las fronteras*: escritos sobre la justicia civil. *Op. cit.*, p. 162-163. Cf. também: AGUIAR JÚNIOR, Ruy Rosado. Interpretação. In: *Revista Ajuris*, Porto Alegre, mar. 1989. p. 16-17.

(189) ROBUFFA, Giorgio. La funzione giudiziaria. Torino: Giappichelli, 1988 *apud* CAMPILONGO, Celso Fernandes. Os desafios do Judiciário: um enquadramento teórico. In: FARIA, José Eduardo (org.). *Op. cit.*, p. 31.

(190) Tratando do tema, disse Cappelletti: "Não cairemos na rede do jus-positivismo dogmático, segundo o qual deveremos primeiro procurar nos 'textos' (ordinários ou constitucionais) a solução e após atender o surgimento de um fenômeno ou acontecimento de 'colocar' no texto. Nossa interpretação não parte dos textos, mas dos fenômenos da realidade. A realidade de hoje se coloca diante das formações sociais e dos interesses do grupo talvez esquecido ou ignorado em 1942 ou, ainda, em 1947. Partiremos, todavia, desta data real — e da análise de sua exigência concreta atual — para entender os textos, eis que

Visto o fenômeno, cabe-nos, em breve análise, o exame dos seus limites, causas e, por fim, o da sua assimilação e controle pela sociedade, em conexão com a legitimação dos juízes.

2.4.1. Os limites

A superação ao positivismo jurídico, como condição para as decisões adequadas e socialmente receptivas, não pode conduzir à negação da ordem jurídica positiva, pois "num estado democrático-constitucional, a lei parlamentar é, ainda, expressão privilegiada do princípio democrático".(191) Continuam atuais, portanto, as colocações de *Betti*, no sentido de que a manifestação mais explícita do direito é a norma jurídica,(192) e a de *Dromi*, no seguinte sentido: "La jurisprudência es el gran medio para mejorar y hasta para corregir las leyes, sin necesidad de derogarlas ni cambiarlas."(193) É da adequação entre a aplicação da norma e a subjetivação do juiz, na sua interpretação, que se encontrará o eixo a balizar a atuação jurisdicional.

Embora a qualificação jurídica dos fatos dificilmente se conforme com a posição silogística, esta não pode ser completamente descartada, devendo ser aceita, ao menos como ponto de partida, servindo "quando o texto legal é formulado na língua comum, contendo de preferência elementos quantitativos determináveis por um processo insuscetível de contestação".(194)

A despeito do referencial normativo, haverá sempre certo grau de discricionariedade do aplicador na sua interpretação e aplicação, tendo ele ou não essa consciência. E isso, como bem observado por *Betti*, é ínsito a toda atividade interpretativa, tenha o direito, ou não, como objeto. Os seus limites serão vistos e estabelecidos para o caso concreto, pois a *lex specialis*, fruto da interpretação, é construída, casuisticamente, para a aplicação a determinado conflito.

A superação da concepção da autoridade da lei a partir da referência do poder normativo estatal, expressão da sua clássica dimensão "Estado-Legislador", tendo como pressuposto a legitimidade que se atribuía aos seus agentes políticos, traz, em paralelo, os limites impostos pela clara subordinação que a lei deve ter à Constituição e aos princípios e direitos fundamentais da dignidade da pessoa humana. Como observa *Ferrajoli*: "[...] no modelo constitucional garantista, a validade já não é um dogma ligado à mera existência formal da lei, mas a uma qualidade contingente da mesma ligada à coerência de seu significado com a Constituição, coerência mais ou menos

---

acreditamos que também a interpretação do jurista deva esforçar-se por ser sobretudo uma realista *adequatio intellectus ad rem*, ao invés de uma absurda *adequatio rei ad intelectum*." CAPPELLETTI, Mauro. Formações sociais e interesses coletivos diante da justiça civil. In: *Revista de Processo*, n. 5, ano 2, São Paulo: Revista dos Tribunais, jan./mar. 1977. p. 159.

(191) CANOTILHO, José Joaquim Gomes. *Op. cit.*, p. 300-301.

(192) BETTI, Emílio. *Op. cit.*, p. 226.

(193) DROMI, Roberto. *Los jueces*. Buenos Aires: Ciudad Argentina, 1992. p. 81.

(194) PERELMAN, Chaim. Logique juridique: nouvelle rhétorique. Paris: Dalloz, 1976. p. 33 *apud* AZEVEDO, Plauto Faraco. *Aplicação do direito e contexto social*. São Paulo: Revista dos Tribunais, 1996. p. 135.

opinável e sempre remetida à valoração do juiz".[195] Esse novo conceito de legalidade, rompendo a sua conceituação tradicional, a partir da constatação da imprescindibilidade do controle jurisdicional de constitucionalidade da lei, impõe, por si só, limites à hermenêutica judicial, notadamente a criativa, que tem na Constituição a sua grande referência.[196]

É importante acentuar que esse controle de constitucionalidade, ínsito à função jurisdicional, atua, não só no expurgo da norma inconstitucional ou da que viole os preceitos fundamentais, mas também no suprimento das omissões que os agridam.[197] Essa análise é importante no que concerne ao objeto do presente estudo, pois, fica a constatação: sempre que houver "lacunas legislativas" na efetivação dos valores constitucionais ou fundamentais, abrem-se as "portas" de atuação da função jurisdicional, no seu relevante papel no Estado contemporâneo, que diz respeito ao suprimento dos "vazios de efetividade".

O grande referencial argumentativo é, portanto, a *rule of law*[198] e, em nível superior, a Constituição e os direitos fundamentais. Este é o limite à atuação criativa do julgador.

Na família *common law*, entretanto, esta baliza apresenta nuances de perspectiva, frente às características próprias da jurisdição ali exercida.

Embora na Inglaterra vigore, em tese, o princípio da *parliamentary supremacy*,[199] a partir do *Act of Settlement*, de 1701, que conferiu independência aos juízes, mas subordinou-os à lei parlamentar, a atuação jurisdicional encontra-se pautada na *declaratory theory*, que, aliada à *purposive interpretation* e, embora formalmente atrelada à norma parlamentar, permite uma ampla abertura à "descoberta" do escopo normativo no contexto social e histórico, que leva à utilização da *equity*.[200] É bom

(195) FERRAJOLI, Luigi. El derecho como sistema de garantías. Justicia penal y sociedad. In: *Revista Guatemalteca de Ciências Penales*, v. III, n. 5, ago. 1994 *apud* CÁRCOVA, Carlos Maria. *Direito, política e magistratura*. Tradução para o português de Rogério Viola Coelho e Marcelo Ludwig Dornelles Coelho. São Paulo: LTr, 1996. p. 208.

(196) CAPPELLETTI, Mauro. Il controllo di constituzionalità delle leggi nel quadro delle funzioni dello stato. Studio destinato agli scritti in onore a GuidoZanobini. In: *Rivista di Diritto Processuale*, ano XV, n. 3, Padova: Cedam, jul./set. 1960. p. 376-417.

(197) Sobre o tema da inconstitucionalidade por omissão, observa Miranda: "A omissão inconstitucional caracteriza-se: a) pela falta ou insuficiência de medidas legislativas; b) pela falta de adoção de medidas políticas ou de governo; c) pela falta de implementação de medidas administrativas, incluídas as medidas de natureza regulamentar, ou de outros atos da Administração pública." MIRANDA, Jorge. *Op. cit.*, p. 394-396. Marinoni conclui: "Por isso, não há razão para entender possível o controle da constitucionalidade da lei e julgar inviável o controle da constitucionalidade da falta de lei. Ora, se o juiz deve controlar a atividade legislativa, analisando a sua adequação à Constituição, é pouco mais do que evidente que a sua tarefa não deve se ater apenas à lei que viola um direito fundamental, mas também à ausência de lei que não permite a efetivação de um direito desse porte." MARINONI, Luiz Guilherme. A jurisdição no Estado contemporâneo. In: *Op. cit.*, p. 33.

(198) "Se comprende fácilmente, por otra parte, que en el problema relativo a la *rule of law* se refleja el problema fundamental, común a todos los ordenamientos y a todas las formas de administración de justicia, del conflicto dialéctico entre la exigencia de obtener 'decisiones basadas en normas', con el riesgo consiguiente del formalismo como fin en si mismo, y las tendências que inclinan en el sentido de privilegiar la 'justicia del caso individual', con el simétrico riesgo de la desigualdad y del arbítrio." TARUFFO, Michele. *Sobre las fronteras*: escritos sobre la justicia civil, p. 160-161.

(199) Aqui com o significado de "supremacia parlamentar".

(200) TARUFFO, Michele. *Sobre las fronteras*: escritos sobre la justicia civil, p. 162-163.

repetir, como já dito por Scarman, que o respeito à lei (*enacted law* ou *statutory law*) pelo juiz inglês, embora não dito abertamente, faz-se na perspectiva de que esta é uma correção restritiva ou um apêndice do *customary law*, este sim, totalmente abrangente.(201) Por isso que *Taruffo*, citando *A. Scalia*, conclui que a *declaratory theory*, da hermenêutica judicial inglesa, ao defender uma aplicação da lei parlamentar, "[...] is a convenient figure of speach but not a statement of reality."(202)

A posição norte-americana da hermenêutica legal, entretanto, apresenta outras particularidades, pois deve ser confrontada com as concepções ali existentes do sistema da separação de poderes e do seu desdobramento em *checks and balances*, em conexão com a cláusula do *due process*, esta enfocada, tanto no seu aspecto "processual", quanto no "substancial".

Na acepção "substancial", como observa *McCloskey*, instalou-se uma nova metodologia de hermenêutica judicial, a partir do paradigmático *case Marbury v. Madison*, de 1803, no âmbito da qual cada juiz — e, em última instância a Corte Suprema — pode exercer um controle de constitucionalidade das leis, com fundamento em um caráter substantivo do princípio do *due processo of law*, controlando-se, pela razoabilidade e racionalidade a "justiça" das leis ou os "motivos" do legislador, em função de um real e substantivo nexo com o objetivo que se quer atingir para o caso concreto,(203) pois, como dito anos depois, no *case Mayer v. Peabody, 212, US 78*, de 1908, "[...] what is due process of law depends on the circunstances".(204)

Na acepção "processual", é elucidativa a explicação de *Tidmarsh* e *H. Trangsrud*, a respeito da cláusula do *due process*, que se pode apresentar em quatro acepções: (a) como respeito ao procedimento e ao direito de defesa, individualmente considerado, mesmo que em *complex litigation*,(205) onde centenas e até milhares de querelantes se agregam no polo ativo ou passivo da demanda (*Mullane v. Central Hanover Banc & Trust Co., 339 US 306 — 1950*), aproximando-se do conceito formal do *adversarial system*,(206) entendido como "[...] a strong method of ensuring an affected individual´s opportunity to be heard";(207) (b) também como possibilidade de limitação estatal à opção pelo *adversarial procedure* (*Hansberry v. Lee, 311 US 32, 40 — 1940*; *Goldberg v. Kelly, 397 US 254 — 1970*; *Joint Anti-Facist Refugge Comm. v. McGrath, 341 US 123, 170 — 1951*);(208) (c) como obrigatoriedade de fundamentação das decisões judiciais

(201) SCARMAN, Leslie. *Op. cit.*, p. 16.

(202) TARUFFO, Michele. *La giustizia civile*, p. 163. O trecho correspondente na tradução é: "[...] uma conveniente figura de expressão, mas não uma constatação da realidade".

(203) CLOSKEY, Robert Mc. *The American Supreme Court*. Chicago: Chicago University, 1960. p. 54-80. No mesmo sentido: TARUFFO, Michele. *Sobre las fronteras*: escritos sobre la justicia civil, p. 164, e BARROSO, Luis Roberto. *Interpretação e aplicação da Constituição*. 5. ed. São Paulo: Saraiva, 2003. p. 219-220.

(204) CASTRO, Carlos Roberto de Siqueira. *O devido processo legal e a razoabilidade das leis na nova Constituição do Brasil*. 2. ed. Rio de Janeiro: Forense, 1989. p. 56. O trecho correspondente traduzido é: "[...] o que é o devido processo legal, depende das circunstâncias".

(205) Aqui com o significade de tutela processual coletiva.

(206) Como expressão do princípio do contraditório e da ampla defesa e em oposição ao sistema inquisitorial.

(207) TIDMARSH, Jay; TRAGSRUD, Roger H. *Op. cit.*, p. 2. A parte transcrita na tradução é: "[...] um forte método para assegurar a efetivação da oportunidade individual de ser ouvido".

(208) *Loc. cit.* Nesse *case*, o Juiz Felix Frankfurter afirma que "o *due process* é produto da história, da razão, do fluxo das decisões passadas e da inabalável confiança na forma da fé democrática que passamos. *Due*

(*Japanese Elec. Prods. Antitrust Litig. 631 F. 2d 1069 — 3d Cir. 1980*);[(209)] e, finalmente, (d) pela necessidade de opção pelos procedimentos que minimizem os custos financeiros dos processos (*Mathews v. Eldridge, 424 US 319 — 1976*).[(210)]

No sentido "substancial" ou impróprio, a cláusula do *due process* ensejou uma mudança radical naquilo que *McCloskey* chamava de *genesis and nature of judicial power*, proporcionando verdadeira invasão, pelo Judiciário norte-americano, ao âmbito material reservado aos outros poderes, que se traduziu em uma expansão desenfreada da atividade "criativa" dos seus juízes,[(211)] embora se tenha constatado, posteriormente, a existência de uma factível diferença entre o julgamento dos "motivos determinantes do legislador" (cláusula do *due process* em seu sentido substancial) e o controle de constitucionalidade que os juízes possam exercer, ainda que pela aplicação do princípio constitucional da razoabilidade, a despeito de que, em ambos os casos, nas palavras de Paulo Bonavides, a atuação seja: "[...] substancialmente política".[(212)]

A própria posição da escola sociológica americana de hermenêutica, liderada por *Benjamin Cardozo* (1870-1938) e *Oliver Holmes* (1841-1936), a par de sua enorme contribuição para a evolução do pensamento jurídico, pelo realce, tanto do sentido da mutabilidade do direito (sendo sua prática mais experiência e menos lógica), quando da ponderação das realidades sociais, da consideração da relatividade do humano e, finalmente, da constatação da presença de processos subconscientes na tarefa judicial, tinha o referencial de justiça e do bem-estar social atrelado à norma legislativa. Os outros elementos seriam as bases que norteariam a interpretação do julgador, mais ou menos extensiva diante de cada caso concreto,[(213)] como ocorreu, *v. g.*, no famoso *case Adams v. Tanner (273, argued may 7, 1917; decided june 11, 1917; 244 US 590)*, tratando especificamente de relações de trabalho.[(214)]

---

process não é um instrumento mecânico. Não um padrão. É um processo. É um delicado processo de adaptação que inevitavelmente envolve o exercício do julgamento por aqueles a quem a Constituição confiou o desdobramento desse processo." CASTRO, Carlos Roberto de Siqueira. *Op. cit.*, p. 56.

(209) *Loc. cit.*

(210) No original: "This understanding of due process is especially consonant with the law-and-economics account of procedure." TIDMARSH, Jay; TRAGSRUD, Roger H. *Op. cit.*, p. 3.

(211) Notadamente entre o final do século XIX e início do século XX, até 1937.

(212) BONAVIDES, Paulo. *Curso de direito constitucional*. 12. ed. São Paulo: Malheiros, 2002. p. 269. Cf. CLARO, Roberto Del. Devido processo substancial? In: MARINONI, Luiz Guilherme (coord.). *Estudos de direito processual civil, em homenagem ao professor Egas Dirceu Moniz de Aragão*. São Paulo: Revista dos Tribunais, 2006. p. 194. O autor observa que, no caso brasileiro, alguns membros do Supremo são adeptos da doutrina do *substantive due process*, conforme declaração de voto proferido na ADIn n. 1.511-7/DF, seguindo a posição assumida por CASTRO, Carlos Roberto Siqueira de. *Ibidem*, p. 209. Remete-se ainda a OLIVEIRA FILHO, Francisco José Rodrigues. O controle judicial do excesso legislativo e dos atos discricionários da administração pública no devido processo legal substancial. In: ABREU, Pedro Manoel; OLIVEIRA, Pedro Miranda (coords.). *Direito e processo*: estudos em homenagem ao desembargador Norberto Ungaretti. Florianópolis: Conceito, 2007. p. 155-164.

(213) HERKENHOFF, João Batista. *Como aplicar o direito*. 3. ed. Rio de Janeiro: Forense, 1994. p. 62-63.

(214) Julgou-se a constitucionalidade de uma lei do Estado de Washington, que proibia a intermediação, o agenciamento e a locação de mão de obra, mediante cobranças de taxas e emolumentos. Disponível em: <http://supreme.justia.com/us/244/590/case.html> Acesso em: 9.9.2008. Naquele *case* trabalhista, as duas escolas da hermenêutica constitucional norte-americana estiveram frente a frente. Como observou Oliveira Viana: "1º) de um lado, os partidários do método clássico, da *old school* de *Corwin*, da *mechanical jurisprudence*, de *Pound*; puros intérpretes da leitura da lei, manejadores rigoristas e mecânicos das regras

A partir da década de 1980, o chamado *judicial activism*, aqui entendido como atuação judicial que traz ínsita a criação do direito, passou a ser mais intensamente criticado e, inclusive, considerado de forma negativa pelo Senado norte-americano, quando das avaliações dos indicados como *Justices* da Suprema Corte.(215)

O que prevalece, em ambos os sistemas, é que a missão do juiz é a de decidir pela aplicação dos valores constitucionais, descobrindo-se, a partir deles, para o caso sob julgamento, os ideais de justiça social. Como dito por *Fiss*: "Adjudication is the social process by meaning to our public values".(216)

É na Constituição e nos direitos fundamentais que se encontra o limite substancial da criatividade judiciária, tendo sempre a norma positiva como referencial. A criação da norma judiciária nasce pelos espaços deixados na legislação ou pela sua adaptação às situações concretas.

Essa conclusão confirma a primeira, mas não a segunda constatação de *Ascarelli*: a de que o "grau" de criatividade judicial é inversamente proporcional ao nível de detalhamento das prescrições legislativas na família *civil law*,(217) ou dos precedentes judiciários, na família *common law*.(218) Nos julgamentos por "equidade", portanto, o grau de criatividade é maior do que fora deles.

2.4.2. As causas

Pode-se dizer, no contexto metodológico dos limites impostos pelo objeto da presente investigação, que, dentre tantas, duas causas fundamentais podem ser observadas: (a) a reação ao positivismo e ao formalismo exageradamente científico e

---

da interpretação, verdadeiros *grammariens* de *codes*, da ironia de *Máxime Leroy*, presos ao literalismo dos textos e ao automatismo da aplicação dos *stare decisis* (Yaft, Sutherland, Butler, etc.); 2º) de outro, os partidários do método sociológico ou realista, da *new school*, da *sociological jurisprudence* de *Llewllyn* (Holmes, Brandeis, Stone, Cardozo), espíritos pragmatistas, para os quais a Constituição é um instrumento de que a sociedade se utiliza para os seus fins de progresso e de ordem, uma construção plástica e dinâmica, cujo texto deve estar permanentemente vitalizado pelos influxos das realidades sociais, e que vão pedir à observação dos fatos presentes e aos dados estatísticos o sentido dos textos constitucionais. Sentido que os partidários da escola clássica vão buscar no pensamento dos fundadores, Hamilton ou Jefferson; na doutrina de Marshall e seus companheiros; ou na força imobilizante dos precedentes judiciários (*stare decisis*). VIANA, Francisco José de Oliveira. *Problemas de direito corporativo*. Brasília: Câmara dos Deputados, 1983. p. 26-31.

(215) Cinco causas principais passaram a ser apontadas como pontos "críticos": (a) o direcionamento da solução do litígio para além dos seus limites; (b) a utilização de um litígio individual, como veículo de imposição de comandos extensíveis a classes e categorias; (c) a imposição de pontos de vista legais sobre governos e sociedades; (d) o estabelecimento de imprecisos e obscuros requisitos processuais; e (e) a autoimposição do Judiciário sobre outras instituições. EPSTEI, Lee; SEGAL, Jeffrey A. *The politcs of judicial appointments*. Nova York: Oxford University, 2005. p. 64.

(216) FISS, Owen. The forms of justice. In: *Harvard Law Review*, v. 93, nov. 1979. p. 2. O autor usa 'adjudicação' como 'jurisdição'. O trecho na tradução é: "A jurisdição é o processo social de descoberta dos nossos valores públicos."

(217) TORRENTE, Andrea. Il giudice e il diritto. In: *Rivista di Diritto e Procedura Civile*, anno XVI, n. 4, Milão: Giuffrè, dic. 1962. p. 1261.

(218) Conferir uma análise do *sumary judicial power* e da metodologia de construção em escala dos *cases* na Suprema Corte dos Estados Unidos da América: SCHUBERT, Glendon A. *Quantitative analysis of judicial behavior*. Detroit: Michigan State University, 1959. p. 25-68 e 270-280.

conceitual, a partir da "hermenêutica como concretização"; e (b) a súbita modificação do papel da jurisdição que se torna um "espaço de exigibilidade da democracia" na tutela dos direitos coletivos inerentes à cidadania.[219]

Na Itália, *v. g.*, pelo descobrimento das premissas ideológicas que fundaram a Constituição de 1947 e, mais especificamente, pela interpretação do seu art. 3º, que reconhecia o fundamento da República na classe trabalhadora e que a remoção dos obstáculos que a acumulação do capital impõe à efetivação do princípio da igualdade é tarefa do Estado e também do Judiciário.[220]

Nos Estados Unidos, a par da posição de relevância que o Judiciário ostenta na organização política daquele país, desde o célebre *case Malbury v. Madison* antes comentado, pode-se apontar a revolta contra o *case method*, notadamente no combate aos preconceitos internos e externos que possam impregnar a hermenêutica judicial tradicional, e pela aplicação, através da humanização das decisões, da "Justiça" para o caso concreto.[221]

Na França e Alemanha, a exemplo do que ocorreu na Itália (a partir de uma mudança do referencial axiológico do próprio papel do direito e do Estado na sociedade), da incipiente "orgia legislativa" do chamado *welfare state*, passou-se a valorizar a integração e efetivação desses comandos legislativos, passando a ser o direito do trabalho, da saúde e da segurança social os referenciais argumentativos iniciais.[222]

"O *welfare state*, na origem essencialmente um 'estado legislativo', transformou--se, assim e continua se transformando, em 'estado administrativo',"[223] o que leva, em última análise, à necessidade de intervenção do Judiciário na concretização das normas ou valores da Constituição, diante da inefetividade e descrédito dos outros poderes.

Para o caso brasileiro, e assim para tantas outras situações similares, deve ser acrescentada uma nova consciência do papel, inclusive político, que a magistratura desempenha em uma sociedade em transformação, mas tão desigual, econômica e socialmente:[224] consciência da distinção entre "neutralidade" e "imparcialidade"; consciência do teor valorativo do conceito de Justiça social, a partir de uma interpretação humanístico-sociológica do direito e da constatação da influência negativa do sistema processual, concebido a partir de um modelo técnico-individualista e na perspectiva da utopia da igualdade formal entre os litigantes;[225] consciência, enfim, do seu papel na construção da democracia.[226]

(219) GARAPON, Antoine. *Op. cit.*, p. 49.
(220) FLORES, Joaquín Herrera. *Op. cit.*, p. 4.
(221) THIBAUT, John; WALKER, Laurens. *Op. cit.*, p. 41-69.
(222) CAPPELLETTI, Mauro. *Juízes legisladores?*, p. 32-35.
(223) *Ibidem*, p. 39.
(224) "No Brasil, México, Chile, Peru, Venezuela, Argentina e em outros países, jovens juristas iniciaram um processo de 'despurificação' da teoria, na tentativa de vincular suas investigações com a realidade, de entender o direito como ferramenta, como prática social, como dimensão da política." CÁRCOVA, Carlos Maria. *Direito, política e magistratura.* Tradução para o português de Rogério Viola Coelho e Marcelo Ludwig Dornelles Coelho. São Paulo: LTr, 1996. p. 17. Sobre a chamada *ideologia profissional dos magistrados* na Itália e Argentina, remete-se a BERGALLI, Roberto. *Op. cit.*, p. 21-44, 80-89.
(225) Algo semelhante: DALLARI, Dalmo de Abreu. *O poder dos juízes*. São Paulo: Saraiva, 1996. p. 100-108.
(226) Ver a respeito do tema: CARVALHO, Amilton Bueno. *Magistratura e direito alternativo*. 6. ed. Rio de Janeiro: Lumen Juris, 2003. p. 21-48 e MARTINS, José Renato Silva. *O dogma da neutralidade judicial*. Rio de Janeiro: Lumen Juris, 2007. p. 7-45, 138-156.

Na jurisdição coletiva, isso é muito factível, inclusive na tutela das políticas públicas e das relações sociais, como se mostrará adiante (*infra*, 6.2 e 7.6.2), através da chamada "hermenêutica como concretização", ou seja, na concretização das "tarefas" impostas pela Constituição, tal qual visto no início do presente estudo (*supra*, 2.1), a partir da posição de *Konrad Hesse*.[227] Como disse *Cappelletti*:[228]

> Os juízes poderiam adotar muito bem uma posição de simples rejeição, recusando-se a entrar na arena dos conflitos coletivos e de classe. Tal atitude negativa teria, contudo, a consequência prática de excluir do judiciário a possibilidade de exercer influência e controle justamente naqueles conflitos, que se tornaram de importância sempre mais capital nas sociedades modernas.

O resultado é aquele apontado como a segunda causa do incremento da criatividade judiciária: a súbita transformação da jurisdição em espaço de exercício da cidadania e da democracia.

Como enfatiza *Garapon* à luz da situação francesa e aos olhos dos cidadãos, "[...] a Justiça lhes parece oferecer a possibilidade de uma ação mais individual, mais próxima e mais permanente que a representação política clássica, intermitente e distante".[229] Apresenta-se como a tábua de salvação de uma democracia na qual "[...] um legislativo e um executivo enfraquecidos, obcecados por fracassos eleitorais contínuos, ocupados apenas com questões de curto prazo, reféns do receio e seduzidos pela mídia, esforçam-se em governar, no dia a dia, cidadãos indiferentes e exigentes, [...] mas esperando do político aquilo que ele não sabe dar: uma moral, um grande projeto".[230]

O que se deduz, portanto, é o que *J. Abraham* há décadas já identificava: o respeito à lei pela sociedade está diretamente associado ao nível de credibilidade que esta passa a ostentar, a partir da sua interpretação e aplicação concreta.[231] Em outras palavras, a credibilidade da própria norma está diretamente vinculada à credibilidade do seu intérprete e aplicador.

Esta, portanto, é a maior causa do fenômeno da crescente interpretação jurisdicional construtiva, pressuposto para a efetivação dos comandos das normas legislativas e que tem como consequência a criação judiciária do direito.

2.4.3. A questionada legitimidade dos juízes e o controle da sociedade

Será que há "déficit democrático" em uma decisão judiciária que crie direito, de conotação política, proferida por alguém que tem, em grande parte, uma representação popular apenas "simbólica"?

Respondendo afirmativamente, *Garapon* justifica que "[...] a posição de um terceiro imparcial compensa o 'déficit democrático' de uma decisão política agora

---

(227) HESSE, Konrad. *Op. cit.*, p. 9-23.

(228) CAPPELLETTI, Mauro. *Juízes legisladores?*, p. 59.

(229) GARAPON, Antoine. *Op. cit.*, p. 49.

(230) BREDIN, J. D. Un gouvernement des juges? Paris: Pouvoirs, 1994, p. 81 *apud* GARAPON, Antoine. *Ibidem*, p. 48.

(231) ABRAHAM, Henry J. *The judicial process*. New York: Oxford University, 1969. p. 3.

voltada para a gestão e fornece à sociedade a referência simbólica que a representação nacional lhe oferece cada vez menos".[232]

A partir da posição de *Habermas*, pode-se dizer que a legitimidade dos juízes para a construção da norma jurídica, notadamente para a jurisdição constitucional, nasce da crise do "estado de direito", do próprio conceito de "direito" e da superação do "mito" do princípio da separação de poderes.[233]

Nos países de *common law*, esse *judicial activity*[234] é melhor compreendido e absorvido pela sociedade, em razão da legitimidade das decisões judiciais que ali são proferidas, seja por juízes nomeados politicamente, seja pela aplicação do princípio do *jury trial*. Já no caso norte-americano, essa melhor compreensão e absorção do *jucial activity* se dá por força da sétima emenda à Constituição daquele país, a qual garante aos litigantes "[...] a right to jury trial in 'suits at common law, where the value in controversy shall exceed twenty dollars'".[235]

Não se pode dizer o mesmo em sistemas *civil law*, como o brasileiro, nos quais um dos únicos critérios de recrutamento dos juízes é o da capacidade intelectual, mediante o concurso público. Esse critério, aliado à garantia da vitaliciedade, malgrado formalmente democrático, acaba por isolar o magistrado de carreira em compartimentos estanques corporativistas, muito distantes dos chamados "ecos" das sociedades, para as quais não tem "contas a prestar" das suas decisões, a não ser por desvios de conduta. Logo, em relação a eles, há factível questionamento democrático, notadamente quando decidem, no âmbito da tutela processual coletiva, políticas públicas e relações sociais.

Essas diferenças entre os dois sistemas, entretanto, estão sendo atenuadas, rápida e intensamente, em razão da criação, nas famílias *civil law*, de tribunais constitucionais e de superposição, como os de cassação,[236] cujos juízes, com variáveis de critério, são nomeados, em sua grande maioria, politicamente.[237]

Também é possível dizer que o nexo entre tutela jurisdicional e tutela dos direitos fundamentais, como duas faces da mesma "moeda", "[...] radica, substancialmente, o fundamento de legitimidade da jurisdição. Uma legitimação não equiparável à que provém da representação política, derivada da vontade majoritária, mas que concerne

---

(232) GARAPON, Antoine. *Op. cit.*, p. 48.

(233) HABERMAS, Jürgen. *Direito e democracia entre a facticidade e validade* (*Faktizität und Geltung*). Tradução para o portugês de Flávio Beno Siebeneichler. Rio de Janeiro: Tempo brasileiro, 2003, v. I, p. 297-332 e v. II, p. 173-175.

(234) ABRAHAM, Henry J. *Op. cit.*, p. 4.

(235) TIDMARSH, Jay; TRANGSRUD, Roger H. *Op. cit.*, p. 4. Na tradução: "[...] o direito a um julgamento pelo juri, nas causas submetidas ao *common law*, onde o valor controvertido exceder a vinte dólares".

(236) TARUFFO, Michele. *El vértice ambiguo*: ensayos sobre la casación civil. Tradução para o espanhol de Juan J. Monroy Palácios e Juan F. Monroy Gálvez. Lima: Palestra, 2006. p. 36-40.

(237) Para Silva: "A designação de juízes, na Constituição brasileira, não obedece a um método seguro e objetivo. Segue um elenco variado de hipóteses, tentando obter um compromisso entre a designação pura e simples pelo Presidente da República (com aprovação formal do Senado), como no caso da nomeação dos ministros do STF, com a vontade dos tribunais manifestada através de listas de nomeação, nas quais se restringe o universo de escolha do executivo." SILVA, Antônio Álvares da. *Eleição de juízes pelo voto popular*. São Paulo: LTr, 1998, p. 109.

à tutela da intangibilidade dos direitos fundamentais consagrados".[238] Assim, os direitos fundamentais sobre os quais se assenta a democracia substancial estão garantidos a todos e a cada um de maneira incondicionada, inclusive contra a maioria e, portanto, contra a "democracia formal', e é a partir da atuação dos juízes que estes direitos ostentam sua própria legitimação democrática.[239]

Acrescente-se que a necessidade de fundamentação das decisões judiciais, além de elemento que também lhes confere legitimação, atribui à sociedade a prerrogativa de controle da atividade jurisdicional, como um todo, e da criativa, em particular, até mesmo com vantagens em relação à norma legislativa. Como observava *Cappelletti*:[240]

> Certamente, também os juízes podem se transformar em burocratas distantes, isolados do seu tempo e da sociedade, mas, quando isto ocorre, um sadio sistema democrático tem a capacidade de interferir e corrigir a situação patológica, mediante instrumentos de "controles recíprocos". Em particular, a norma inaceitável, judicialmente criada, pode ser corrigida ou ab-rogada mediante um ato legislativo, e, no limite, até por meio de uma revisão constitucional.

Isto significa, que o controle da norma judicialmente criada é exercido a partir dos seus fundamentos, necessariamente expostos na decisão (como expressão da dialética e da racionalidade do processo),[241] tanto no âmbito do próprio Judiciário, quanto no do Legislativo, pois ambos têm a possibilidade de expurgá-la da ordem jurídica.

---

(238) CÁRCOVA, Carlos Maria. *Op. cit.*, p. 208.

(239) FERRAJOLI, Luigi. El derecho como sistema de garantías. Justicia penal y sociedad. In: *Revista Guatemalteca de Ciências Penales*, v. III, n. 5, ago. 1994 *apud* CÁRCOVA, Carlos Maria. *Op. cit.*, p. 208.

(240) CAPPELLETTI, Mauro. *Juízes legisladores?*, p. 100-101.

(241) TARUFFO, Michele. Il controllo di razionalità della decisione fra logica, retorica e dialettica. In: *Revista de Processo*, n. 143, São Paulo: Revista dos Tribunais, jan. 2007. p. 73.

3. A JURISDIÇÃO NORMATIVA NO BRASIL. UMA JURISDIÇÃO DE EQUIDADE

Oliveira Vianna, apesar da forte oposição dos tradicionalistas como, dentre outros, *Waldemar Ferreira*,[242] foi o incansável defensor da adoção da jurisdição normativa para o Brasil. Os argumentos encontram-se nos seus estudos comparativos dos vários métodos de solução dos conflitos coletivos de trabalho, os quais envolviam a produção normativa na época: (a) a sindical, então adotada em países como Portugal, Rússia, Noruega, Grã-Bretanha e Irlanda do Norte, através das convenções coletivas;[243] (b) a administrativa, pela Alemanha pré-nazista e nazista, Bélgica e França, esta pela reforma *Leon Blun*, de 1937; e (c) a jurisdicional-normativa, que nasceu na Nova Zelândia, sendo apontada como "modelo" insuspeito de expressão democrática, e passando para a Austrália e México, desde 1919.[244]

Oliveira Vianna já havia comentado o sistema híbrido norte-americano: um misto de solução privada (mediação e arbitragem), administrativa e jurisdicional. São integrantes desse sistema os tribunais judiciários (que, relativamente às questões laborais, editam normas para a pacificação dos conflitos coletivos ou de outras questões trabalhistas — *ruling making power*),[245] os chamados "tribunais industriais" (*Industrial Commissions*) e o *National Labor Relations Board — NLRB* (também possuindo poderes administrativos e regulamentares). Como se disse, nesse sistema, uma espécie de jurisdição normativa sempre foi exercida pelos tribunais em vários Estados da Federação norte-americana, notadamente nos julgamentos dos conflitos de greve, mediante a emissão de *orders* ou *injuctions*, proibindo, pela edição de normas, práticas antissindicais, inclusive frente ao poder público.[246]

(242) A posição de cada um deles encontra-se posta, respectivamente, em seus livros: FERREIRA, Waldemar Martins. História do direito constitucional brasileiro. São Paulo: Max Limonad, 1954 *apud* SITRÂNGULO, Cid José. *Conteúdo dos dissídios coletivos de trabalho*. São Paulo: LTr, 1978. p. 28-29; e VIANA, Francisco José de Oliveira. *Op. cit.*

(243) "Há um consenso no Reino Unido de que a melhor solução para os conflitos trabalhistas é a negociação coletiva e, por isso, deve evitar-se um rígido controle nas mobilizações sindicais, com base na experiência negativa dos países democráticos que impuseram restrições à negociação coletiva por via administrativa." TUPINAMBÁ NETO, Hermes Afonso. *A solução jurisdicional dos conflitos coletivos no direito comparado*: uma revisão crítica. São Paulo: LTr, 1993. p. 32.

(244) ARRUDA, Hélio Mário de. *Oliveira Vianna e a legislação do trabalho no Brasil*. São Paulo: LTr, 2007. p. 48-49 e 51.

(245) VIANA, Francisco José de Oliveira. *Op. cit.*, p. 82-83.

(246) Dentre tantos, vale menção à discussão em torno da recusa à negociação coletiva do poder público com os seus empregados, como prática antissindical, no *case* International *Brotherhood of Eletrical Workers v. City of Hastings*, n. 35.973, de 17.12.1965, da *Supreme Court of Nebraska State*. Nebraska Supreme Court Journal, 22.12.1965, 48 SCJ, n. 13, p. 455-460.

Também indicava o caso corporativo italiano, sempre invocado como paradigmático para o brasileiro, mas que encontrou, posteriormente, o seu aspecto negativo no fatalismo histórico de ter sido adotado e desvirtuado pelo regime fascista, que já se instalava a partir de 1922, como reação ao socialismo-trabalhista, inspirado na Revolução Russa de 1917.[247] Todavia, como observava *Redenti*, não surgiu a jurisdição normativa italiana, na regência e sob a inspiração daquele regime autoritário. Ao contrário, as origens do instituto são bem anteriores, inclusive por construções desenvolvidas pela práxis jurisprudencial dos tribunais, na solução concreta dos conflitos coletivos de trabalho, notadamente os de greve.[248]

Na investigação que se inicia no presente capítulo, enfrentar-se-á a temática na perspectiva do caso brasileiro.

Nesse quadro de cogitações, e assim como se tem feito desde 1936, quando da organização e da formatação dos tribunais trabalhistas, instituídos pela Constituição de 1934,[249] sempre se questionou a conveniência e adequação da chamada jurisdição atípica-normativa. Logo após a sua implantação, criou-se um ambiente doutrinário favorável à sua manutenção. Como destacou *Amauri Mascaro Nascimento*, os motivos eram: "As características do nosso sindicalismo (*Rezende Puech*), a necessidade de contratos coletivos impostos (*Cotrim Neto*), a decisão dos conflitos como função precípua do Judiciário (*Russomano*), a preservação da igualdade e da justiça social (*Cesarino Júnior*), o processo judicial como canal de reivindicação operária (*Cid Strângulo*)."[250]

Com a promulgação da Constituição de 1988, os debates e questionamentos se intensificaram e, numa atmosfera política neoliberal, assumiram a posição contrária.

Ultrapassando as questões que envolveram essa nova posição, tanto no campo sociológico quanto no jurídico, o resultado foi que a nova redação do atual texto do

---

(247) "Nel caso, assai raro, di mancato accordo per la conclusione del contratto collettivo era previsto l'intervento della Corte d'Appello in funzione di Magistratura del lavoro, la quale risolveva la controvérsia collettiva econômica com uma sentenza che non applicava, ma creava la norma secondo equità, tenendo conto dell'interesse superiore della produzione." VALLEBONA, Antonio. *Istituzioni di diritto del lavoro i il diritto sindicale*. 7. ed. Padova: Cedam, 2008. p. 15.

(248) REDENTI, Enrico. Massimario della giurisprudenza dei proibiviri: a cura e com una introduzione di Severino Caprioli. Torino: Giappichelli, 1992. p. 113 *apud* ADAMOVICH, Eduardo Henrique Von. *Sistema da ação civil pública no processo do trabalho*. São Paulo: LTr, 2005. p. 151.

(249) Eram tribunais à margem do Poder Judiciário, instituídos no art. 122 da Constituição de 1934, em substituição aos órgãos de conciliação e arbitragem, mas pendentes de regulamentação pelo legislador ordinário.

(250) NASCIMENTO, Amauri Mascaro. *Conflitos coletivos de trabalho*. São Paulo: Saraiva, 1978. p. 87. Acker, pondera: "[...] não se tem notícia de grandes debates teóricos ou de uma pujante contribuição jurisprudencial na primeira fase de prática do poder normativo pelos tribunais do trabalho, entre nós. Na verdade, quer porque o regime fosse ditatorial e os sindicatos estivessem sob rígido controle do Ministério do Trabalho, totalmente privados de autonomia, quer porque tal fase se caracterizasse por uma demagógica outorga de leis trabalhistas, com o que se pretendia 'compensar' a ausência de liberdade dos trabalhadores de reivindicar direitos, até porque proibida a greve; quer porque não tardasse o envolvimento do Brasil na Segunda Grande Guerra Mundial, a verdade é que o período de 1941 a 1946 não é rico em teses e debates relativos ao poder normativo trabalhista e sua inserção no nosso quadro institucional." ACKER, Ana Brito da Rocha. *Poder normativo e regime democrático*. São Paulo: LTr, 1986. p. 33-34.

art. 114, § 2º, da Constituição Federal, imposto pela EC n. 45/04, praticamente elimina as situações de cabimento do dissídio coletivo, notadamente o de natureza econômica, onde se exercia a jurisdição normativa, hoje resumida a instrumento de arbitragem, pois a instauração do dissídio encontra-se condicionada à prévia vontade das categorias envolvidas em conflito.[251] O que se fez foi eliminar da previsão constitucional o exercício da jurisdição contenciosa normativa trabalhista.

Com essas observações, e a partir de uma exploração da hermenêutica do direito nas relações de trabalho (nela inserida a equidade), passar-se-á ao enfrentamento da natureza desse provimento e da coisa julgada nele produzida à luz do dissídio coletivo.

3.1. Considerações iniciais sobre a equidade

Já se viu que, desde as modificações políticas estruturais do século XX, notadamente após as duas Guerras Mundiais, potencializou-se a necessidade de um novo referencial aglutinador para o exercício do poder, referencial esse que não se circunscrevesse, na aplicação do direito, apenas à norma legal.

O século XIX caracteriza-se por sua feição liberal, fomentadora do avanço desenfreado do capitalismo, dos princípios da autonomia da vontade e do *pacta sunt servanda*. Foram tempos da maximização da exploração contemplada e consentida pelo Estado, notadamente nas relações de trabalho e, depois, da superação do equivocado paradigma político da primeira metade do século XX, concebido a partir do estabelecimento de limites rígidos impostos pela estrutura normativa do Estado Social, muitas vezes manipulada pelos detentores do poder. Dessa feição liberal do século XIX nasceu, revitalizada, a necessidade de retomada dos referenciais argumentativos, notadamente para a filosofia e o direito.

O tema da racionalidade jurídica e do balizamento da decisão, seja como um referencial político da sua estruturação, seja à luz de "[...] um modelo de instauração da pluralidade argumentativa como condição de possibilidade da inserção dos debates sobre a teoria do discurso no direito",[252] é atualíssimo, no momento em que vários estudos aparecem na tentativa de apresentar novos paradigmas racionais. Ao contrário do que se pensa, o direito processual não é uma região inóspita para a reflexão filosófica.[253]

---

(251) O Tribunal Superior do Trabalho, através de sua Seção de Dissídios Coletivos, a exemplo do Processo n. DC 165049/2005-000-00-00, relatado pelo Ministro Carlos Alberto Reis de Paula, tem reiteradamente decidido: "DISSÍDIO COLETIVO. § 2º DO ART. 114 DA CONSTITUIÇÃO DA REPÚBLICA. EXIGIBILIDADE DA ANUÊNCIA PRÉVIA. Não demonstrado o comum acordo, exigido para o ajuizamento do Dissídio Coletivo, consoante a diretriz constitucional, evidencia-se a inviabilidade do exame do mérito da questão controvertida, por ausência de condição da ação, devendo-se extinguir o processo, sem resolução do mérito, à luz do art. 267, inciso VI, do CPC. Preliminar que se acolhe." Acórdão, unânime. In: *DJU* de 29.9.2006.

(252) MAIA, Alexandre de. Um divisor de águas na teoria e na filosofia do direito no Brasil (prefácio). In: MONTEIRO, Cláudia Servilha (org.). *Temas de filosofia do direito*. Florianópolis: Fundação Boiteux, 2004. p. 16.

(253) ABBOUD, Georges; OLIVEIRA, Rafael Tomaz. O dito e o não dito sobre a instrumentalidade do processo: críticas e projeções a partir de uma exploração hermenêutica da teoria processual. In: *Revista de Processo*, n. 166, São Paulo: Revista dos Tribunais, dez. 2008. p. 29-37.

A proposta é a de entender o papel da hermenêutica interpretativa, inclusive a de adaptação, com especial ênfase na equidade, tão particular ao processo do trabalho, notadamente o coletivo, fundamental na tutela e na efetivação dos direitos humanos e fundamentais dos trabalhadores.

Parte-se da convicção, antes já mencionada, de que os direitos humanos fundamentais não são aqueles constituídos pelo Estado, quando os inclui na ordem jurídica, porque, em primeiro lugar, esses direitos humanos são preexistentes ao próprio Estado, e porque, em segundo lugar, na colocação clássica de *H. Sinzheimer*, citado por *Simm*: "La función del Derecho del Trabajo es evitar que el hombre sea tratado igual que las cosas."[(254)]

O enfoque será o da equidade (que sempre teve um conceito filosófico-jurídico de conteúdo variado no tempo e no espaço, recebendo diferentes formulações, de acordo com o viés doutrinário de quem o formula e em função do contexto histórico, político e social em que é formulado), no seu novo referencial argumentativo da sociedade pós-industrial do início do século XXI, ou seja, no momento da globalização[(255)] e da transnacionalização do capital e do trabalho, fatores do enfraquecimento do movimento sindical, notadamente nos países dependentes do capital externo. A breve investigação que se segue parte da premissa de que a equidade é método de interpretação e não fonte formal do direito. Então, também analisaremos a própria equidade, no duplo sentido que lhe caracteriza a doutrina: (a) no de natureza racional, identificando-se com várias doutrinas jurídico-filosóficas, *v.g.*, com o direito natural, direito justo e direito racional; e, ainda, (b) no sentido sociológico, ao considerar o plano real subjacente, na tentativa de demonstrar quanto sua utilização é indispensável na efetivação dos direitos humanos nas relações entre o capital e o trabalho.

A linha de argumentação a ser adotada, entretanto, limitar-se-á à apresentação da equidade, no que possa interessar ao seu entendimento e à aplicação no processo e direito do trabalho.

3.1.1. Breves considerações sobre a posição jurídico-filosófica do positivismo de *Kelsen* e a teoria da norma jurídica de *Hart*

A partir de uma identificação entre a dogmática e o positivismo, *Kelsen* mostra um modelo formal de organização do direito e do Estado, baseado na estruturação nomodinâmica da ordem jurídica, frente a uma estrutura estática da chamada "jurisprudência dos conceitos",[(256)] afastando os questionamentos axiológicos e maximizando as diferenças entre o mundo do ser e o do dever ser,[(257)] na concepção desig-

(254) SIMM, Zeno. Os direitos fundamentais nas relações de trabalho. In: *Revista LTr*, v. 69, n. 11, nov. 2005. p. 1.287.

(255) Momento em que a sociedade está gerenciada pelo "medo", inclusive fomentado pela ausência de qualquer estabilidade no emprego. BAUMAN, Zygmunt. *Medo líquido*. Rio de Janeiro: Jorge Zahar, 2007. *passim*.

(256) LARENZ, Karl. *Metodologia da ciência do direito*. Lisboa: Fundação Calouste Gulbenkian, 1997. p. 21-44 *apud* MONTEIRO, Cláudia Servilha. Prefácio. In: MONTEIRO, Cláudia Servilha (org.). *Op. cit.*, p. 25.

(257) KELSEN, Hans. *Teoria geral do direito e do Estado*. São Paulo: Martins Fontes/ Universidade de Brasília, 1990. p. 64.

nada de "dupla purificação do direito", elaborada a partir da sua "Teoria Pura do Direito".[258]

Essa visão monista e positivista do direito, aliada a um contexto político de dominação autoritária, serviu de base aos regimes ditatoriais do século XX, os quais, sob o falso pretexto da segurança, proibiram o debate da ética e do pluralismo, tidos como terroristas e subversivos, em factível manipulação daquilo que seria do interesse público.

As experiências desastrosas nas relações trabalhistas serviram para fazer renascer a consciência da necessidade do debate plural, notadamente sobre os valores axiológicos, debate esse absolutamente imprescindível na filosofia e no direito. Como dito por *Fassò*, a redução do direito à norma positiva sequer levaria a edificação de uma ciência jurídica.[259] Embora na pirâmide kelsiana a primazia fosse do direito internacional sobre o nacional, muitas teorias constitucionais surgiram a partir dela, com formulações de modelos modificados, em que a Constituição surge como norma fundamental e suprema, extraindo-se dela tanto fórmulas de rigidez quanto de tutela da integridade constitucional.

Assim, embora *Kelsen* tenha abstraído do conceito do direito a ideia de Justiça, que, para ele, tinha conceituação filosófico-jurídica de conteúdo variável e ambíguo, e apesar de sua teoria nunca ter obtido a unanimidade, as bases fundantes da sua tese, em muitos aspectos, prevalecem e, ainda hoje, constituem os fundamentos de muitas das instituições que formam as pilastras do Estado Democrático de Direito, de grande influxo no sistema brasileiro.

Também cético em relação à possibilidade de se alcançar um acertamento do direito pelo processo de interpretação criativa ou hermenêutica normativa, *Hart* concebeu a teoria da norma jurídica, partindo da premissa de que bastaria a existência de normas que tenham como função a de criar outras normas, que o sistema se perfaria e se justificaria.[260]

Nessa visão, a segurança jurídica adviria da norma válida e, em sentido contrário, a insegurança da possibilidade de discussão da Justiça da norma. Para a ciência do direito, o interesse seria, apenas, de "explicar" a ordem jurídica (o que é a lei, o direito e a justiça) e não de "compreendê-la" (quais as intenções e valores do legislador e juiz),[261] conferindo um valor menor à hermenêutica, no contexto da qual se insere a equidade.

Ambos, *Kelsen* e *Hart*, (a) procuravam situar os discursos produzidos pela teoria do direito em diferentes pontos de vista; (a.1) o primeiro, tratando tanto a ciência do direito, enquanto reflexão sistemática sobre o direito (visão do observador), quanto o direito, enquanto conjunto de atividades e atos realizados pelas autoridades jurídicas

---

(258) KELSEN, Hans. *Teoria pura do direito*. São Paulo: Martins Fontes, 1985. p. 33-39.

(259) FASSÒ, Guido. Il positivismo giuridico "contestato". In: *Rivista Trimestrale di Diritto e Procedura Civile*, ano XXIII, n. 1, Milão, mar. 1969. p. 304.

(260) HART, Herbet L. A. O conceito de direito. Lisboa: Fundação Calouste Gulbenkian, 1997. p. 155 ss. *apud* MONTEIRO, Cláudia Servilha. *Op. cit.*, p. 34.

(261) MARTINS FILHO, Ives Gandra. O direito natural como fundamento da ordem jurídica numa visão tomista. In: *Revista LTr*, v. 71, n. 7, São Paulo: LTr, jul. 2007. p. 775.

(visão do operador); e (a.2) o segundo, visualizando o direito da mesma forma: do ponto vista do observador (externo) e do participante (interno); (b) com essa dúplice visão positivista (uma interna e outra externa), acabam por afirmar: (b.1) uma separação entre pensamento e linguagem, consciência e mundo, palavras e coisas, conceitos e objetos, que não mais se justificam no atual estágio das conquistas hermenêuticas;[262] e (b.2) a busca por um "ponto de Arquimedes", fora da condição humana,[263] que leva a um isomorfismo, como se houvesse a possibilidade de um direito exclusivamente legal, legislado, quase sempre atemporal e descontextualizado da realidade social, na falsa expectativa de referenciais absolutamente seguros e previsíveis para o direito e a Justiça.[264]

3.1.2. A ruptura com o positivismo racional do direito

No campo da hermenêutica, a análise do presente trabalho restringir-se-á ao nexo entre o direito substancial e a decisão judicial, para, a partir dele, tratar adiante da equidade.

Partindo-se do dualismo estabelecido entre o positivismo e o jusnaturalismo, *Ross*, inicialmente inserido na escola do "realismo escandinavo", passou a ser visto pela doutrina, em uma posição intermediária entre as duas escolas: como juspositivista.[265] Utilizando-se dos conceitos da filosofia da linguagem, *Ross* passou a enfocar a interpretação sob um prisma linguístico, inclusive em seus âmbitos sintático, semântico e pragmático. Para ele, a interpretação "é fundamentalmente uma tarefa teórico-empírica"[266] e, pois, "um ato de natureza construtiva, não um ato de puro conhecimento. Seus motivos não se reduzem ao desejo de acatar uma determinada diretiva".[267]

A leitura da obra de *Ross*, portanto, revela uma ruptura com o positivismo extremado, na medida em que, na sua proposta, o respeito à norma não é absoluto e que "a lei não é uma fórmula mágica, mas uma manifestação dos ideais, posturas, padrões ou valorações que denominamos tradição cultural".[268]

Também como reação à interpretação sistêmica[269] do direito, a teoria tópico-problemática foi introduzida na hermenêutica contemporânea em 1953, por *Theodor*

---

(262) ABBOUD, Georges; OLIVEIRA, Rafael Tomaz. O dito e o não dito sobre a instrumentalidade do processo: críticas e projeções a partir de uma exploração hermenêutica da teoria processual. In: *Revista de Processo*, n. 166, São Paulo: Revista dos Tribunais, dez. 2008. p. 33.

(263) Dworkin e o seu debate com o positivismo *hartiano*. DWORKIN, Ronald. *O império do direito*. São Paulo: Martins Fontes, 2003, *passim*.

(264) MAIA, Alexandre da. Um divisor de águas na teoria e na filosofia do direito no Brasil (prefácio). In: MONTEIRO, Cláudia Servilha (org.). *Temas de filosofia do direito*. Florianópolis: Boiteux, 2004. p. 24-41.

(265) VIGO, Rodolfo Luís. Perspectivas jusfilosóficas contemporâneas: Ross — Hart — Bobbio — Dworkin — Villey. Buenos Aires: Abeledo-Perrot, 1991. p. 17-22 *apud* NOJIRI, Sérgio. *A interpretação judicial do direito*. São Paulo: Revista dos Tribunais, 2005. p. 81.

(266) ROSS, Alf. *Direito e justiça*. Tradução de Edson Bini. São Paulo: Edipro, 2000. p. 167.

(267) *Loc. cit.*

(268) *Ibidem*, p. 168.

(269) Aqui com o significado de fechado, axiomático, quase matemático. Para Kelsen, a interpretação feita pelo órgão aplicador do direito é chamada de *interpretação autêntica*, diversa da chamada *interpretação científica*, de pura determinação cognoscitiva. NOJIRI, Sergio. *Op. cit.*, p. 76.

Viechweg.[(270)] Por esse método, concebido a partir da posição de *Aristóteles*, a norma a ser interpretada cede a sua posição de proeminência ao problema a ser resolvido,[(271)] evitando o legalismo extremado na construção da melhor solução ao caso concreto.

Embora criticado pela posição "menor"[(272)] que confere à norma, esse método teve o grande mérito de resgatar os elementos axiológicos e ideológicos, os quais compreendem a interpretação, em um reconhecimento de que a prisão ao texto normativo é, a um só tempo, redutor da realidade e da própria "racionalidade" do direito.

Como observa *Alexandre da Maia*: "Assim, não há uma verdade única e pura do direito, pois tal ideia refletiria um isomorfismo incompatível com o atual estado de coisas da complexidade, como se tudo pudesse sempre ser da mesma forma e da mesma maneira, numa posição autoritária de observação."[(273)]

Mesmo hoje, não se desconhece que os juristas brasileiros, de grande formação acadêmica positivista, presos a modelos isomórficos, nem sempre admitem a discussão em torno da hermenêutica criativa, menos extensiva, mais construtiva, ainda em uma ultrapassada visão do direito como aquele legislado, como se este pudesse responder a todas as questões possíveis e indispensáveis à solução dos conflitos sociais.

Também não podem ser ignorados os avanços que as ideias de uma argumentação racional, de grande influxo da filosofia do direito, trouxeram à atividade judicante, notadamente pela superação dos paradigmas cartesianos e positivistas, que, na verdade, sepultam o ideário de conceitos, conhecimentos e verdades absolutas, relativizando-se a ética e a ciência.

Mesmo entre os processualistas, como se viu, já não mais se justifica a concepção da autoridade da lei a partir da referência do mito que se construiu da soberania e infalibilidade do legislador.[(274)]

A equidade, no contexto da atividade jurisdicional, com grande influxo da filosofia do direito, insere-se na técnica do preenchimento das lacunas legislativas e sofistica os debates sobre valores axiológicos, abrindo, significativamente, no âmbito do Judiciário, a discussão da democracia e do pluralismo, a partir de pontos de partida determinados pelas partes.

---

(270) MORO, Sérgio Fernando. *Jurisdição constitucional como democracia*. São Paulo: Revista dos Tribunais, 2004. p. 166.

(271) Por esse método, o problema posto a julgamento e, pois, a interpretação, opera-se a partir de "pontos de vista, sujeitos à prova de opiniões prós ou contra, a fim de descortinar, dentro das várias possibilidades derivadas da polissemia do texto, a interpretação mais conveniente para o problema". *Ibidem*, p. 166.

(272) Para alguns, até um papel secundário: MORO, Sérgio Fernando. *Op. cit.*, p. 167.

(273) MAIA, Alexandre da. Um divisor de águas na teoria e na filosofia do direito no Brasil (prefácio). In: *Op. cit.*, p. 35.

(274) Em crítica a tal concepção, disse Francesco Carnelutti: "il legislatore è sovrano e il sovrano cannot wrong, dicono gli inglesi." Aspetti problematici del processo al legislatore. In: *Rivista di Diritto Processuale*, ano XIV, n. 1, Padova, jan./mar. 1959. p. 2.

3.1.3. Direito e ação comunicativa

A história da humanidade, que é a do direito, pois este recebe os influxos dos seus membros e os influencia, revela uma dupla realidade contemporânea: o direito e a sociedade, recebendo influências um do outro, tornaram-se complexos.

Esta complexidade impõe o estabelecimento de conexões entre a sociedade e o sistema jurídico, que confere a este um sentido de ligação ao ambiente social. Trata-se da *autopoiése* do sistema, que tem o significado de autoprodução.(275) Seria um primeiro passo para a chamada autonomia do direito.

Entretanto, esta autonomia não pode resultar apenas da autoprodução, mas, como proclama *Habermas* deve resultar, também, do estabelecimento de uma relação de complementaridade do sistema de direito positivo com a moral racional e até com a economia e a política, mediante a criação ou autoconstituição de modelos jurídicos que permitam reformular, no âmbito jurídico, problemas extrajurídicos.(276)

A autoprodução do direito reclama, além dos elementos do meio ambiente social, a influência de outros sistemas (econômicos, políticos, religiosos), com os quais vem a se conectar ou acoplar, através de veiculação legislativa ou judicial.

Não se nega, *v. g.*, a influência da globalização, da transnacionalização do capital e do trabalho na formulação de novos conceitos jurídicos, inclusive processuais, como se vê dos estudos da *International Association of Procedural Law*, na formulação de conceitos processuais transnacionais, e de uma tendência internacional de regulação do sistema, aludindo-se às Convenções de Bruxelas, de Lugano e de Haya, sem falar no projeto *Transnational Rules of Civil Procedure*, encomendado pela *American Law Institute*, já ultimado.(277) Andrews aponta toda uma base teórica do processualismo transnacional, a partir de princípios processuais extraídos, concomitantemente, dos sistemas *common law* e do *civil law*.(278) Ao mesmo tempo, não se desconhecem os excluídos, os trabalhadores desempregados ou economicamente explorados, no paradoxo criado com a pós-modernidade, entre a liberdade individual, politicamente reconhecida, e a servidão econômica, legalmente permitida.(279)

Somente através da valorização de princípios e da chamada "ação comunicativa" entre os vários sistemas é que o direito se encontrará apto a fundar novas fórmulas e novos veículos de solução dos múltiplos, diversificados e inéditos conflitos, notadamente os de massa, que aparecem a cada dia.

---

(275) GUERRA FILHO, Willis Santiago. *Autopoiese do direito na sociedade pós-moderna*. Porto Alegre: Livraria do Advogado, 1997. p. 61.

(276) HABERMAS, Jürgen. *Direito e democracia entre a facticidade e validade*. 2. ed. Rio de Janeiro: Tempo Brasileiro, 2003. p. 139-141.

(277) TARUFFO, Michele. *Sobre las fronteras:* escritos sobre la justicia civil, p. 20.

(278) ANDREWS, Neil. The modern procedural synthesis: the american law institute and UNIDROIT's "Principles and rules of transnational civil procedure. In: *Revista de Processo*, v. 164, São Paulo: Revista dos Tribunais, out. 2008. Especialmente os itens 4 — *Distinctive common law and civil law elements*, p. 118-119, e 5 — *The future*, p. 119-120.

(279) PINTO, José Augusto Rodrigues; PAMPLONA FILHO, Rodolfo. *Manual da conciliação preventiva e do procedimento sumaríssimo trabalhista*. São Paulo: LTr, 2001. p. 31.

Da percepção da indispensabilidade dessa ação comunicativa entre os vários sistemas, as legislações, notadamente a trabalhista, vêm se notabilizando pela formulação de normas positivas "abertas", que só são complementadas de conteúdo e contextualizadas, em juízo, para a solução de determinado litígio.

Cresce, assim, a função criadora da atividade jurisdicional, complementar e integrativa da legislativa (*supra*, 2.4), que resulta da intercomunicação entre o direito, a ética e os outros sistemas, de onde se pode concluir que o direito positivo gera expectativas que devem ser efetivadas, em função do caso concreto, pela decisão judicial. Como disse Satta, o comando no qual a vida jurídica se processa, se exprime e se afirma, é estabelecido em duas etapas: primeiro na lei, e, depois, na jurisdição, em que a lei, como comando concreto, encontra a sua significação, cabendo ao juiz esse controle.[280]

A legitimidade dessa atuação, conquanto seja amplamente questionada, como se viu (*supra*, 2.4.3), diz-se, vem da Constituição. Para *Dworkin*, os Juízes, no que se refere à coerência especulativa, são mais preparados para decisões e efetivações de direitos que os legisladores,[281] valendo destacar, como já comentado, que, em relação as suas atuações, há mais controle da sociedade, pois, ao contrário dos legisladores, suas decisões devem ser fundamentadas, sob pena de nulidade.[282]

3.1.4. A equidade na interpretação e na aplicação do direito do trabalho

A exploração do tema da equidade na interpretação e aplicação do direito do trabalho nos leva à experiência europeia. Na Alemanha, como observava *Heinitz*, a partir do fim da Segunda Grande Guerra, operou-se uma redefinição do princípio da isonomia ou do "tratamento igual" (*Gleichbehandlung*), pelo expurgo da ideologia nacional-socialista, de enorme influência nos sindicatos alemães, utilizando-se da equidade como método de interpretação. Naquele contexto histórico e socioeconômico, a vertente foi a da perspectiva de incentivo às discriminações positivas (algo inconcebível na ideologia nazista), que viessem a equilibrar situações substanciais desequilibradas; mas, em sentido contrário, vedando-se as negativas, consistentes em concessões patronais de vantagens e benesses a alguns, que, injustificadamente, não fossem extensivas a toda a categoria, ainda que em sede de contratação coletiva.[283] Nesse mesmo contexto e perspectiva, verificou-se, na Itália, que tem no sindicalismo uma das suas pilastras constitucionais, a invocação da equidade, à luz do art. 3º da Constituição italiana de 1947, como fórmula imprescindível na remoção dos obstáculos que o capital impõe aos direitos dos trabalhadores.[284]

---

(280) SATTA, Salvatore. Di alcuni problemi della giurisdizione. In: *Rivista Trimestrale di Diritto e Procedura Civile*, anno XII, n. 1, Milão: Giuffrè, mar. 1959. p. 452.

(281) DWORKIN, Ronald. *Uma questão de princípio*. São Paulo: Martins Fontes, 2001. p. 31.

(282) Art. 93, IX, da Constituição brasileira; e 111, 1º, da Constituição italiana.

(283) HEINITZ, Ernest. Il principio del "tratamento eguale" (Gleichbehandlung) nel diritto del lavoro tedesco. In: *Rivista Trimestrale di Diritto e Procedura Civile*, Milão: Giuffrè, mar. 1959. v. 1, p. 176-177, 182-185.

(284) FLORES, fazendo alusão ao art. 3º da Constituição italiana de 1947, destaca que o fundamento social da República da Itália era a classe trabalhadora, a partir de premissas ideológicas fundadas na obrigação estatal de remover obstáculos que a acumulação do capital impõe. FLORES, Joaquín Herrera.

A partir dessas experiências, vê-se, no contexto do direito do trabalho, que a equidade age no âmbito da racionalidade jurídica, ocupando-se das relações entre as formas estruturais do direito formal positivo e suas implicações teleológicas e também funcionalistas. A equidade parte do pressuposto de que as partes confrontadas encontram-se desequilibradas, e que não é uma referência legal, isoladamente, que torna uma decisão racional, mas a aceitabilidade da solução concreta à qual ela se destina, em satisfação simultânea da dupla exigência de *Perelman.*(285) Substitui o discurso descritivo e indicativo, pelo valorativo. O fato passa de uma visão "isolada" para outra, "contextualizada", com a qual emerge da realidade social.(286)

Se a regra no processo civil é a de só se julgar por equidade, mediante expressa autorização legal,(287) sendo a sua aplicação exceção, no processo do trabalho a situação inverte-se. Não propriamente pela racionalidade lógica e formal do sistema jurisdicional, que só a admite, a princípio, em caráter subsidiário, na falta de disposições legais ou contratuais, como prescrito no art. 8º da CLT; mas em função, como se disse, do próprio sistema de direito material, pautado em normas "abertas", a ensejar uma atuação complementar e criativa na razão deliberativa judicial (sentença).(288)

Tomemos como exemplo o "princípio do salário justo", do art. 7º, V, da CF, que consagra o direito a um piso salarial proporcional à extensão e à complexidade do trabalho, complementado pela regra do art. 766 da CLT, que confere a toda categoria profissional o direito a um salário "justo", que permita "justa" retribuição às empresas tomadoras. Pelo teor das normas em questão, vê-se a imprescindibilidade da equidade como ferramenta hermenêutica para se chegar à delimitação, no caso concreto, do que seja um "salário justo" por um "justo trabalho".

Reivindicación del movimiento de derecho alternativo. Claves para Recuperar el Espacio de lo Común. In: *Revista da Amatra,* v. VI, ano X, n. 29, dez. 2007. p. 4.

(285) BORGES, Jorge Luís. Racionalidade e politicidade das decisões judiciais. In: *Op. cit.,* p. 54.

(286) BAGOLINI, Luigi. Il problema della definizione generale del diritto nella crise del positivismo giuridico. In: *Rivista Trimestrale di Diritto e Procedura Civile,* ano XV, n. 1, Milão: Giuffrè, mar. 1961. p. 163.

(287) CPC, art. 127: "O juiz só decidirá por equidade nos casos previstos em lei."

(288) Notadamente após a nova competência, operada pela EC n. 45/04, quando a equidade deixou de ser utilizada, restritivamente, nos julgamentos dos dissídios coletivos e passou a ser o novo valor regulatório, que se confirma como central de uma nova visão do direito e do processo do trabalho, na incessante luta contra a subsunção formal ao direito positivo, pela adaptação deste e contra a ditadura do capital, que se apropria do trabalho, como forma de emancipá-lo. Nesse sentido: ADAMOVICH, Eduardo Von. A nova competência da Justiça do Trabalho: ampliação do alcance dos juízos de equidade ou nova concepção bicéfala da Justiça /Civil de raízes burguesas? *Revista LTr.* v. 70, n. 5, São Paulo: LTr, maio 2006. p. 557. Cezar, citando Sérgio Pinto Martins, acrescenta: "ora, apenas no Direito do Trabalho, devido à existência do Poder Normativo da Justiça Laboral, é que isso é possível. Nos demais ramos da árvore jurídica pátria, como a atividade exercida pelos tribunais é exclusivamente interpretativa e jurisdicional, fica jungida à legislação nacional, pois, surgindo lacuna da lei, apenas pode o juiz recorrer à analogia, aos costumes e aos princípios gerais do direito, mas nunca invocar direito estrangeiro para decidir em face da inexistência de lei específica no ordenamento pátrio. Tal óbice inexiste nos processos coletivos do trabalho. CÉZAR, Kátia Regina. Poder normativo e dissídios coletivos. In: SANTOS, Enoque Ribeiro; SILVA, Otávio Pinto (coords.). *Temas controvertidos do direito coletivo no cenário nacional e internacional.* São Paulo: LTr, 2006. p. 292-293. Para Souza: "A CLT, ao determinar hipótese de aplicação da equidade, está tratando dela com acepção que se aproxima, em muito, da *equity* do direito inglês." SOUZA, Carlos Fernando Mathias. O preenchimento de lacunas no direito do trabalho. In: *Revista do Tribunal Superior do Trabalho,* v. 67, n. 3, Brasília: TST, jul./set. 2001. p. 102.

O disposto no art. 852-I, § 1º, da CLT, incluído pela Lei n. 9.957/00, apesar de concebido, originalmente, para aplicação aos processos submetidos ao rito sumaríssimo, apenas reafirma essa posição, ao determinar que: "O juízo adotará em cada caso a decisão que reputar mais justa e equânime, atendendo aos fins sociais da lei e às exigências do bem comum."

Essa é a razão pela qual em nenhum outro campo do direito material brasileiro há tanta recorrência sistemática aos princípios, positivados ou não, cuja interpretação e aplicação (alguns potencializados, outros relativizados) são flexíveis, em função da interseção com os demais sistemas: econômico, social, político, através da "ação comunicativa" do direito.

É de se concluir, nesse tópico, que: (a) a equidade é ínsita ao direito do trabalho, incluída em sua fonte material, eis que esta se justifica pela criação de leis de proteção, como forma de concretização da justiça social, frente à desigualdade das relações entre o capital e o trabalho;[289] (b) ao contrário do sistema normativo civil, o trabalhista, centrado em normas "abertas", funda-se na equidade também pela necessidade de particularização e regulamentação das múltiplas e diversificadas categorias profissionais e econômicas, tarefa manifestamente inviável de ser exercida pelo legislador;[290] e (c) em síntese, é indispensável, na efetiva tutela do direito material do trabalho, uma jurisdição normativa e criativa, tendo a equidade como ferramenta fundamental.

3.1.5. A equidade integrativa e a formativa em seus aspectos funcionais

Ao iniciar os seus estudos sobre a equidade, *Sillani* afirma que um dualismo inicial pode ser estabelecido sobre o tema. De um lado, pela razão finalística e funcional da equidade, que sempre encerrou conceitos não unívocos, integrando-se, pelas suas variáveis de assimilação e utilização, na história do pensamento jurídico. De outro, pela constatação de que a equidade sempre foi considerada, ao longo dos séculos, elemento essencial ao desenvolvimento do direito, enormemente inserida na jurisdição: primeiro do direito romano (*equitas*); depois, do direito inglês (*equity*).[291] A importância da equidade, portanto, assume contornos relevantes no campo jurisdicional, não só nos sistemas *common law*, mas também nos de *civil law*.[292]

Nesse contexto essencialmente processual, impõe-se sublinhar dois aspectos apontados por *Calamandrei*, ainda na primeira metade do século XX: (a) a relação

(289) Nesse sentido: VIDAL NETO, Pedro. *Do poder normativo da justiça do trabalho*. São Paulo: LTr, 1983. p. 109.

(290) Como se tem dito na Itália: "È inutile dire che il legislatore, dovendo garantire eguaglianza di trattamento a tutti i lavoratori di uma determinata categoria professionale (in ossequio agli arts. 3 e 36 cost.), non sarebbe mai riuscito, da solo — cioè senza la contrattazione — a dettare discipline tanto numerose, articolate e dettagliate per ciascuna categoria professionale." RUSCIANO, Mario. La metamorfosi del contratto collettivo. In: *Rivista Trimestrale di Diritto e Procedura Civile*, Milão: Giuffrè, mar. 2009. p. 39.

(291) SILLANI, Chiara Tenella. *L' arbitrato di equità*. Milão: Giuffrè, 2006. p. 1.

(292) Enfatizando o aspecto jurisdicional da equidade, Cappelletti acrescenta: "Quem poderia negar, por estarem baseadas na *equitas* ou na *conscience*, o caráter jurisdicional das decisões emitidas já há dois milênios pelos juízes da Roma clássica, ou há alguns séculos pelos chanceleres ingleses?" *Juízes legisladores?*, p. 24.

entre os processos especiais (reflexos das imposições de situações de direito material diferenciadas) e a jurisdição de equidade (necessária em função do desequilíbrio das partes no contexto econômico e social, substituindo o rigor do direito codificado); e (b) a multiplicação desses processos como um sintoma patológico, denunciador de uma crise de legalidade, própria de um período em que a lei codificada, material e processual, atrasada, apresenta-se na contramão de uma corrente social na qual amadurece um direito novo.[(293)]

A despeito da polissemia no conceito e enquadramento da equidade, já a assumimos, desde o início, no contexto da hermenêutica, como método de interpretação cognoscitivo.[(294)]

O que se propõe, neste tópico, é demonstrá-la funcionalmente, com a dupla aptidão que lhe é peculiar: (a) com função apenas interpretativa-individualizadora, na condição de ferramenta hermenêutica;[(295)] e (b) com função decisória, utilizada para decidir conflitos, assumindo perfil *extra legem*.[(296)]

Quanto à primeira função, é de se dizer que a equidade, por sua relação com a Justiça, não é de utilização exclusiva do juiz, mas também do legislador: tanto a lei quanto a sentença perseguem idêntico ideal: a Justiça.[(297)] De acordo com *Rawls*, a justiça como equidade "elabora uma concepção política como visão autônoma, que parte da ideia fundamental da sociedade como sistema equitativo de cooperação e suas ideias associadas".[(298)] Portanto, nesse aspecto: "Por equidade, hoje, entende-se o sentimento ético palpitante na consciência social, cuja função consiste em adaptar a norma jurídica a uma relação particular, individualizada pelas circunstâncias, elaborando a solução para o caso concreto."[(299)]

---

(293) CALAMANDREI, Piero. *Instituzioni di diritto processuale civile*. Segunda parte. Padova: Cedam, 1944. p. 761.

(294) Nesse sentido, dentre tantos: ESPÍNOLA FILHO, Eduardo. Equidade. In: SANTOS, J. M. Carvalho. *Repertório enciclopédico do direito brasileiro*. Rio de Janeiro: Borsoi, p. 243. Para Tostes Malta: "Essa adaptação de uma norma jurídica a um caso particular, para atender-se a certo ponto de vista, muitas vezes extralegal, é o que se chama de equidade, mero critério de interpretação que, justamente por manifestar oposição à generalidade implícita na ideia de norma de comportamento, não pode reputar-se fonte formal de direito." MALTA, Christóvão Piragibe Tostes. Prática do processo trabalhista *apud* HINZ, Henrique Macedo. *O poder normativo da justiça do trabalho*. São Paulo: LTr, 2000. p. 59. Também a doutrina processual italiana: VECCHIONE, Renato. *Novíssimo digesto italiano*. Torino: Unione Tipográfico-Editrice, 1957. v. VI, p. 628 e ss.

(295) Álvaro de Oliveira, citando Mário Bigotte Chorão, identifica cinco aspectos funcionais da equidade: "a) a equidade com função dulcificadora, forma de suavização da justiça estrita por outros fatores, como a benignidade, a misericórdia, a solidariedade humana, de modo a preservar outros valores considerados fundamentais; b) a equidade com função decisória, empregada para resolver casos, apresentando assim perfil *extra legem*; c) a equidade flexibilizadora, a constituir o próprio tipo legal, diante do conceito indeterminado contido na lei, agindo *secundum legem*, a exemplo das cláusulas gerais, os chamados *standards* jurídicos e os conceitos normativos; d) a equidade com função interpretativa-individualizadora, recurso normal à disposição do operador jurídico no processo de aplicação das normas e para a ponderação das particularidades do caso em que opera mesmo sem permissão legal; e) a equidade com função corretiva, *contra legem*, para evitar a aplicação de normas às hipóteses para as quais se revelam inadequadas." OLIVEIRA, Carlos Alberto Álvaro de. *Do formalismo no processo civil*. São Paulo: Saraiva, 2003. p. 208.

(296) *Loc. cit.*

(297) Nesse sentido, RÁO, Vicente. *Op. cit.*, p. 88.

(298) RAWLS, John. *Justiça como equidade*. São Paulo: Martins Fontes, 2003. p. 269.

(299) FERRARA, Francesco. Trattato di diritto civile italiano. Roma, 1921. p. 42 *apud* ROMITA, Arion Sayão. *Equidade e dissídios coletivos*. Brasília: Brasília, 1976. p. 42. O próprio Ferrara, estabelecendo

Sabendo-se que a segunda função da equidade (a decisória), envolve, necessariamente, o aspecto funcional da primeira (hermenêutica), *Ráo* construiu três regras fundamentais da equidade a partir dos estudos de *G. Pacchioni*:[300]

1. por igual modo devem ser tratadas as coisas iguais e desigualmente as desiguais;
2. todos os elementos que concorreram para constituir a relação *sub judice*, coisa ou pessoa, ou que, no tocante a estas tenham importância, ou sobre elas exerçam influência, devem ser devidamente consideradas;
3. entre várias soluções possíveis deve-se preferir a mais suave e humana, por ser a que melhor atende ao sentido de piedade, e de benevolência da justiça: *jus bonum et equm*.

Sob esse prisma funcional decisório, portanto, a diferença fundamental entre o juízo de equidade e o juízo legalitário é que este se apresenta formulado sobre a base da preexistente norma positiva, que abstratamente provém como deve ser avaliada a hipótese singular. O de equidade, ao invés, se fundamenta nas regras estabelecidas no momento (fortemente inspiradas nos valores axiológicos e da consciência social), afastadas do juízo legalitário e quase em alternativa a este, em função, deve-se salientar, constitutiva[301] ou dispositiva (*supra* 3.1).[302] Para a lógica jurídica, e como dito por *Frosini*, a equidade opera-se de forma cognoscitiva, rompendo com a cômoda, velha e estreita identificação do juízo jurídico com o esquema do silogismo escolástico[303] e como "uma valvola di sicurezza nel mecanismo della giurisdizione",[304] isto é, como alternativa na busca por uma justa solução para o caso concreto.

Ambos, o legalitário e o de equidade, são juízos vinculados ao direito, mas o grau de subjetividade na interpretação deste e, pois, de "criatividade" no legalitário é bem menor do que no de equidade.

Embora no juízo de equidade o intérprete atue de forma ampla, através da valoração e aplicação de princípios e da chamada "ação comunicativa" entre os vários sistemas, para encontrar balizas de uma justa decisão para o caso concreto, parece-nos importante, para entendê-la, quanto a sua aplicação no contexto da jurisdição

---

critérios objetivos para a utilização de equidade, sutenta que: "o juiz que por uma suposta equidade e oportunidade intenta mudar a lei, comete uma violação jurídica." FERRARA, Francesco. *Interpretação e aplicação das leis*. Tradução de Manoel A. D. de Andrade. São Paulo: Saraiva, 1934. p. 70-71.

(300) RÁO, Vicente. *O direito e a vida dos direitos*. 4. ed. São Paulo: Revista dos Tribunais, 1997. p. 84-85. Em nota de rodapé na p. 85, o autor transcreve PACCHIONI, G. *Lezione*, 1923-1924, p. 14-16. Windscheid (*Pand.*, I, p. 82, trad. Ital.) a síntese das três regras num só conceito: "è équo il diritto commisurato ai rapporti di fatto, ossia quello in cui ogni momento dei rapporti di fatto che merita d´esser tenuto in conto, lo è effetivamente e non è tenuto in conto quello che non lo merita — d'ognuno si fa quel conto che la sua índole esige."

(301) DENTI, Vitório. Contributo allo studio del giudizio di equità nel processo civile. Pávia, 1944. p. 25 e ss. *apud* SILLANI, Chiara Tenella. *Op. cit.*, p. 6.

(302) CARNELUTTI, Francesco. *Sistema de derecho procesal civil*, p. 158-159.

(303) "Nel giudizio di equità opera dunque um tipo di ragionamento, che fa parte di uma logica aperta, in cui l'intuizione noetica (cioè conoscitiva) rompe lo schema dianoetico (discorsivo, ossia mediato) del silogismo. Nel primo caso, il ragionamento giuridico ritorna e si richiude in se stesso, a circolo; nel secondo invece esso si snoda e procede liberamente." FROSINI, Vittorio. L'equità nella teoria generale del diritto. In: *Rivista Trimestrale di Diritto e Procedura Civile*, ano XXVIII, n. 1, Milão, mar. 1974. p. 7-8.

(304) *Ibidem*, p. 14.

normativa brasileira (e no contexto da sua dupla função decisória-hermenêutica), uma subdivisão funcional.

Aludimos à diferença entre a equidade integrativa (ou supletiva) e a formativa (ou substitutiva). Nesta, há a factível oposição ao juízo legalitário antes mencionada, com ampla (mas não absoluta) liberdade de atuação, mas, como se viu, vinculada a valores e balizas formadores não só do direito, em sentido amplo, mas também da boa-fé e da consciência social. Naquela, não se pode transportar esses valores metajurídicos diretamente da realidade social, sendo necessário um prévio desenvolvimento de elementos racionais, presentes no ordenamento, com a consequente vinculação legal da decisão a uma fundamentação. Tanto que na Itália, pródiga pela utilização da equidade na jurisdição do trabalho desde os *Collegi dei probiviri*,[305] a primeira, mas não a segunda, admite o controle, pela Corte de Cassação, seja por violação à norma de direito (*error in judicando*), seja por vício de fundamentação (*error in procedendo*).[306] Na primeira, a equidade é vista sob o aspecto objetivo, pela manifestação particular de um princípio geral do ordenamento jurídico. Na segunda, é vista na feição subjetiva, pela maior subjetivação na interpretação ou pela maior possibilidade de criação judiciária do direito pelo juiz, em atividade que, para alguns, é considerada até "legislativa".[307] A diferença reside no grau de liberdade ou de subjetividade do julgador para a decisão. Na segunda, com limites substanciais de criação do direito menos frequentes e menos precisos do que os existentes na primeira.

O caso da jurisdição normativa trabalhista, como se verá, tal como adstrita a critérios estabelecidos por normas legais, convencionais ou judicial-normativas,[308] desafia a utilização da equidade integrativa ou supletiva, com limites substanciais de criação judiciária mais frequentes e mais precisos,[309] sempre vinculados a uma fundamentação e ao controle por revisão, seja por *error in judicando*,[310] seja por *error in procedendo.*

---

(305) Cortes paritárias trabalhistas, instituídas pela Lei n. 295, de 15.6.1893. *Vide* VALLEBONA, Antônio. *Op. cit.*, p. 13.

(306) *Ibidem*, p. 39. Conferir decisão n. 1.745, de 26.1.2007, da Corte de Cassação italiana, que afirma a necessidade de indicação clara, pelo recorrente, do princípio tido como violado no exercício do juízo da equidade. Resenha por: GRADI, Marco. Il sentimento di giustizia Nei giudizi di equità necessária e il controllo della decisione in Cassazione. In: *Rivista di Diritto Processuale*, Padova: Cedam, n. 1, jan./fev. 2008. p. 278-290.

(307) Para Frosini: "Il punto più preciso di frizione fra le due posizioni contrastanti, comunque, è quello relativo al problema, se considerare l'equità in senso oggettivo ovvero in senso soggettivo. Nel primo caso, l'equità si risolverebbe nella manifestazione particolare di um principio generale dell'ordenamento giuridico, già ínsito fra le pieghe — o piuttosto fra le righe — del sistema normativo. Nel secondo caso, invece, sarebbe il giudice di equità a creare la norma, e nella giurisdizione di equità si verificherebbe pertanto le'esercizio d'uma funzione legislativa." FROSINI, Vittorio. *Op. cit.*, p. 6.

(308) Pois se encontra adstrita ao respeito "as disposições mínimas legais de proteção ao trabalho, bem como as convencionadas anteriormente." (§ 2º do art. 114 da CF).

(309) Um exemplo é o da Lei n. 10.192/01, que dispõe: "Art. 13 — No acordo ou convenção e no dissídio coletivos, é vedada a estipulação ou fixação de cláusula de reajuste ou correção salarial automática vinculada a índice de preços. § 1º Nas revisões salariais na data-base anual, serão deduzidas as antecipações concedidas no período anterior à revisão. § 2º Qualquer concessão de aumento salarial a título de produtividade deverá estar amparada em indicadores objetivos."

(310) O art. 895, *b*, da CLT admite recurso ordinário de todas as decisões proferidas em processos de dissídio coletivo. Um exemplo desse controle efetivo é a Orientação Jurisprudencial n. 37, da SDC, do TST:

Nesse início de século XXI, confirmam-se, assim, os dois vaticínios de *Calamandrei*: (a) a utilização da equidade nos processos de tutela diferenciada, concebidos em função das condições socioeconômicas dos litigantes (no âmbito dos quais incluímos o trabalhista) é pressuposto funcional de efetivação do direito fundamental à isonomia (*supra*, 3.1.4); e (b) a expansão da jurisdição de equidade é proporcional à crise de legalidade, esta reflexa da ausência de sintonia entre a legislação codificada e as aspirações da sociedade (*supra*, 2.4 e *infra*, 6.2).

3.2. O dissídio coletivo de natureza econômica

Considerada no Brasil como uma das exceções ao modelo tripartido de organização estatal, o chamado "poder normativo" foi inicialmente previsto na Constituição de 1946.(311) Desde então, este "poder" foi mantido em todas as Constituições que se seguiram, tendo sido regulamentado, no plano infraconstitucional, mais especificamente pelos art. 857 e seguintes da CLT. É exercido, tradicionalmente, no contexto do chamado "dissídio coletivo de natureza econômica", previsto, especificamente, no art. 114, § 2º, da CF, e será, na perspectiva dele, que se enfrentarão a natureza, os parâmetros e limites do provimento jurisdicional normativo, além de aspectos jurídicos da sua sentença normativa e sua coisa julgada.

3.2.1. A natureza do provimento jurisdicional

Embora a Lei n. 7.701/88 só contemple a previsão, genérica, das duas categorias de dissídios coletivos, econômicos e jurídicos (art. 10), o Tribunal Superior do Trabalho, através do art. 220 do seu Regimento Interno, subdivide-os, quanto à natureza, em: a) econômica, quando a instituição de normas e condições do trabalho for pressuposto para o julgamento do conflito; b) jurídica, para a interpretação de cláusulas dos instrumentos normativos autônomos, inclusive de sentença normativa; c) originária, nas hipóteses de não preexistirem ou em vigência normas e condições de trabalho, objeto de dissídio de natureza econômica; d) de revisão, para a reavaliação de normas e condições coletivas de trabalho preexistentes; e e) de greve, para a emissão de declaração acerca da legalidade, ou não, do movimento paredista.(312)

"TAXA DE HOMOLOGAÇÃO DE RESCISÃO CONTRATUAL. ILEGALIDADE. É contrária ao espírito da lei (art. 477, § 7º, da CLT) e da função precípua do Sindicato a cláusula coletiva que estabelece taxa para homologação de rescisão contratual, a ser paga pela empresa a favor do sindicato profissional."

(311) Assim dispunha o art. 123 — Compete à Justiça do Trabalho conciliar e julgar os dissídios individuais e coletivos entre empregados e empregadores, e as demais controvérsias oriundas das relações do trabalho regidas por legislação especial. § 1º Os dissídios relativos a acidentes do trabalho são da competência da Justiça Ordinária. § 2º A lei especificará os casos em que as decisões, nos dissídios coletivos, poderão estabelecer normas e condições de trabalho.

(312) TST, Regimento Interno, pela Resolução Administrativa n. 1.295/08 — art. 220 — Os dissídios coletivos podem ser: I — de natureza econômica, para a instituição de normas e condições de trabalho; II — de natureza jurídica, para interpretação de cláusulas de sentenças normativas, de instrumentos de negociação coletiva, acordos e convenções coletivas, de disposições legais particulares de categoria profissional ou econômica e de atos normativos; III — originários, quando inexistentes ou em vigor normas e

Conquanto a classificação não seja homogênea, como destaca *Ives Gandra Martins Filho*, pois, "[...] os dois primeiros tipos referem-se ao prisma material e os três últimos ao prisma formal, podendo haver superposição de enquadramentos em um mesmo dissídio",(313) vê-se, da própria conceituação regimental, que o dissídio de natureza econômica ou de interesse é gênero, do qual o primário ou originário e o de revisão são espécies. No primário, cria-se norma inédita ou substitutiva de sentença normativa ou convenção coletiva anterior, cujo prazo de vigência haja esgotado. No de revisão, procede-se a uma reavaliação das normas e condições preexistentes, ditadas em instrumentos vigentes, em contraste com uma alteração das circunstâncias que as ditaram e que, eventualmente as tenham tornado injustas ou inócuas. Também no de revisão, que também tem previsão legal específica — CLT, art. 873(314), exerce-se função normativa e criativa "[...] porque, ao se prestar à revisão de uma norma, está, indiretamente, tornando-se veículo de criação de outra, que a substitui na sentença normativa revisada".(315)

Apenas no dissídio coletivo de natureza econômica, seja primário ou originário, seja de revisão, exerce-se a jurisdição tipicamente normativa, dita criativa. No de greve e no de natureza jurídica, o provimento é meramente declaratório, como se verá adiante.

Todos integram o quadro das ações que tutelam interesses coletivos *stricto sensu*, inerentes às categorias envolvidas, profissional e econômica. Neles, a tutela não é a do somatório de interesses individuais,(316) mas da síntese deles, tendente à satisfação da categoria como um todo indivisivel.(317)

Carnelutti estabelece o perfil da jurisdição dispositiva ou normativa, em lição, para nós, atualíssima: "Aquí, por tanto, el juez no declara, sino que crea Derecho. No daña a esta afirmación la reflexión de que el juez, al pronunciar el mandato autónomo em que consiste la sentencia dispositiva, no es libre, puesto que siempre há de aplicar uma regla."(318) O autor arremata, enfrentando o referencial do julgamento no juízo da equidade: "Al proceso dispositivo se lê puede dar, e incluso se lê da, el nombre de proceso o juicio de equidad. Se llama, en efecto, equidad a la justicia cuando reviste la

---

condições especiais de trabalho, decretadas em sentença normativa; IV — de revisão, quando destinados a reavaliar normas e condições coletivas de trabalho preexistentes, que se hajam tornado injustas ou ineficazes pela modificação das circunstâncias que as ditaram; e V — de declaração sobre a paralisação do trabalho decorrente de greve.

(313) MARTINS FILHO, Ives Gandra. *Processo coletivo do trabalho*. São Paulo: LTr, 1994. p. 59.

(314) CLT, art. 873 — Decorrido mais de 1 (um) ano de sua vigência, caberá revisão das decisões que fixarem condições de trabalho, quando se tiverem modificado as circunstâncias que as ditaram, de modo que tais condições se hajam tornado injustas ou inaplicáveis.

(315) PINTO, José Augusto Rodrigues. *Direito sindical e coletivo do trabalho*. São Paulo: LTr, 1998. p. 379.

(316) No sentido que lhe confere Pardolesi: "quello cioè, del gruppo in quanto istituzione (Verbandsinteresse) e non invece quello del gruppo, como complesso delle situazioni individuali che vi sono sottese (Gruppeninteresse)." PARDOLESI, Roberto. Il problema degli interessi collettivi e i problemi dei giuristi. In: *Rivista di Diritto e Procedura Civile*, ano XXIX, n. 4, Milão: Giuffrè, dez. 1975. p. 1.524.

(317) No mesmo sentido: SITRÂNGULO, Cid José. *Op. cit.*, p. 16, e CORREIA, Marcus Orione Gonçalves. *As ações coletivas e o direito do trabalho*. São Paulo: Saraiva, 1994. p. 65.

(318) CARNELUTTI, Francesco. *Sistema de derecho procesal civil*, p. 158.

forma de um mandato concreto y se adapta de ese modo al caso singular (justicia del caso singular)."(319)

A jurisdição exercida nos dissídios coletivos de natureza econômica é predominantemente de equidade integrativa ou supletiva (*supra* 3.1.4), pois, como se verá adiante, atua com limites substanciais de criação judiciária do direito estabelecidos por critérios objetivos mais ou menos frequentes e precisos, dependendo do caso concreto. Aludimos a uma "predominância" do juízo de equidade, porque é possível, no contexto desse tipo de jurisdição, a emissão simultânea, tanto do juízo de equidade, quanto do juízo legalitário, como se demonstrará no tópico seguinte.

3.2.2. Os parâmetros e limites do provimento jurisdicional na criação do direito

No caso brasileiro, antes da EC n. 45/04, *Melo* já estabelecia que "[...] o poder normativo trabalhista somente seria cabível: a) no vazio da lei; b) quando não contrarie ou se sobreponha à lei vigente; c) desde que as condições não estejam vedadas pela Constituição Federal; e d) que a matéria tratada não esteja reservada à lei pela Constituição".(320) Exemplificativamente: vedada estava a ampliação do período do aviso prévio ou do percentual do adicional de horas extras para além do limite mínimo previsto no texto constitucional (art. 7º, XVI e XXI), por inserir-se na reserva da lei formal ou da negociação coletiva; mas, diversamente, seria possível a concessão de cesta básica, seja à luz do vazio da lei, seja porque não contraria a Constituição,(321) e nesta também encontra fundamento na efetivação do princípio da dignidade humana do trabalhador.

Após a referida EC n. 45/04, a expressão "estabelecer normas", definidora desse modelo de provimento jurisdicional, repetida desde 1946 pelas sucessivas Constituições, foi extirpada da Constituição de 1988. No atual texto do art. 114, § 2º, consta que o exercício do poder normativo será feito, por solicitação conjunta das partes, para "decidir o conflito, respeitadas as disposições mínimas legais de proteção ao trabalho, bem como as convencionadas anteriormente".

Tal como remanesceu, o poder "criativo" dos tribunais do trabalho, característico dos dissídios coletivos de natureza econômica, está jungido ao respeito às disposições legais e convencionais mínimas, o que não significa a impossibilidade de se fixar direito superior ao que está legalmente previsto, ainda que sem prévio ajuste em norma coletiva anterior,(322) como se verá adiante. A decisão do conflito passa, necessariamente, pela aferição das reivindicações de cunho normativo, o que leva, pelo atendimento delas, à atuação normativa, em atividade tipicamente complementar e integrativa às normas legais e convencionais preexistentes, o que não foge em nada do que já vinha ocorrendo,

(319) *Ibidem*, p. 159.
(320) MELO, Raimundo Simão de. *Dissídio coletivo de trabalho*. São Paulo: LTr, 2002. p. 52.
(321) *Ibidem*, p. 52-53.
(322) PEREIRA, José Luciano Castilho. A reforma do poder Judiciário: o dissídio coletivo e o direito de greve. In: COUTINHO, Grijalbo; FAVA, Marcos Neves (coords.). *Justiça do trabalho*: competência ampliada. São Paulo: LTr, 2005. p. 249.

pois o Tribunal Superior do Trabalho e os Tribunais Regionais do Trabalho, basicamente, só estavam decidindo sobre a manutenção de cláusulas sociais preexistentes e sobre a fixação de reajuste salarial.[323] As cláusulas da sentença normativa ou de convenção coletiva pretéritas, historicamente consagradas nas relações coletivas entre as categorias litigantes, portanto, já eram utilizadas como baliza nos julgamentos por equidade dos dissídios coletivos.

Na prática, as referências continuaram três para os julgamentos por equidade: (a) a norma legal; (b) a norma convencional (convenção coletiva anterior); e (c) a norma judicial-normativa (sentença normativa anterior). No que se refere especificamente à natureza da jurisdição normativa a ser exercida, a EC n. 45/04 criou o paradoxo de modificar, para deixar como estava.

Como muito bem colocado por *Martins Filho*, em posição que continua atual, construída a partir de precedente histórico do Tribunal Superior do Trabalho, da lavra do Ministro *Coqueijo Costa*,[324] a jurisdição normativa tem um "patamar", que é o direito positivo; um "teto", que é uma justa retribuição do capital (CLT, art. 766); e os "degraus", formados pela equidade e pelo bom senso.[325] Para *Batalha*, a jurisdição normativa "não pode exercer-se *contra legem*, mas somente *intra legem* ou *praeter legem*".[326]

A possibilidade de instituir regras, ainda que pela via arbitral,[327] subsiste como reconhecimento de que é necessária uma atividade jurisdicional que tenha a função de preencher as lacunas legislativas, frente às peculiaridades das múltiplas e diversificadas categorias profissionais, tarefa manifestamente inviável de ser exercida pelo Poder Legislativo,[328] mas com limitações cada vez mais frequentes e mais intensas desse poder determinativo, hoje limitado a aspectos e elementos da relação jurídica coletiva e não a ela integralmente. Como disse *Liebman*, acerca da jurisdição dispositiva ou normativa: "Existe uma regra material, mas o seu conteúdo é elástico e deve ser determinado e precisado, caso por caso, no momento da sua aplicação".[329]

Do ponto de vista do "Acesso à Justiça", a posição do Tribunal Superior do Trabalho, seguida pelos tribunais regionais, vem sendo no sentido de que, instaurada a instância e não havendo oposição específica do suscitado, a jurisdição normativa

---

(323) *Ibidem*, p. 251.

(324) RO-DC n.30/82, com a seguinte ementa: "O poder normativo atribuído à Justiça do Trabalho limita-se ao norte, pela Constituição; ao sul, pela lei, à qual não pode contrariar; a leste, pela equidade, e o bom senso; e a oeste, pela regra consolidada no art. 766, conforme a qual nos dissídios coletivos serão estipuladas condições que assegurem justo salário aos trabalhadores, mas 'permitam também justa retribuição às empresas interessadas'." In: MARTINS FILHO, Ives Gandra. *Processo coletivo do trabalho*, p. 43.

(325) *Ibidem*, p. 43-44.

(326) BATALHA, Wilson de Souza Campos. *Direito processual das coletividades e dos grupos*. 2. ed. São Paulo: LTr, 1992. p. 81.

(327) Pois pressupõe uma instauração bilateral, que se traduz no "comum acordo" dos litigantes, exigido pelo § 2º, do art. 114 da CF.

(328) CRUZ NETO, Eurico. In: *Temas relevantes no processo do trabalho*. Campinas: Boockseller, 2000. p. 80.

(329) LIEBMAN, Enrico Tullio. *Eficácia e autoridade da sentença e outros escritos sobre a coisa julgada*. Tradução de Alfredo Buzaid e Benvindo Aires. Tradução dos textos posteriores à edição de 1945 e notas relativas ao direito brasileiro vigente de Ada Pellegrini Grinover. 3. ed. Rio de Janeiro: Forense, 1984. p. 24, em nota de rodapé sem numeração.

pode ser exercida nos moldes do que ocorria antes da EC n. 45/04.[330] Essa aparente contradição entre o entendimento de que, por um lado, o "comum acordo", exigido pelo art. 114, § 2º, da CF, é pressuposto processual[331] e, por outro, sendo pressuposto, não deve ser declarado de ofício, desfaz-se pela percepção de que a não oposição do suscitado equivale, em medidas, à anuência.

Se, para *Cappelletti*, a diferença entre legislação e jurisdição não é de natureza, mas de grau, pois ambos, o juiz e o legislador, se deparam, com mais ou menos frequência e intensidade, com os seus limites substanciais na criação do direito, tendo, os dois, suas atividades criativas vinculadas (o juiz à lei, no sistema *civil law*, ou aos precedentes, no sistema *common law*; e o legislador à Constituição e aos direitos fundamentais),[332] a jurisdição normativa apresenta-se na interseção entre ambas. Do ponto de vista substancial, portanto, a criatividade da jurisdição normativa fica a um meio termo quantitativo e não qualitativo entre a legislação e a jurisdição tradicional. Em síntese, pode-se dizer que a liberdade criativa, com limites substanciais menos frequentes e menos precisos é decrescente, na seguinte ordem e grau: legislação, jurisdição normativa e jurisdição tradicional.

Para concluir nosso ponto de vista, é preciso assumir uma posição importante para o desenvolvimento do trabalho, aqui apenas mencionada e que será retomada adiante. Sabendo-se que a criação judiciária do direito é ínsita a toda e qualquer jurisdição, a normativa não é atividade legislativa ou derivativa da legislativa, mas, pelo contrário, é atividade jurisdicional, que apenas difere daquela tradicionalmente conhecida, não em relação à natureza ou qualidade do provimento, mas, apenas, em razão do grau e da intensidade com que atua na criação do direito para o julgamento do caso concreto. Utilizando-se da equidade, a jurisdição normativa se confronta, na aplicação da lei, com limites substanciais de criação do direito menos frequentes e menos precisos do que aqueles utilizados na jurisdição comum.

3.2.3. A sentença normativa

3.2.3.1. Sua natureza

Embora no contexto do modelo de classificação clássica do processo civil haja aproximação entre a sentença normativa e a constitutiva, pois ambas têm como fundamento uma norma de direito material, sendo produtos da hermenêutica e decidindo um conflito posto a julgamento, a constitutiva tem como escopo a criação, a extinção ou a modificação de relações jurídicas concretamente postas a julgamento, apenas quando presentes os pressupostos autorizadores previstos em lei, ao passo que a normativa o faz no exercício do juízo da equidade, criando novas condições de

---

(330) Posição assumida pelo TST, dentre outros, no DC 181.580/07, Relator Min. Ives Gandra Martins Filho, in *DJU* de 19.10.2007.

(331) Conforme decidido pelo TST, através de sua Seção de Dissídios Coletivos, no Processo n. DC 165049/2005-00-00-00, em acórdão unânime, in *DJU* de 29.9.2006, antes comentado.

(332) CAPPELLETTI, Mauro. *Juízes legisladores?*, p. 26-27.

trabalho, abstratamente concebidas, embora de aplicação concretamente direcionada às categorias envolvidas, a serem obedecidas no âmbito das respectivas relações jurídicas individuais.

Nesse sentido, a doutrina processual trabalhista brasileira,(333) seguindo a posição inicialmente proposta por *Kisch*,(334) desenvolvida por *Mayer*(335) e retomada por *Carnelutti*, enquadra as sentenças normativas como espécie nova, diferenciada, distinta da declaratória e constitutiva, identificada como de natureza *determinativa* ou *dispositiva* (*festsetzende Urteil*).(336)

Dito por *Chiovenda*: "Alguém (*Kisch*) advertiu uma categoria de sentenças distinta nas que não se limitam a declarar o dever de uma prestação já existente, nem constituem tão pouco uma nova relação jurídica: determinam somente ou modificam o conteúdo ou um elemento de uma relação já existente. Daí se haverem denominado *determinativas* ou, segundo outros (*Otto Mayer*), *dispositivas*."(337) E completa: "Ocorrem quando a lei remete a decisão ao arbítrio, à discrição do juiz, quer imediatamente, quer por via de correção da 'determinação' de um terceiro; a atividade do juiz assemelha-se em tal hipótese a do arbitrador."(338)

Dispositivas ou *determinativas*,(339) porque dispõem ou determinam sobre específica relação jurídica posta a julgamento,(340) estabelecendo novas regras, direitos e obrigações não previstos em lei, como expressão maior da criatividade judiciária e reflexa do juízo de equidade, sendo reconhecidamente fonte formal de direito.(341) São

(333) MARTINS FILHO, Ives Gandra. *Processo coletivo do trabalho*, p. 52-53.

(334) Para Liebman: "Kisch foi o primeiro que estudou com atenção os casos em que ao juiz cabe determinar discricionariamente um elemento da relação jurídica litigiosa [...] e sustenta que as sentenças assim proferidas devem constituir categoria separada. KISH, Wilhelm. *Beitraege zur Urteilslehre*. Leipzig, 1903. p. 110 e ss. *apud* LIBEMAN, Enrico Tullio. *Eficácia e autoridade da sentença e outros escritos sobre a coisa julgada*, p. 23.

(335) CHIOVENDA, Giuseppe. *Op. cit.*, p. 298.

(336) CARNELUTTI, Francesco. *Sistema de derecho procesal civil*. Buenos Aires: Uteha, 1944. v. 1, p. 158-159.

(337) CHIOVENDA, Giuseppe. *Op. cit.*, p. 298.

(338) *Loc. cit.* Costa tinha posição diferente: "A ação coletiva de natureza econômica abrange interesses coletivos abstratos, num conflito econômico ou de interesses, e quer obter um pronunciamento jurisdicional constitutivo do Tribunal Regional do Trabalho, ou de Grupos de Turma deste, ou do Tribunal Superior do Trabalho, para criar ou modificar condições de trabalho, sobretudo cláusulas salariais, provocando e obrigando o juízo a proferir sentença 'dispositiva' (Carnelutti), 'constitutiva' (Chiovenda) ou 'determinativa' (Raselli), nunca condenatória (Jaeger), 'nella controversia colletiva di fissazione di nuove condizioni di lavoro' (Litala)." COSTA, Carlos Coqueijo. *Direito processual do trabalho*. 3. ed. Rio de Janeiro: Forense, 1986. p. 109.

(339) Em sentido contrário, Liebman: "A função do processo não é, pois, nestes casos, diversa da comum, e a sentença será, conforme as várias hipóteses, declaratória, condenatória ou constitutiva; a única particularidade consiste no fato de que a atividade do juiz, vinculada ordinariamente pela lei a aplicar, em vista de certos fatos, a consequência exatamente estabelecida, se exerce, em alguns casos, com certa medida de poder discricionário, destinado a permitir que se determinem as consequências legais conforme as exigências das circunstâncias concretas do caso examinado." LIEBMAN, Enrico Tullio. *Eficácia e autoridade da sentença e outros escritos sobre a coisa julgada*, p. 24-25. Para outros, a sentença normativa teria natureza dúplice, no sentido de ser, ao mesmo tempo, "dispositiva" e "constitutiva". Ver nesse sentido: ARAÚJO, João Carlos. *Ação coletiva do trabalho*. São Paulo: LTr, 1993. p. 103, e MELO, Raimundo Simão de. *Direito coletivo do trabalho*, p. 58.

(340) MARTINS FILHO, Ives Gandra. *Processo coletivo do trabalho*, p. 51.

(341) Se sua observância obrigatória tiver dimensão nacional ou suprarregional, a divergência na sua interpretação pode ser invocada como fundamento normativo do recurso de revista, conforme regra do art. 896, *b*, da CLT.

constitutivas, não da relação, mas da norma jurídica, e exemplos da função integrativa da jurisdição.[342]

Como constatado por *Chiovenda*, "[...] ocorrem quando a lei remete a decisão ao arbítrio, à discrição do juiz",[343] o que não significa, como bem lembrado por *Cappelletti*, "[...] arbitrariedade, e o juiz, embora inevitavelmente criador do direito, não é necessariamente um criador completamente livre de vínculos,"[344] pois em quase todos os sistemas jurídicos, há limites à liberdade judicial (mesmo no exercício da jurisdição atípica-normativa), tanto processuais, quanto substanciais.

Ultrapassado o mito da exclusividade da sentença normativa para a criação de novas regras e condições jurídicas, como pressuposto da solução de determinado conflito, pois, como se viu, a criação judiciária do direito é ínsita a todas as formas de jurisdição, a diferença entre a sentença normativa e aquela outra, produto da jurisdição tradicional, não é de natureza, mas de frequência ou grau de intensidade com que se cria o direito. Ambas decidem determinado conflito, nos limites subjetivos e objetivos com que foi deduzido em juízo; mas, enquanto esta materializa a concessão ou denegação concreta de determinado bem da vida, podendo, ou não, contemplar criação do direito, aquela, pelo contrário, fixa uma norma geral e abstrata, integrando e complementando o sistema normativo positivo e encerrando, portanto, necessariamente, criação judiciária de direito.

A sentença normativa, a despeito de possibilitar um maior espaço para a atividade julgadora criativa, "[...] se trata de uma sentença, como entrega da prestação jurisdicional pelo Estado às partes desavindas num conflito de trabalho de interesses".[345] A sentença normativa porá, então, fim ao conflito, mas o fará, contudo, trazendo ínsita a possibilidade de revisão do conteúdo do decidido (*rebus sic stantibus*), pela permanente possibilidade de utilização do dissídio coletivo revisional (CLT, art. 873), também de natureza normativa (*supra* 3.2.1), tema que será retomado adiante, quando do enfoque à coisa julgada (*infra* 3.2.4).

O que se demonstrará no item seguinte, entretanto, é que o seu eventual conteúdo heterogêneo, refletido na diversidade do seu objeto, integrado por múltiplas e diversificadas cláusulas e elementos, poderá lhe imprimir natureza hibrida, com aspectos, além de *declaratórios*, *determinativos* e *dispositivos*, também *constitutivos* e até *condenatórios*.

3.2.3.2. Seu conteúdo

Foi dessa linha de atuação jurisdicional supletiva, em campo não abrangido pela lei e da práxis de uma jurisdição reflexa das situações coletivas substanciais de trabalho

(342) RASELLI, Alessandro. *Studi sul potere discrezionale del giudice civile*. Milão: Giuffrè, 1973 (reimpressão). v. 1, p. 329 *apud* NERY, Rosa Maria de Andrade. Responsabilidade da doutrina e o fenômeno da criação do direito pelos juízes: processo e Constituição. In: FUX, Luiz; NERY JÚNIOR, Nelson; WAMBIER, Teresa Arruda Alvim (coords.). *Processo e Constituição*: estudos em homenagem ao professor José Carlos Barbosa Moreira. São Paulo: Revista dos Tribunais, 2006. p. 426.

(343) CHIOVENDA, Giuseppe. *Op. cit.*, p. 298.

(344) CAPPELLETTI, Mauro. *Juízes legisladores?*, p. 24.

(345) MORAES FILHO, Evaristo de. *A sentença normativa*: estudos em memória de Coqueijo Costa. São Paulo: LTr, 1989. p. 191 *apud* NASCIMENTO, Amauri Mascaro. *Curso de direito processual do trabalho*, p. 651.

e dos interesses a proteger, que, através de precedentes concretos, se conformaram os contornos da sentença normativa.

Sabendo-se que os limites objetivos à atuação jurisdicional normativa são deduzidos pelas partes em função daquilo que elas reivindicaram e que não conquistaram na negociação coletiva, em conexão com a pretensão formalizada na petição inicial do dissídio coletivo, a sentença normativa será, em sua acepção doutrinária mais ampla, o sucedâneo da convenção coletiva. O interesse coletivo na negociação coletiva frustrada será o interesse tutelado pela sentença normativa. Dessa conexão entre convenção coletiva tentada e sentença normativa obtida, foi que *Piero Calamandrei*,[346] afirmou:

> Um elemento jurisdicional existe também aqui: a magistratura do trabalho não pode proceder a esta formulação de novas normas jurídicas se antes não adquiriu a certeza da existência de uma controvérsia coletiva, no sentido desejado pela lei, de modo que também aqui a intervenção do juiz representa o sucedâneo da conclusão do contrato que falta.

Então, as construções formais e materiais concebidas para a convenção coletiva são transpassadas, com temperamentos, para a sucedânea dela, a sentença normativa.

Formalmente, as sentenças normativas (materializadas em acórdãos, pois os dissídios coletivos são ações de competência originária dos tribunais) não diferem muito daquelas proferidas no âmbito da jurisdição tradicional. Os requisitos formais são os mesmos: um relatório, a fundamentação[347] e a conclusão do julgamento. A peculiaridade, no caso brasileiro, é que as reivindicações, uma vez deduzidas a partir de uma negociação coletiva frustrada, são feitas numa formatação de convenção coletiva (de aspecto contratual), cláusula por cláusula, para cada uma sendo necessária uma causa de pedir, uma fundamentação, esta como condição da ação, instituída inicialmente por ato normativo do TST,[348] reafirmada por construção jurisprudencial normativa do mesmo Tribunal[349] e hoje imposta por determinação legal expressa.[350] Consequentemente, na sentença normativa serão apreciadas as reivindicações do autor cláusula por cláusula, limitando-se, objetivamente, ao que foi pleiteado. No particular, entendemos que não pode haver julgamento *extra* ou *ultra* petita, em respeito ao princípio da adstrição do juiz ao pedido e ao contraditório,[351] em posição compar-

---

(346) CALAMANDREI, Piero. *Instituciones de derecho procesal civil*. Buenos Aires: EJEA, 1962. p. 207 *apud* NASCIMENTO, Amauri Mascaro. *Curso de direito processual do trabalho*, p. 652.

(347) Art. 93, IX, da CF, e art. 12, § 2º, da Lei n. 10.192/01.

(348) Instrução Normativa n. 4, de 14.6.1993, posteriormente revogada pela Resolução n. 116/03.

(349) Orientação Jurisprudencial n. 32, da SDC, do TST: "REIVINDICAÇÕES DA CATEGORIA. FUNDAMENTAÇÃO DAS CLÁUSULAS. NECESSIDADE. APLICAÇÃO DO PRECEDENTE NORMATIVO N. 37 DO TST. É pressuposto indispensável à constituição válida e regular da ação coletiva a apresentação em forma clausulada e fundamentada das reivindicações da categoria, conforme orientação do item VI, letra *e*, da Instrução Normativa n. 4/93."

(350) Art. 12 da Lei n. 10.192/01.

(351) Contrariamente, para Romita "[...] no exercício do poder normativo, a Justiça do Trabalho não é obrigada a respeitar o referido princípio, pois exerce jurisdição de equidade, dispensando manifestação de contariedade por parte da categoria econômica suscitada no dissídio coletivo." ROMITA, Arion Sayão. O poder normativo da justiça do trabalho: a necessária reforma. In: *Revista do Direito Trabalhista*, Brasília:

tilhada com *Nascimento*, para quem "[...] não pode a sentença normativa conferir direitos não pleiteados na inicial ou não requeridos na defesa".[352]

Quanto ao conteúdo substancial, e transpassada a construção doutrinária relacionada às convenções coletivas, a doutrina tende a dividir as cláusulas objeto das sentenças normativas (aqui, repita-se, como legítima sucessora da convenção coletiva frustrada) em duas categorias, a partir de construção do direito alemão. De um lado, as cláusulas "normativas" (*normativer Teil*) e, de outro, as "obrigacionais" (*obligatorischer, o schuldrechtlicher Teil*).[353]

As "normativas", por seu turno, se subdividem em "cláusulas econômicas" e "cláusulas sociais". Estas, representando interesses só indiretamente econômicos e diretamente focados na dimensão humana e social do trabalhador, como *v. g.* a segurança e higiene no trabalho, substituições na função e jornada de trabalho; e, aquelas, representando interesses diretamente econômicos, como *v. g.* a produtividade, a majoração do salário-normativo, a complementação de aposentadoria, de auxílio-doença e cesta básica.[354]

As "obrigacionais" são as que fogem do conteúdo essencialmente abstrato e normativo, para impor diretamente obrigações às partes litigantes, como *v. g.* as multas, os encargos, as determinações de submissão às Comissões de Conciliação Prévia historicamente instituídas e de contratação de empregados para fazer frente ao coeficiente de cotas para deficientes, dentre outras. Também são consideradas cláusulas obrigacionais as que contemplam direitos concedidos à luz do juízo estritamente legalitário e que poderiam, perfeitamente, ser concedidas fora da jurisdição normativa,

---

Consulex, ano 7, n. 5, maio 2001. p. 26-27 *apud* MELO, Raimundo Simão de. *Dissídio coletivo de trabalho*, p. 88. Também João Carlos de Araújo, em posição análoga: "a *litiscontestatio* é extremamente flexível, havendo dúvida até quanto a sua efetiva existência na ação coletiva, onde o interesse pertence praticamente à coletividade, como ocorre nas atividades essenciais, especificadas no art. 10 da Lei n. 7.783/89." *Op. cit.*, p. 12.

(352) Acrescenta: "O conflito coletivo de trabalho, resolvido na esfera jurisdicional, integra uma relação jurídico-processual, com o que há princípios gerais do direito processual a que se sujeita a sentença, por mais específica que seja, dentre os quais o do citado art. 128 do Código de Processo Civil." NASCIMENTO, Amauri Mascaro. *Curso de direito processual do trabalho*, p. 651. Contra, defendendo brilhantemente que o princípio da adstrição do juiz aos pedidos formulados na inicial não se aplica aos dissídios coletivos. TEIXEIRA FILHO, Manoel Antônio. *Dissídio coletivo*: curso de processo do trabalho em perguntas e respostas. São Paulo: LTr, 1998. v. 24, p. 28-29 *apud* MELO, Raimundo Simão de. *Dissídio coletivo de trabalho*, p. 124. Ver também posição semelhante em ARAÚJO, João Carlos. *Op. cit.*, p. 103.

(353) Giorgio Ghezzi explica à luz do direito alemão: "Il contenuto giuridico del contratto collettivo viene generalmente subdiviso, seguendo um critério mutuato dalla letteratura e dalla giurisprudenza germanica ed esplicitamente accolto nel § 1, comma 1º, della legge tedesca sulla disciplina della contrattazione collettiva (Tarifverstragsgesetz, del 9 aprile 1949, riformato dalla 1. 11 gennaio 1952 = TVG), in due fondamentali sezioni: parte obbligatoria (obligatorischer, o schuldrechtlicher Teil), i cui diretti destinatari sono Le associazioni sindicali stipulanti (o il datore di lavore nel caso di contratto aziendale), e parte normativa (normativer Teil), Che si dirige invece verso coloro Che diverranno soggetti dei contratti individuali di lavoro, esercitando appunto, nei loro confronti, la nota funzione predeterminatrice che è propria del e. d. contratto-tipo collettivo." GHEZZI, Giorgio. Il dovere di pace sindicale. In: *Rivista Trimestrale di Diritto e Procedura Civile*, Milão: Giuffrè, jun. 1961, ano XV, n. 1, p. 456-457. Em sentido análogo: RUPRECHT, Alfredo J. *Relações coletivas de trabalho*. Tradução para o português de Edilson Alkmin Cunha. São Paulo: LTr, 1995. p. 420-432, e SANTOS, Enoque Ribeiro dos. *Fundamentos do direito coletivo do trabalho nos Estados Unidos da América, na União Europeia, no Mercosul e a experiência brasileira*. Rio de Janeiro: Lumen Juris, 2005. p. 219.

(354) Cf. MELO, Raimundo Simão de. *Dissídio coletivo de trabalho*, p. 33.

seja na via da tutela processual coletiva comum (como a Ação Civil Pública), seja na da individual.[355] O fato de as cláusulas "obrigacionais" estarem ao lado das "normativas", estabelecendo o perfil das responsabilidades dos sujeitos coletivos, representa um sintoma da transição daquilo que foi uma negociação coletiva estática e frustrada, típica fonte do modelo central corporativo, para um resultado jurisdicional dinâmico e em projeção à rede de relações jurídicas dos sujeitos sindicais.

Como dito por *Calamandrei*, citado por *Pisco*, na sentença normativa tem-se as duas formas de atuação jurisdicional: típica e atípica,[356] concreta e abstrata.[357]

O seu conteúdo, portanto, é heterogêneo, e sua natureza é, apenas, "predominantemente dispositiva", que se revela pela predominância de cláusulas "normativas"; mas, de outra parte, pode assumir feição "constitutiva" e até "condenatória", refletidas pela natureza constitutiva ou condenatória das chamadas cláusulas obrigacionais.[358]

Sabendo-se que a sentença normativa não pode contemplar cláusulas que se situem fora das limitações objetivas do exercício da jurisdição normativa (*supra*, n. 3.1), deve-se acrescentar que também são vedadas as cláusulas infringentes da ordem pública e as potestativas.[359]

3.2.3.3. Seus efeitos

Embora a sentença normativa irradie efeitos jurídicos caracteristicamente impessoais, estes só o são em relação aos seus destinatários mediatos, os substituídos processualmente, aos quais se destina o seu conteúdo normativo (os trabalhadores, de um lado, e os empregadores, de outro); de forma imediata e no plano processual, isto é, em relação às partes processuais ou substitutos processuais (sindicatos ou empregadores), os seus efeitos são pessoais e perfeitamente identificáveis. Em relação a estes, os efeitos são *inter alios* (art. 472, do CPC), como os prazos, penalidades e ônus da sucumbência; em relação àqueles, os efeitos são *erga omnes*, mas apenas no tocante às

---

(355) São exemplos os reajustes decorrentes do IPC de junho de 1987, URP de fevereiro de 1989 e IPC de março de 1990, que foram concedidos, concomitantemente, tanto na via do dissídio coletivo quanto em reclamações ou ações trabalhistas individuais.

(356) "Ma la singolarità tipica di questa situazione è la seguinte: che il conflito che la Magistratura del Lavoro è chimata a decidire, verte tra soggetti (associazioni sindicali) di uma gerarchia diversa da quella a cui appartengono i soggetti (singoli lavoratori o datori di lavoro) tra i quali verteranno i conflitti individuali, che saranno in futuro regolati dalle norme emanate dalla Magistratura del Lavoro: talquè, mentre per questi futuri conflitti individuali tra singoli lavoratori o datori di lavorola pronuncia della Magistratura del Lavoro funziona come uma legge (regolamento a priori di rapporti futuri considerati como possivili in serie indeterminada), per il conflitto tra associazioni sindicali la pronuncia della Magistratura del Lavoro funziona come uma vera sentenza (regolamento a posteriori di um concreto rapporto già esistente)". CALAMANDREI, Piero. *Studi sul processo civile*. Padova: Cedam, 1934. v. 3, p. 148 *apud* PISCO, Cláudia de Abreu Lima. *Dissídios coletivos e mútuo consentimento*. Análise da constitucionalidade da exigência, p. 15.

(357) "Siamo forse anche qui, in um caso di plurarità di ordenamenti giuridici: nell'ordinamento giuridico di cui sono soggetti le associazioni sindicali, la pronuncia della Magistratura del Lavoro appare como uma sentenza; nel'ordinamento giuridico di cui sono soggetti i singoli, quella pronuncia appare come uma legge." *Loc. cit.*

(358) Que se traduzem, como se viu, na imposição de obrigações. Exemplificativamente: pagar (multas e encargos); fazer (submeter-se às Comissões de Conciliação Prévia); e não fazer (abster-se de demitir empregados deficientes).

(359) ARAÚJO, João Carlos. *Ação coletiva do trabalho*. São Paulo: LTr, 1993. p. 51.

pessoas em geral inominadas e indeterminadas (físicas ou jurídicas), que integram as categorias dissidentes.

Se a diferença entre a legislação e a jurisdição não é de natureza, mas de grau (*supra* 3.1), a diferença entre a lei e a sentença normativa reside na abrangência subjetiva e objetiva da extensão dos seus efeitos *erga omnes*. Em ambas não há a concretização do direito subjetivo material, pela falta de individualização do seu titular, mas, enquanto a lei é absolutamente impessoal e abstrata, atingindo indistintamente a todos, a sentença normativa, de modo diverso, tem os seus efeitos limitados à determinada e específica categoria[360] e, ainda assim, dentro de determinada e específica base territorial.

Tratando-se de "sentença-norma", a projeção dos seus efeitos no tempo encontra regramento intertemporal no sistema processual trabalhista, estabelecido em duas vertentes: (a) o prazo de vigência, que deve ser fixado como requisito indispensável e que não poderá exceder a quatro anos — CLT, art. 868, parágrafo único; e (b) o termo inicial da contagem desse prazo, que será: (b.1) após o término do período de vigência do instrumento anterior, se existente, e se ajuizada a ação dentro do prazo de sessenta dias anteriores ao término da data-base da categoria — CLT, art. 867, parágrafo único, "b" e 616, § 3º; (b.2) a partir da publicação da sentença, quando houver perda da data-base e o dissídio for proposto além do prazo do art. 616, § 3º — CLT, art. 867, parágrafo único, "a"; e (b.3) retroativamente à data da propositura da ação, quando for a primeira da categoria — CLT, art. 867, parágrafo único, "a".[361]

A esse regramento intertemporal, é de se acrescentar, além da posição doutrinária,[362] a do Tribunal Superior do Trabalho, ambas consagrando a ultratividade das normas coletivas preexistentes, sejam judiciais (sentença normativa), sejam privadas (convenção coletiva de trabalho) e a projeção indeterminada dos seus efeitos futuros, limitados, entretanto, aos quatro anos exigidos pelo art. 868, parágrafo único, da CLT.[363]

Esse tema será retomado adiante (*infra*, 7.10).

3.2.4. A coisa julgada

Já se viu que, tanto na sentença normativa quanto na lei, não há a concretização do direito subjetivo material, pela falta de individualização do seu titular. Essa fica reservada a uma etapa seguinte, que no processo coletivo trabalhista brasileiro cabe à ação de cumprimento (CLT, art. 872).

---

(360) Pela regra do art. 611 da CLT, obriga não apenas os "associados", mas a todos os integrantes da "categoria", presentes e futuros, dentro do seu respectivo prazo de vigência.

(361) No mesmo sentido: MELO, Raimundo Simão de. *Dissídio coletivo de trabalho*, p. 119.

(362) A propósito da ultratividade das normas coletivas, o Enunciado n. 34, aprovado na Primeira Jornada de Direito Material e Processual na Justiça do Trabalho, pelo Tribunal Superior do Trabalho, em nov. 2007, com o seguinte texto: "O § 2º do art. 114 da CF impõe aos Tribunais do Trabalho que, no julgamento dos dissídios coletivos, respeitem às disposições convencionadas anteriormente. Idêntico entendimento deve ser aplicado às cláusulas preexistentes previstas em sentenças normativas." *Revista LTr*, v. 71, n. 12, dez. 2007. p. 1.503.

(363) Nesse sentido a Seção de Dissídios Coletivos: RODC 1439/2004-000-04-00-0, Rel. Min. Mauricio Godinho Delgado, *DJU* 9.5.2009; RODC 1822/2006-000-04-00-0, Rel. Min. Dora Maria da Costa, *DJU* de 6.2.2009; e RODC 1840/2004.000.04.00.0, Rel. Min. Walmir Oliveira da Costa, *DJU* de 6.2.2009.

Dessa constatação instala-se uma problemática adicional. Se, para essa concretização do direito subjetivo material, apenas abstratamente contemplado na sentença normativa, não se exige o seu trânsito em julgado, pois o seu cumprimento é imediato, embora em outra ação,[364] o problema da coisa julgada aqui posto envolve duas perspectivas conexas. A da coisa julgada incidente sobre a sentença normativa em si própria e aquela outra, dela decorrente, incidente sobre a sentença que a efetiva concretamente, a ser proferida na ação de cumprimento.

Quanto à primeira, duas indagações se impõem.

De um lado, se há incompatibilidade entre a natureza *determinativa* ou *dispositiva* da sentença normativa, em razão de fundar-se no juízo da equidade, e o próprio instituto da coisa julgada material? A resposta é negativa, pois, com as palavras de *Chiovenda*, nossa posição é a de que: "Se, porém, ainda nas sentenças dispositivas, o juiz é chamado a aplicar uma norma de justiça e de oportunidade, que ele encontra, em verdade, não numa lei, mas em seu critério e discernimento, a mim se antolha manifesto que também essa determinação só é possível ocorrer uma única vez."[365]

De outro, se essa incompatibilidade derivaria da sua característica de se assentar sobre uma relação jurídica continuativa, condicionada e variável, no sentido de se modificarem o objeto e o conteúdo? Isso porque a sentença normativa, ainda que no seu período de vigência, é sempre passível de modificações pela via do dissídio coletivo revisional (CLT, art. 873), este apto a reavaliar o conteúdo de suas normas, em razão de alterações das circunstâncias que as ditaram e que, eventualmente, as tenham tornado injustas ou inócuas,[366] pois, como disse *Russomano*, "[...] seu comando se faz *rebus sic stantibus*."[367] Essa resposta impõe algumas reflexões.

É recorrente na literatura processual o enfoque emprestado por *Alfredo Buzaid* ao instituto da coisa julgada em nosso sistema processual. Disse, o próprio, que o Código de Processo Civil encontra-se fundado na assertiva do conceito elaborado por *Enrico Tullio Liebman* da coisa julgada material concebida do dualismo entre os efeitos da sentença e sua imutabilidade subsequente como ato processual.[368] Em contraposição à tradicional concepção da coisa julgada material como um efeito da sentença,[369] notadamente do seu comando declaratório,[370] *Liebman* a justifica como

(364) Art. 7º, § 6º da Lei n. 7.701/88: "A sentença normativa poderá ser objeto de ação de cumprimento a partir do 20º (vigésimo) dia subsequente ao do julgamento, fundada no acórdão ou na certidão de julgamento, salvo se concedido efeito suspensivo pelo Presidente do Tribunal Superior do Trabalho."

(365) CHIOVENDA, Giuseppe. *Op. cit.*, p. 299.

(366) Art. 220, IV, do Regimento Interno do Tribunal Superior do Trabalho.

(367) RUSSOMANO, Mozart Vitor; CABANELLAS, Guillermo. *Conflitos coletivos de trabalho*. São Paulo: Revista dos Tribunais, 1979. p. 132.

(368) Exposição de motivos, n. 10.

(369) Goldschimidt: "El efecto típico de la sentencia (porque se da en todas las que de un modo no condicionado finalizan un proceso) es su fuerza material de cosa juzgada". GOLDSCHIMIDT, James. *Derecho procesal civil*. Tradução para o espanhol de Niceto Alcalá-Zamora y Castillo. Barcelona: Labor, 1936. p. 386. No mesmo sentido Schönke: "Una vez que la sentencia es firme (cosa juzgada formal), lleva consigo efectos que transcienden del juicio en que há sido dictada. El más importante de tales efectos es la fuerza de cosa juzgada material." SCHÖNKE, Adolf. *Op. cit.*, p. 265.

(370) Para Rosemberg: "La inimpugnabilidad es una cualidad de la resolución, que le corresponde sin consideración a su contenido; pero, al mismo tiempo, es presupuesto y punto de partida de uno de sus

sua eficácia, qualidade e aptidão para produzir os efeitos que lhe são próprios. A eficácia natural da sentença valeria para todos e a autoridade da coisa julgada forma-se, somente, para e entre as partes.(371) Os efeitos, relacionados com a vontade nela formulada, encontram-se imutáveis, sob o instituto da coisa julgada.(372)

Essa posição, embora inicialmente de boa aceitação na doutrina processual brasileira,(373) tem merecido alguns questionamentos. Vale menção à importante construção de *Barbosa Moreira*, no sentido de que os efeitos são mutáveis e que a imutabilidade encontra-se circunscrita ao conteúdo da decisão, ou, amiúde, sobre "[...] a norma jurídica concreta referida a uma determinada situação [...]" contemplada na sentença.(374) Criticando-a, mas, ao mesmo tempo, complementando-a, *Baptista da Silva*, ponderou que a "norma" referida por *Barbosa Moreira* corresponderia ao elemento declaratório da sentença e nada mais; os demais não estão acobertados pela coisa julgada.(375) A partir da posição dos dois processualistas, *Araken de Assis* conclui que os efeitos, ao contrário de *Liebman*, alteram-se; e a discordância entre ambos, pontual, reside quanto às consequências da alteração dos "efeitos": "*Barbosa Moreira*, visualizando o 'efeito' como algo exclusivamente externo ao provimento, preserva a 'eficácia' interna da modificação; *Ovídio*, negando ao 'efeito' posição exterior à sentença, põe a salvo somente a 'eficácia' declaratória."(376)

Enfileiramo-nos entre os seguidores de *Ovídio Baptista da Silva*, para deduzir que, se somente a eficácia declaratória da sentença é absolutamente imutável e acobertada pela coisa julgada, as partes podem conservar, na relação jurídica sentenciada, sua liberdade de disposição, e o juiz pode declarar diversamente, desde que a mesma relação tenha sofrido modificações sucessivas à precedente sentença (*rebus sic stantibus*). Como observava o próprio *Liebman*, "de certo modo todas as sentenças contêm implicitamente a cláusula *rebus sic stantibus*"(377) e, portanto, alterações sucessivas à primitiva sentença, o que significa outorgar lindes diferentes ao material de fato, e definir uma nova causa de pedir, descaracterizando, então, o impedimento produzido pela coisa julgada operante em decorrência da identidade total entre o primeiro e o segundo processo (art. 301, § 2º, do CPC).(378) Isto significa, segundo

---

efectos, de la llamada cosa juzgada material (o interna). Significa ésta existência o inexistencia de la consecuencia jurídica pretendida por una de las partes y expresada por ella, para todo procedimiento que se cuestione la misma consecuencia jurídica; por eso se le denomina también *efecto declarativo*." ROSEMBERG, Leo. *Tratado de derecho procesal civil*. Tradução para o espanhol de Ângela Romera Vera, Tomo II, Buenos Aires: EJEA, 1955. p. 441-442.

(371) LIEBMAN, Enrico Tullio. *Eficácia e autoridade da sentença e outros escritos sobre a coisa julgada*, p. 40-42.

(372) *Ibidem*, p. 72-76.

(373) SANTOS, Moacir Amaral dos. *Primeiras linhas de direito processual civil*. São Paulo: Saraiva, 1980. p. 47-48.

(374) MOREIRA, José Carlos Barbosa. Ainda e sempre a coisa julgada. In: *Direito processual civil*. Rio de Janeiro: Borsoi, 1971. p. 143.

(375) SILVA, Ovídio A. Baptista da. *Eficácia da sentença e coisa julgada*. 2. ed. Porto Alegre: Fabris, 1988, § 6º, p. 105.

(376) ASSIS, Araken de. *Breve contribuição da coisa julgada nas ações de alimentos. Site:* <www.carpena.com.br/artigos> Acesso em: 2.9.2008.

(377) LIEBMAN, Enrico Tullio. *Eficácia e autoridade da sentença e outros escritos sobre a coisa julgada*, p. 25. Também nesse sentido MENDES, João de Castro. *Limites objectivos do caso julgado em processo civil*, n. 2, Lisboa: Ática, 1968, e ASSIS, Araken de. *Ibidem*.

(378) ASSIS, Araken. *Ibidem*.

Liebman, que: "[...] tratando-se de uma relação que se prolonga no tempo, e dizendo a decisão ser determinada pelas circunstâncias concretas do caso, a mudança deste justifica, sem mais, uma correspondente adaptação da determinação feita precedentemente, o que será uma adaptação, e nunca uma derrogação dos princípios gerais[(379)] e nenhum obstáculo encontrará na coisa julgada,"[(380)] que não será, em absoluto, atenuada.[(381)] Para *Goldschimidt*: "La fuerza de cosa juzgada material alcanza a la situación jurídica em el estado em que se hallare em el momento de la resolución, no teniendo, por lo tanto, influencia sobre los hechos que sobrevengan después."[(382)]

Assim, embora tenha por escopo uma relação jurídica continuativa, condicionada e variável, no sentido de se modificarem o objeto e o conteúdo, e esteja, ainda, sempre inserida no contexto daquelas excepcionadas da coisa julgada material, deve ser lembrado que a sentença normativa é integrante de uma nova categoria de sentenças, chamadas *dispositivas* ou *determinativas* (*festsetzende Urteil*), em que a atividade do juiz altera o conteúdo de uma relação jurídica preexistente. Nas palavras de *Chiovenda*, "[...] determinam somente ou modificam o conteúdo ou um elemento de uma relação já existente".[(383)] Logo, concluímos com as palavras de *Teixeira Filho*:[(384)]

> [...] o importante a sublinhar-se é que não se deve pensar que a sentença *determinativa* não faça coisa julgada; fá-la, embora a sua nota particular fique por conta de ser passível de sujeitar-se a um processo de integração, imposto pela superveniência de modificações no estado de fato ou de direito apanhado pela sentença que se tenha pronunciado a respeito de relação jurídica continuativa, ou de trato sucessivo.

Há um dado adicional que comprova essa assertiva, muito bem observado por *Nunes*, que é o da imutabilidade da sentença revisada durante o seu período de vigência e até a sua revisão, pois, "[...] se a possibilidade de revisão da sentença significasse inexistência da coisa julgada, os efeitos do julgamento revisor seriam retroativos, como ocorre com as decisões proferidas em recurso. Mas isso não acontece na revisão, que dispõe para o futuro".[(385)]

Em síntese, embora o art. 471, I, do CPC, contemple a possibilidade de se excepcionar o aparente óbice da coisa julgada material, a ação revisional, isto é, o dissídio coletivo revisional (CLT, art. 873) não irá praticar a emissão de nova sentença relativamente à mesma situação contemplada na sentença revisada,[(386)] pois o impe-

---

(379) Alude Liebman aos princípios gerais da coisa julgada. *Op. cit.*, p. 25.
(380) *Loc. cit.*
(381) *Loc. cit.*
(382) GOLDSCHIMIDT, James. *Derecho procesal civil*, p. 390.
(383) CHIOVENDA, Giuseppe. *Op. cit.*, p. 298.
(384) TEIXEIRA FILHO, Manoel Antônio. *Ação rescisória no processo do trabalho*. 2. ed. São Paulo: LTr, 1994. p. 207.
(385) Complementa o autor: "A sentença individual produz sempre o efeito de coisa julgada (material e formal), o que ocorre também com a sentença coletiva jurídica, ao passo que, apesar de a sentença coletiva econômica nascer sob o signo da alterabilidade (cláusula *rebus sic stantibus*), produz efeito de coisa julgada material." NUNES, Victor. Funções normativas de Órgãos Judiciários. In: *Revista Forense*, CXVII, Rio de Janeiro: Forense, p. 39.
(386) MOREIRA, José Carlos Barbosa. Eficácia da sentença e autoridade da coisa julgada. In: *Ajuris*/28, Porto Alegre, s/e, 1983, n. 7, p. 30.

dimento à coisa julgada material pressupõe integral identidade de elementos das ações: partes, causa de pedir e pedidos (CPC, art. 301, §§ 2º e 3º). Se a coisa julgada é agregada por sua imutabilidade sobre uma determinada relação jurídica litigiosa, nos limites em que esta se estabilizou à época, vindo, a mesma, a alterar-se no tempo, em relação às circunstâncias de fato, "[...] então já não se tratará mais da mesma lide, mas de outra *fattispecie*".[387] "Ao proceder à revisão do acórdão normativo (sentença normativa), o tribunal não altera o anterior, em sua essência, mas apenas o adapta às novas circunstâncias, porquanto as primitivas se podem ter tornado 'injustas ou inaplicáveis' (CLT, art. 873)."[388] E o faz, por uma outra ação, mediante uma outra causa de pedir, completamente diversa daquela que ensejou a prolação do acórdão revisando.

Por tudo isso, é de se conferir à sentença normativa trabalhista (acórdão em sua acepção formal), em toda a sua extensão, o reconhecimento à coisa julgada material,[389] traduzida pelo respeito às disposições do art. 467 do CPC.[390]

Ainda que assim não fosse, no caso da sentença normativa trabalhista, há algo que lhe é peculiar, como visto antes: um conteúdo heterogêneo, formado, tanto por cláusulas "normativas", quanto por cláusulas "obrigacionais". Vista a questão sob o ângulo das cláusulas "obrigacionais" (*supra* 3.4), já se deduziu que o julgador, na confecção delas, foge do juízo da equidade e da jurisdição tipicamente normativa, com mais ou menos frequência e intensidade, dependendo do caso concreto, para assumir uma atuação gradualmente legalitária, no âmbito de uma atuação jurisdicional próxima da tradicional, concedendo direitos que até podem se materializar concretamente e que poderiam ser concedidos até na via da ação individual; direitos que, ao contrário daqueles que integram as cláusulas tipicamente normativas, se incorporam definitivamente ao patrimônio do trabalhador.[391] Assim, ainda que não produzissem, as cláusulas "normativas", os efeitos da coisa julgada material, em relação às "obrigacionais" isto é factível, pois estas, ao contrário daquelas, produzem eficácias declaratórias, constitutivas e até condenatórias.

Ademais, a própria Lei n. 7.701/88, ao estabelecer a competência do Tribunal Superior do Trabalho, admite, expressamente (art. 2º, I, "c"), ação rescisória de sentença normativa.

Paradoxalmente, o Tribunal Superior do Trabalho, a despeito de ter assumido a posição de reconhecer à sentença normativa a coisa julgada só formal,[392] posterior-

(387) MANCUSO, Rodolfo de Camargo. *Jurisdição coletiva e coisa julgada*. São Paulo: Revista dos Tribunais, 2006. p. 463.

(388) TEIXEIRA FILHO, Manoel Antônio. *Ação rescisória no processo do trabalho*, p. 315.

(389) Entendendo que só faz coisa julgada formal é a Súmula n. 397, do TST.

(390) Liebman, embora sustentando que as sentenças que se assentam sobre relações jurídicas continuativas se submetem à coisa julgada material, como antes visto, conclui diversamente em relação especificamente às sentenças normativas trabalhistas. A partir da posição de que a "normatividade" dos efeitos dessas sentenças seriam "secundários" em relação aos membros das categorias, não "podem considerar como extensão da coisa julgada". Também o faz na perspectiva de que a coisa julgada não é um efeito da sentença. Cita em posições análogas CALAMANDREI, Piero. La natura giuridica delle decisioni della magistratura del lavoro. In: *Studi*, III. p. 141 e ss. e ROVELLI. La sentenza della Magistratura del Lavoro. In: *Studi Urbinati*, VI, 1932. p. 16 da separata. LIEBMAN, Enrico Tullio. *Eficácia e autoridade da sentença e outros escritos sobre a coisa julgada*, p. 76.

(391) Exemplos já citados: os reajustes salariais concedidos, com base no direito adquirido e relacionados ao IPC de jun. 1987, URP de fevereiro de 1989 e IPC de mar. 1990.

(392) Súmula n. 397.

mente, invocando a material, adotou, em certo momento, a posição de extinguir ações individuais, quando o direito perseguido já havia sido reconhecido em dissídio coletivo.(393)

A outra perspectiva da coisa julgada, em conexão com a anterior, aqui se menciona apenas pontualmente. Aludimos à coisa julgada nas ações de cumprimento das sentenças normativas.

Esse tema tem sido objeto de inúmeras discussões, mais no campo jurisprudencial do que propriamente no doutrinário. Antes mesmo de publicada,(394) a sentença normativa despega-se da armadura instrumental que a elaborou e, como ato-regra, passa a ter vida autônoma, irradiando os seus efeitos no âmbito das respectivas relações coletivas e individuais substanciais de trabalho.(395) No plano processual, enseja, de imediato, a propositura da ação de cumprimento, que objetiva tornar concreto o seu comando abstrato.

A questão que se coloca, muito atípica para a jurisdição tradicional, é a da coisa julgada na ação de cumprimento, frente à ulterior desconstituição da sentença normativa, algo que não transita apenas nas nuances especulativas, mas encerra tema recorrente nos tribunais do trabalho. Proposta uma ação de cumprimento, julgada procedente por sentença que transitou em julgado, sucedeu que a sentença normativa que lhe havia servido de fundamento foi, de alguma forma, banida do mundo jurídico, seja pelo provimento do recurso dela interposto, seja pela sua desconstituição em ação rescisória.

Nessas circunstâncias, o Tribunal Superior do Trabalho, embora tendo firmado correta posição no sentido de que a sentença da ação de cumprimento é "inexigível" e não "rescindível", o fez, na posição da Súmula n. 397,(396) com fundamentos não convincentes e desconectados dessa conclusão. O fundamento foi o de não se reconhecer a coisa julgada material como vinculada à sentença normativa, na qual se

---

(393) Apenas exemplificativamente, vê-se a posição do TST, a partir de dois precedentes: (a) "DISSÍDIO COLETIVO — TRANSAÇÃO — COISA JULGADA. Se nos autos de dissídio coletivo houve regular transação, envolvendo títulos salariais (IPC de jun. 1987, URP de fevereiro de 1989 e IPC de mar. 1990), por certo que não há, juridicamente, possibilidade de o empregado postular, em dissídio individual, esses mesmos títulos, ante o óbice da coisa julgada. Embargos não providos." (E-RR-196.307/95, Relator Min. Moura França, DJ 15.5.1998); e (b) "COISA JULGADA — AÇÃO COLETIVA. A peculiar natureza da ação coletiva não afasta a coisa julgada frente a uma reclamatória, desde que o autor ou autores desta tenham, através de sua entidade sindical, postulado e obtido o mesmo direito através de sentença normativa que tenha alcançado toda a categoria profissional. O respeito à coisa julgada impõe-se não apenas para impedir decisões contraditórias, mas também para afastar a possibilidade de ser a mesma pessoa beneficiada duas vezes com o mesmo direito, como ocorreu na presente execução. Revista parcialmente conhecida e provida." (RR-88.034/1993, Relator Min. Ney Doyle, DJ 17.6.1994).

(394) Art. 7º, § 6º, da Lei n. 7.701/88.

(395) VILHENA, Paulo Emílio Ribeiro de. *Da sentença normativa à luz da Emenda Constitucional n. 45/04*. 2. ed. São Paulo: LTr, 2006. p. 91.

(396) A Súmula tem o seguinte enunciado: "Não procede ação rescisória calcada em ofensa à coisa julgada perpetrada por decisão proferida em ação de cumprimento, em face de a sentença normativa, na qual se louvava,ter sido modificada em grau de recurso, porque em dissídio coletivo somente se consubstancia coisa julgada formal. Assim, os meios processuais aptos a atacarem a execução da cláusula reformada são a exceção de pré-executividade e o mandado de segurança, no caso de descumprimento do art. 572 do CPC (ex-OJ n. 116 da SBDI-2 — DJ 11.8.2003)."

louvava a proferida na de cumprimento, mas só a formal, olvidando-se que, nessas circunstâncias, não se discute a rescindibilidade da sentença normativa (já extirpada da ordem jurídica), mas a proferida na ação de cumprimento.

Filiando-nos a *Goldschimidt*, podemos dizer que a coisa julgada material só se perfaz em relação às sentenças "que de un modo no condicionado finalizan un proceso."(397) Logo, duas conclusões podem ser extraídas: (a) a sentença da ação de cumprimento, no exemplo acima mencionado (da sentença normativa vir a ser posteriormente expurgada da ordem jurídica), só não é exigível, ainda que trânsita em julgado, não porque não seria rescindível, mas porque proferida de modo condicionado, isto é, sob a condição de viabilização jurídica da sentença normativa em que se fundou, conforme previsão contida no art. 572 do CPC, ou, nas palavras de *Teixeira Filho*, sua coisa julgada é "[...] supostamente produzida porque, na verdade, a *res judicata* relativa à sentença tinha a sua constituição efetiva condicionada à sobrevivência do acórdão normativo — sem o qual ela jamais poderia ter existido ou continuado a existir";(398) e (b) será, entretanto, rescindível, nas hipóteses do art. 485 do CPC, sempre que implementada a condição resolutiva sobre a qual foi proferida, consubstanciada na impossibilidade de a sentença normativa, que constitui seu fundamento, ser, de alguma forma, expurgada da ordem jurídica.(399)

3.3. O dissídio coletivo de natureza jurídica e a hermenêutica de adaptação

A doutrina tem se mostrado vacilante quanto à manutenção do dissídio coletivo de natureza jurídica no sistema processual coletivo trabalhista, previsto no art. 10 da Lei n. 7.701/88, posteriormente à EC n. 45/04. O novo texto do art. 114 só trata do dissídio de natureza econômica (§ 2º) e do de greve (§ 3º). Para alguns, como o texto anterior também nada dizia acerca desse instrumento processual, este teria remanescido,(400) tese adotada, ao que parece, pelo Tribunal Superior do Trabalho, que, mesmo após as alterações regimentais impostas pela reforma, manteve as hipóteses de cabimento do instituto e o tem admitido amplamente.(401)

(397) GOLDSCHIMIDT, James. *Derecho procesal civil*, p. 386.

(398) TEIXEIRA FILHO, Manoel Antônio. *Ação rescisória no processo do trabalho*, p. 314.

(399) Contra: entendendo que em ambos os casos a sentença proferida na ação de cumprimento deve ser rescindida. TEIXEIRA FILHO, Manoel Antonio. *Ibidem*, p. 313.

(400) PEREIRA, José Luciano Castilho. *A reforma do poder judiciário*: o dissídio coletivo e o direito de greve. Justiça do Trabalho: Competência ampliada. COUTINHO, Grijalbo Fernandes; FAVA, Marcos Neves (coords.). São Paulo: LTr, 2005. p. 252; e SPIES, André Luis. As ações que envolvem o exercício do direito de greve: primeiras impressões da Emenda Constitucional n. 45/04. In: *Rev. TST*, v. 71, n. 1, Brasília, jan./abr. 2005. p. 301.

(401) A Resolução Administrativa n. 1.295/08, que adaptou o Regimento Interno do TST à EC n. 45/04, manteve as hipóteses de cabimento do dissídio coletivo de natureza jurídica, como se verifica dos art. 70, I "a" e 220, II. Também nesse sentido o DC — 196518/2008-000-00-00, julgado em 14.8.2008, Rel. Min. Walmir Oliveira da Costa, com a seguinte ementa: "A Emenda Constitucional n. 45/04 não pôs fim à ação de dissídio coletivo de natureza jurídica, uma vez que, anteriormente à citada EC, o art. 114 da CF/88 não se referia a dissídio coletivo jurídico, que continua sendo cabível, na Justiça do Trabalho, quando houver divergência de interpretação de cláusulas de sentenças normativas, de instrumentos de negociação coletiva, acordos e convenções coletivas, de disposições legais particulares de categoria profissional ou econômica e de atos normativos (art. 10 da Lei n. 7.701/88 e art. 220, II, do RI-TST)." In: *DJU* de 22.8.2008.

Outra é a posição que aqui se assume, pois, parece factível que a ruptura com a pretérita posição constitucional de amplo cabimento dos dissídios coletivos acabou por sepultar aquele de natureza jurídica ou de direito.(402) Não fosse assim, não se teria, em termos gerais, quase abolido as situações de cabimento dos dissídios coletivos, hoje só admitidos em situações excepcionalíssimas, nas hipóteses mencionadas, especificamente, nos §§ 2º e 3º do art. 114 da CF: de natureza econômica e de greve e, ainda assim, com restrições de cabimento de tal monta que quase se tornaram letra morta no sistema remanescente.

De uma forma ou de outra, o que importa é que, no dissídio coletivo de natureza jurídica ou de direito, não se cria norma nem se estabelecem novas condições de trabalho. Nele, portanto, não se exerce a jurisdição tipicamente normativa. O seu objetivo é a interpretação de norma coletiva existente, bem no contexto da definição contemporânea de jurisdição proposta por *Fiss*, sendo o "[...] processo pelo qual um juiz vem a compreender e expressar o significado de um texto normativo dotado de autoridade e os valores incorporados nesse texto."(403) Nesses dissídios, julgar é interpretar leis, acordos coletivos, convenções coletivas e até sentenças normativas de abrangência a determinada categoria. O objetivo é a eliminação da dubiedade ou obscuridade de normas coletivas, que ensejam dúvidas na sua incidência sobre as relações de trabalho. De sentença declaratória, mas em permanente relação de complementaridade com os dissídios de natureza econômica, como forma de lhes aperfeiçoar o conteúdo das respectivas sentenças normativas. Tem em "[...] mira a interpretação jurisdicional genérica do sentido de lei ou de normas coletivas vigentes (convenções, acordos, sentenças normativas, regulamentos, costumes)".(404) Uma decisão declaratória, mas revestida "[...] de uma normatividade que a distingue daquela proferida em um dissídio individual".(405)

Entende-se que, a despeito de dotado de "normatividade", o seu provimento "declaratório" se presta à obtenção de declaração da ultratividade dos efeitos das cláusulas sociais e econômicas preexistentes, objeto de sentenças normativas ou convenções coletivas pretéritas, cujo prazo de vigência estabelecido nos respectivos instrumentos haja esgotado,(406) pela derrogação da regra do art. 868 da CLT, pela EC n. 45/04, algo que também poderia ser obtido na via do dissídio coletivo de natureza

---

(402) Nesse sentido: FAVA, Marcos Neves. O esmorecimento do poder normativo: análise de um aspecto restritivo na ampliação da competência da justiça do trabalho. In: COUTINHO, Grijalbo Fernandes; FAVA, Marcos Neves (coords.). *Nova competência da justiça do trabalho*. São Paulo: LTr, 2005. p. 286. Para outros, o dissídio de natureza jurídica era inaceitável antes mesmo da EC n. 45/04. Ver: BRITO FILHO, José Claudio Monteiro. *Direito sindical*. São Paulo: LTr, 2000. p. 279, nota de rodapé.

(403) FISS, Owen. *Um novo processo civil*: estudos norte-americanos sobre jurisdição, constituição e sociedade. Tradução para o português de Daniel Porto Godinho da Silva e Melina de Medeiros Rós. São Paulo: Revista dos Tribunais, 2004. p. 26.

(404) COSTA, Carlos Coqueijo. *Op. cit.*, p. 109.

(405) CORREIA, Marcus Orione Gonçalves citando MARANHÃO, Délio; SÜSSEKIND, Arnaldo. *Op. cit.*, p. 66.

(406) Nesse sentido é a posição de Meirelles, para quem o dissídio coletivo que persegue a projeção dos efeitos da ultratividade de normas coletivas não seria econômico, mas jurídico e, portanto, não teria o óbice da provocação bilateral, imposto pela EC n. 45/04. MEIRELLES, David Furtado. *Poder normativo*: momento de transição. *Revista LTr*, v. 69, n. 6, São Paulo, jun. 2005. p. 695.

econômica (*infra*, 7.5.4.1); mas não se presta à obtenção de qualquer condenação concernente às obrigações correspondentes, algo só viável na Ação Civil Pública, como se verá adiante (*infra*, 7.5.4.1 e 7.7).

A atividade jurisdicional interpretativa de adaptação, neles exercida, portanto, incide na elucidação normativa, para alcançar o verdadeiro sentido e abrangência da norma interpretada, contrapondo-se, pois, aos dissídios coletivos de natureza econômica, cujo objetivo é o estabelecimento, pela criação, de novas condições de trabalho. Naquela, operava-se, na prática, a elucidação e a determinação de cálculos de reajustes salariais e vantagens econômicas em geral, o que, sem tal atuação jurisdicional, poderia ensejar um conflito de interesse ou econômico e até greve.

Além da interpretação das normas (cláusulas) autônomas e de sentenças normativas, admitia-se, em tese, a interpretação "de disposições legais particulares de categoria profissional ou econômica e de atos normativos" (art. 220, II, do Regimento Interno do TST).

Entretanto, tanto o Tribunal Superior do Trabalho quanto os tribunais regionais sempre tiveram postura restritiva ao cabimento dos dissídios de natureza jurídica para a interpretação de norma legal. A tese prevalente é a de que no dissídio coletivo jurídico o provimento interpretativo não pode ser de normas gerais, devendo ter pertinência específica e particularizada à categoria suscitante.[407] *Martins Filho*[408] menciona alguns casos que deram origem à atividade interpretativa de texto legal, mas sempre inviabilizada pela posição da jurisprudência antes comentada:

a) art. 19 do Ato das Disposições Constitucionais Transitórias, em relação ao qual sindicatos de servidores públicos estaduais ajuizaram dissídio coletivo de natureza jurídica para verificar quais os servidores que seriam abrangidos pela estabilidade;

b) art. 7º, XII, da Constituição Federal, sobre o qual pairava a dúvida sobre sua autoaplicabilidade, ou não, aos empregados rurais, levando muitos sindicatos rurais a ajuizarem a ação coletiva de direito, postulando o reconhecimento judicial da aplicação imediata da norma constitucional previsora do salário-família como direito do trabalhador urbano e rural; e

c) Lei n. 8.222/92, quando estabelecia antecipação bimensal de 50% da inflação e reajuste quadrimestral integral por faixas salariais, onde alguns sindicatos vislumbraram a superposição de comandos, fazendo com que no quarto mês

---

(407) Orientação Jurisprudencial n. 7, da SDC, do Tribunal Superior do Trabalho, com o seguinte enunciado: "DISSÍDIO COLETIVO. NATUREZA JURÍDICA. INTERPRETAÇÃO DE NORMA DE CARÁTER GENÉRICO. INVIABILIDADE. Não se presta o dissídio coletivo de natureza jurídica à interpretação de normas de caráter genérico, a teor do disposto no art. 313, II, do RITST." Após a EC n. 45/04, os julgados reafirmaram essa posição: (a) inadmitindo pedido de interpretação e declaração do alcance da Lei n. 10.101/00, que trata da participação nos lucros e resultados das empresas: TRT, da 2ª Região, Proc. n. 20.206 (2004.00.25-55) Rel. Desembargadora Anélia Li Chum, in DJ-SP de 3.12.2004; (b) inadmitindo pedido de declaração de inconstitucionalidade do art. 522, da CLT, para efeito da estabilidade prevista no art. 543, § 3º, da CLT: TST-SDC, Proc. n. EI-ED-ED-ED-DC-80.7883/2001.4, Rel. Min. Vantuil Abdala, julgado em 16.8.2007, in: DJU de 9.11.2007.

(408) MARTINS FILHO, Ives Gandra. *Processo coletivo do trabalho*, p. 55.

houvesse simultaneamente o reajuste integral e mais a antecipação de 50%, postulando tal interpretação das Cortes Laborais.

Essa posição restritiva capitaneada pelo TST, mesmo antes da EC n. 45/04, acabou por praticamente inviabilizar o dissídio coletivo de natureza jurídica para a interpretação de norma legislativa, remanescendo, por esse fundamento, estéril e apenas como corpo presente no regimento interno de alguns tribunais.

Pontes de Miranda, em sua última conferência, criticou o dualismo estabelecido entre interesse econômico de um lado e jurídico de outro, para a identificação e a classificação dos dissídios coletivos. Para ele, outros interesses poderiam ser tutelados nessas ações, inclusive o político. Afirmava: "Quando se diz que o dissídio coletivo há de ser de natureza jurídica, porque se há de aludir à existência, à validade ou à eficácia de regra jurídica, inclusive à interpretação, está-se a menosprezar o interesse de origem em outros processos sociais de adaptação."[(409)] Nessa diretriz, *Melo* tinha conhecida posição inovadora do papel da ação de dissídio coletivo de natureza jurídica, pela sua aplicação mais extensiva e abrangente, envolvendo a interpretação e aclaramento do sentido e do conteúdo das normas de segurança, higiene e saúde do trabalhador já existentes, como contribuição efetiva na tutela do direito ao meio ambiente laboral, este como fundamental elemento na formação do conteúdo básico do contrato de trabalho.[(410)]

A atividade interpretativa da norma em abstrato para sua aplicação em concreto, além de sua grande utilidade como instrumento de resolução dos conflitos coletivos, apresentava-se, igualmente, como técnica preventiva, na medida em que, ao expurgar a dubiedade das normas legais, convencionais ou judicial-normativas incidentes sobre determinada categoria profissional, evitava que o conflito eclodisse.

---

(409) MIRANDA, Francisco Cavalcanti Pontes de. Conferência proferida em Salvador, em 7.12.1979. Disponível em: <http://www.trt19.gov.br/mpm/secaopatrono/conferencias/conferencia_salvador.htm> Acesso em: 18.2.2008.

(410) MELO, Raimundo Simão de. *Dissídio coletivo de trabalho*, p. 34.

4. A TUTELA PROCESSUAL DAS LIDES SINDICAIS

Para se ter como referencial argumentativo inicial dos chamados "conflitos coletivos de trabalho", compartilhar-se-á do critério que distingue a "controvérsia" do "conflito". Essa distinção é importante como método cognoscitivo dos meandros que envolvem o processo legal e necessário da negociação coletiva.[411]

A "controvérsia" é pressuposto da negociação e traz ínsita a pressão da categoria profissional, clamando por conquistas sociais e econômicas; o "conflito" se evidencia quando a pressão de ambas as partes transborda os canais que levam à autocomposição, deixando latente a adoção de medidas de coação.[412] Na controvérsia há disposição das partes no plano da argumentação e o objetivo é a autocomposição. No conflito, utilizam-se dos seus meios de luta e das medidas de ação direta (*coalizão*[413] e *greve* para os trabalhadores; *lock-out* e *lista negra* para os empregadores),[414] prescindindo-se dos instrumentos de atuação pacífica.[415]

A fixação dessa tênue fronteira entre a "controvérsia" e o "conflito", no contexto das negociações coletivas de trabalho, bem demarca a linha que deflagra o dualismo que pretendemos ressaltar nas páginas seguintes, estabelecido entre a passividade ou a mediação estatal e a necessidade da sua intervenção direta.

Mesmo nos Estados Unidos da América do Norte, modelo de Estado liberal, viu-se a indispensabilidade da intervenção estatal nas negociações coletivas e nos conflitos sindicais, inclusive através da jurisdição, abandonando-se o *laissez-faire* como referencial nas relações entre o capital e o trabalho. Desde o paradigmático *case Commonwealth v. Hunt* (*Supreme Judicial Court of Massachusetts*, 1842, 45 Mass. 38 Am.Dec. 346),[416] em que se proclamou a legalidade da *coalizão*, o hoje extenso e

(411) OLEA, Manuel Alonso. *Derecho de trabajo*. 8. ed. Madrid: Universidad de Madrid, 1983. p. 533.

(412) FUNES, Olivia; CORNET, Saracho. *Conflictos colectivos, huelga y emergencia económica*. Buenos Aires: Depalma, 1992. p. 7-8.

(413) Para Garcia Oviedo: "[...] a coalizão é uma ameaça violenta, mas nada mais que uma ameaça". OVIEDO, Carlos Garcia. *Tratado elemental de derecho social*. 6. ed. Madrid, 1954. p. 604.

(414) Ambos são meios ilícitos de ação direta. O primeiro (*lock-out*) é a paralisação (não a greve) empresarial de empregadores. No segundo (*lista negra*), como dito por Ruprecht: "[...] os empresários tomam conhecimento das características dos trabalhadores que se tornam indesejáveis — do ponto de vista patronal — e que não convém contratar. Consiste numa comunicação que um empresário faz a outros empresários — reflexo, na realidade, da intercomunicação empresarial — por meio da qual se enviam nomes de trabalhadores que não devem ser contratados". RUPRECHT, Alfredo J. *Op. cit.*, p. 888.

(415) CABANELLAS, Guilhermo; RUSSOMANO, Mozart Vitor. *Conflitos coletivos de trabalho*. São Paulo: Revista dos Tribunais, 1979. p. 5.

(416) Este *case* é emblemático na construção, pelo sistema *common law*, do controle jurisdicional da negociação coletiva e da greve. Ver OBERER, Walker E.; HANSLOWE, Kurt L.; HEINZ, Timothy J. *Labor law*: collective bargaining in a free society. 4. ed. Saint Paul: Minesota, West Publishing, 1994. p. 12-18.

avançado sistema de negociação trabalhista é reflexo direto da Lei *Wagner*, de 1935 (*National Labor Relations Act*),[417] parcialmente modificada pela Lei *Taft-Hartley*, de 1947,[418] que passou a proporcionar equilíbrio (entre categorias desequilibradas) e segurança, de uma eficiente negociação coletiva, a partir, inclusive, de um rápido sistema de combate às práticas antissindicais.[419]

Na Europa, a evolução do quadro jurídico das relações de trabalho, notadamente a partir de uma transformação política radical (Espanha pós-franquista) ou sensível (França após a vitória da União Esquerda em 1981),[420] trouxe em paralelo uma tendência de coletivização que vai além dos paradigmas neoliberais e que se desdobra em duas vertentes. A primeira, pela mudança do seu objeto ou da sua zona de incidência, em formulação concebida por *Ichino*: de direito do trabalhador empregado para o *direito do mercado de trabalho*, rompendo com o dualismo estabelecido entre os *insiders* e *outsiders*.[421] A segunda, em fórmula cunhada por *Romagnoli*, da transição de um direito do trabalhador subordinado ou da "cidadania industrial" (em particular

---

(417) Como dito pelo Professor Ph.D da Missouri Southern State College, Wagner: "Também a estrutura do *national labor relation board*, uma indenpendente agência federal, com três membros nomeados pelo presidente da república para aplicar a Lei Wagner e dar o poder de certificar que o sindicato representa uma determinada categoria profissional. A Lei Wagner também proíbe empregadores em quatro tipos de práticas antissindicais: (1) interferir na organização sindical e na negociação coletiva do lado dos empregados; (2) tentarem dominar ou influenciar a atividade sindical dos empregados; (3) recusarem-se à negociação coletiva de boa-fé com os dirigentes sindicais dos seus empregados; (4) encorajarem ou desencorajarem membros dos sindicatos de seus empregados através de condições especiais de emprego ou através de discriminação entre sindicalizados e não sindicalizados. Esta última providência, com efeito, permite o *closet i union shop*." WAGNER, Steven. Disponível em: <http://hnn.us./articles/1036.html> Acesso em: 20.10.2008.

(418) Bilateralizam as práticas desleais (*unfair labour practices*) que, na versão original da Lei Wagner, só podiam ser praticadas pelo setor patronal. Wagner faz uma retrospectiva: "On june 23, 1947, the Republican-controlled Congress passed, over President Truman's veto, the Labor-Management Relations Act of 1947 (The Taft-Hartley Act, co-sponsored by Republican Senators Robert Taft of Ohio and Fred Hartley of New Jersey). The Taft-Hartley Act retained the features of the earlier Wagner Act but added to it in ways widely interpreted as anti-labor. Labor leaders dubbed it a 'slave labor' bill and twenty-eight Democratic members of Congress Declared it a "newguarantee of industrial slavery." O trecho em tradução livre é: "em 23 de jun. 1947 o controle republicano no congresso aprovou, derrubando o veto do presidente Truman, o *Labor Managament Relations Act*, de 1947 (a Lei Taft-Hartley, que corresponde aos senadores republicanos Robert Taft, de Ohio e Fred Hartley, de Nova Jersey). A Lei Taft-Hartley manteve os traços característicos da antecedente Lei Wagner, mas adicionou, amplamente, os caminhos para uma interpretação dos atos antissindicais. Líderes trabalhistas apelidaram-na de "trabalho escravo" e 28 membros democratas do Congresso declararam-na: 'a nova garantia da escravatura industrial'". WAGNER, Steven. Disponível em: <www.hnn.us./articles/1036.html> Acesso em: 20.10.2008.

(419) SANTOS, citando Margaret JASPER acrescenta: "A lei nacional trabalhista americana de 1935 estabelece a base da regulação legal americana sobre as negociações coletivas no setor privado. Ela constitui o corpo mais importante de leis federais, regulando as relações de trabalho pelo governo dos Estados Unidos da América. Estão excluídas da proteção desta lei as relações de emprego submetidas às leis de trabalho dos ferroviários (*Railway Labor* Act), e os empregados públicos (dos Estados e das subdivisões políticas). A lei nacional das relações de trabalho (NLRA) tinha como objetivo equilibrar as condições de negociação e, dessa forma, fomentar a sindicalização. A lei implementou a política nacional de trabalho, assegurando a livre escolha e encorajando a negociação coletiva como meio de manter a paz industrial." SANTOS, Enoque Ribeiro dos. *Fundamentos do direito coletivo do trabalho nos Estados Unidos da América, na União Europeia, no Mercosul e a experiência brasileira*, p. 25-26.

(420) JEAMMAUD, Antoine. *Derecho del trabajo, democracia y crisis*. Madrid: Ministério de Trabajo, 1989, *passim*.

(421) ICHINO, Pietro. Il lavoro e il mercato. Milão: Mondadori, 1996 *apud* JEAMMAUD, Antoine. *A questão do futuro do direito do trabalho*: visão da Europa. Trabalho, cidadania e magistratura. Rio de Janeiro: Edições Trabalhistas, 2000. p. 37.

do trabalho nas grandes empresas industriais), para um direito do trabalho "sem adjetivo" ou para um "direito da cidadania 'industriosa'".[422] A perspectiva para os países da União Europeia, a partir do relatório de especialistas entregue à Comissão de Bruxelas (Comissão Europeia)[423] em junho de 1998 e publicado com o título francês *Au-delà de l'emploi*,[424] é a da libertação da tirania da "contratação a qualquer preço",[425] pressuposto de uma "refundação da missão do Estado", aspecto da sua "instrumentalização",[426] de espectro pró-ativo, a par das exigências das novas negociações coletivas; e isso, em uma redefinição, em termos suficientemente compreensivos, das fronteiras entre as categorias e os regimes jurídicos, como forma de incluir as novas fórmulas de direitos coletivos do trabalho,[427] com reflexos diretos nos sistemas processuais e na atuação dos tribunais.[428]

Pioneira na organização de uma Justiça do Trabalho, a partir dos *Conseils de Prod'hommes*, ainda em 1806, a França vive um incremento da importância do contencioso trabalhista, a partir do crescimento da judicialização das discussões sindicais e até ideológicas no interior das empresas; discute-se, fundamentalmente, em nível coletivo: (a) os elementos que mascaram a subordinação; e (b) até onde vai a subordinação.[429] Preocupa-se com a proteção não apenas do dirigente sindical ou do militante, mas das lideranças independentes, reprimindo-se não apenas o ato antissindical, mas aqueles antirrepresentativos e discriminatórios em termos gerais.[430]

---

(422) ROMAGNOLI, Umberto. Dal lavoro ai lavoro. Lavoro e diritto. Bolonha, 1997. p. 3 *apud* JEAMMAUD, Antoine. A questão do futuro do direito do trabalho: visão da Europa. In: *Trabalho, cidadania e magistratura*, p. 41.

(423) Instituição da União Europeia, encarregada da execução de atos e deliberações do Conselho de Ministros e do Parlamento, com papel de fomentar a reflexão sobre o futuro da Europa. Ver JEMMAUD, Antoine. *Ibidem*, p. 32.

(424) Alude-se ao relatório de Supitot, professor de Direito da Universidade de Nantes, França, designado o Relator-Geral da Comissão. SUPITOT, Alain. *Au-delà de l'emploi. Tranformations du droit du travail et devenir du droit du travail en Europe*. Paris: Flammarion, 1999.

(425) SALAIS, Robert. *Liberté du travail et capacités*: une perspective pour la construction européenne? Paris: Droit Social, n. 5, maio, p. 467-471.

(426) JEAMMAUD, Antoine. *Op. cit.*, p. 45.

(427) *Ibidem*, p. 53.

(428) JEAMMAUD, Antoine. As transformações do trabalho e seus reflexos nos tribunais. In: *Trabalho, cidadania e magistratura*, p. 61-62.

(429) *Ibidem*, p. 65-66.

(430) A extensão dessa proteção é bastante clara: "L'article 1. 122-45 du Code du Travail ne concerne pas que les discriminations syndicales, il dispose en effet qu´:.. (...) aucan salarié ne peut être sanctionné ou licencié en raison de son origine, de son sexe, de ses moeurs, de sa situation de famille, de son appartenance à une ethnie, une nation ou une race, de ses opinions politiques, de ses activités syndicales ou mutualistes, de ses convictions religieuses, sauf inaptitude constatée par le médicin du travail (...) en raison de son état de santé ou de son handicap (...) en raison de l´exercice normal du droit de grève. Toute disposition ou tout acte contraire à égard d´un salarié est nul de plein droit. CLAVEL-FAUQUENOT; MARIGNIER, *Le droit syndical*. Liasons, p. 131 e ss. *apud* MENEZES, Claudio Armando Couce de. Proteção contra condutas antissindicais: atos sindicais, controle contra a discriminação e procedimentos antissindicais. In: *Revista do Tribunal Superior do Trabalho*, Brasília: TST, v. 71, n. 2, maio/ago. 2005. p. 46-47. O texto correspondente a tradução é: "O art. 1.122-45 do Código do Trabalho não trata senão, das discriminações sindicais; ele dispõe que: (...) qualquer um assalariado não pode ser penalizado ou dispensado em razão de sua origem, do seu sexo, dos seus costumes, da sua situação familiar, de ser ligado a uma etnia, nação ou raça, em razão das suas opiniões políticas, de suas atividades sindicais mutualistas (um por todos e todos por um), de suas convicções religiosas, salvo inaptidões constatadas pela medicina do trabalho em razão do seu estado de saúde ou do seu *handcap* (capacidade de produção); (...) em razão do exercício normal do direito de greve. Qualquer disposição ou qualquer ato contrário a igualdade de um assalariado é nula de pleno direito."

Na Alemanha, os tribunais do trabalho, todos colegiados e paritários, com grande prestígio e interlocução perante os sindicatos, estão estruturados em três instâncias: os locais (*Arbeitsgerichte*), os regionais (*Landesarbeitsgerichte*) e o federal (*Bundesarbeitsgerichte*),[431] participando diretamente da regulamentação normativa, tanto da negociação coletiva e dos litígios dela decorrentes, quanto das regras que dispõem sobre o exercício do direito de greve. Apesar do estigma do período corporativo[432] e de um período de desregulamentação das relações trabalhistas, que se refletia no fomento exagerado aos métodos alternativos de solução dos conflitos,[433] na Itália, desde o início da década de 1970, fomentava-se, de forma renovada, o incremento dos métodos processuais para a jurisdição coletiva, notadamente em matéria sindical, pela "necessità di modificare Il sistema delle tutele.[434] O primeiro passo veio com a Lei n. 300, de 1970 (Estatuto do Trabalhador), que consagrou a tutela processual coletiva para as lides sindicais (art. 28), tema que será enfrentado adiante (*infra*, 7.7); o segundo, com a Lei n. 125/91, prevendo a ação pública (coletiva) para a tutela da discriminação no trabalho (art. 4, VI, *c*).[435] Essa tendência refletiu-se na ulterior reforma do direito material do trabalho, a partir da Lei n. 30/03, a "Lei Biagi".[436]

No Brasil a necessidade de uma solução jurisdicional para as lides sindicais encontra-se renovada desde a EC n. 45/04, que redefiniu competências nesse tema.

Para o caso brasileiro, portanto, desenvolver-se-ão as páginas seguintes a partir da interseção entre, de um lado, a demonstração do aspecto coletivo das lides sindicais, e, de outro, a demonstração da necessidade da adequada e eficiente tutela processual dessas ações em geral e, em particular, da prevenção e repressão às condutas antissindicais, notadamente nas negociações coletivas, em conexão com o acesso à jurisdição normativa.

---

(431) LIMA, Enio Galarça. *O acesso à justiça do trabalho e outros estudos*. São Paulo: LTr, 1994. p. 109-110.

(432) Alude-se a Lei n. 563, de 3.4.1926, de autoria de Alfredo Rocco, então Ministro da Justiça, centrada em três pontos fundamentais: (a) reconhecimento jurídico dos sindicatos no contexto de um total e rigoroso controle do Estado; (b) a competência da magistratura do trabalho para a jurisdição dos conflitos coletivos, inclusive utilizando-se da jurisdição normativa; e (c) criminalização dos meios de ação direta (greve e *lock-out*). LUCA, Carlos Moreira de. *Convenção coletiva do trabalho*: um estudo comparativo. São Paulo: LTr, 1991. p. 17. Ver também MARRANI, Pelio. *Il contratto collettivo di lavoro*: nella statica e nella dinâmica della economia industriale. Padova: Cedam, 1935. p. 257-273.

(433) MAZZIOTTI, Fabio. *Diritto del lavoro*. Nápoles: Jovene, 1977. p. 433.

(434) Para Antônio Vallebona: "Mentre oggi, próprio come inevitabile conseguenza del fondamento del sistema giuslavoristico su modelli normativi astratti, la giurisprudenza è costretta a dichiarare irrilevante l'effettiva situazione di debolezza del lavoratore ai fini della qualificazione del rapporto e, quindi, dell' accesso alle tutele." *Op. cit.*, p. 65.

(435) CICCHITTI, Valeria E. Profili processuali della tutela della parità tra uomini e donne in materia di lavoro. In: *Rivista di Diritto e Procedura Civile*, Padova: Cedam, 1996. p. 1.196-1.197.

(436) Regulamentada pelo Decreto Legislativo n. 276/03, que define novas tipologias de relações de trabalho, conferindo ao Estado amplo poder de intervenção, que se expressa na exigência de certificação dos contratos de terceirização (*somministrazione — staff suply*) e dos anômalos: o *Job sharing* e *job on call*, inclusive os acessórios (*ancillary work*). Marco Biagi, natural de Bolonha, onde nasceu em 24 de nov. de 1950, foi professor de Direito do Trabalho na Universidade de Modena, assassinado em 19 de mar. de 2002 por integrantes das Brigadas Vermelhas, quando ocupava a função de Conselheiro de Roberto Maroni, Ministro do governo de Silvio Berlusconi. Bolonha homenageou-o com seu nome na praça central. Cf. GALANTINO, Luisa (org.). *La finalitá della riforma*. In: *La riforma del mercato del lavoro*. Torino: G. Giappichelli, p. 3-28.

4.1. A competência

É tendência internacional a outorga de competência a juízes especializados para o julgamento dos conflitos que tratam do direito do trabalho.[437]

Citando o caso argentino, *Machado* e *Ojeda* apontam as razões: "Entendida la competência como uma aptitude jurisdiccional fundada em circunstancias de especialidad por la matéria, bien hace la ley en adjudicarla a los jueces laborales, ante la evidente compenetración que los mismos tienen com la realidad de las relaciones individuales y colectivas al interior de la empresa."[438]

Além do caso norte-americano, a partir dos órgãos jurisdicionais especializados em direito do trabalho e sindical, como é o exemplo das *Courts of Industrial Relations* e do *Nacional Labor Relation Board*, podem ser citados os exemplos da Alemanha,[439] Espanha[440] e México,[441] todos atribuindo a incumbência da tutela das lides sindicais a juízes e órgãos especializados em direito do trabalho.[442]

No Brasil, o redesenho de competências, operado pela EC n. 45/04, corrigiu uma contradição no âmbito das atribuições para a tutela das lides sindicais, antes estabelecida entre a Justiça comum e a trabalhista. Se, de um lado, o direito sindical insere-se no contexto do direito coletivo do trabalho, regulando relações coletivas e grupais de trabalhadores organizados, aspecto fundamental da negociação coletiva, de outro, a competência para a tutela desse direito no âmbito da Justiça comum levava, de imediato, a duas consequências desastrosas: a primeira, pela factível possibilidade de serem proferidas decisões conflitantes entre dois segmentos do Judiciário,[443] pois, à jurisdição laboral, também, se atribuía a prerrogativa de examinar os pressupostos de validade e regularidade dos sindicatos,[444] quando estes ajuizavam ações coletivas em defesa dos seus representados ou substituídos; e, a segunda, que se propõe enfrentar adiante, a um rompimento político-ideológico nas ações que eram utilizadas para esse fim, a partir de modelos de formatação para a tutela processual individual.

---

(437) Dalazen cita: "Já nos idos de 1949, um estudo da OIT mencionava a existência, só na América Latina, de 13 países que optaram por esse sistema: Argentina, Bolívia, Brasil, Chile, Colômbia, Costa Rica, Equador, Guatemala, México, Nicarágua, Panamá, Peru e Venezuela. Desde então, excetuada a mudança operada no Chile e consideradas as peculiaridades do Peru, outros países da América Latina incorporaram-se a esse rol, como Paraguai (1962) e Uruguai (1974). DALAZEN, João Oreste. *Competência material trabalhista*. São Paulo: LTr, 1994. p. 72.

(438) MACHADO, José Daniel; OJEDA, Raúl Horacio. *Tutela sindical*: estabilidad del representante gremial. Santa Fé: Rubinzal-Culzoni, 2006. p. 289-290.

(439) DALAZEN, João Oreste. *Op. cit.*, p. 74.

(440) *Ibidem*, p. 75.

(441) *Ibidem*, p. 71.

(442) Na Itália, a partir da indevida vinculação entre a magistratura trabalhista e o período corporativo fascista, fez-se o caminho inverso. Como dito por Levi, em 1949: "É opportuno ricordare a questo propósito como sino a tempi recenti alcune controversie relative all'aplicazione di leggi sociali siano state attribuite allá competenza di giurisdizioni speciali." LEVI, Lionello R. *Instituzioni di legislazione sociale*. Milão: Giuffrè, 1949. p. 257.

(443) Isso também ocorria para a aferição da legalidade de multa aplicada pelo Ministério do Trabalho, sob a invocação de desrespeito à legislação trabalhista, como, *v. g.*, existência ou não de vínculo de emprego.

(444) Nesse sentido: NICÁCIO, Antônio. *Reforma do poder judiciário*. São Paulo: LTr, 2006. p. 101.

Essa transferência de competência, ao que parece, não foi feita apenas com o objetivo de imprimir racionalidade de ordem metodológica à atividade jurisdicional, mas, igualmente, no intuito de se conferir maior legitimidade às decisões. Seguindo a tendência internacional, nada mais natural e legítimo que a magistratura do trabalho decida questões sobre o direito do trabalho, no âmbito do qual o direito sindical se insere.

Ao contrário do que ocorreu com os servidores públicos, a transferência de competência foi total, pois a EC n. 45/04, ao conferir nova redação ao art. 114 da CF, atribuindo competência à Justiça do Trabalho, fê-lo, de forma ampla, para: "III — as ações sobre representação sindical, entre sindicatos, entre sindicatos e trabalhadores, e entre sindicatos e empregadores".

Esse inciso, como nenhum outro do elenco do mencionado art. 114, rompe com o critério de identificação da competência trabalhista, antes estabelecido, fundado, exclusivamente, no litígio entre o capital e o trabalho.

É evidente que a nova competência tem como referencial nuclear o direito sindical *lato sensu*, que se desdobra em ações em que o sindicato[445] age em defesa das prerrogativas do sindicalismo ou da sua própria existência e legitimidade, como pessoa jurídica representativa de uma categoria profissional ou econômica, e não quando age substituindo a categoria ou os associados ou representando-os (CF, art. 8º, III e CLT, art. 513, *a*), pois, neste caso, a competência já era trabalhista. A nova competência, portanto, não se circunscreve à representação sindical, mas envolve todos os litígios de natureza sindical, desde que sejam intersindicais, intrassindicais, entre sindicatos e empregadores[446] e, em uma interpretação extensiva, também entre sindicatos e empregados. Ainda que o litígio assuma moldura de natureza civil (*v. g.*, o litígio entre dirigentes de um mesmo sindicato: intrassindical), se envolve, mesmo que de forma subjacente, direito sindical, a competência é da Justiça do Trabalho.[447]

---

(445) Aqui, em sentido amplo, envolvendo todos os entes da pirâmide vertical sindical brasileira, como as associações, sindicatos, federações e confederações, assim como os entes horizontais, as chamadas "centrais sindicais", cujo reconhecimento legal operou-se por força da Lei n. 11.648/08 e que têm como atribuição fundamental a coordenação de sindicatos. Em sentido análogo, mas sem a referência aos entes horizontais: BEBBER, Júlio César. *A reforma do judiciário e os novos marcos da competência material da justiça do trabalho no Brasil*. In: COUTINHO, Grijalbo Fernandes; FAVA, Marcos Neves (coords.). *Nova competência da justiça do trabalho*. São Paulo: LTr, 2005. p. 256. Remete-se ainda a NICÁCIO, Antônio. Centrais sindicais, reconhecimento formal, Projeto de Lei n. 1.990, 11.9.2007. *Suplemento Trabalhista*, LTr, v. 137, n. 7, São Paulo, 2007. p. 575.

(446) Nesse sentido: DALAZEN, João Oreste. A reforma do judiciário e os novos marcos da competência material da justiça do trabalho no Brasil. In: *Op. cit.*, p. 166.

(447) Assim vem se posicionando o Superior Tribunal de Justiça: "O deslinde de questão litigiosa que, conquanto possa se inserir em moldura de natureza civil, encerra, no contexto mais amplo, direito sindical, deve se desenvolver no âmbito da Justiça do Trabalho, visto que, diante da ampliação de suas atribuições conferidas pela EC n. 45/04, compete-lhe apreciar matérias relacionadas a interesses de sindicato e associados que refletem, mesmo indiretamente, a própria representação sindical (art. 114, III, da CF)." CC 53.126-SP, Primeira Seção, Relator Min. João Otávio de Noronha, in: *DJU* de 23.10.2006; "Diante do alcance do texto constitucional *sub examine*, as ações relacionadas com o processo eleitoral sindical, conquanto sua solução envolva questões de direito civil, inserem-se no âmbito da competência da Justiça do Trabalho, uma vez que se trata de matéria subjacente à representação sindical." CC 48.372-MA, Primeira Seção, Relator Min. João Otávio de Noronha, in: *DJU* de 1º.8.2005.

Abrange, com efeito, os litígios relacionados ao processo eleitoral sindical;[448] os que perseguem a impugnação de atos de direção ou objeto de deliberação em assembleias, posto que envolvem representação sindical; também as ações de consignação em pagamento propostas por empresas, na dúvida sobre qual entidade sindical tem legitimidade para receber contribuições dos integrantes da categoria,[449] antes de competência da Justiça Comum.

As ações que perseguem, especificamente, a prevenção ou repressão a práticas antissindicais, podem ser classificadas, apenas quanto ao volume de incidências, em duas categorias, conforme o seu objeto ou ao sujeito ativo da conduta vedada. São ações que objetivam a prevenção ou repressão a atos: (a) cometidos pelo empregador (*unfair labor practices*)[450] ou pelo sindicato de categoria econômica; e (b) cometidos pelo sindicato de categoria profissional.

No primeiro caso, exemplificativamente, vislumbram-se práticas vedadas, tanto no sistema brasileiro como no norte-americano: 1) interferir, controlar ou coagir os empregados no exercício dos direitos de associação sindical;[451] 2) dominar os empregados, mediante intervenção, na formação ou administração sindical, inclusive pela subministração de recursos financeiros ou outra forma de cooperação (*company union*);[452] 3) discriminar, na contratação, na demissão ou quando da concessão de vantagens, os empregados filiados ou simpatizantes do sindicato (*yellow dog*),[453] inclusive entre grevistas e não grevistas, entre reclamantes (autores de ações judiciais em nome próprio ou que figurem como substituídos em ações instauradas pelo sindicato) e não reclamantes, ou entre aqueles que tenham, ou não, sido testemunhas;[454] 4) recusa

(448) A derrogada Súmula n. 4, do Superior Tribunal de Justiça, tinha o seguinte enunciado: "Compete à Justiça Estadual julgar causa decorrente do processo eleitoral sindical."

(449) MALLET, Estêvão. Apontamentos sobre a competência da justiça do trabalho após a Emenda Constitucional n. 45. In: COUTINHO, Grijalbo; FAVA, Marcos Neves (coords.). *Justiça do trabalho*: competência ampliada. São Paulo: LTr, 2005. p. 78.

(450) Práticas vedadas nos Estados Unidos da América do Norte pela Lei Wagner, Seção 8ª, alínea *a*, § 158. SÜSSEKIND, Arnaldo. Direito internacional do trabalho. 3. ed. São Paulo: LTr. 2000. p. 344 *apud* CUNHA, Tadeu Henrique Lopes. Proteção contra atos antissindicais. In: SANTOS, Enoque Ribeiro; SILVA, Otávio Pinto (coords.). *Temas controvertidos do direito coletivo do trabalho no cenário nacional e internacional*. São Paulo: LTr, 2006. p. 117.

(451) Prática que fere o princípio da liberdade sindical: Convenção n. 87, da OIT. SÜSSEKIND, Arnaldo. *Direito internacional do trabalho*. 2. ed. São Paulo: LTr, 2007. p. 284.

(452) Falsos sindicatos, criados, organizados e financiados pelos empregadores, em prática institucionalizada nos Estados Unidos da América do Norte até 1934, quando se estima que 25% dos empregados trabalhassem vinculados a tais entidades, até que a prática foi proibida e tipificada como conduta antissindical, com a edição da *National Labor Relations Act*. PETERSON, Florence. *Sindicatos operários norte-americanos*. Rio de Janeiro, 1953. p. 88 *apud* SHIEBER, Benjamin M. *Iniciação ao direito trabalhista norte-americano*. São Paulo: LTr, 1988. p. 76 *apud* CUNHA, Tadeu Henrique Lopes. Proteção contra atos antissindicais. In: *Op. cit.*, p. 119.

(453) Essa era cláusula frequentemente incluída nos contratos de trabalho nos Estados Unidos da América do Norte, atualmente banida pela Seção 8ª, ns. 1 ao 3, da *National Labor Relations Board*. Remete-se aos *cases Coppage v. Kansas* (*Supreme Court of the United States, 1915, 236 U.S. 1, 35 S.Ct. 240, 59 L.Ed. 441*) e *United States v. Hutcheson* (*Supreme Court of the United States, 1941. 312 U.S. 219, 61 S.Ct. 463, 85 L.Ed.788*). OBERER, Walter E.; HANSLOWE, Kurt L.; HEINZ, Timothy J. *Op. cit.*, p. 47-52 e 87-95.

(454) Cunha acrescenta que, no precedente *National Labor Ralaitions Board v. Scrivener* (US 1972), a Suprema Corte dos Estados Unidos da América do Norte entendeu de forma ampla o alcance desse tipo de prática antissindical, para proteger não apenas aqueles que tenham testemunhado em juízo, mas

à negociação coletiva (CLT, art. 616)[(455)], que envolve tanto a recusa à informação[(456)], quanto os atos que afrontem à representação sindical profissional.[(457)]

No segundo caso, também exemplificativamente, temos: 1) coação ou pressão sobre empregados, frente ao direito à livre associação; 2) conluio com empregadores em pactos coletivos para a inserção de cláusulas que afrontam o direito à livre associação, pelo: 2.a) condicionamento da admissão à filiação sindical (*closed shop*);[(458)] 2.b) condicionamento da admissão ao compromisso de futura filiação sindical (*union shop*); 2.c) condicionamento da admissão ao compromisso de contribuições ao sindicato profissional (*agency shop*);[(459)] 3) discriminação e até de exclusão de filiados por razões alheias ao não cumprimento de suas obrigações associativas; 4) recusa à negociação coletiva; 5) incitação à greve abusiva (*sit-down strike,*[(460)] de ocupação ou de invasão, inclusive com reféns ou mediante a utilização de violência); 6) desrespeito à legitimação sindical para a negociação coletiva, forçando-se, o empregador, a negociar com quem não tem legitimidade; 7) cobranças abusivas de taxas para a filiação sindical.

As ações propostas por terceiros, como, *v. g.*, as possessórias, contra dirigentes sindicais em greve, embora possam envolver as prerrogativas do sindicalismo, não atraem a competência jurisdicional trabalhista pela regra do inc. III, mas, pela do inc. II, do art. 114 da CF, posto que envolvem o exercício do direito de greve.[(461)]

---

também aqueles que apenas tenham trazido, voluntariamente, informações para processo judicial. CUNHA, Tadeu Henrique Lopes. Proteção contra atos antissindicais. In: *Op. cit.*, p. 120.

(455) Também prática antissindical no direito norte-americano: Seção 8ª, "d", da *National Labor Relations Board. Ibidem,* p. 122.

(456) Configurando recusa à negociação coletiva e, portanto, prática antissindical. Nesse sentido é a recusa à exibição de documentos contábeis que demonstrem a alegada incapacidade financeira invocada na negativa de concessão de oferta de majoração de salários, conforme decidido no *case National Labor Relations Board v. Truitt Manufacturing Co.* (*Supreme Court of the United States, 1956 351 US 149*), Mr. Justice BLACK, *writing for the Court:* "Good-faith bargaining necessarily requires that claims made by either bargainer shoud be honest claims." OBERER, Walter E.; HANSLOWE, Kurt L.; HEINZ, Timothy J. *Op. cit.*, p. 571.

(457) No *case National Labor Rel. Bd. v. Crompton-Highland Mills,* Inc. (*United States Supreme Court, 1949, 317 US 217*), relatado pelo Mr. Justice BURTON, entendeu-se como prática antissindical a concessão direta de aumento salarial aos trabalhadores, superior ao limite oferecido na negociação coletiva, por ofensa à representatividade sindical profissional. In http://caselaw.Ip.findlaw.com, acesso em 10.9.2008.

(458) Vedada nos Estados Unidos da América do Norte pela Seção n. 158, letra *a,* n. 3, do *United State Code.*

(459) Banida nos Estados Unidos da América do Norte pela Seção 8ª, *a,* "3", da *National Labor Relations Board.* No *case National Labor Relations Board v. General Motors Corp.* (*Supreme Court of the United States, 1963. 373 U. S. 734, 83 S. Ct. 1453, 10 L. Ed.2d. 670*), Mr. Justice White *delivered the opinion of the Court*: "the term 'agency shop' applies to an arrangement under which all employees are required as a condition of employment to pay dues to the union and pay the union inititation FEE, but they need not actually become union members." OBERER, Walter E.; HANSLOWE, Kurt L.; HEINZ, Timothy J. *Op. cit.*, p. 739.

(460) Greve de "braços caídos" ou "operação tartaruga".

(461) O STJ vem se posicionando contra: Segunda Seção, CC, 57730-RJ, Relator Ministro Ari Pargendler, in *DJU* de 8.6.2006, p. 117, sustentando a competência da Justiça Comum para ação possessória, "ainda que tenha por objeto piquetes realizados no âmbito de greve promovida por bancários" e CC 46577-ES, Relator Ministro Fernando Gonçalves, in *DJU* de 4.5.2005 p. 153, decidindo pela competência da Justiça Comum quanto ao pedido de interdito proibitório de estabelecimento, em face de greve, e pela da Justiça do Trabalho em virtude das demais pretensões relacionadas com a greve e deduzidas em Ação Civil Pública.

Também se inserem nesse contexto as ações propostas por sindicatos, sejam de categoria profissional ou econômica, as quais perseguem cobranças de contribuições assistenciais; se, com fundamento em acordo ou convenção coletiva, esta competência já era trabalhista, desde a égide da Lei n. 8.984/95, conforme vinha se posicionando o Superior Tribunal de Justiça.[462]

A mesma conclusão se impõe se os litígios envolverem sindicatos de trabalhadores não empregados, como os de profissionais liberais[463] e os de funcionários públicos,[464] ainda que os associados estejam ligados à administração por vínculos de natureza jurídico-administrativa. Esse raciocínio não muda frente à decisão do Supremo Tribunal Federal na ADIn n. 3.396-6, pois esta foi proferida na interpretação do inc. I, e não do inc. III do art. 114 da CF, do que se conclui ter restado afastados, liminarmente, da competência trabalhista, tão só os litígios que envolvam as relações de natureza jurídico-administrativa, entre servidores e administração.[465] Como as relações entre os funcionários e seus sindicatos não são de natureza jurídico-administrativa, fora estão do alcance daquela decisão.

Nesse sentido, inclusive, encontra-se o Enunciado n. 24, aprovado na Primeira Jornada de Direito Material e Processual na Justiça do Trabalho, promovida pelo Tribunal Superior do Trabalho:[466] "Os conflitos inter e intrassindicais, inclusive os que envolvam sindicatos de servidores públicos (estatutários e empregados públicos), são da competência da Justiça do Trabalho."

É de se concluir, nesse contexto, que todas as ações que envolvam o direito sindical são da competência trabalhista, não apenas pela nova competência atribuída pela EC n. 45/04, mas também pela antecedente a ela, nas hipóteses em que o sindicato atuava como representante ou substituto processual dos associados ou da categoria, na persecução da prevenção ou repressão à conduta antissindical, inclusive na tutela do direito à negociação coletiva e à greve.

---

(462) Da Primeira Seção, no Conflito de Competência n. 87.725-SP, relatado pelo Min. Teori Zavascki, nos seguintes termos: "Compete à Justiça do Trabalho processar e julgar ação movida por sindicato contra empresas objetivando a cobrança de contribuição assistencial fundada em acordo coletivo de trabalho. É que, de acordo com o art. 114, III, da CF/88, com a redação dada pela EC n. 45/04, são da competência trabalhista 'as ações sobre representação sindical, entre sindicatos, entre sindicatos e trabalhadores, e entre sindicatos e empregadores'. Porém, antes mesmo da edição da EC n. 45/04, esta Corte já entendia que a competência para julgar os dissídios que tenham origem no cumprimento de acordo ou convenção coletiva de trabalho é da Justiça Trabalhista, nos temos da Lei n. 8.984/95. Precedentes."

(463) Nada impede que trabalhadores não empregados criem sindicatos. Nesse sentido: PRADO, Roberto Barreto. *Curso de direito coletivo de trabalho*. São Paulo: LTr, 1986. p. 126.

(464) Sabendo-se que a Constituição de 1988 consagrou, como direito dos servidores públicos, a sindicalização: art. 37, VI.

(465) STF, ADI. n. 3.395, em que foi proferida liminar pelo então Ministro Nélson Jobim para, interpretando o inc. I, do art. 114, da CF, afastar da competência da Justiça do Trabalho, até decisão final, as causas que envolvem relação estatutária de servidores públicos ou de caráter jurídico-administrativo. Posteriormente, a liminar foi confirmada pelo Plenário do STF, por decisão tomada por ampla maioria de votos, em 5.4.2006, vencido apenas o Ministro Marco Aurélio Melo, e se traduz em acórdão da lavra do seu novo Relator, o Min. César Peluso, do qual se infere, em termos quase definitivos, a incompetência da Justiça do Trabalho. In: *DJU* de 10.11.2006.

(466) Ocorrida nos dias 21, 22 e 23.11.2007, in: *Revista LTr*, dez. 2007, v. 71, n. 12, p. 1.500.

4.2. *O alcance objetivo e subjetivo da tutela processual das lides sindicais*

Definida a posição quanto ao nexo estabelecido entre a natureza e a competência jurisdicional para as lides sindicais, a extensão da tutela processual desses litígios suscita três tipos de problemas. O primeiro é o do alcance subjetivo da tutela. Só aos sindicatos? Só aos dirigentes sindicais? Só aos filiados aos sindicatos? Toda a categoria? É litígio individual ou coletivo? O segundo é o do alcance objetivo. Qual é o conteúdo da tutela? O terceiro, aqui mencionado apenas pontualmente, e que será enfrentado no tópico seguinte, refere-se aos instrumentos processuais que estão sendo utilizados para a tutela.

Não há dúvida de que os litígios intersindicais, intrassindicais, entre sindicatos e empregadores e entre sindicatos e empregados têm dimensão substancial e processual coletiva, já revelada, de plano, pela participação direta da entidade sindical. Não pela qualificação da entidade sindical como afirmação isolada, mas pela sua particular participação na representação e na contratação coletiva. Como dito por *Della Rocca*: "Tale qualificazione sembra perciò risolversi anche nel riconoscimento del sindicato quale portatore de quegli interessi collettivi, che nella contrattazione per la disciplina dei rapporti di lavoro trovano asseto e tutela."(467) Poderão interessar, de acordo com cada caso concreto, só aos sindicatos e filiados ou a toda a categoria. Mas o importante é que (a) são litígios de dimensão coletiva, tanto subjetiva quanto objetivamente; e (b) coletivamente, devem ser tutelados.

A questão que se coloca, entretanto, é a do alcance daquelas lides que envolvem o chamado "foro sindical", enquanto conjunto de medidas de proteção das práticas antissindicais, que enumeramos, exemplificativamente, no item anterior, e, ainda assim, quando a entidade sindical não se apresenta diretamente envolvida.

No plano objetivo, evidentemente que em todos os litígios envolvendo o "foro sindical", o bem jurídico tutelado, isto é, o interesse tutelado, é a liberdade sindical e, especificamente, a atividade sindical em todas as suas formas. Como diz *Ermida Uriarte*, "[...] como tal é um interesse predominantemente coletivo e seu titular é o sindicato ou o grupo profissional ainda não estruturado ou formalizado em sindicato".(468) Prossegue: "Não obstante, em muitas ocasiões sucederá que também estão em jogo um bem jurídico e um interesse individual, concreto, de determinado trabalhador, paralelamente ao interesse coletivo antes mencionado e que resulte protegido conjuntamente com ele pelo mesmo mecanismo de prevenção ou reparação."(469)

No plano subjetivo, pode-se dizer que tais litígios encerram "[...] situaciones difusas cuando un conflicto individual trasciende su âmbito personal y afecta un interés

(467) ROCCA, Franco Morozzo Della. Rappresentanza sindacale e mandato nel contratto collettivo. In: *Rivista Trimestrale di Diritto e Procedura Civile*, Milão: Giuffrè, set. 1964, ano XVIII, n. 3, p. 907-908. O trecho correspondente na tradução é: "Tal qualificação é, por isto, resolvida também no reconhecimento do sindicato enquanto portador daqueles interesses coletivos que na contratação da disciplina das relações de trabalho encontram assento e tutela."

(468) ERMIDA URIARTE, Oscar. *A proteção contra os atos antissindicais*. Tradução para o português de Irany Ferrari. São Paulo: LTr, 1989. p. 22.

(469) *Loc. cit.*

coletivo (p. ej., despido de un trabajador por causas sindicales)".[470] Uma simbiose do individual para o coletivo, pois "[...] el conflicto individual puede entonces provocar otro conflicto, de tipo colectivo (p. ej., una huelga). A la inversa, el conflicto colectivo influye, generalmente, en las relaciones individuales".[471] Para *Verdier*, "[...] no fundo, todo conflito concernente ao 'foro sindical' — ou às práticas antissindicais em geral — é geralmente um conflito coletivo ao mesmo tempo que individual".[472]

No plano substancial e de forma subjetiva, afigura-se irrelevante o fato de o litígio apresentar-se imediata e aparentemente em perspectiva individual. O que importa não é a sua aparente dimensão subjetiva, mas a sua real dimensão objetiva. Não é o número de sujeitos de certa relação jurídica que irá determinar se a mesma é individual ou coletiva, mas a dimensão do interesse tutelado. Para *Sinay*, "[...] pode haver conflito coletivo mesmo se nele se puser apenas um assalariado diante do empregador, tal como nas divergências relativas à dispensa de delegado do pessoal ou de membro do comitê da empresa".[473] O interesse coletivo "[...] supõe um elo que unifica as pessoas por uma só e comum reivindicação",[474] mesmo que tutelado individualmente ou frente a um sujeito passivo individual. A despeito da histórica vinculação doutrinária entre o interesse e o núcleo ou conteúdo de um direito subjetivo, verifica-se, entrementes, que existem, de outra parte, interesses substanciais que escapam à esfera de subjetivação, cuja proteção sequer é atribuída ao indivíduo, mas decorre da aplicação da própria norma do direito positivo. Conforme lição de *Prade*, "[...] vêm a ser simples interesses assim, quando se tratam de interesses jurídicos substanciais, não subjetivados; que não individualizam, isto é, que não se situam numa determinada pessoa".[475]

Nesse sentido, o pluralismo sindical encerra um interesse coletivo e indivisível, que vai além do mero somatório dos interesses individuais. A advertência é de *Della Rocca*: "La impossibilità di risolvere il vincolo contrattuale collettivo in uma pluralitá di vincoli individuali poneva perciò in tutta evidenza il problema della individuazione dell'interesse collettivo come diverso e distinto dalla pluralità o dalla somma degli interessi individuali."[476] Sua realização, portanto, pressupõe indivisibilidade da respectiva tutela e a realização de toda a coletividade.[477]

---

(470) CORNET, Saracho; FUNES, Olívia. *Op. cit.*, p. 9.

(471) *Loc. cit.*

(472) VERDIER, Jean-Maurice. *Le droit syndical dans l'entreprise*. 2. ed. Paris, 1979. p. 134 *apud* ERMIDA URIARTE, Oscar. *A proteção contra os atos antissindicais*, p. 23.

(473) SINAY, Hélene. La greve. In: CARMERLINCK. *Traité de droit du travail*. Paris: Dalloz, 1966. v. 6, p. 427 *apud* NASCIMENTO, Amauri Mascaro. *Conflitos coletivos de trabalho*. São Paulo: Saraiva, 1978. p. 11.

(474) *Direito sindical*. 2. ed. São Paulo: Saraiva, 1991. p. 8.

(475) PRADE, Péricles. *Conceito de interesses difusos*. 2. ed. São Paulo: Revista dos Tribunais, 1987. p. 20.

(476) ROCCA, Franco Morozzo Della. *Op. cit.*, p. 909. O trecho correspondente na tradução é: "A impossibilidade de se resolver o vínculo contratual coletivo em uma pluralidade de vínculos individuais, põe em toda evidência o problema da individualização do interesse coletivo, como diverso e distinto da pluralidade ou da soma dos interesses individuais."

(477) Nas palavras de Vallebona: "La nozione di interesse collettivo, attentamente approfondita dalla dottrina, si riferisce ad um interesse diverso dalla mera somma di interessi individuali, di cui costituisce, piuttosto, uma sintesi nella quale ciascun componente del gruppo sacrifica uma parte del proprio specifico interesse. VALLEBONA, Antônio. In questo senso è corretto affermare l'indivisibilità dell'interesse collettivo, la cui soddisfazione postula necessariamente la realizzazione dell'interesse di tutta la collettività." In: *Op. cit.*, p. 77. Para Santoro-Passarelli: "I rilievi sono stati deliberatamente limitati all'indivisibilità

A propósito, *Romagnoli* justificava a legitimidade ativa dos sindicatos em matéria de direito sindical, prevista no art. 28 do Estatuto do Trabalhador italiano, demonstrando a prospecção funcional e necessária da projeção coletiva da lesão individual:[(478)] "Ecco perché 'è normale che l'impedimento al loro essercizio leda non um mero interesse del titolare, ma anche l'interesse del grupo'."

Ainda em perspectiva processual, também se pode sustentar que não é o fato de a ação ser proposta por ou contra um só sujeito individual que define sua dimensão individual ou coletiva. A ação popular, no sistema brasileiro, proposta por um só sujeito[(479)] é exemplo de ação coletiva, posto que o interesse tutelado é público. O mesmo ocorre com as *class actions* norte-americanas,[(480)] bastando, no regramento do art. 23 (a), do sistema processual ali vigente (*Federal Rules of Civil Procedure*), que haja representação adequada do autor individual aos interesses do grupo em juízo (*adequacy of representation* ou *vigorous prosecution test*).[(481)] Essa possibilidade da representação individual para as ações coletivas está prevista, de forma generalizada, no Anteprojeto do Código Brasileiro de Processos Coletivos, versão janeiro de 2007, do Ministério da Justiça — art. 20, I.[(482)]

O interesse nas lides sindicais é do grupo ou da categoria como um "todo" indivisível,[(483)] em razão da ausência de subjetivação, pois não se localiza isoladamente em determinado indivíduo, mas no contexto das pessoas ligadas por um elo jurídico-base. Trata-se de interesse coletivo em sentido estrito, de natureza transindividual, nos precisos termos do art. 81, II, do Código de Defesa do Consumidor.

Como a defesa da liberdade sindical integra direito inerente à "categoria" e não aos seus integrantes individualmente considerados, só a ela cabe a tutela processual e a defesa judicial respectiva. Tanto que, no sistema processual italiano, a ação de

---

dell'interesse collettivo e al mandato [...]" SANTORO-PASSARELLI, Giuseppe. Sulla libertà sindacale dell'imprenditore. In: *Rivista Trimestrale di Diritto e Procedura Civile,* Milão: Giuffrè, mar. 1976. p. 185.

(478) Dizia, citando Giuseppe Messina: "il motivo per cui nel nostro paese, 'dove l'aspetto collettivo di una controversia (di lavoro) sembrava antigiuridico ed incuteva timore alle classi dominanti, si stabili e si radicò fortemente nella dottrina e nella giurisprudenza (togata) una distinzione assoluta tra controversie individuali e controversie collettive', in contrasto con i principi 'collettivistici' del nuovo diritto operario elaborato, in larga mistura, daí Collegi dei probiviri industriali. Con queste parole si esprimeva, nel lontano 1904, Lorenzo Ratto, raccogliendo peralto spunti e fermenti di idee già entrate in circolazione nell ambiente giuridico con l'autorevole avallo di Ludovico Mortara e Giuseppe Messina'." ROMAGNOLI, Umberto. Aspetti processuali dell'art. 28 dello statuto dei lavoratori. In: *Rivista Trimestrale di Diritto e Procedura Civile,* ano XXV, n. 4, Milão: Giuffrè, dez. 1971. p. 1.311-1.312.

(479) Art. 1º da Lei n. 4.717/65.

(480) FISS, Owen; BRONSTEEN, John. Admittedly, it is common for one individual to represent others in a lawsuit [...]. The class action rule. *Notre Dame Law Review* n. 78, ago. 2003. p. 1.419.

(481) GIDI, Antônio. *A 'class action' como instrumento de tutela coletiva dos direitos.* São Paulo: Revista dos Tribunais, 2007. p. 99.

(482) GRINOVER, Ada Pellegrini; MENDES, Aluísio Gonçalves de Castro; WATANABE, Kazuo (orgs.). *Direito processual coletivo e o anteprojeto do código brasileiro de processos coletivos.* São Paulo: Revista dos Tribunais, 2007. p. 456.

(483) Mesmo que o objeto seja uma cobrança de contribuições ou que decorra de um processo eleitoral interno, ou ainda que tenha como objetivo a repressão a determinada e específica discriminação a certo dirigente, pois, em todos esses casos, o que se persegue é a tutela do princípio da autonomia privada coletiva, que se revela na autonomia sindical, organizativa, negocial, administrativa e a autotutela.

repressão à conduta antissindical é de legitimidade, *ope lege*, "[...] solo gli organismi locali dei sindacati nazionali".[(484)]

Essa transcendência coletiva da lesão ocorrida pela conduta antissindical ao ofendido individual é reconhecida tanto pela existência subjacente ao direito material de um interesse social indisponível,[(485)] quanto, em consequência, pela outorga de legitimidade ativa ao Ministério Público para a promoção das ações pertinentes a sua tutela. Seja qual for a configuração do conflito (intersindical, intrassindical, entre sindicatos e trabalhadores ou empregadores e ainda que o ofendido imediato seja um único trabalhador), essa legitimidade é indiscutível.[(486)]

A tutela ao princípio da liberdade sindical, que se traduz em demandas que objetivam o combate à fraude eleitoral sindical, discriminação na participação sindical, violação à liberdade de associação e ingerência em sindicatos de trabalhadores por empregadores ou organização destes, dentre outras, inclusive ligadas a sua atuação administrativa, tem dimensão coletiva reconhecida pela própria Organização Internacional do Trabalho, mais especificamente pelas Convenções ns. 87 (art. 11)[(487)] e 98 (art. 3º)[(488)].

O interesse merecedor da tutela nas lides sindicais não é subjetivo, mas subjacente a ele, socialmente relevante, não só ao grupo ou categoria, mas ao próprio sistema de organização do trabalho. São ações que tutelam o sistema, e não apenas o caso posto a julgamento. Como bem colocou *Alcure*, ao tratar de tema análogo, o assédio moral: "A resolução do problema, então, passa pela tutela coletiva. É através de mecanismos extrajudiciais e judiciais de natureza coletiva que se pode interferir de forma imediata e atual na realidade das relações de trabalho e resolver de forma global problemas existentes [...]"[(489)] E conclui: "Isso porque, através das medidas coletivas, o empregador ver-se-á obrigado a modificar uma política ou postura empresarial e, em certas situações, a arcar com as consequências de ter se conduzido de forma ilícita durante um período."[(490)]

---

(484) SANTORO-PASSARELLI, Giuseppe. *Diritto sindicale*. Roma: Laterza, 2007. p. 89.

(485) Na acepção que lhe confere Mancuso, quando diz que: "[...] o interesse social equivale ao exercício coletivo de interesses coletivos". MANCUSO, Rodolfo de Camargo. *Interesses difusos, conceito e legitimação para agir*. 5. ed. São Paulo: Revista dos Tribunais, 2001. p. 27.

(486) Nesse sentido, o Enunciado n. 28, da Comissão III, "Direito sindical e coletivo", aprovado na 1ª Jornada de Direito Material e Processual na Justiça do Trabalho, realizada pelo TST, em nov. 2007, com a seguinte redação: "O Ministério Público do Trabalho possui legitimidade para promover as ações pertinentes para a tutela das liberdades sindicais individuais e coletivas, quando violados os princípios de liberdade sindical, nos conflitos inter e intrassindicais, por meio de práticas e condutas antissindicais nas relações entre sindicatos, sindicatos e empregadores, sindicatos e organizações de empregadores ou de trabalhadores, sindicatos e trabalhadores, empregadores e trabalhadores, órgãos públicos e privados e as entidades sindicais, empregadores ou trabalhadores." *Suplemento Trabalhista*, n. 149/07, São Paulo: LTr, 2007. p. 629.

(487) Esta não ratificada pelo Brasil, que adota a unicidade sindical, incompatível com o que dispõe o seu art. 2º: "[...] trabalhadores e empregadores, sem distinção de qualquer espécie, terão o direito de constituir, sem prévia autorização, organizações de sua própria escolha e, sob a única condição de observar seus estatutos, a elas se filiarem".

(488) Ratificada pelo Brasil: SÜSSEKIND, Arnaldo. *Convenções da OIT*. São Paulo: LTr, 1994. p. 204-205.

(489) ALCURE, Fábio Aurélio. Assédio moral: uma questão coletiva. In: *Revista Decisório Trabalhista*, n. 158, Curitiba, set. 2007. p. 35.

(490) *Loc. cit.*

Ermida Uriarte, criticando a tutela processual individual das práticas antissindicais, mesmo que concretamente verificada em determinado dirigente sindical, é taxativo ao sustentar: "[...] a indenização em favor do trabalhador deixa sem reparação o prejuízo causado ao grupo profissional titular da atividade sindical".[491] Vale mencionar a posição de *Carneiro*, que, ao tratar da acessibilidade, do desempenho e da legitimação adequada, elementos integrantes do princípio do Acesso à Justiça, proclama: "No campo do direito difuso e coletivo, a regra é outra: o titular individualmente considerado de uma porção desses direitos indivisíveis não é a pessoa mais adequada para a sua defesa em juízo, basicamente pelas mesmas razões antes mencionadas, mas sim os titulares de tais direitos coletivamente considerados."[492]

O próprio Tribunal Superior do Trabalho já reconheceu a dimensão processual coletiva das lides sindicais, ao inseri-las no âmbito material da competência de sua Seção de Dissídios Coletivos, a SDC, conforme previsão do art. 70 do seu Regimento Interno.

A partir da delimitação do alcance subjetivo e objetivo das lides sindicais, é de se concluir que a solução delas, em todas as suas feições, pode e deve ser viabilizada em uma perspectiva processual coletiva, ainda que a lesão se apresente, também, no plano individual. A tutela processual das lides sindicais é, além de tudo, socialmente relevante, inclusive a ressarcitória do dano moral coletivo,[493] a partir da constatação da transcendência do seu alcance, que se projeta para além das partes envolvidas, alcançando o próprio sistema de organização do trabalho, fundado no sindicalismo.

4.3. *A utilização de instrumentos processuais inadequados*

Com a exceção das ações de consignação em pagamento propostas por empregadores sobre dúvidas a respeito da legitimidade sindical para o recebimento de contribuições sindicais e de ações de cobranças, as condutas antissindicais, que encerram dano moral coletivo, como foi exposto, devem ser tuteladas coletivamente. Disso decorre a factível constatação da inexistência de um modelo processual específico para a prevenção e repressão às condutas antissindicais.

Esse hiato estabelecido, por tantos anos, entre o pluralismo na distribuição de competências e a inexistência de um instrumento processual específico levou à utilização de instrumentos processuais inadequados, alguns típicos da tutela individual, antes na Justiça Comum e hoje na Justiça do Trabalho.

São ações declaratórias de nulidade de cláusulas de convenção coletiva, em que se discute a representação sindical, propostas diretamente aos tribunais, como se estes

(491) ERMIDA URIARTE, Oscar. *A proteção contra os atos antissindicais*. Tradução de Irany Ferrari. São Paulo: LTr, 1989. p. 50.
(492) CARNEIRO, Paulo Cezar. *Op. cit.*, p. 59.
(493) No sentido de uma injusta lesão na esfera moral de um determinado grupo, classe ou categoria, pela violação de um certo círculo de valores coletivos, atingindo-lhe o patrimônio valorativo.

tivessem competência originária,(494) quando, pela norma do art. 678 da CLT, não a têm;(495) ações de cumprimento de contribuições sindicais,(496) a suscitar estéril discussão em torno da interpretação do alcance da norma do art. 872, parágrafo único, da CLT e, pois, do seu cabimento; ações de indenização, tendo como causa de pedir alegações de práticas antissindicais, mas com restrição na dedução da pretensão à tutela ressarcitória(497) e tantas outras manifestações de iniciativas processuais inadequadas.

Deve ser ressaltado, de outro modo, que essa carência do sistema processual não é peculiar, apenas, ao caso brasileiro. *Ermida Uriarte* verifica, também no direito comparado, a existência de um rol bastante diversificado de medidas processuais que são utilizadas como salvaguarda do "foro sindical".(498)

Na Espanha, o art. 13 da Ley Orgânica de Liberdad Sindical, de 1985, contemplava, para a tutela do direito sindical, apenas a possibilidade de se utilizar "[...] del proceso de protección jurisdicional de los derechos fundamentales de la persona".(499) Somente após a nova Ley Procedimiento Laboral — LPL, é que se passou a contar com um processo específico e diferenciado para a tutela das lides sindicais, como se demonstrará adiante (*infra*, 7.8).

Aquele dispositivo da lei espanhola, ademais, foi a fonte de inspiração do art. 47 da Lei n. 23.551 que, na Argentina, trata da mesma temática, remetendo a sua tutela à "[...] acción de amparo", com o procedimento sumaríssimo previsto no Código de Processo Civil e Comercial "de la Nación".(500) A questão é que o "amparo" argentino, à exemplo do nosso mandado de segurança, é remédio processual excepcional e só cabível, nos termos do art. 43 da Constituição da Argentina "[...] siempre que no exista otro meio judicial más idóneo."(501) Portanto, o chamado "amparo sindical" argentino, na feição de "acción de exclusión de tutela o de reinstalación" e, como

---

(494) No julgamento da ação em grau de recurso ordinário, o Tribunal Superior do Trabalho, no RO-AA, 693/2002-000-12-00-5, não enfrentou a questão da competência originária do TRT da 12ª Região. In: *Revista LTr*, v. 70, n. 7, São Paulo: LTr, jul. 2006. p. 863-880. Mesmo na utilização das ações civis públicas para esse fim, essa falsa ideia da competência originária dos tribunais tem se verificado: exemplo é o conflito negativo de competência funcional entre o TRT da 15ª e a Vara do Trabalho de Assis-SP. Tribunal Regional do Trabalho da 15ª Região, Seção de Dissídios Coletivos, Proc. n. 01605-2005-000-15-00-9, Rel. Juiz Lorival Ferreira dos Santos, in: *DJ* de 10.1.2006.

(495) Nesse sentido, NERY JÚNIOR: "A competência dos tribunais trabalhistas é dada expressamente pela lei, conforme determina a CF, art. 111, § 3º, para o TST e CF, art. 113, para os TRTs e Varas do Trabalho." NERY JÚNIOR, Nélson. O Processo do trabalho e os direitos individuais homogêneos: um estudo sobre a ação civil pública trabalhista. In: *Revista LTr*, v. 64, n. 2, fev. 2000. p. 154.

(496) Tribunal Regional do Trabalho da 3ª Região, RO n. 2667/03. In: *Suplemento de Jurisprudência LTr*, n. 39, São Paulo, 2003. p. 297.

(497) Tribunal Regional do Trabalho da 10ª Região, Terceira Turma, Proc. n. RO 1325-2007-005-10-00-1, Rel. Desembargador Bertholdo Satyro, in *DJ* de 7.11.2008.

(498) ERMIDA URIARTE, Oscar. *A proteção contra os atos antissindicais*. Tradução de Irany Ferrari. São Paulo: LTr, 1989. p. 51-52.

(499) Art. 13 "Cualquier trabajador o sindicato que considere lesionados los derechos de libertad sindical, por actuación del empleador, asociación patronal, Administraciones Públicas o cualquier otra persona, entidad o corporación pública o privada, podrá recabar la tutela del derecho ante la jurisdicción competente a través del proceso de protección jurisdiccional de los derechos fundamentales de la persona."

(500) ETALA, Carlos Alberto. *Derecho colectivo del trabajo*. 2. ed. Buenos Aires: Ástrea, 2007. p. 102.

(501) *Ibidem*, p. 102.

modelo processual de combate às práticas antisindicais, é mais uma construção da práxis, fruto de uma utilização sistemática do amparo nesses casos, frente à ausência de um modelo processual específico.[502]

O caso norte-americano, apesar de todos os problemas que envolvem os chamados "complex cases",[503] com o significado de tutela processual coletiva, verifica-se, naqueles que envolvem o direito sindical, que superado encontra-se o tão comentado embaraço da representatividade adequada do autor da demanda, pois: (a) os sindicatos já são os demandantes legais e naturais, a partir do próprio sistema de organização do trabalho, não incidindo o criticado "[...] regime by 'forcing' the plaintiffs into a kind of corporate form, usually without their explicit consent, and potentially without their knowledge", isto é, o "corporatisation", um dos fatores do declínio das *class actions*[504]; e (b) a participação do National Labor Relations Board elimina qualquer questionamento quanto à *adequacy of representation* ou *vigorous prosecution* do demandante, como se verifica desde o *case White v. National Labor Relations Board (US Court of Appeals, Fifth Circuit, 1959. 255 F.2d 564)*.[505] Apesar da ausência de um instrumento processual específico, o sistema norte-americano, misto de tutela administrativa pelo *National Labor Relations Board* (*NLRB*) e judicial, este a partir das *labor injuctions*, julgadas constitucionais no famoso *case Debs v. United States (Supreme Court of the United States, 1919. 249 US 211)*,[506] tem se apresentado eficiente instrumento de tutela no combate às práticas antissindicais.

No Brasil, a ausência desse instrumento processual, hoje tão perceptível, despertou a atenção dos que patrocinam a reforma sindical, consubstanciada na Proposta de Emenda Constitucional — PEC n. 369/05, juntamente com as de modificações infraconstitucionais do direito material e processual trabalhista, propondo-se, neste último, a introdução de um microssistema unificado de tutela das ações coletivas. Desse microssistema, consta proposto um novo modelo de tutela da atividade sindical, previsto no Título VII, Capítulo II, do Projeto, que será tratado adiante (*infra*, 8.5).

---

(502) PIROLO, Miguel Angel. *Manual de derecho procesal del trabajo*. 2. ed. Buenos Aires: Astrea, 2008. p. 323.

(503) Para Tidmarsh e H. Trangsrud: "In many complex cases, however, this approach to struturing the litigation creates serious, and sometimes crippling problems. The reason is that many complex cases involve hundred or thousands of plaintiffs and hundreds or thousands of defendants." TIDMARSH, Jay; H. TRANGSRUD, Roger. *Op. cit.*, p. 10. O texto correspondente na tradução é: "Em muitos *complex Cases* (casos coletivos), entretanto, a preparação da estrutura do caso cria sérios e, às vezes, críticos problemas. A razão é que muito desses casos envolvem centenas ou milhares de autores e réus".

(504) SHAPIRO, David L. Class actions: the class as party and client. In: *Notre Dame Law Review*, v. 73, n. 3, 1998. p. 913-921.

(505) OBERER, Walker E.; HANSLOWE, Kurt L.; HEINSZ, Timothy J. *Op. cit.*, p. 571-580.

(506) Relatado pelo *Mr. Justice* Holmes. Disponível em: <http://caselaw.lp.findlaw.com> Acesso em: 17.9.2008.

5. A TUTELA PROCESSUAL DO DIREITO DE GREVE

No capítulo que se inicia, o objetivo é uma análise do fenômeno greve, em conexão com os seus instrumentos de tutela, que, no processualismo brasileiro, estão sendo redescobertos após longo período da aclamada regência e plena autonomia dos dissídios coletivos. Trata-se de um dos mais importantes desdobramentos do nexo entre processo e direito material, acima tratado (*supra* 2.3), fundamental para o conteúdo finalístico da pesquisa.

Fugindo das especulações conceituais em torno da greve, o objetivo é uma exposição direta dos fatos, desenvolvimentos e tendências evolutivas do fenômeno, conduzindo a uma permanente comparação entre os seus efeitos concretos percebidos na sociedade, os resultados contemporâneos obtidos em termos de tutela processual e as possibilidades do sistema processual vigente.

As mudanças tecnológicas, com profundo impacto no processo produtivo em nível econômico e social, iniciadas na Inglaterra em meados do século XVIII, e que continuam em evolução e constantes mutações, criaram um novo referencial para as relações de trabalho, centrado na repulsa ao trabalho servil. Mas esse fatalismo histórico, advindo da Revolução Industrial, trouxe em paralelo o antagonismo da convivência entre os opostos, fundado na permanente tensão entre o capital e o trabalho. O abismo social e econômico foi mantido. Com o passar do tempo, a omissão do Estado fez criar o atual paradoxo concebido entre a liberdade individual do trabalhador, politicamente reconhecida, e a servidão econômica, juridicamente permitida.[507] Como dito por *Bruno Veneziani*, citando a percepção britânica de *Kahn-Freund* em sua obra *Labour and law*, de 1977, "a pressão salarial e a greve selvagem são gêmeas siamesas".[508]

Nesse contexto, as perspectivas de conflito são perenes, embora os métodos de pacificação não sejam uniformes. Enquanto os conflitos jurídicos ou de direito são resolvidos de forma mais ou menos homogênea pelos órgãos jurisdicionais, os ditos econômicos ou de interesses são confiados a diferentes sistemas de solução.[509] A razão, por certo, é a característica de ordem teleológica ínsita a tais conflitos, pois, nestes, a pretensão coletiva é a de criação de novos direitos, econômicos ou sociais.[510]

Então, pode-se afirmar que, se os conflitos de interesses ou econômicos instalam pretensões para além da ordem jurídica posta, há, nesses conflitos, algo de

(507) PINTO, José Augusto Rodrigues; PAMPLONA FILHO, Rodolfo. *Op. cit.*, p. 31.
(508) Il "wage drift" e gli scioperi selvagi sono gemelli siamesi. VENEZIANI, Bruno. *Op. cit.*, p. 1.625.
(509) NASCIMENTO, Amauri Mascaro. *Conflitos coletivos de trabalho*, p. 7.
(510) *Loc. cit.*

revolucionário, no sentido de ruptura com o modelo jurídico estabelecido. É por isso que se ressalta a enorme influência na doutrina sindical, de ideias da filosofia, política, economia e até da religião, que se projetam em sua ideologia de atuação.

A greve, dentre os métodos de ação direta, é o que mais reflete esta feição da atividade sindical de origem anarquista, revolucionária e libertária. E é por ter se situado, ao longo da história, na tênue linha divisória entre a legalidade e a ação violenta que se encontra a grande dificuldade da sua tutela jurisdicional. Viana, por exemplo, aponta que, "na Itália, em vinte anos, de 1879 a 1899, verificaram-se 2.483 greves, com perda de seis milhões de dias de trabalho; na Inglaterra, só em 1899, tiveram lugar 1.145, e, nos Estados Unidos, a famosa greve *Pulmann*, de Chicago, em 1894, causou prejuízos de milhões de dólares."(511)

Hoje, essa perspectiva encontra-se envolta num paradoxo funcional. De um lado, pela percepção da essencialidade da greve como instrumento de autotutela do conflito; mas, do outro, no caso concreto, pela tendência de imposição de limites substanciais para o seu exercício. Mesmo consagrada como direito fundamental(512) em quase todos os sistemas jurídicos ocidentais, decorrente da trilogia autonomia sindical, autonomia coletiva e autotutela, a greve, quando concretamente vivenciada e posta a julgamento, é quase sempre vista pelo julgador, consciente ou inconscientemente, como uma patologia ou anomalia jurídica e social,(513) a partir do seu estigma de "direito de guerra", que se atribui a *Carnelutti*.(514)

Essa visão restritiva da greve também se projeta nos sistemas processuais, quase todos voltados a um provimento declaratório de sua ilegalidade. Nos Estados Unidos da América do Norte, entre o julgamento do *Debs case*, em 1919 e 1931, as Cortes de Justiça estaduais e federais emitiram um total de 1.845 *injuctions*, iniciando uma tendência que se projeta até os dias atuais, quase sempre tutelando o direito de propriedade e declarando a ilegalidade total ou parcial da greve.(515)

No Brasil, a própria sistemática do dissídio coletivo de greve, do art. 114, § 3º, da CF, revela que esse instrumento processual é voltado quase que exclusivamente para a obtenção da declaração da sua ilegalidade, o que é verificado pela atribuição da legitimidade ativa exclusiva ao Ministério Público do Trabalho, que o utilizará somente e quando a greve se situar em "atividade essencial" e se configurar "lesiva ao interesse público".

É de se atribuir essa ausência de instrumentos processuais de tutela para a greve a sua aparência duplamente atípica ou heterodoxia. Primeiro, porque sendo um

---

(511) VIANA, José de Segadas. *Greve*. Rio de Janeiro: Renovar, 1986. p. 16.

(512) Concreto, de segunda geração e de regência universal das relações de trabalho. Cf. BARBAGELATA, Hector-Hugo. Os princípios de direito do trabalho de segunda geração. In: *Cadernos da AMATRA IV*, 7º Caderno de Estudos sobre Processo e Direito do Trabalho, Porto Alegre: HS, abr./jun. 2008. p. 26.

(513) Nesse sentido: ERMIDA URIARTE, Oscar. *A flexibilização da greve*. Tradução para o português de Edilson Alkimin. São Paulo: LTr, 2000. p. 9-10.

(514) CORNET, Saracho; FUNES, Olivia. *Op. cit.*, p. 260.

(515) TAYLOR, Benjamim; WITNEY, Fred. *US labor relations law:* historical development. New Jersey: Prentice Hall, 1992. p. 16 *apud* SANTOS, Enoque Ribeiro dos. *Op. cit.*, p. 11.

instrumento de autotutela, é direito atípico dentro do próprio direito do trabalho. Segundo, porque o direito do trabalho, ao consagrar, no plano jurídico, a autotutela, apresenta-se, ele próprio, como um segmento atípico e heterodoxo no contexto dos outros ramos jurídicos.(516)

À luz dessa breve introdução, desenvolver-se-ão argumentos sobre a necessidade da conexão entre o direito material de greve e um processo que lhe assegure resultados práticos, na perspectiva do caso brasileiro, não esquecendo ser a greve, ela própria, um direito instrumental, a serviço das reivindicações econômicas e sociais dos trabalhadores.

5.1. *A competência*

Tida no Brasil como recurso antissocial e contrário aos interesses do Estado, a greve era proibida pela Constituição de 1937,(517) só passando a ser permitida pela de 1946, que seguiu a orientação do novo constitucionalismo pós-Segunda Guerra, fundado no humanismo, e, no caso específico, da Conferência de Chapultepec, de 21 de fevereiro de 1945, quando foi firmado um compromisso, no âmbito dos países das Américas, no sentido de se permitir a greve.(518)

A Constituição de 1988 (art. 9º) é bem clara, ao consagrar a greve como um direito,(519) inclusive dos servidores públicos (art. 37, VI), indicando a Justiça do Trabalho como competente para o julgamento das correspondentes ações (art. 114, II). Aponta, também, o dissídio coletivo como via processual adequada à tutela desse direito em atividade essencial, quando houver possibilidade de lesão ao interesse público (art. 114, § 3º).(520)

No âmbito da Justiça do Trabalho, os dissídios coletivos em geral, inclusive os de greve, inserem-se na competência originária dos seus Tribunais: CLT, art. 857 e ss.

As greves, contudo, não são exclusivamente tuteladas na via dos dissídios coletivos, pois, como se viu, após a EC n. 45/04, estes constituem via processual

---

(516) ERMIDA URIARTE, Oscar. *A flexibilização da greve*, p. 10.

(517) O seu art. 139 proibia a greve e o *lockout*. As Constituições de 1824 e 1891 não tratavam do tema.

(518) ZANGRANDO, Carlos Henrique da Silva. *A greve no direito brasileiro*. Rio de Janeiro: Forense, 1994. p. 65.

(519) Direito social, humano e fundamental de segunda dimensão, a ser exercido, concretamente, através do Estado, que se encontra jungido a sua efetivação direta e imediata, propiciando o seu amplo exercício. Esse enquadramento resulta de seu redimensionamento no contexto do direito coletivo do trabalho, feito pela Constituição de 1988, que, ao esquadrinhar um modelo de Estado Social, tendo como finalidade a promoção e concretização de uma melhor condição de vida ao hipossuficiente, notadamente ao trabalhador, com vistas à efetivação da chamada igualdade social (art. 1º, IV), acentuou a valorização da liberdade sindical e da negociação coletiva, fundamentos do direito de greve que, sendo fundamental e coletivo, se sobrepõe ao direito individual do trabalhador que quer trabalhar. Nesse sentido: SANTOS, Enoque Ribeiro dos. Internacionalização dos direitos humanos trabalhistas: o advento da dimensão objetiva e subjetiva dos direitos fundamentais. In: *Revista LTr*, vl. 72, n. 3, p. 277-284 e CESÁRIO, João Humberto. O direito constitucional fundamental de greve e a função social da posse: um novo olhar sobre os interditos possessórios na Justiça do Trabalho brasileira. In: *Revista LTr*, v. 72, n. 3, p. 289-303.

(520) Redação da EC n. 45, de 31 de dezembro de 2004.

excepcional, utilizável, apenas, quando deflagrada no âmbito de atividade essencial e, ainda assim, quando houver possibilidade de lesão ao interesse público.

Como bem observou *Melo*, a "[...] tendência é que a solução dos conflitos de greve na Justiça do Trabalho seja atribuída aos juízes de primeira instância",(521) até porque, pelo texto do art. 114, II, da Constituição, a competência trabalhista para a solução desses conflitos não está restrita aos litígios entre empregados e empregadores, mas se estende aos movimentos dos trabalhadores sem vínculo empregatício, os possessórios propostos por terceiros prejudicados,(522) além dos que tratam da repressão à conduta antissindical, dentre outros. Ademais, como leciona *Nery Júnior*:

> A competência dos tribunais trabalhistas é dada expressamente pela lei, conforme determina a CF, art. 111, § 3º, para o TST e CF art. 113, para os TRTs e Varas do Trabalho. As leis federais que tratam da competência do TST e dos TRTs, nada falam sobre ação coletiva ou civil pública, de modo que é competente para tanto o órgão de primeiro grau da Justiça do Trabalho, isto é, Vara do Trabalho (CF, art. 116).(523)

Nesse contexto, causa espécie que o Tribunal Superior do Trabalho tenha mantido norma regimental (art. 70, I, "h", do seu Regimento Interno),(524) que atribui competência originária a sua Seção de Dissídios Coletivos, para "as ações em matéria de greve, quando o conflito exceder a jurisdição de Tribunal Regional do Trabalho". Como compatibilizar essa regra, por exemplo, quando a tutela da greve for veiculada em ação civil pública? Além da factível inconstitucionalidade da disposição regimental, por ofensa ao princípio da reserva da lei formal (CF, art. 111-A, § 1º) e por usurpação da competência originária dos órgãos de primeiro grau,(525) é infactível que todas as ações que tutelem as greves suprarregionais fiquem atraídas à competência originária do Tribunal Superior do Trabalho. Ou que idênticas ações se submetam à competência originária dos tribunais regionais do trabalho, apenas pela dimensão regional do conflito. Como se demonstrará adiante (*infra*, 7.9), se a via escolhida for a ação civil pública, a competência será sempre dos órgãos de primeira instância da Justiça do

---

(521) MELO, Raimundo Simão de. *A greve no direito brasileiro*. São Paulo: LTr, 2006. p. 120.

(522) Apesar de o STF já ter firmado a posição de que não é a natureza do direito tutelado, se civil ou trabalhista, que define a competência da Justiça do Trabalho, mas a circunstância do litígio ter como origem uma relação de trabalho, como se viu, *v. g.*, no AI n. 630.440, Rel. Min. Sepúlveda Pertence, julgado em 12.3.2007, in *Revista LTr*, v. 72, n. 3, São Paulo: LTr, mar. 2008, p. 296, o STJ vem se posicionando contra: Segunda Seção, CC, 57730-RJ, Rel. Min. Ari Pargendler, in *DJU* de 8.6.2006. p. 117, sustentando a competência da Justiça Comum para ação possessória, "[...] ainda que tenha por objeto piquetes realizados no âmbito de greve promovida por bancários" e CC 46577-ES, Rel. Min. Fernando Gonçalves, in *DJU* de 4.5.2005. p. 153, decidindo pela competência da Justiça Comum quanto ao pedido de interdito proibitório de estabelecimento, em face de greve, e pela da Justiça do Trabalho em face das demais pretensões relacionadas com a greve e deduzidas em ação civil pública.

(523) Essa posição, embora ainda atual, foi emitida antes das EC ns. 24/99 e 45/04, que alteraram os dispositivos nela indicados. Atualmente, a vinculação da competência funcional dos órgãos da Justiça do Trabalho à reserva legal encontra-se no art. 113, da Constituição Federal. NERY JÚNIOR, Nélson. O processo do trabalho e os direitos individuais homogêneos: um estudo sobre a ação civil pública trabalhista. In: *Revista LTr*, v. 64, n. 2, São Paulo: LTr, fev. 2000. p. 154.

(524) Pela Resolução Administrativa n. 1.295/08, que adaptou as normas regimentais às disposições da EC n. 45/04.

(525) A Lei n. 7.701/88, ao estabelecer a competência do Tribunal Superior do Trabalho, inclusive para as ações originárias, em nenhum momento contemplou "as ações em matéria de greve".

Trabalho, pela aplicação da norma do art. 93 do Código de Defesa do Consumidor, consoante entendimento já consagrado na Orientação Jurisprudencial n. 130, da Subseção 2, de Dissídios Individuais do próprio Tribunal Superior do Trabalho.(526)

Será, pois, a Justiça do Trabalho a naturalmente indicada para a tutela jurisdicional do direito de greve, seja através dos dissídios coletivos, atraindo a competência originária dos seus Tribunais, seja através de outras ações propostas perante os seus órgãos de primeira instância.

A exceção que se faz é a da greve do servidor público vinculado à administração por força de estatuto ou por qualquer outra relação jurídica de natureza administrativa, de índole institucional.

Inicialmente, parte significativa da doutrina se posicionou no sentido de que toda e qualquer greve no serviço público se inseria no âmbito da competência da Justiça do Trabalho, em uma interpretação sistemática que se fazia dos incisos I e II, do art. 114 da Constituição, não se vislumbrando, inclusive, qualquer inconstitucionalidade formal no texto do inciso I.(527)

Afastada, contudo, liminarmente, a competência trabalhista, para apreciar os litígios que envolvam todas as relações de natureza jurídico-administrativa,(528) afastada está, naturalmente, da sua competência toda e qualquer ação que envolva o exercício do direito de greve no contexto dessas relações(529), ainda que em se tratando de greve em atividade essencial.(530)

---

(526) O Tribunal Superior do Trabalho inicialmente entendeu: "O art. 16 da Lei n. 7.347/85, com a redação que lhe deu a Lei n. 9.497/97, ao dispor que a sentença prolatada em ação civil pública terá os seus efeitos limitados à competência territorial do órgão prolator, admite exegese no sentido da limitação da sentença ao âmbito jurisdicional da Junta, o que condiz melhor com a natureza indivisível do provimento jurisdicional nessa modalidade de ação, a conclusão de que a competência originária a de ser de Tribunal, se a abrangência de lesão for regional ou nacional." (Quarta Turma, RR n. 316.001/96, Rel. Min. Ives Gandra Martins Filho, in *Revista LTr*, 64-03/361/365). Havia, inclusive, no seu Regimento Interno, art. 6º, I, *a*, norma indicando sua competência originária para as ações civis públicas que excedessem a jurisdição dos Tribunais Regionais do Trabalho, posteriormente revogada, em boa hora, pela Resolução Administrativa n. 743/00, conforme análise percuciente de MELO, Raimundo Simão de. In: *Revista LTr*, v. 65, n. 4, São Paulo: LTr, p. 418. O entendimento hoje consagrado encontra-se consubstanciado na OJ n. 130, da sua SDI-2, que tem o seguinte enunciado: "Ação civil pública. Competência territorial. Extensão do dano causado ou a ser reparado. Aplicação analógica do art. 93, do Código de Defesa do Consumidor. Para a fixação da competência territorial em sede de ação civil pública, cumpre tomar em conta a extensão do dano causado ou a ser reparado, pautando-se pela incidência analógica do art. 93 do Código de Defesa do Consumidor. Assim, se a extensão do dano a ser reparado limitar-se ao âmbito regional, a competência é de uma das Varas do Trabalho da Capital do Estado; se for de âmbito suprarregional ou nacional, o foro é o do Distrito Federal."

(527) Analisando o processo legislativo que culminou na redação do dispositivo, DALAZEN, João Oreste. *Op. cit.*, p. 149-159.

(528) STF, ADIn n. 3.395, em que foi proferida liminar pelo então Ministro Nélson Jobim para, interpretando o inc. I do art. 114 da CF, afastar da competência da Justiça do Trabalho, até decisão final, as causas que envolvam relação estatutária de servidores públicos ou de caráter jurídico-administrativo.

(529) A liminar acima referida, proferida na ADI n. 3.395-DF, em 5.4.2006, foi confirmada pelo Plenário do STF, por decisão tomada por ampla maioria de votos, vencido apenas o Ministro Marco Aurélio Melo, e se traduz em acórdão da lavra do seu novo Relator, o Min. Cézar Peluso, do qual se infere, em termos quase definitivos, a incompetência da Justiça do Trabalho, in *DJU* 19.4.2006.

(530) Contra, defendendo, com brilhantismo, a competência trabalhista, a Procuradora Evana Soares, em parecer proferido em processo de dissídio coletivo perante o TRT da 22ª Região, assim se posiciona: "No

Pouco importa se a greve envolve servidores de duas categorias distintas — celetistas e estatutários — ou, de outra parte, se são servidores federais, estaduais ou municipais, pois, para os estatutários e para todos aqueles outros que detêm vínculo jurídico institucional com a administração, afastada está, por completo, a competência da Justiça do Trabalho.

Embora reconheçamos que este segmento do Judiciário, dentre todos os demais, sempre foi o mais indicado e vocacionado para dirimir os conflitos paredistas, discorda-se totalmente, *data venia*, da opção pela sua competência em função de um invocado caráter homogêneo do interesse metaindividual tutelado nas greves, que determina:

> Em se tratando de greves de servidores públicos municipais, na maioria dos casos, a competência ficará com a Justiça do Trabalho, porque, normalmente, mesmo sendo o regime estatutário, sempre haverá outros prestadores de serviços, trabalhadores temporários e alguns celetistas, o que atrairá a competência trabalhista, e a decisão, neste caso, porque se refere à tutela de interesse metaindividual, será indivisível e atingirá a todos.[531]

Sabendo-se, como dito por *Giannini*, que "en muchas oportunidades lo único que permite distinguir la divisibilidad en cada caso es el objeto de la pretensión, mas que su causa",[532] no exame desses conflitos, embora se constate, no plano subjetivo, a transindividualidade, no sentido de que estão para além do indivíduo-trabalhador, no objetivo, não há como se falar em indivisibilidade do interesse tutelado, nem do respectivo provimento jurisdicional, tampouco em incindibilidade das relações jurídicas de trabalho discutidas, pois uma mesma greve pode gerar efeitos completamente diversos, conforme se enquadre o grevista nesta ou naquela categoria profissional. Não se cuida, pois, de interesse difuso.

Como preleciona *Barbosa Moreira*, a indivisibilidade do provimento jurisdicional se apresenta como "[...] uma espécie de comunhão, tipificada pelo fato de que a satisfação de um só implica, por força, a satisfação de todos, assim como a lesão de um só constitui, *ipso facto*, lesão da inteira coletividade".[533]

É no elemento objetivo, e não no subjetivo, portanto, que se identifica a dimensão coletiva do conflito processualmente configurado. Nas palavras de *Mendes*, "[...] a

---

caso de dissídio coletivo de greve em atividade essencial, está-se diante não de competência demarcada para as 'ações oriundas da relação de trabalho' (das quais se excluíram, liminarmente, as que envolvam os estatutários), mas de situação regida pelo § 3º do art. 114, qual seja, 'em caso de greve em atividade essencial, com possibilidade de lesão do interesse público, o Ministério Público do Trabalho poderá ajuizar dissídio coletivo, competindo à Justiça do Trabalho decidir o conflito'. Trata-se de hipóteses distintas — tão distintas que foram inscritas no novo art. 114 em itens separados, que versam sobre a competência da Justiça do Trabalho, e regidas por critérios igualmente distintos. Se as ações referidas no inciso I sob comento abrangessem as ações acerca do exercício do direito de greve e as paralisações nas atividades essenciais, não existiriam o inciso II e o § 3º no referido novo art. 114. A decisão liminar prolatada naquela ADI (DJ de 4.2.2005, p. 2-3) não toca no assunto das ações que envolvam o exercício do direito de greve, limitando-se a examinar a extensão da expressão 'relação de trabalho' contida no referido inciso I [...]" *apud* MELO, Raimundo Simão de. *A greve no direito brasileiro,* p. 124-125.

(531) MELO, Raimundo Simão de. *A greve no direito brasileiro,* p. 123.

(532) GIANNINI, Leandro J. *La tutela colectiva de derechos individuales homogéneos*. La Plata: Platense, 2007. p. 49-50.

(533) MOREIRA, José Carlos Barbosa. A legitimação para a defesa dos interesses difusos no direito brasileiro. In: *Revista Forense*, v. 271, Rio de Janeiro, Forense, p. 1.

indivisibilidade figura como qualidade do objeto que se quer buscar para a realização das necessidades, pertinentes à coletividade, ao grupo, categoria ou classe. Em termos processuais, a indivisibilidade deve ser apreciada a partir dos objetos imediato e mediato do pedido formulado".[534]

A greve é típico exemplo de comprometimento da clareza na definição de direito coletivo, que oferece o art. 81 do CDC. Embora o direito tutelado seja transindividual, inerente à categoria de trabalhadores, ligados entre si por uma relação jurídica base, não há como dizê-lo incindível ou indivisível, pressuposto de uma perfeita sintonia com a definição legal de direitos coletivos *stricto sensu* (art. 81, parágrafo único, II, do CDC).[535]

No caso de uma mesma greve, tanto pode haver a cisão de competência para a sua apreciação, conforme a natureza dos liames envolvendo os grevistas, como cisão nos provimentos jurisdicionais, podendo ocorrer múltiplas decisões, emanadas de segmentos diversos do Poder Judiciário e diversidade de provimento dentro de uma mesma decisão.

Tome-se como exemplo a greve de servidores públicos, sendo alguns empregados vinculados pelo regime da CLT e outros funcionários, regidos pelo estatuto. Uma mesma sentença trabalhista, ao apreciar a greve, poderá julgá-la ilegal para os servidores celetistas que desenvolvam atividades essenciais e causam lesão ao interesse público, e legal para os demais. A sentença cível, por seu turno, apreciando o mesmo movimento, poderá julgar a greve totalmente legal em relação aos servidores estatutários, por considerar a greve direito inerente a tal categoria, já na esteira do posicionamento do Supremo Tribunal Federal, manifestado nos Mandados de Injunção ns. 670, 708 e 712.[536] Um mesmo movimento paredista, portanto, envolvendo grevistas que mantêm vínculos jurídicos de natureza diversa com a administração, não atrai a competência generalizada da Justiça do Trabalho, pois a decisão desta só produz efeitos em relação aos trabalhadores que se submetem a sua jurisdição.

Como não há, no sistema normativo do processo civil coletivo brasileiro, ação semelhante à do dissídio coletivo de greve (CF, LACP, CDC e CPC), que atrai a competência originária dos tribunais do trabalho, e como a competência dos tribunais federais e estaduais é conferida expressamente pela lei, cabe aos órgãos de primeira instância da Justiça Estadual ou Federal julgar as ações coletivas que tratem da greve na jurisdição civil.

Logo, pode-se concluir que: (a) os dissídios coletivos de greve, regulados pelos art. 856 e ss. da CLT, inserem-se na competência exclusiva dos tribunais do trabalho (CF, art. 114, § 3º e art. 857 e ss. da CLT); (b) os litígios que envolvam greve de servidores regidos pelo regime estatutário ou por qualquer outra relação de natureza

---

(534) MENDES, Aluísio Gonçalves de Castro. *Ações coletivas no direito comparado e nacional*. São Paulo: Revista dos Tribunais, 2002. p. 210.

(535) Isso foi muito bem percebido por ZAVASCKI, Teori Albino. *Processo coletivo*: tutela de direitos coletivos e tutela coletiva de direitos. São Paulo: Revista dos Tribunais, 2006. p. 46.

(536) Como se demonstrará adiante (*infra*, 5.3.2), pela aplicação, no que couber, da Lei de Greve: Lei n. 7.783/89.

jurídico-administrativa são da competência dos órgãos de primeira instância da Justiça Estadual ou Federal; (c) uma mesma greve envolvendo, tanto servidores vinculados ao regime trabalhista, quanto aqueles vinculados ao regime administrativo, será concorren-temente apreciada pela Justiça Comum, quanto a estes, e pela Justiça do Trabalho, em relação àqueles; e (d) os demais litígios que envolvam o exercício do direito de greve são da competência dos órgãos de primeira instância da Justiça do Trabalho (CF, art. 114, II).

5.2. A legitimidade ativa para as ações que envolvam o exercício do direito de greve

A Lei n. 7.783/89, além de regulamentar o direito de greve, dispõe sobre a competência da categoria profissional para a deliberação, sobre a oportunidade de exercê-lo e sobre quais interesses podem ser defendidos por meio dele (art. 1º), outorgando legitimidade ativa concorrente às partes envolvidas no conflito e ao Ministério Público do Trabalho (art. 8º), para a proposição das respectivas ações.

Com o advento da EC n. 45/04, ficou estabelecido que "em caso de greve em atividade essencial, com possibilidade de lesão do interesse público, o Ministério Público do Trabalho poderá ajuizar dissídio coletivo, competindo à Justiça do Trabalho decidir o conflito" (CF, art. 114, § 3º).

Não penso que o texto constitucional regula inteiramente a matéria, conferindo legitimidade ativa exclusiva ao Ministério Público do Trabalho, sempre que a ação envolver o direito de greve, apesar de judiciosas posições em sentido contrário.(537)

A legitimidade ativa regulada no texto do art. 114, § 3º, da CF é, apenas, para o "ajuizamento de dissídio coletivo", essa (a legitimidade), sim, exclusiva do Ministério Público do Trabalho,(538) sem, contudo, excluir a legitimidade concorrente das

(537) PEREIRA, José Luciano Castilho. *Op. cit.*, p. 253.

(538) Verifica-se do texto do acórdão proferido no Processo n. DC 165049/2005-000-00-00, DJU de 29.9.2006, rel. pelo Min. Carlos Alberto Reis de Paula, da Seção de Dissídios Coletivos do TST, antes referido, a consignação de que: "[...] no contexto da greve, ficariam mal configuradas as hipóteses de instauração do dissídio, que pode decorrer de iniciativa de qualquer das partes, ou do Ministério Público, consoante o ordenamento jurídico." Entretanto, a Seção não enfrentou especificamente a questão relacionada com a possibilidade de a própria parte ajuizar o dissídio coletivo de greve, uma vez que o dissídio objeto do julgamento naquele processo era de natureza econômica, tendo sido extinto, sem resolução do mérito, na forma do art. 267, VI, do CPC, por ausência de "anuência prévia das partes". No RXOF e RODC 20151/2005-000-02-00.6, *DJU* de 2.3.2007, rel. pelo Min. Barros Levenhagem, também relativo a dissídio coletivo de greve proposto por um sindicato em face de um Município, não se discutiu a ilegitimidade ativa do autor (suscitante), tendo, a Seção, extinguido o feito, sem resolução de mérito, na forma do art. 267, VI, do CPC. Idêntica solução foi adotada no RXOF-RODC 348/2003-000-15-00.6, rel. Min. Gelson Azevedo, DJU de 23.2.2007, proposto por uma autarquia pública municipal contra um sindicato de servidores públicos e no RXOF-RODC 1467/2004-000-15-00.7, rel. Min. João Oreste Dalazen, DJU de 27.10.2006, proposto pelo sindicato dos trabalhadores contra um município. No RXOF e RODC 20155/2004-000-02-00.3, rel. Min. João Oreste Dalazen, in *DJU* de 12.8.2005, a Seção de Dissídios Coletivos entendeu que não poderia, o Ministério Público do Trabalho, pleitear, em dissídio coletivo de greve, a declaração da ilegalidade do movimento paredista em hospitais públicos, em face do ente público. Ao que parece, poderia fazê-lo, contra o sindicato que deflagrou o movimento. No RODC n. 20192/2007.000.02.00.4, Rel. Min. Walmir Oliveira da Costa, DJU de 5.2.2009, foi reconhecida a ilegitimidade ativa do sindicato para o ajuizamento do dissídio coletivo de greve, tendo sido extinto o processo, sem resolução de mérito, também na invocação do art. 267, IV, do CPC, mas sem alusão à legitimidade ativa exclusiva do Ministério Público do Trabalho.

partes,[539] prevista no art. 8º da Lei n. 7.783/89, para as demais ações, a serem propostas perante os órgãos jurisdicionais de primeira instância da Justiça do Trabalho.

O Tribunal Superior do Trabalho vem admitindo a instauração da instância (ajuizamento) pelos sindicatos de dissídios autuados como "de greve", embora, na verdade, tratem-se de dissídios de natureza econômica, no âmbito dos quais a greve foi deflagrada e julgada incidentalmente.[540] Vale menção à Orientação Jurisprudencial (OJ) n. 12 da Seção de Dissídios Coletivos do TST, que nega legitimidade ativa aos sindicatos profissionais que pretendam, no âmbito dos dissídios de greve, a declaração da qualificação jurídica do movimento paredista que ele próprio fomentou.[541] A partir dela, duas observações podem ser feitas. A primeira é a de que, de certa forma, confirma-se a tese, aqui defendida, segundo a qual, para os dissídios coletivos de greve, a legitimidade ativa é exclusiva do Ministério Público do Trabalho, vedado que está o acesso às entidades sindicais ou às empresas, pela leitura que se faz do art. 114, § 2º, da CF. A segunda é a de que, tendo sido editada em 27.3.1998,[542] anos antes desse novo dispositivo constitucional, introduzido com a EC n. 45/04, a Orientação Jurisprudencial só reafirma a já mencionada posição ideologicamente restritiva na interpretação das greves postas a julgamento, pois, ao tempo em que foi editada, essa vedação, *data venia*, parecia-nos injustificada, à luz do então aplicável art. 857 da CLT.

Para os dissídios de greve, portanto, embora a EC n. 45/04 não tenha exigido a bilateralidade ou o *comum acordo* de ambos os litigantes, como o fez para os dissídios coletivos de natureza econômica (CF, art. 114, § 2º),[543] contemplou outras restrições, também radicais, de natureza: (a) subjetiva, ao restringir a legitimidade ativa exclusivamente ao Ministério Público do Trabalho, como dito;[544] e (b) objetiva, limitando-os às greves em atividade essencial e na possibilidade de lesão ao interesse público (CF, art. 114, § 3º).

Tratando-se de greve de servidores públicos não regidos por liame trabalhista, a ser tutelada fora dos órgãos da Justiça do Trabalho, a legitimidade será aferida no

---

(539) Significa dizer partes envolvidas no conflito, devidamente substituídas pelas respectivas entidades sindicais representativas de categorias econômica ou profissional, conforme regra do art. 8º, III, da Constituição Federal, e art. 513, *a*, da Consolidação das Leis do Trabalho.

(540) DC 171361/06, Rel. Min. Ives Gandra Martins Filho, DJU de 19.10.2007, no qual a questão da legitimidade ativa não foi discutida, tendo havido o julgamento das cláusulas de natureza econômica, a pedido do sindicato profissional, sem oposição, quanto à instauração da instância, da empresa suscitada.

(541) Nesse sentido julgamento de 14.8.2008 no RODC — 20273/2007-000-02-00, Rel. Min. Márcio Eurico Vitral Amaro, *DJU* de 22.8.2008.

(542) Todos os precedentes são do período compreendido entre 1996 e 1997: RODC 387565/1997, Rel. Fernando Ono, *DJ* 7.8.1998 unânime; RODC 298599/1996, Ac. 544/1997 Min. Regina Rezende, *DJ* 6.6.1997 unânime; RODC 311416/1996, Ac. 258/1997 Min. Orlando Teixeira da Costa, DJ 2.5.1997 unânime; RODC 261107/1996, Ac. 47/1997 Min. Armando de Brito, *DJ* 21.3.1997 por maioria; RODC 274952/1996, Ac. 977/1996 Min. Armando de Brito, DJ 21.2.1997 por maioria.

(543) Da Seção de Dissídios Coletivos do TST, referindo-se à exigência do *comum acordo*: "Ressalte-se que a exceção se faz apenas em relação à atuação do Ministério Público, prevista no § 3º do art. 114 da Constituição Federal, nas hipóteses de greve em atividade essencial, com possibilidade de lesão a interesse público. Julgado em 14.8.2008, Rel. Fernando Eizo Ono, RODC 430/2006-000-08-00, in *DJU* 29.8.2008."

(544) Derrogando-se, assim, o disposto no art. 857 da CLT, no que se refere ao dissídio coletivo de greve. Nesse sentido: SPIES, André Luis. *As ações que envolvem o exercício do direito de greve*: primeiras impressões da Emenda Constitucional n. 45/04, p. 302. Contra, sustentando a possibilidade de legitimação das partes da relação capital-trabalho: MELO, Raimundo Simão de. Ajuizamento de dissídio coletivo de comum acordo. In: *Revista do TST*, v. 72, n. 2, Brasília, maio/ago. 2006. p. 94.

contexto do modelo processual utilizado, vedado que está o acesso ao dissídio coletivo. Se a opção for a ação civil pública, a mais indicada, a legitimação é atribuída, *ope legis*, às entidades e aos órgãos enumerados no art. 5º da Lei n. 7.347/85, neles incluídos o Ministério Público e todos os entes dotados de personalidade de direito público,[545] além das entidades sindicais, como se verá mais especificamente no item 7.3 *infra*.

Ainda no tocante à legitimidade ativa, outro aspecto relevante é o da representatividade adequada do autor para o caso concreto.

No caso do Ministério Público e das greves em atividades não essenciais, além de ser inadequado o dissídio coletivo,[546] não vislumbra como este possa vir a propor outras ações (como, *v. g.*, a ação civil pública), objetivando sufocar o movimento ou, de alguma forma, restringi-lo, conquanto legitimado concorrentemente para fazê-lo, perante os órgãos jurisdicionais de primeiro grau (art. 8º da Lei n. 7.783/89 e 5º, I, da Lei n. 7.447/85), pois a greve deve cumprir a sua função social. Mesmo para a propositura dos dissídios coletivos de greve, quando esta se instala em atividade essencial, muita cautela deve ter o Ministério Público, pois, como observa *Silva*:

> A greve traz ínsito em si o condão de mexer com a química social, fazendo movimentar as relações de trabalho. Portanto, mesmo que a greve em atividade essencial venha acarretar significativo desconforto social, nem assim o MPT terá respaldo jurídico para sufocá-la, abortando prematuramente a produção dos seus efeitos, de modo a impedir que sirva como legítimo instrumento de pressão dos trabalhadores.[547]

---

(545) Enfrentando o processo legislativo que resultou na redação do art. 5º, da Lei n. 7.347/85, a mesma Grinover lembra, com muita precisão: "[...] o Projeto de Lei Flávio Bierrenbach, que resultou dos trabalhos de comissão constituída por Ada Pellegrini Grinover, Cândido Rangel Dinamarco, Kazuo Watanabe e Waldemar Mariz de Oliveira Júnior, havia escolhido à via do controle da representatividade adequada pelo juiz, mas a Lei n. 7.347/85 (a chamada 'Lei da Ação Civil Pública') acolheu, nesse ponto, o substitutivo do Ministério Público paulista, preferindo a fórmula da legitimação *ope legis* acima referida. A seguir, quer a Constituição de 1988, quer o Código de Defesa do Consumidor de 1990, seguiram o mesmo caminho". GRINOVER, Ada Pellegrini. Ações coletivas ibero-americanas: novas questões sobre a legitimação e a coisa julgada. In: *Revista Forense*, v. 36, Rio de Janeiro: Forense, 2002. p. 5.

(546) O TST vem extinguindo os dissídios coletivos que têm como objeto as greves em atividades não essenciais, sem resolução do mérito, não pela inadequação da via processual eleita, mas pela ilegitimidade ativa do Ministério Público do Trabalho. Exemplo é o RODC 20224/2006-000-02-00, relatado pelo Ministro Barros Levenhagen, e que tem a seguinte ementa: "RECURSO ORDINÁRIO EM DISSÍDIO COLETIVO. PRELIMINAR, ARGUIDA EM CONTRARRAZÕES, DE ILEGITIMIDADE DO MINISTÉRIO PÚBLICO DO TRABALHO PARA SUSCITAR DISSÍDIO COLETIVO DE GREVE. SERVIÇO NÃO ESSENCIAL. ACOLHIMENTO. INTELIGÊNCIA DO ART. 114, § 3º DA CONSTITUIÇÃO. I — Os arts. 127 e 129 inciso III da Constituição, 6º, inciso VI, letra *d*, e 83, incisos III e IV, da Lei Complementar n. 75/93 não se prestam como fundamento jurídico da pretensa legitimidade do Ministério Público do Trabalho para suscitar dissídio de greve em atividades não essenciais, na medida em que cuidam apenas de reconhecer a sua legitimidade para as ações coletivas e as ações civis públicas, sendo que aquelas não se confundem com os dissídios coletivos, entre os quais se insere o dissídio de greve. II — Na realidade, o § 3º do art. 114 da Constituição não comporta outra interpretação que não a interpretação literal da norma ali contida, uma vez que ela é expressa em confinar a legitimidade do Ministério Público do Trabalho para suscitar dissídio de greve às atividades consideradas essenciais, enumeradas no art. 10, da Lei n. 7.783/89, e mesmo assim desde que haja possibilidade de lesão do interesse público, indiscernível no caso da decretação da recuperação judicial da Varig. III — Em outras palavras, tendo por norte a constatação de se tratar de empresa privada atingida por vicissitudes na sua administração, não obstante se dedicasse ao transporte aéreo, não se divisa inclusive, na pretensa greve de seus empregados, o pressuposto da possibilidade de lesão do interesse público." Julgamento em 13.12.2007, in *DJU* de 15.2.2008.

(547) SILVA, Edson Braz. *Op. cit.*, p. 1.046.

Desenvolvida a partir da *adequacy of representation*, de origem norte--americana,[548] e das disposições da Lei n. 7.347/85 — a Lei da Ação Civil Pública —, a doutrina processual brasileira tem admitido o uso da técnica do controle da representatividade adequada para cada caso concreto pelo Juiz — não obstante a CF, a LACP e o CDC reflitam a opção do legislador pela fórmula da legitimação *ope legis* —, em construção que se aplica perfeitamente às situações configuradas para a legitimidade ativa dos dissídios coletivos. Invocando o chamado "diálogo das fontes", entre as disposições da Lei n. 7.347/85 e o Código de Defesa do Consumidor, apontando a base jurídica desse controle, *Grinover*[549] é taxativa:

> O art. 82, § 1º, do Código de Defesa do Consumidor permite ao juiz dispensar a associação do requisito da pré-constituição há pelo menos um ano, quando haja manifesto interesse social evidenciado pela dimensão ou característica do dano, ou pela relevância do bem jurídico a ser protegido. A análise atribuída ao juiz no caso concreto, para o reconhecimento da legitimação está muito próxima do exame da "representatividade adequada", podendo-se afirmar que, *a contrario sensu*, o juiz pode negar a referida legitimação, quando entender não presentes os requisitos da adequação. Por outro lado, a jurisprudência brasileira, após alguma tergiversação, tem se firmado na posição do reconhecimento da legitimação do Ministério Público para as ações em defesa de direitos individuais homogêneos, somente na hipótese de o juiz reconhecer a relevância social dos referidos interesses.

As conclusões são que: a) a legitimidade ativa para os dissídios coletivos de greve, restritos às greves em atividades essenciais, é atribuída, *ope legi*, exclusivamente ao Ministério Público do Trabalho (CF, art. 114, § 3º); b) às partes e outras entidades e órgãos, concorrentemente com o Ministério Público, atribui-se legitimidade ativa para outras ações relacionadas à tutela processual do direito de greve, perante os órgãos jurisdicionais de primeiro grau (art. 8º da Lei n. 7.783/89 e 5º, I, da Lei n. 7.447/85); e c) em ambos os casos, não se exclui do órgão julgador o controle da representatividade adequada do legitimado ativo ao caso concreto.

5.3. *O dissídio coletivo de greve*

5.3.1. A natureza do provimento jurisdicional

Já se viu (*supra* 3.2.1) que a classificação dos dissídios coletivos, construída a partir do art. 220 do Regimento Interno do Tribunal Superior do Trabalho, além de

(548) Constante da regra 23 (a) (4) da *Class Actions Rule* (*Federal Rules of Civil Procedure*). A transcendência desse controle é enfrentada no paradigmático *case Hansberry v. Lee* (*Supreme Court of the United States, 1940. 311 U. S. 32, 61 S.Ct. 115, 85 L. Ed. 22*). KLONOFF, Robert H.; BILICH, Edward K. M. *Class actions and other multi-party litigation*: cases and materials. Saint Paul: West Group, 2000. p. 109-114; Ver na doutrina: FISS, Owen; BRONSTEEN, John. The class action rule. *Notre Dame Law Review*, n. 78, ago. 2003. p. 1.419.

(549) GRINOVER, Ada Pellegrini. Ações coletivas ibero-americanas: novas questões sobre a legitimação e a coisa julgada. In: *Revista Forense*, ano 98, v. 361, Rio de Janeiro: Forense, maio/jun. 2002. p. 5-6.

não ser homogênea, ora referindo-se ao aspecto material (de natureza econômica e jurídica), ora ao formal (originário, de revisão e de greve), também enseja superposição de enquadramentos em um mesmo dissídio. Isso era muito factível, antes da EC n. 45/04, da conjugação dos dissídios econômicos e de greve em um só instrumento. Em caso de greve, o dissídio econômico era concomitantemente instaurado, até de ofício, pelo Presidente do Tribunal (CLT, art. 856).

Essa interdependência processual entre a tutela da greve, objeto do dissídio de greve e a do conflito de interesses, que lhe originou, até então sempre objeto do dissídio econômico, decorre da conexão, no plano material, entre a greve, como efeito, e o conflito econômico ou de interesses, como causa. O Dissídio Coletivo de Greve, portanto, julga incidentalmente os efeitos daquele que é a causa, então julgada nos dissídios econômicos. É esta a razão pela qual os dissídios de greve sempre tiveram natureza extensiva, acessória e instrumental dos dissídios de natureza econômica, pois, como dita o próprio art. 8º da Lei n. 7.783/89 (Lei de Greve), a decisão da greve envolve uma decisão sobre a procedência ou improcedência das reivindicações.

A questão, entretanto, é que, se para a instauração do dissídio coletivo de natureza econômica, exige-se o *comum acordo* das categorias litigantes (CF, art. 114, § 2º), o que fez dele praticamente letra morta em nosso ordenamento, como fica, então, o dissídio de greve? Pode-se responder que remanesce extremamente debilitado, como instrumento de exceção. Cabível, como se viu, só em situações excepcionalíssimas, hoje quase sempre não mais acessório e de feição que sempre foi declaratória, pelo qual apenas se emite juízo a respeito do abuso, ou não, no exercício do direito de greve;[(550)] e, em alguns casos, natureza condenatória, "quando, regulando os efeitos da cessação da prestação de serviço, impõe o pagamento dos dias parados ou aplica multa ao sindicato obreiro".[(551)] De natureza declaratória ou condenatória, ainda que de forma genérica, a exemplo do que ocorre no mandado de segurança coletivo e nas ações civis públicas, abrangendo a categoria ou o grupo de interesse atingido.[(552)] De natureza jurídica, não na acepção da classificação do art. 220 do Regimento Interno do TST (*supra* 3.3), mas no sentido de que o provimento se assenta no ordenamento jurídico posto, em oposição ao provimento dos dissídios econômicos, que julgam conflitos de interesse econômico, exercitam a jurisdição normativa e resolvem pretensões para além dele, criando novos direitos.[(553)]

Do ponto de vista da resolução do conflito, o provimento, isoladamente (sem conexão com o dissídio coletivo de natureza econômica), é apenas parcial e, longe de

(550) PINTO, José Augusto Rodrigues. *Direito sindical e coletivo do trabalho*. São Paulo: LTr, 1998. p. 358.

(551) Tribunal Superior do Trabalho, Seção de Dissídios Coletivos, RODC n. 20192/2007.000.02.00.4, Rel. Min. Walmir Oliveira da Costa, *DJU* 5.2.2009. Nesse precedente decidiu-se pela inadequação do dissídio coletivo de greve para a dedução de pedidos concernentes a "arresto ou indisponibilidade dos bens da empresa e de seus sócios e reconhecimento de grupo de empresas".

(552) PINTO, José Augusto Rodrigues. *Op. cit.*, p. 56. Exemplo de dissídio coletivo de greve com provimento condenatório, na imposição de multa, é o TST, RODC 4319/2004-000-07-00, Relatado pelo Min. Ives Gandra Martins Filho, julgado em 11.10.2007, in *DJU* de 23.11.2007.

(553) Reconhecendo a natureza jurídica (em oposição à natureza econômica) do dissídio coletivo de greve a SDC do TST, no RODC 4319/2004-000-07-00, relatado pelo Min. Ives Gandra Martins Filho, julgado em 11.10.2007, in *DJU* de 23.11.2007.

pacificá-lo, pode recrudescê-lo. Pergunta-se: qual é o resultado prático de uma decisão que declara a ilegalidade da greve, impõe o pagamento dos dias parados e ainda aplica multa ao sindicato profissional? Ou, de outro lado, que simplesmente, declara-a legal? Em ambos os casos, longe de resolver o conflito, a decisão irá agravá-lo. Entendendo--se pela imprescindibilidade da solução heterônoma dos conflitos coletivos de interesses, o que se espera dos respectivos instrumentos processuais de tutela é que tenham aptidão para resolvê-los em termos definitivos, algo agora infactível na estreita e estanque via dos dissídios coletivos de greve.

Entretanto, isso não conduz, absolutamente, ao entendimento de que se possa transformar um dissídio coletivo de greve (cujo provimento é declaratório e, de forma atípica condenatório) em um disfarçado dissídio de natureza econômica (cujo provimento é de natureza normativa, dispositiva ou determinativa), como forma de burlar a imprescindibilidade, para este, do *comum acordo*, exigido pelo art. 114, § 2º, da CF; ou, em outras palavras, que se possa rotular um dissídio como de greve, nele cumulando-se pretensões de natureza econômica, para idêntico fim. Como bem observado por *Spies*, "a OJ n. 12 da SDC do TST reprime a manobra".[554] Nessas circunstâncias, manifestada a oposição patronal às reivindicações econômicas, vale dizer, ao dissídio coletivo de natureza econômica, inserido no de greve, a solução será a extinção daquele, prosseguindo-se tão somente com a pretensão declaratória relacionada com a greve.[555]

Como se verá adiante, a solução para as dificuldades impostas pela EC n. 45/04 aos dissídios coletivos não passa pela estéril tentativa de burlá-las artificialmente, quando o ideal seria buscar outros instrumentos de tutela que tenham efetivamente aptidão para a resolução dos conflitos coletivos trabalhistas de interesses.

5.3.2. O cabimento em relação à greve dos servidores públicos

Já se viu que a competência para o conhecimento e o julgamento dos dissídios coletivos é exclusiva dos tribunais do trabalho, e que estes não têm competência para as ações que envolvam o exercício do direito de greve dos servidores estatutários ou com vínculos de natureza jurídico-administrativa (*supra*, 5.1).

A questão, do ponto de vista eminentemente processual, é a de se saber, no contexto da competência da Justiça do Trabalho, se as greves dos servidores públicos regidos pela CLT e as dos demais trabalhadores, como os prestadores de serviços para a administração, podem ser tuteladas na via do dissídio coletivo previsto no art. 114, § 3º, da Constituição Federal.

Para tanto, cumpre-nos reafirmar nossa tomada de posição. A de que os dissídios de greve sempre foram acessórios dos dissídios econômicos ou de interesses, pois neles o objetivo, ainda que subjacente, sempre foi a satisfação de uma necessidade

(554) SPIES, André Luís. *As ações que envolvem o exercício do direito de greve*: primeiras impressões da Emenda Constitucional n. 45/04, p. 302.
(555) Outra é a posição de MELO, Raimundo Simão de. *A greve no direito brasileiro*, p. 151.

econômica (*supra* 5.2.2). Para *Pinto*,(556) "[...] esta é uma ação direta dos trabalhadores para pressionar a solução dos dissídios de interesse (originário ou derivado e de revisão), pois, mesmo quando não há reivindicação, há interesse contrariado pelo empregador, para motivar a paralisação coletiva do trabalho".

O tema é tormentoso, pois, se, por um lado, a Constituição de 1988 consagrou, como direitos dos servidores públicos, a sindicalização e a greve (art. 37, VI e VII), este último até hoje sem regulamentação, por outro, negou-lhes, como categoria, o da negociação coletiva (art. 39, §§ 2º e 7º, XXV).(557) Embora o Supremo Tribunal Federal, nos Mandados de Injunção ns. 670,(558) 708(559) e 712,(560) tenha legalizado as greves dos servidores públicos, pela aplicação analógica da Lei de Greve (Lei n. 7.783/89), e o Presidente da República tenha enviado ao Congresso Nacional o pedido de ratificação da adesão do Brasil à Convenção n. 151 da OIT,(561) que autoriza a negociação coletiva entre os servidores públicos e a administração, o certo é que, nas normas de regência, o acesso à negociação coletiva continua constitucionalmente vedado.

Isso levou a que tanto o Supremo Tribunal Federal(562) quanto o Tribunal Superior do Trabalho(563) negassem a tal categoria o acesso ao dissídio coletivo. Com o advento da EC n. 45/04, condicionando a utilização da jurisdição normativa à prévia concordância das partes, esse acesso continuaria vedado, na perspectiva do princípio da reserva legal, segundo o qual os vencimentos e as vantagens do funcionalismo público em geral — seja celetista ou estatutário — somente podem ser fixados por lei, fruto de projeto de iniciativa do Poder Executivo (CF, art. 61, § 1º, II, letra 'a' e 169, parágrafo único, I e II). Esse tema será reexplorado, em outra perspectiva, adiante (*infra*, 7.6.2).

Apesar disso, a greve — seja como direito, seja como patologia social(564) ou fenômeno de desobediência civil(565) — carece de proteção ou tutela processual

(556) PINTO, José Augusto Rodrigues. *Op. cit.*, p. 356.

(557) Súmula n. 659 do STF: "A fixação de vencimentos dos servidores públicos não pode ser objeto de convenção coletiva." O Fórum Nacional do Trabalho, cujas deliberações constam da PEC n. 369, de 2005, propõe o acréscimo ao inc. VII, do art. 37, da Constituição Federal, como forma de adaptá-lo aos postulados de liberdade sindical no âmbito da administração, viabilizando a negociação coletiva no serviço público e que teria a seguinte redação: VII — a negociação coletiva e o direito de greve serão exercidos nos termos e nos limites definidos em lei específica.

(558) Rel. para o acórdão Min. Gilmar Mendes, DJU de 31.10.2008.

(559) Rel. para o acórdão Min. Gilmar Mendes, DJU de 31.10.2008.

(560) Rel. para o acórdão Min. Eros Grau, DJU de 31.10.2008.

(561) *Revista LTr*, v. 72, n. 2, fev. 2008. p. 135.

(562) ADIn n. 4.92, Rel. Min. Carlos Velloso. DJU de 12.3.1993.

(563) Orientação Jurisprudencial n. 5, da Seção de Dissídios Coletivos: "Dissídios coletivos contra pessoa jurídica de direito público. Impossibilidade jurídica. Aos servidores públicos não foi assegurado o direito ao reconhecimento de acordos e convenções coletivas de trabalho, pelo que, por conseguinte, também não lhes é facultada a via do dissídio coletivo, à falta de previsão legal."

(564) DALAZEN, João Oreste. *Op. cit.*, p. 174.

(565) COSTA, Nelson Nery. *Teoria e realidade da desobediência civil*. 2. ed. Rio de Janeiro: Forense, 2000. p. 23, aponta as históricas greves do ABC como fenômeno da desobediência civil, legítimo, embora ilegal, ao tempo em que a greve era praticamente proibida pela Lei n. 4.330/64. Esta lei, editada logo após o golpe militar de 1964, extremamente restritiva, somente admitia a greve que estivesse diretamente vinculada à tutela de interesses profissionais derivados do contrato de trabalho, praticamente inviabilizando-a. Permitia ainda a intervenção nos sindicatos dos trabalhadores em greve, o que foi amplamente utilizado.

adequadas, notadamente quando envolve servidores públicos, prestadores de serviços à coletividade, no mais das vezes em atividades essenciais, pois esta é uma realidade do cotidiano da sociedade brasileira, em quase todas as esferas da administração pública, com múltiplos e diversificados disfarces e denominações[(566)] e com vários objetivos, entre eles o político.[(567)]

Essa foi a razão pela qual o Tribunal Superior do Trabalho, através de sua Seção de Dissídios Coletivos, resolveu rejeitar a preliminar de impossibilidade jurídica do dissídio coletivo proposto em face da FEBEM — Fundação do Bem-Estar do Menor de São Paulo —, em relação às cláusulas sociais, acolhendo-a, em relação às cláusulas econômicas. Foi adotada a tese segundo a qual há possibilidade jurídica de se aferir a viabilidade de pretensões sociais de servidores públicos celetistas, contrastadas frente ao exercício do direito de greve, propondo-se, inclusive, a revisão da Orientação Jurisprudencial n. 5, da mesma Seção.[(568)]

Reafirmando essa posição vieram, posteriormente, as já citadas decisões do Supremo Tribunal Federal, proferidas nos Mandados de Injunção ns. 670, 708 e 712,

---

(566) Frediani aponta aquelas que são denominadas modalidades de protesto coletivo, as quais implicam a paralisação da prestação de serviços e que são consideradas greves: a) de advertência; b) simbólica; c) política; d) zelo; e) de braços caídos; f) por turnos; g) intermitente; h) selvagem ou espontânea; i) paralisação; j) ocupação de estabelecimento; l) de estrangulamento ou rotativa; m) geral; n) de solidariedade; o) sabotagem; p) boicote; q) não cooperação ou colaboração; r) *ratting*; s) piquete; t) trabalho arbitrário; u) de rendimento. FREDIANI, Yone. *Greve nos serviços essenciais à luz da Constituição Federal de 1988*. São Paulo: LTr, 2002. p. 26.

(567) SÜSSEKIND, Arnaldo. Responsabilidade pelo abuso do direito de greve. In: *Revista da Academia Nacional de Direito do Trabalho*, ano I, 1993, n. 1, p. 38, sustenta que "as greves políticas, ainda que comandadas por entidade sindical de trabalhadores, não encontra guarida na Constituição brasileira de 1988, porquanto objetivam algo que não pode ser atendido pelos respectivos empregadores." No mesmo sentido, o TST no RO-DC-454136/98.7, Acórdão SDC, Rel. Min. Valdir Righeto *apud* FREDIANI, Yone. *Op. cit.*, p. 63. Também nesse sentido a Ementa n. 372 do Comitê de Liberdade Sindical da OIT: "As greves de caráter puramente político e as greves decididas sistematicamente muito antes que as negociações sejam levadas a cabo não caem no âmbito dos princípios da liberdade sindical." Liberdade sindical: recopilação de decisões e princípios do comitê de liberdade sindical do conselho de administração da OIT. Brasília, 1997. p. 108.

(568) RXOF e RODC — 20231/2004-000-02-00, Rel. Min. José Luciano de Castilho Pereira, DJU 30.9.2005, com a seguinte ementa: "DISSÍDIO DE GREVE. FUNDAÇÃO PÚBLICA. Em se tratando de servidores regidos pela Consolidação das Leis do Trabalho, é competente a Justiça do Trabalho para decidir o dissídio de greve e suas consequências, como decorre da interpretação do inciso II do art. 114 da Constituição Federal de 1988." Em seu voto, o tema é tratado pelo Relator: "Lamentavelmente, até hoje, passados 17 anos da Carta de 1988, a negociação coletiva do servidor público não teve uma solução legal. Enquanto isso, diariamente temos convivido com greves de servidores públicos, normalmente encerradas com uma negociação coletiva. Nesses casos, como é impossível celebrar-se um termo de acordo, o que foi acertado é transformado em projeto de lei, prontamente aprovado. Agora mesmo, o Governo Federal está celebrando acordo para pôr fim à greve dos previdenciários, que durou mais de dois meses. Percebe-se, portanto, que esta é uma solução surrealista, na qual até o conceito de lei enquanto regra geral e abstrata fica subvertido. Manifesto, portanto, é o conflito entre a lei e a realidade. Mas em nome da Constituição, e da interpretação que lhe deu o Supremo Tribunal Federal, este Tribunal vinha decidindo pela impossibilidade jurídica de dissídios coletivos entre servidores e a Fazenda Pública. Mas de algum tempo a esta parte, este Tribunal passou a considerar que a limitação imposta pelo julgamento do STF vincula-se às cláusulas econômicas, especialmente as ligadas a reposição salarial. Quanto às cláusulas sociais, bem como à abusividade ou não de uma greve de servidores e a solução dela, claramente não se está diante de qualquer impossibilidade jurídica, posição agora reforçada pelo inciso II do § 2º do art. 114/Constituição Federal."

que tiveram o grande mérito de suprir o vácuo legislativo decorrente da ausência de regulamentação do direito de greve dos servidores públicos, pela aplicação transitória e, no que couber, da Lei de Greve (Lei n. 7.783/89).

Há, portanto, viabilidade processual na utilização, pelo Ministério Público do Trabalho, da via do dissídio coletivo de greve de servidores públicos submetidos à legislação trabalhista, na forma preconizada no art. 114, § 3º, da Constituição Federal, sempre que esta ocorra em atividade essencial e na perspectiva de lesão ao interesse público.

Entretanto, o mesmo não se pode dizer em relação aos servidores não submetidos à legislação trabalhista e à jurisdição da Justiça do Trabalho.(569) Se os dissídios coletivos de greve são de competência originária e exclusiva dos tribunais do trabalho, por determinação expressa do legislador constitucional (CF, art. 114, § 3º), não há como se utilizar desses instrumentos fora dos tribunais do trabalho, ainda que para tutelar as greves dos servidores públicos submetidos à jurisdição da Justiça Comum, como se pretendeu, *v.g.*, na medida cautelar n. 14.101-DF, proposta diretamente ao Superior Tribunal de Justiça e que era preparatória de futuro dissídio coletivo para a tutela da greve dos Advogados da União.(570)

A aplicação analógica da Lei de Greve (Lei n. 7.783/89), determinada pelas decisões do Supremo Tribunal Federal, antes referidas, proferidas nos Mandados de Injunção ns. 670, 708 e 712, apenas reafirma essa conclusão, pois o único dispositivo dessa lei que versa sobre matéria processual, tratando do dissídio coletivo de greve (art. 8º),(571) o faz no pressuposto de que a Justiça do Trabalho seja a única competente para o seu julgamento.(572)

5.4. A utilização de instrumentos processuais inadequados para a tutela das greves

Embora o desprezo a conceitualismos e às divisões meramente formais seja reconhecidamente uma tendência da fase pós-instrumentalista hoje vivenciada, o

(569) No mesmo sentido: CARVALHO, Ricardo Mota Vaz de. *A greve no serviço público*. Rio de Janeiro: América Jurídica, 2005. p. 92.

(570) Na MC n. 14101-DF, proposta pela União dos Advogados Públicos Federais do Brasil contra a União Federal, tendo sido relatora a Ministra Maria Teresa de Assis Moura, a Terceira Seção decidiu acolher questão de ordem e afetar o julgamento do processo à Corte Especial, para que se discutisse e decidisse a questão da competência no âmbito interno do próprio Tribunal. Foi declarada a competência da 3ª Seção, tendo sido extinta a cautelar, posteriormente, sem resolução do mérito, em razão da proclamação da ilegitimidade ativa do autor, sem o enfrentamento da questão da competência originária do próprio Superior Tribunal de Justiça ou a da adequação de eventual dissídio coletivo de greve, a ser instaurado fora da jurisdição da Justiça do Trabalho. *DJU* 16.5.2008.

(571) Art. 8º da Lei n. 7.783/89: "A Justiça do Trabalho, por iniciativa de qualquer das partes ou do Ministério Público do Trabalho, decidirá sobre a procedência, total ou parcial, ou improcedência das reivindicações, cumprindo ao Tribunal publicar, de imediato, o competente acórdão."

(572) O TST vem decidindo: "Segundo a Orientação jurisprudencial n. 5 da Seção Especializada em dissídios coletivos deste Tribunal, os servidores públicos estatutários não têm direito de participar de negociação coletiva, pressuposto para o ajuizamento de ação coletiva, não sendo juridicamente possível, portanto, a propositura de ação dessa natureza por pessoa jurídica de direito público ou a seu desfavor." Seção de Dissídios Coletivos, RODC 903/2005-000-15-00, Rel. Min. Kátia Magalhães Arruda, *DJU* de 22.8.2008.

pluralismo na utilização de métodos e veículos de tutela processual das greves tem revelado dificuldades que não são exclusivas do caso brasileiro.

Na Europa, a dinâmica das greves ainda é uma preocupação que se projeta nas perspectivas que o processo judicial pode obter em termos de tutela, mesmo com os avanços verificados na retomada, após a Segunda Guerra Mundial, das experiências da democracia industrial e da democracia econômica, a partir dos países escandinavos, que permitem aos sindicatos dos trabalhadores a participação nos processos de transformação tecnológica das empresas, inclusive no campo da informática, protegendo os empregos da automação, o que vem diminuindo os pontos de tensão.[573]

A preocupação com a dinâmica das greves é observada na Espanha, desde a declaração da inconstitucionalidade do Real Decreto-Lei das relações de trabalho de 4.3.1977, que havia instituído uma "arbitraje imparcial para poner fin a huelgas de graves efectos asi como del cierre patronal", por decisão de 8.4.1981, da Corte Constitucional, em virtude de violação ao art. 37 da Constituição daquele país, hoje na busca de um efetivo e completo modelo de solução desses conflitos.[574]

Apesar de toda a tradição de estabilidade, liberdade e autonomia sindical, que remonta a *Sinzheimer* (1875-1945),[575] as recentes greves gerais dos serviços públicos na Alemanha, paralisando os aeroportos, os sistemas de transporte público[576] e até os hospitais,[577] reacendeu os debates sobre a desregulamentação da greve[578] e da mal sucedida experiência com a arbitragem estatal, de caráter obrigatório para a solução dos conflitos coletivos de trabalho, instituída desde 1923, fator, inclusive, da permanente perda da influência e do prestígio dos sindicatos, cujo início remonta à República de Weimar (1918-1933).[579]

Cenário das maiores greves na Europa dos últimos 25 anos,[580] deflagradas a partir de novembro de 2007, a Itália vive o seu permanente paradoxo entre a repulsa à intervenção judicial nos conflitos coletivos de trabalho, desde o estigma do sistema corporativo, e a necessidade dela, vista com maior ênfase a partir da década de 1960

(573) Cf. MAGGIOLINI, Piercarlo. *As negociações trabalhistas e a introdução de inovações tecnológicas na Europa*: automação e trabalho. Tradução de Nice Rissone. Petrópolis: Ibase, 1988. p. 23-89.

(574) TUPINAMBÁ NETO, Hermes Afonso. *Op. cit.*, p. 81.

(575) ZACHERT, Ulrich. Liberdade sindical e a autonomia coletiva na Alemanha e Europa. In: *Anais do Fórum internacional sobre Direitos Humanos e Direitos Sociais*. Organizado e realizado pelo TST. São Paulo: LTr, 2004. p. 70.

(576) Sucessivas greves, das quais vale menção à maior greve da história das ferrovias alemãs, deflagrada em 14.11.2007. Disponível em: <http://noticias.uol.com.br> Acesso em: 25.9.2008. Pode ser citada, também, a greve geral de mar. 2008, com a paralisação total dos aeroportos de Frankfurt, Dusseldorf, Munique, Colônia e Hamburgo, dentre outros; e também dos ônibus, metrôs, bondes e ferrovias, notadamente na Renânia do Norte-Vestfália. Disponível em: <http://www1.folha.uol.com.br/folha/mundo> Acesso em: 25.9.2008.

(577) De Freiburg, Heidelberg, Tubingen e Ulm, desencadeadas em 5.10.2005. Disponível em: <www.dw-world.de/dw/article>.

(578) Michael Sommer, Presidente da maior Central Sindical da Alemanha, a *Deutsche Gerwerkschaftsbund DGB* (Federação dos Sindicatos Alemães), explica que o exercício do direito de greve na Alemanha, pela ausência de regulamentação, é feito a partir de precedentes judiciais e da práxis. Disponível em: <http://www.direito2.com.br/tst/2005>.

(579) ZACHERT, Ulrich. *Op. cit.*, p. 73.

(580) Portal do Jornal *The Independent*. Disponível em: <http://translate.google.com.br>.

(*infra*, 7.5.2), pelas negociações tripartites da década de 1980, o que culminou com a Lei de Greve, n. 146, de 12 de julho de 1990,[581] sem falar no Acordo Nacional, de julho de 1993.[582]

O sistema processual norte-americano, nesse particular, é digno de observação. Desde o *leading case American Steel & Wire Co. v. Wire Drawer's & Die Makers Union*, do emblemático fura-greve Paulowski (*strike-breaker*), como antes mencionado (*supra* 2.2), ainda que "from a dark era in American labor history" (1898),[583] parece ter encontrado na práxis e na fungibilidade das *injuctions*,[584] tantos anos utilizadas, um modelo de tutela processual das greves de feição semelhante (apenas nos efeitos processuais obtidos) à do nosso antigo regime de plena regência e autonomia dos dissídios coletivos. Essa comparação, que não é originalmente nossa, apresenta-se importante para as conclusões do estudo e será retomada adiante.[585]

Dessa breve análise, não se observa, portanto, modelo ou instrumento processual específico para a tutela das greves.

Nessa perspectiva, o Brasil se propõe a ser pioneiro, com a proposta de adoção de um novo modelo de ação mandamental autoexecutiva, específica para a tutela das greves, tal como previsto no art. 173 do Projeto da Reforma Sindical, integrante da PEC n. 369/05 e que será enfrentado (*infra*, 8.5).[586]

Mas, enquanto não aprovada a Reforma Sindical e disponível esse novo microssistema de tutela processual coletiva trabalhista, a verificação dos resultados práticos, que estão sendo obtidos em termos de tutela processual das greves, passa pelo confronto entre a experiência processual contemporânea e a assertiva de que o dissídio coletivo de greve é instrumento de exceção. Salvo as hipóteses de greve lesiva ao interesse público e em atividade essencial (CF, art. 114, § 3º), todas as demais serão tuteladas pelos órgãos jurisdicionais de primeira instância, sejam da Justiça do Trabalho, sejam da Justiça Comum.

---

(581) Sobre a trajetória que redundou na Lei de Greve nos Serviços Públicos Essenciais, remete-se a LUCA, Carlos Moreira de. *Op. cit.*, p. 93-94.

(582) Ver íntegra do acordo em BRESCIANI, Luís Paulo; BENITES FILHO, Flávio Antonello. *Negociações tripartites na Itália e no Brasil.* São Paulo: LTr, 1995. p. 19-47. Também sobre a desregulamentação das greves. *Op. cit.*, p. 54-55.

(583) Stephen Yazell, observa: "Wire Drawers' is striking for its momentary flash of clarity, its recognition that congruity of interest supplies an entirely sufficient rationale for representation *in* group litigation. That American judges coud reach this recognition only when forced to it by the necessity to break a strike tells one anomalous quality of Wire Drawers' is instructive, for it reminds us that nineteenth-century Americans courts never foud a regular or essential place for group litigation, as British courts before 1850 had. From medieval group litigation to the modern class action. YAZELL, Stephen C. *Op. cit.*, p. 223.

(584) Na definição do *case Swann v. Charlotte-Mecklenburg Board of Education, 402 U.S. 1, 15-16 (1971)*: "Once a right and a violation have been shown, the scope of a district court's equitable powers to remedy past wrongs is broad, for breadth and flexibility are inherent *in* equitable remedies." KLONOFF, Robert H.; BILICH, Edward K. M. *Op. cit.*, p. 668.

(585) SANTOS, Enoque Ribeiro dos. *Fundamentos do direito coletivo do trabalho nos Estados Unidos da América, na União Europeia, no Mercosul e a experiência brasileira*, p. 9.

(586) A referência aqui é a de MAIA FILHO, Paulo Américo. A proposta de um sistema normativo processual coletivo trabalhista na perspectiva do anteprojeto da reforma sindical. *Decisório Trabalhista*, ano XIV, n. 158, Curitiba, set. 2007. p. 18-23.

Diante disso, duas constatações podem ser feitas: a primeira é uma falsa ideia, fundada na competência dos tribunais do trabalho para o dissídio coletivo de greve, de que esta deva ser sempre tratada em ações da competência originária dos tribunais; a segunda, factível, traduz-se na constatação da inexistência de um modelo processual específico para a tutela das greves pelos órgãos de primeira instância, tanto no sistema normativo do processo coletivo trabalhista, como no do civil.

Esse hiato estabelecido entre o dualismo na distribuição de competências e a inexistência de um instrumento processual específico leva a uma perplexidade jurídica que ora se verifica tanto perante a Justiça do Trabalho quanto perante a Justiça Comum.

Spies,[587] ainda sob o impacto da incipiente vigência da EC n. 45/04, observava:

> A Justiça estadual tem enfrentado todas essas demandas, produzindo jurisprudência variada. O TJRS já julgou, por exemplo, caso do advogado que se sentiu humilhado, pedindo dano moral, porque a greve do foro ocorreu bem quando ele devia pagar suas custas (Apelação Cível 70004601399); também já definiu sobre reparações devidas a um hospital, por ter sido instalada uma barraca de protesto, no pátio interno (Apelação Cível 70003890985). Por sua vez, o TJSP determinou remessa de autos à Justiça do Trabalho, tendo em vista pedido de dano moral, decorrente de acusações e ofensas perpetradas durante o exercício do direito de greve. Referiu aquela Corte que a forma como as manifestações ocorrem não pode ser dissociada da matéria que é o direito de greve, e assim era irrelevante se a indenização pleiteada é de direito civil (TJSP — AI 320.647-4/0). O TJRJ, por seu turno, já confirmou direito à indenização por ofensas decorrentes de entrevero em piquete de greve, mas a reduziu por não ser a quantia compatível com a jurisprudência de uma de suas câmaras (TJRJ — AC 15.751/01).

Mas, não é só. Pedidos de declaração de ilegalidade de greve de servidores públicos perante tribunais estaduais vêm sendo protocolados, à semelhança dos dissídios coletivos de greve de competência dos tribunais do trabalho,[588] aplicando-se a eles, inclusive, analogicamente, princípios e normas do processo do trabalho,[589] ou ainda, ações declaratórias de ilegalidade de greve, como se fossem da competência originária do segundo grau,[590] bem como cautelares, nessa mesma perspectiva. Exemplo emblemático dessa situação foi o debate travado no âmbito do Superior Tribunal de Justiça, na Medida Cautelar n. 14.101-DF, já mencionada (*supra* 5.2.3), preparatória de dissídio coletivo de greve, no âmbito da qual se pretendia a declaração da legalidade da paralisação deflagrada no âmbito da Advocacia-Geral da União, o que revela

(587) SPIES, André Luís. *As ações que envolvem o exercício do direito de greve*: primeiras impressões da Emenda Constitucional n. 45/04, p. 303.

(588) No Tribunal de Justiça do Estado da Paraíba foram constatados vários pedidos de declaração de ilegalidade de greve, autuados como "petições", todos com decisões monocráticas do Presidente, declarando-as ilegais: Plenário, Processos n. 999.2005.000.445-9/001, Rel. Des. Manoel Soares Monteiro, DJ-PB de 26.11.2005; e Processo n. 888.2003.005.103-9, Rel. Des. Genésio Gomes Pereira Filho, DJ-PB de 23.5.2003.

(589) Do Tribunal de Justiça do Estado da Paraíba, decisão com a seguinte ementa: "Greve — Declaração por ilegalidade — Pedido formulado pelo empregador sem assistência de advogado — Admissibilidade — Informalidade da Justiça do Trabalho, o mesmo ocorrendo com a Justiça Comum, quando investida de jurisdição laboral. Proc. n. 93.00.6464-5, Rel. Des. Antônio Elias de Queiroga. *Revista dos Tribunais*. v. 701, São Paulo: Revista dos Tribunais, ano 83, mar. 1994. p. 142-148.

(590) Tribunal de Justiça do Estado da Paraíba: n. 999.2007.000.380-4/001, Rel. Des. Abraham Lincoln da Cunha Ramos, DJ-PB de 16.6.2007 e DJ-PB de 20.7.2007.

manifesto equívoco na utilização do sistema processual, pois, nem o STJ tem competência para apreciar e julgar dissídios coletivos (que são da competência exclusiva dos tribunais do trabalho — CF, art. 114, §§ 2º e 3º), nem, tampouco, tem competência originária para o julgamento de qualquer outra ação que envolva o exercício do direito de greve de servidores públicos federais vinculados ao estatuto, posto que tal competência é exclusiva dos Órgãos de Primeira Instância da Justiça Federal (*supra* 5.1).

Mesmo perante o primeiro grau de jurisdição, são utilizadas ações declaratórias ou cominatórias na persecução do retorno ao trabalho e mesmo os mandados de segurança, nas hipóteses de autotutela, pela administração, consubstanciada na declaração unilateral de ilegalidade do movimento e nos descontos de vencimentos dos servidores pelos dias parados.[(591)]

No campo da Justiça do Trabalho, da mesma forma, esse equívoco tem se verificado. Exemplo disso é decisão do Tribunal Regional do Trabalho da 8ª Região, que julgou, originalmente, uma "ação declaratória de abusividade de greve" proposta por uma Federação contra um Sindicato de Trabalhadores, demanda que seria substitutiva ao dissídio coletivo de greve. Julgou como se tivesse competência funcional para fazê-lo, usurpando, desta forma, a competência dos órgãos de primeiro grau.[(592)]

Na greve nacional dos bancários de 2008, piquetes de grevistas em agências de Curitiba, Estado do Paraná, foram obstados, não pela utilização do sistema processual, mas por atuação correicional, isto é, por força de liminar da Corregedoria Geral da Justiça do Trabalho, em sede de reclamação correicional, ajuizada por instituição financeira, contra decisões do TRT da 9ª Região, que haviam suspendido liminares possessórias em favor da empregadora.[(593)]

Ainda na jurisdição trabalhista e na perspectiva dos seus Órgãos de Primeira Instância, verifica-se, a partir do exemplo acima citado, uma tentativa heterodoxa de viabilizar a utilização das ações possessórias como forma de tutelar as greves que, na maioria das vezes, contemplam ocupações ou piquetes.[(594)] No particular, a tutela

(591) Dispõe, o verbete 522, do Comitê de Liberdade Sindical, da Organização Internacional do Trabalho, OIT: "Declaração de ilegalidade de greve. A declaração de ilegalidade não deveria ser da incumbência do governo, mas de órgão independente das partes e que conte com a confiança delas." *A liberdade sindical. Recopilação de decisões e princípios do comitê de liberdade sindical do conselho de administração da OIT.* Brasília: OIT, 1997. p. 118.

(592) ADAG 00293-2007.000.-08-00-6 — Ac. SE-1, de 22.5.2007, Rel. Des. Federal Georgenor de Sousa Franco Filho, sendo requerente a Federação das Empresas de Transporte Rodoviários da Região Norte e requerido Sindicato dos Trabalhadores em Empresas de Transportes de Passageiros de ANANIDEUA — SINTRAN. No julgamento, que proclamou a ilegalidade da greve, sequer a adequação da ação proposta ou a competência funcional originária do Tribunal foi discutida. In: *Revista LTr*, jul. 2007, n. 71, p. 860-863. Mesmo antes da EC n. 45/04, ações civis públicas propostas para a tutela de greves eram julgadas como se fossem de competência originária dos tribunais do trabalho: TRT, da 15ª Região, AC 582/95-A, julgada procedente com a condenação do sindicato profissional a pagar multa diária por conta do movimento; e TRT da 2ª Região, AC 49.620 — Proc. n. 02960075476, ambos citados por NASSIF, Elaine. *Ação civil pública na justiça do trabalho.* Belo Horizonte: Del Rey, 2003. p. 210-211 e 122.

(593) Alude-se à greve ultimada em 22.10.2008. Tribunal Superior do Trabalho: RC 200643/2008-000-00-00.2. Decisão da lavra do Ministro Corregedor João Oreste Dalazen, DE-JT de 12.12.2008.

(594) CESÁRIO, João Humberto. O direito constitucional fundamental de greve e a função social da posse — um novo olhar sobre os interditos possessórios na Justiça do Trabalho brasileira. In: *Revista LTr*, v. 72, n. 3, mar. 2008. p. 289 e ss.

processual do movimento paredista, sob a ótica do direito possessório, induz à estéril discussão acerca da função social da posse temporária, pelos empregados, de estabelecimentos de empregadores, efeito da greve, levando à digressão do relevante e indispensável debate relacionado com as causas da greve.[595]

Não se verifica, pois, a utilização ampla da metodologia processual coletiva, naturalmente a mais indicada para a tutela de um direito que é substancialmente coletivo.

(595) Em posição análoga: MENDONÇA, Ricardo Nunes de. O abuso de direito das ações possessórias como atos antissindicais. In: *Revista Trabalhista Direito e Processo*, ano 1, v. 1, Anamatra, Rio de Janeiro: Forense, jan./mar. 2002. p. 100-105.

6. AS TENDÊNCIAS DOS DOIS MODELOS DE TUTELA COLETIVA: O DAS AÇÕES DO SISTEMA PROCESSUAL CIVIL COLETIVO E O NORMATIVO TRABALHISTA

6.1. Os enfoques processuais dos litígios jurídicos e econômicos

Nos países de *civil law*, a expressão *tutela processual coletiva*, em sua acepção processual estrita, estava historicamente ligada àquela jurisdição especializada em matéria de conflitos coletivos trabalhistas. Esta acepção corresponde a uma época em que se encontrava consagrada a dicotomia estabelecida entre conflitos jurídicos e econômicos. Aqueles, relativos à interpretação e à aplicação de uma norma preexistente, no exercício do juízo legalitário, e estes, atinentes à criação de uma nova norma ou modificação de uma já existente, "[...] di soluzioni equitative di tipo innovativo o creativo".[(596)]

Alude-se ao tempo em que os conflitos de direito equivaliam aos litígios individuais, ainda que fossem plúrimos, com pluralidade de sujeitos (o litisconsórcio);[(597)] e os conflitos econômicos aos litígios ou dissídios coletivos. Na Itália, ainda na reforma processual trabalhista, instalada com a Lei n. 533/73, essa associação era factível.[(598)] No Brasil, ainda hoje é, pois os tribunais do trabalho estão estruturados nessa perspectiva, visto que os seus órgãos fracionários, especializados em conflitos coletivos, só julgam os conflitos econômicos, isto é, os dissídios coletivos, onde se exerce a jurisdição normativa ou aqueles processos que lhes são acessórios ou conexos. No TST, por exemplo, são as Seções de Dissídios Individuais, as SDI e não a Seção de Dissídios Coletivos, a SDC, que julgam, em grau de recurso (embargos de divergência das decisões das Turmas), as ações civis públicas e as ações de cumprimento.[(599)]

(596) PIZZOFERRATO, Alberto. *Giustizia privata del lavoro*. Padova: Cedam, 2003. p. 26. O trecho correspondente na tradução é: "[...] de solução equitativa de tipo inovativo ou criativo".

(597) Nossa posição é a de Mendes, para quem o litisconsórcio "[...] é típico do processo individual, na medida em que significa a mera cumulação de demandas singulares". MENDES, Aluísio Gonçalves de Castro. *Ações coletivas no direito comparado e nacional*. São Paulo: RT, 2002. p. 24.

(598) *Vide* VELLANI, Mario. Appunti sul nuovo processo del lavoro. In: *Rivista Trimestrale di Diritto e Procedura Civile*, ano XXVII, n. 4, Milão, dez. 1973. p. 1.540.

(599) Conferir o art. 70 do Regimento Interno do TST. São exemplos na Seção de Dissídios Individuais 1: E-RR-734211.2001, Rel. Min. Maria de Assis Calsing, julgado em 20.10.2008, DJU de 31.10.2008; e, na Seção de Dissídios Individuais 2: CC n. 195456.2008.000.00.00 e CC n. 195758.2008.000.00.00, ambos relatados pelo Min. José Simpliciano Fernandes, que tratavam de conflito de competência em ação civil pública, julgados em 19.9.2008 e cujos acórdãos foram publicados no *DJU* de 19.9.2008.

Embora esse esquema parecesse, então, lógico e de acordo com a visão processual que se tinha, o tempo demonstrou não evoluir na correspondência dos requerimentos da dinâmica própria do sistema das relações contemporâneas, isto é, das sociedades de massa, que clamam por direitos transindividuais, metaindividuais. Na Itália, já em 1911, *Emílio Bonaudi* observava a insuficiência dos instrumentos de tutela individual para as "ações da coletividade", relacionadas com os conflitos jurídicos.(600)

Então, como se demonstrará no tópico seguinte (*infra,* 6.2), a partir da década de 1970, a tutela processual coletiva deixa de ser identificada como aquela normativa, restrita e destinada à solução dos conflitos econômicos dos grupos e categorias de trabalhadores, para assumir um espaço mais amplo, em uma sociedade coletivamente conflituosa em outros setores, como nas relações de consumo e no meio ambiente.

6.2. As tendências do processo civil coletivo

6.2.1. Uma breve prospecção no direito comparado

A partir de uma vertente identificada por Taruffo como *multiculturalismo* processual, que tem no seu nível inicial a superação da tradicional distinção entre as famílias jurídicas (*common law* e *civil law*),(601) os sistemas codificados absorveram os influxos da tutela processual coletiva, advindos da família *common law*, especificamente de suas *class actions*, cujas bases empíricas remontam a 1820, com o emblemático *case West v. Randall* (*29 Fed.Cas. 718, 722-23, N. 17,424 — C.C.D.R.I. 1820*),(602) e teóricas, a partir desse caso, com os estudos de *Story*, consagrados em sua obra sobre a equidade: *Commentaries on Equity Pleadings*, de 1838.(603)

Essa ruptura com o dualismo exagerado entre *common law* e *civil law* é absorvida na doutrina processual, como o "marco espacial" do desenvolvimento do processo civil coletivo.(604) Ficam expostas as crises de subjetividade, a partir de construções em torno da impessoalidade dos direitos e da reelaboração das teorias da autonomia da vontade individual. As tradicionais categorias "indivíduo" e "sujeito" perdem espaço progressivo para as de "grupos", "coletividades", "comunidades".

Avulta-se a socialização dos interesses.

---

(600) BONAUDI, Emilio. La tutela degli interessi collettivi. Turim, 1911. p. 175 *apud* PARDOLESI, Roberto. Il problema degli interessi collettivi e i problemi dei giuristi. In: *Rivista di Diritto e Procedura Civile,* ano XXIX, n. 4, Milão: Giuffrè, dez. 1975. p. 1.521.

(601) TARUFFO, Michele. *Sobre las fronteras*: escritos sobre la justicia civil, p. 5-17.

(602) KLONOFF, Robert H.; BILICH, Edward K. M. *Op. cit.*, p. 1.004. Ver também YAZELL, Stephen C. *Op. cit.*, p. 166.

(603) STORY, Joseph. *Commentaries on equity pleadings VII-VII.* Boston, 1838 *apud* YAZELL, Stephen. *Ibidem,* p. 210.

(604) Assim, expressamente: MEROI, Andrea A. *Procesos colectivos*: recepción y problemas. Santa Fé: Rubinzal-Culzoni, 2008. p. 22.

Surgem os emergentes estudos na Itália dos anos de 1970. *Denti*,[605] *Cappelletti*,[606] *Proto Pisani*,[607] *Vigoriti*,[608] *Trocker*, *Taruffo*,[609] abriram o caminho para o Congresso de Pavia de 1974,[610] do qual participaram ainda *Pardolesi*[611] e *Carpi*,[612] dentre outros.

Novas fórmulas e conceitos jurídicos são trazidos para o processo civil, como os efeitos *ultra partes* das sentenças, a coisa julgada *secundum eventum litis*[613] e *secundum eventum probationis*.

O processo civil amplia o seu espectro de atuação. Coloca-se como efetivo protótipo de solução estatal dos conflitos de massa e de exercício da cidadania. Nas palavras de *Montero Aroca*, passa de "un instrumento por el que la reducida clase media de un país solucionaba sus litígios"[614] para ser "un fenómeno de masas, se ha convertido en acuciante la efectividad práctica del mismo, con lo que las cuestiones teóricas han quedado en un segundo plano".[615]

O "marco temporal" é a pós-modernidade.[616]

Âmbitos da existência humana, antes excluídos, são alcançados pela normativa do direito. Emergem os interesses difusos (dissociados do interesse público) e suas expectativas positivas.[617] A tônica da transição do *Estado Liberal* ao *Estado Social*, bem típica do final do século XX.[618]

---

(605) DENTI, Vittorio. Le azioni a tutela di interessi collettivi. In: *Rivista di Diritto Processuale*, Padova: Cedam, 1974. p. 533-550.

(606) CAPPELLETTI, Mauro. Formazioni sociali e interessi di gruppo davanti alla giustizia civili. In: *Rivista di Diritto Processuale*, Padova: Cedam, 1975. p. 647 e ss. Também: CAPPELLETTI, Mauro; BRYANT, Garth. *Acess to justice:* the worldwide movement to make rights effective. A general report. Publicação no Brasil com o título: *Acesso à justiça*. Especialmente o Capítulo III-B, que trata da Segunda Onda: Representação dos Interesses Difusos. *Op. cit.*, p. 49-56.

(607) PISANI, Andrea Proto. Appunti sui rapporti tra i limiti soggettivi di efficacia della sentenza civile e la garantia costituzionale del diritto di defesa. In: *Rivista Trimestrale di Diritto e Procedura Civile*, ano XXV, n. 4, Milão: Giuffrè, dez. 1971. p. 1.216-1.266.

(608) VIGORITI, Vicenzo. Partecipazione, sindicato, proceso. In: *Rivista di Diritto e Procedura Civile*, ano XXVIII, n. 4, Milão: Giuffrè, dez. 74. p. 1.212-1.257.

(609) TARUFFO, Michele. I limiti soggettivi del giudicato e le "class actions". In: *Rivista di Diritto Processuale*, Padova: Cedam, 1969. p. 609-630.

(610) Congresso realizado nos dias 11 e 12 de jun. 1974, com o título: Le azioni giurisdizionali a tutela degli interessi collettivi. Tendo como um dos relatores DENTI, Vittorio. *Rivista di Diritto e Procedura Civile*, ano XXIX, n. 4, Milão: Giuffrè, dez. 1975. p. 1.520.

(611) PARDOLESI, Roberto. Il problema degli interessi collettivi e i problemi dei giuristi. In: *Op. cit.*, p. 1.520-1.536.

(612) CARPI, Frederico. *Op. cit.*, p. 936.

(613) DENTI, Vittorio. *tutela giurisdizionale dei diritti, a cura di Francesca Cuomo Ulloa*. In: DENTI, Vittorio. *La giustizia civile*, p. 118.

(614) AROCA, Juan Montero. *El derecho procesal en el siglo XX*. Valencia: Tirant lo Blanch, 2000. p. 59.

(615) *Loc. cit.*

(616) MEROI, Andrea A. *Op. cit.*, p. 19-27.

(617) Na difícil tarefa da distinção do interesse coletivo, difuso e público, Vittorio Denti: "Col termine 'interesse diffuso' si designa la contitolarità di situazioni di interesse da parte di uma pluralità di soggetti non spetto ad um bene. Si tratta, infatti, di Beni che non sono suscettibili di appropriazione esclusiva e rispetto ai quali il godimento dei singoli, o dei gruppi, non è limitato dal concorrente godimento degli altri membri della collettività. Gli interessi diffusi, inoltre, si distinguono dagli interessi pubblici, caratterizzati dal fatto di essere la loro tutela istituzionalmente affiata ad organi amministrativi preposti, *in* via permanente o occasionale, allá loro gestione. Si distinguono anche dagli interessi collettivi, che sono interessi di gruppo, imputabili a collettività organizzate per il perseguimento dei fini propri della categoria di appartenenza." DENTI, Vittorio. *La giustizia civile*, p. 118.

(618) *Vide* BONAVIDES, Paulo. *Do estado liberal ao estado social*. 7. ed. São Paulo: Malheiros, 2001, *passim*.

Para *Jürgen Habermas*, é a síntese de uma transformação, que se desenvolveu em quatro etapas: a) inicia-se pelo Estado burguês, em tempos de absolutismo, através da distinção dos subsistemas da economia e do Estado e de um direito positivo, universal e formal; b) passa-se pelo Estado de Direito, no âmbito do qual se inicia a limitação do poder público, através da consagração de direitos subjetivos em favor das pessoas; c) também se passa pelo Estado Democrático de Direito, que coincide com o ingresso da legitimação estatal na órbita jurídica, a partir da provisão dos cidadãos de participação política; e, d) por último, pelo Estado Social-Democrático de Direito, caracterizado pelo desenvolvimento da jurisdição garantidora da liberdade.[619]

O "marco político" é a judicialização da política e das relações sociais.[620]

Alarga-se o espaço para a criatividade judiciária no âmbito do processo civil e instala-se a crise da divisão de poderes, tema que será retomado adiante.[621]

Nos Estados Unidos da América do Norte, já a partir da década de 1950, vê-se o incremento do ativismo judiciário no contexto das *class actions*, utilizadas na reformulação das estruturas de várias instituições sociais.[622] Exemplo é o emblemático *case Brown v. Board of Education* (*U.S. 483, 74 S.Ct. 686, 98 L.Ed. 873 — 1954*), de cuja decisão operou-se completa reconstrução da realidade dos sistemas de segregação racial das escolas norte-americanas, que passaram de escolas separadas (brancos e negros), para sistemas unitários de escolas não raciais. De avançado, não apenas o aspecto funcional desempenhado pelo processo civil coletivo, mas, igualmente, a forma pela qual ele se estrutura, a partir da conectividade marcante e profunda entre sua finalidade e seu procedimento.[623]

Como vertente abrangente a quase todo o sistema *common law*, as *class actions* instrumentalizam a discussão judicial de temas políticos e sociais diversos, como, *v. g.*: a) na Austrália, a imigração e relações multiculturais (*Capistrano v. Minister of State for Immigration and Multicultural Affair — 1997, 50 ALD 108 — FCA*)[624] ou éticas (*Chen v. Minister for Immigration and Ethic Affair — 1994, 33 ALD 441 — FCA*),[625] política fiscal (*Dinning v. Commissioner of Taxation — 1999 — 42 ATR 299, 99 ATC 4621 — FCA*)[626] e de emprego (*Shanka v. Employment National Administration — 2001 114 FCR 379*);[627] e, b) no Canadá, a saúde pública (*Andersen v. St. Jude Medical*

(619) HABERMAS, Jürgen. *Teoria de la acción comunicativa*. Madrid: Taurus, 1988. t. 2, p. 505-511.

(620) Ou "jurisdicionalização", como utilizado por MEROI, Andrea A. *Op. cit.*, p. 27.

(621) MEROI, Andrea A. *Op. cit.*, p. 29-37.

(622) Instrumento de tutela das políticas públicas, como nas prisões e na saúde pública, dos direitos dos veteranos de guerra, na repressão às práticas discriminatórias e do consumidor. KLONOFF, Robert H.; BILICH, Edward K. M. *Op. cit.*, p. v.

(623) Eis a observação de Robert H. Klonoff e Edward K. M. Bilich: "Brown is a curious example of the relationship between substance and class action procedure. At the time Brown was decided, it was widely belived that the Constitution woud be satisfied by admitting black applicants to white schools. Conforming to this view, most southern states passed laws, known as pupil placement laws wich prescribed procedures for application and transfer by individual black children to white schools." *Ibidem*, p. 667-668.

(624) MULHERON, Rachel. *The class action in common law legal systems. A comparative perspective*. Oxford--Portland Oregon: Hart, 2004. p. 235.

(625) *Loc. cit.*

(626) *Ibidem*, p. 121, 198 e 244.

(627) *Ibidem*, p. 52, 162.

Inc — 2002 — OTC 53 SC[628] e *Caputo v. Imperial Tobacco Ltd. — 1997 — 148 DLR — 4th-566*)[629] e a educação pública (*Stone v. Wellington Conty Board of Education — 199 — 29 CPC 4th 320 — Ont CA*).[630]

Na União Europeia, mesmo sendo factível a aversão à importação do modelo das *class* actions norte-americanas,[631] e reconhecidos os impedimentos objetivos à instituição de um modelo processual uniforme para a tutela processual coletiva, constatados a partir das dificuldades de absorção dos termos da Diretiva n. 98/27, de 19.5.1998, do Parlamento Europeu, que tratava de danos coletivos a consumidores que se situassem fora do Estado da origem,[632] a Comissão Europeia, em 2007, anunciou, oficialmente, em Bruxelas, estudos para a instituição de mecanismos processuais de ressarcimento coletivo nas relações de consumo, publicado com o título "EU Consumer Policy Strategy for 2007-2013", com o objetivo direto de facilitar do Acesso à Justiça, particularmente nas *small claims.*[633]

Na Inglaterra e no País de Gales, apesar da reafirmada posição reacionária aos influxos da metodologia processual das *class actions* norte-americanas[634] — o que se observou, já a partir do relatório Woof, publicado em 1996[635] — com a edição do Código de Processo Civil Inglês (*English Civil Procedure Rules — CPR*), em maio de 2000, prevendo os processos de grupos e a possibilidade de formulação de decisões coletivas (*make a group litigation order — GLO*),[636] abriram-se novas possibilidades

(628) *Ibidem,* p. 147, 213.

(629) *Ibidem,* p. 17, 132-134.

(630) *Ibidem,* p. 299, 306.

(631) Marco Bona enfatiza: "[...] nel complesso si registra la netta convinzione che la 'US-style class action' non sai importabile *in* Europa, ciò spesso sulla base di una visione dell'azione di classe nordamericana *in* una certa qual mistura distorta (ad esempio, si tende a menzionare, quali ostacoli, l'assenza delle giurie, dei 'contingency free agreements' e dei danni puniti, ossia tutta una serie di elementi che oltreoceano, pur rilevanti, non costituiscono uma costante) e sai per ragioni di opportunità politica (vi è, infatti, la sensazione che molti Stati membri si opporrebbero ad un legal transplant di questo tipo); da alcuni interventi si coglie altresi una vera e própria avversione al modello statunitense." BONA, Marco. In: CONSOLO, Claudio; BONA, Marco; BUZZELLI, Paolo. *Obiettivo class action*: l'azione collettiva risarcitoria. Turim: Ipsoa, 2008. p. 48.

(632) Montón García observava: "Sin embargo, venía poniéndose de manifesto una cierta dificultad, no ya en la transposición de esas Directivas a los diferentes ordenamientos internos de cada Estado miembro de la Unión, sino en la persecución efectiva de determinadas conductas perjudiciales a los intereses de los consumidores y usuarios cuando éstas se causan en un Estado diferente a aquel en que encuentran su origen. A tales efectos, el Parlamento Europeo y el Consejo aprobaron la Directiva n. 98/27, de 19 de mayo de 1998 relativa al ejercicio de las acciones de cesación en beneficio de los intereses de consumidores y usuários del gran mercado europeo, con la finalidad de aproximar las diferentes normativas de los países miembros reguladoras de esta forma de protección." GARCÍA, Lidón Montón. *Acciones colectivas y acciones de cesación.* Madri: Fareso, 2004. p. 83-84.

(633) BONA, Marco. In: CONSOLO, Claudio; BONA, Marco; BUZZELLI, Paolo. *Op. cit.,* p. 46-47.

(634) Para Mulheron: "Two reasons contributed to the implementation of the group litigation order as the principal menans by which to handle multi-party litigation *in* England, rather tham the class action device. First, class action regimes are perceived to lack untility and flexibility. Secondly, unfavourable comments have repeatedly been made *in* respect of the US class action regime." MULHERON, Rachel. *Op. cit.,* p. 68.

(635) Alude-se ao Relatório do Lord Woof of Barnes a respeito da situação do sistema jurídico inglês. O tema é tratado, específicamente, no título *Ibidem,* p. 69.

(636) "Under CPR 19.10, the court can make a group litigation order (GLO) for the 'case managent of claims which give rise to common or related issues of fact or law'". *Ibidem,* p. 68. O texto na tradução é: "A Corte pode proferir uma decisão coletiva para o caso de demandas que tenham número elevado e comum de matérias de fato e de direito."

nessa área, como se vê do *case The Hepatitis C Litigation* (*A & Others v. National Blood Authority — 2001- ALL ER — D — 298*), que tinha como objetivo a reparação coletiva de danos causados pela transmissão da hepatite C, com transfusões de sangue.[637] Mesmo antes, precedentes já trabalhavam com a temática da saúde pública, a partir do emblemático *case Thalidomide — S and Another v. Distillers Co. Biochemicals Limited* (*3 All ER 1412 — 1969*), onde se perseguia o ressarcimento de danos físicos causados a mais de 10.000 crianças, apenas na Europa, pelo uso da talidomida.[638] Outros se seguiram na mesma temática, como o conhecido *Pertussis — Wooping Cough Vaccine Litigation* (*Loveday v. Randon — 1990 — 1 Med LR 117 — QB*), em que se buscava a reparação coletiva de danos cerebrais a centenas de crianças, pela utilização de vacina defeituosa,[639] além do *Hodgson v. Imperial Tobacco Ltd. — QB — 1999*,[640] sem falar do *Gasper Ltd. v. Ellis — Inspector of Taxes — 1985 — 1 WLR 1214*, que tratava da política fiscal.[641]

Com a edição do novo Código de Processo Civil em 2000, e a despeito das críticas que lhe são desferidas por parte da doutrina,[642] a Espanha ingressa, definitivamente, no contexto da tutela processual de massa, notadamente no campo das relações de consumo, que tem, naquele país, um enorme espaço. O produtor espanhol pode ser público e privado e o consumidor, tanto pessoa física, como jurídica. No conceito de produto dessas relações, enquadram-se os bens móveis, imóveis, serviços, atividades e funções.[643] Posteriormente, a Lei n. 39/02, que absorveu a Diretiva n. 98/27 do Parlamento Europeu, concedendo legitimidade ativa a entidades de outros Estados da União Europeia para atuar na jurisdição espanhola,[644] e a Lei n. 47/02, que veio a indicar instrumentos processuais de tutela coletiva para as pequenas relações de consumo (*Ley de Ordenación del Comercio Minorista*), conformaram a regulação sistêmica das ações coletivas nessa temática.[645]

Na Itália, assim como na Espanha e França, o recente Código de Consumo de 2005 abriu espaço para a tutela processual coletiva de interesses individuais homogêneos.[646] Veio a confirmar uma tendência para a abertura ao processamento dos conflitos coletivos, em evolução desde antes da Lei n. 281/98, que disciplinava a tutela coletiva do consumidor. As perspectivas italianas vertem ainda para a tutela

---

(637) VALLEFUOCO, Valério; GIORGETTI, Alessandro. *Il contenzioso di massa in Italia, in Europa e nel mondo*. Milão: Giuffrè, 2008. p. 225.

(638) *Ibidem*, p. 219.

(639) MULHERON, Rachel. *Op. cit.*, p. 95 e 103.

(640) *Ibidem*, p. 95.

(641) *Ibidem*, p. 93.

(642) Para Jose Luis Vázquez Sotelo: "Las disposiciones específicas de la Ley de Enjuiciamiento Civil, 2000. Su error teórico y su absoluta ineficácia práctica." Relatório para o XIII Congresso Mundial de Direito Processual, Salvador, BA, de 16 a 22.9.2007. In: GRINOVER, Ada Pellegrini; WATANABE, Kazuo; MULLENIX, Linda (coords.). *Os processos coletivos nos países de* civil law *e* common law. São Paulo: Revista dos Tribunais, 2008. p. 174.

(643) VALLEFUOCO, Valério; GIORGETTI, Alessandro. *Op. cit.*, p. 227-228.

(644) GARCIA, Lidón Montón. *Op. cit.*, p. 83-84.

(645) MAURINO, Gustavo; NINO, Ezequiel; SIGAL, Martin. *Las acciones colectivas.* Análisis conceptual, constitucional, procesal, jurisprudencial y comparado. Buenos Aires: Lexis Nexis, 2005. p. 344.

(646) VALLEFUOCO, Valério; GIORGETTI, Alessandro. *Op. cit.*, p. 58.

processual da política fiscal,[(647)] do meio ambiente[(648)] e das relações no mercado financeiro (art. 7º, do d. lg. 164 de 17.9.2007),[(649)] com perspectivas de avanços significativos, a partir da vigência da chamada *Legge finanziaria 2008* (*Legge 24* dicembre 2007, n. 244), que instituiu e disciplinou (arts. 445/449) a ação coletiva ressarcitória nas relações de consumo,[(650)] introduzida no *Codice del Consumo* (art. 140).[(651)]

A incipiente timidez franco-alemã nesse campo, a partir da inicial adoção de inoperantes sistemas de tutela de interesses individuais homogêneos, fundados na legitimidade ativa de associações de consumidores e em mecanismos de adesão desprovidos de incentivos econômicos, deu lugar a novas perspectivas, após propostas de modificações nos sistemas.[(652)] Para o caso francês, com o projeto *Thierry Breton*, de introdução das *class actions*, objeto do Projeto n. 2005/29/CE, em discussão no Parlamento desde 2007, propondo a substituição da Lei n. 92-60/92, que regula as ações coletivas nas relações de consumo.[(653)] Para o alemão, pela introdução, em 2005, da *Kapitalanleger-Musterverfahrensgesetz* (*KapMuG*), inspirada na amadurecida experiência da jurisdição administrativa, que demonstrou eficiência na gestão de pretensões da mesma *fattispecie* ou de futuras *fattispecies* equivalentes e que, embora

---

(647) *Ibidem*, p. 74-79.

(648) *Ibidem*, p. 77-80.

(649) GIUSSANI, Andrea. *Azione collettive risarcitorie nel processo civile*, p. 189.

(650) GIUSSANI, Andrea. Relatório para o XIII Congresso Mundial de Direito Processual, Salvador, BA, de 16 a 22.9.2007. In: GRINOVER, Ada Pellegrini; WATANABE, Kazuo; MULLENIX, Linda (coords.). *Os processos coletivos nos países de* civil law *e* common law. São Paulo: Revista dos Tribunais, 2008. p. 174.

(651) Com vigência, após um período de discussão da sua *vacatio legis*, a partir do final de 2008. Conferir: CAPONI, Remo. Azione collettive: interessi protetti e modelli processali di tutela. In: *Rivista di Diritto Processuale*, Cedam: Pádova, set./out. 2008. p. 1.205-1.206; GIUSSANI, Andrea. L'azione collettiva risarcitoria nell'art. 140 bis c. cons. In: *Rivista di Diritto Processuale*, Cedam: Padova, set./out. 2008. p. 1.227-1.248.

(652) *Vide* GIUSSANI, Andrea. *Op. cit.*, p. 164-165. Tratando do caso específico alemão, Cabral diz: "O ordenamento processual alemão não possui regulamentação externa e genérica sobre tutela coletiva tal qual existe no Brasil. Ao contrário, optou o legislador tedesco por modificações normativas pontuais, havendo poucas leis previdentes de qualquer tipo de tutela para direitos transindividuais. Raras manifestações de instrumentos de tutela coletiva são encontradas no § 33 da Lei contra Práticas de Restrição à Concorrência (*Gesetz gegen Wettbewerbsbeschränkungen* ou GWB, a Lei dos Cartéis), no § 13 da Lei contra Práticas de Concorrência Desleal (*Gesetz gegen den unlauteren Wettbewerb ou* UWG), e nos §§ 13 e 22, todos da Lei das Condições Gerais dos Negócios (*Gesetz zur Regelung des Rechts der allgemeinen Geschäftsbedingungen*, abreviada de AGB-Gesetz ou AGBG). Essa falta de sistematização ainda gera muitos problemas práticos de efetividade da prestação jurisdicional, além de dificuldades doutrinárias no tratamento do tema. Com efeito, muitos destacam, p. ex., que a desconfiança com a legitimidade extraordinária na Alemanha impede ou retarda o desenvolvimento das ações coletivas. Por outro lado, alguns autores destacam que, nos países de origem germânica, como a Alemanha, Áustria e Suíça, a necessidade de instrumentos de tutela coletiva não é tão sensível porque muitas das questões são resolvidas administrativamente por órgãos fiscalizatórios governamentais, que têm, muito mais que os nossos, o bom hábito de cumprir e fazer cumprir as leis." CABRAL, Pedro Passo. O novo procedimento-modelo (Musterverfahren) alemão: uma alternativa às ações coletivas. In: *Revista de Processo*, n. 147, São Paulo: Revista dos Tribunais, maio 2007. p. 130.

(653) Esse projeto teve início com um discurso do Presidente Jaques Chirac, em 4.6.2005, e ingressou no calendário da Assembleia Nacional da França a partir de 6.2.2007. Cf. GHINCHARD, S. Une class action à la française? In: *Rec. Dalloz*, Paris, 2005. p. 2.180 ss. Disponível em: <http://m2bde.u-paris10.fr> Acesso em: 15.10.2008, e também CERUTTI, G.; GHILLAUME, M. Rapport sur l'action de groupe. Paris, 2005 *apud* GIUSSANI, Andréa. *Op. cit.*, p. 165. Ver também VALLEFUOCO, Valério; GIORGETTI, Alessandro. *Op. cit.*, p. 164-165.

para o processamento específico das relações do mercado mobiliário,(654) apresenta-se como protótipo ou modelo para futura regulação, em caráter geral, pelo *Zivilprozessordnung* (o *ZPO*, a codificação processual alemã), muito a depender da diretiva da União Europeia na temática do consumidor.(655)

A elaboração latino-americana pode ser bem entendida a partir dos exemplos da Colômbia, da Argentina e do Uruguai. Na Colômbia, pela regulamentação do art. 88 da sua Constituição de 1991,(656) através da Lei n. 472, de 1998, que contempla, de um lado, as ações populares, efetivos instrumentos de judicialização das questões políticas e sociais relevantes (art. 4º), inclusive para a defesa do meio ambiente, das relações de consumo, do patrimônio público e da política cultural e urbanística; e, de outro, das ações de grupos, utilizadas, complementariamente, para a obtenção das indenizações coletivas (art. 46).

Na Argentina, a partir dos paradigmáticos precedentes judiciários *Ekmekdjian v. Sofovich*, de 1992,(657) e *Cartaña* (*Antônio E. H.* y outro v. Municipalidad de Buenos Aires), de 1993,(658) as Leis de Política Ambiental Nacional (Lei n. 25.675/02) e de Defesa do Consumidor (Lei n. 24.240/93), abriram espaço para a reforma constitucional de 1994, que consagrou, no art. 43 da Constituição, espaço para a ação de *amparo* coletivo, tendo como objeto a tutela "a los derechos de incidência colectiva en general". Mesmo sob críticas doutrinárias quanto à omissão do legislador no estabelecimento de um sistema processual nacional específico e autônomo para a tutela dos litígios coletivos,(659) a práxis, naquele país, revela uma crescente judicialização de temas relacionados ao controle da constitucionalidade, meio ambiente, consumidores,(660) direitos civis,

---

(654) GIUSSANI, Andrea. *Azione collettive risarcitorie nel processo civile*, p. 166.

(655) VALLEFUOCO, Valério; GIORGETTI, Alessandro. *Op. cit.*, p. 168.

(656) Que dispõe: "La ley regulará las acciones populares para la protección de los derechos e intereses colectivos, relacionados con el patrimonio, el espacio, la seguridad y la salubridad públicos, la moral administrativa, el ambiente, la libre competencia económica y otros de similar naturaleza que se definen con ella. También regulará las acciones originadas en los daños ocasionados a un número plural de personas, sin perjuicio de las correspondientes acciones particulares. Asimismo, definirá los casos de responsabilidad civil objetiva por el daño inferido a los derechos e intereses colectivos."

(657) Corte Suprema, 7.7.1992. Esse foi o caso que antecipou os debates sobre a reforma constitucional de 1994 nessa área. *Ekmekdjian*, conhecido Professor de Direito Constitucional da Universidade de Buenos Aires, foi considerado, pela Corte Suprema, o representante adequado de todo o universo de católicos e cristãos argentinos, com direito de resposta, na forma do Pacto de San José da Costa Rica (aprovado na Argentina pela Lei n. 23.054 e ratificado em 5.9.1984), por conta de agravos patrocinados por *Sofovich* e o Canal 2 de Televisão de Buenos Aires. MAURINO, Gustavo; NINO, Ezequiel; SIGAL, Martin. *Op. cit.*, p. 45-46.

(658) Corte Suprema, 7.7.1993. Tratava-se de ação de *amparo*, proposta contra o decreto que adjudicava a licitação pública para a concessão à iniciativa privada do Jardim Zoológico da Cidade de Buenos Aires, em que o Controlador Geral da Comunidade do Município de Buenos Aires (o antecedente imediato ao Defensor Público — *ombudsman*) foi considerado o representante adequado dos interesses dos idosos da cidade, frequentadores do parque, contra um ato da administração, considerado ilegítimo pela Corte Suprema. *Ibidem*, p. 47.

(659) *Vide* VERBIC, Francisco. *Procesos colectivos*. Buenos Aires: Astrea, 2007. p. 27-28.

(660) Como exemplo, aponta-se o famoso caso *Edesur*, em que o Defensor do Povo da Província de Buenos Aires (*ombudsman*) postulou, em nome da população da cidade, demanda para imputação de responsabilidade à empresa concessionária de energia elétrica, por conta de um corte geral no fornecimento ocorrido em 15.2.1999. Ver MONTI, José L. *Los intereses difusos y su protección jurisdiccional*. Buenos Aires: Ad-Hoc, 2005. p. 186-192.

políticos, econômicos, sociais, culturais, em matéria de seguridade social(661) e combate à corrupção.(662)

Finalmente, o Uruguai, que pelo seu Código Geral do Processo de 1989, repetindo as regras do Código Modelo de Processo Civil para Ibero-América,(663) em relação à tutela dos interesses difusos (arts. 42 e 220),(664) foi dos primeiros a tratar da temática em sua codificação processual unificada.(665) Posteriormente, a Lei dos Direitos do Consumidor (Lei n. 17.250/00) disseminou o debate a respeito da judicialização, não só das relações de consumo, mas também dos valores históricos, culturais, artísticos, paisagísticos, da saúde e da segurança dos cidadãos.(666)

Na inspiração do Código-Tipo, editado em 2004, o qual vem a ser o Código Modelo de Processos Coletivos para os países ibero-americanos,(667) a tendência, no contexto desses países, é de avanços em termos de tutela processual civil coletiva.(668)

Em síntese, no Relatório Geral do XIII Congresso Mundial de Direito Processual, nessa temática da tutela processual coletiva, os países foram agrupados em três blocos. No primeiro, aqueles que apresentam um sistema: Brasil, Portugal, Colômbia, Suécia, Noruega e Israel. No segundo, os países que contam com algumas disposições ou técnicas: Uruguai, Holanda, Costa Rica, Argentina, Peru, Venezuela, Japão, Bélgica, Dinamarca e Rússia. E, por fim, no terceiro, os países que apresentam leis setoriais na matéria: Alemanha, Áustria, Espanha, França, Itália, Suíça, Chile, México e Paraguai.(669)

---

(661) Maurino, Nino e Sigal demonstram, graficamente, a tendência evolutiva na judicialização dessas questões, tendo como instrumento o processo civil coletivo. MAURINO, Gustavo; NINO, Ezequiel; SIGAL, Martin. *Op. cit.*, p. 90-97. Assim como no Brasil, na Argentina ainda não há espaço para a discussão da política fiscal no âmbito da tutela processual coletiva, apesar de judiciosas posições doutrinárias favoráveis. Cf. GIANNINI, Leandro J. *La tutela colectiva de derechos individuales homogeneos*. La Plata: Platense, 2007. p. 266-268.

(662) A referência é a efetivação, no plano processual, da Lei n. 24.759/96, que aprovou a Convenção Interamericana contra a Corrupção, firmada pela Organização dos Estados Americanos em 29.3.1996, em Caracas, Venezuela. Ver MORELLO, Augusto M. *La tutela de los intereses difusos em el derecho argentino*. La Plata: Platense, 1999. p. 210-217.

(663) Alude-se aqui ao Código-Tipo, aprovado nas jornadas do Instituto Ibero-Americano de Direito Processual, nas jornadas do Rio de Janeiro, em 1988.

(664) Cf. CAMPOS, Santiago Pereira. *Intereses difusos y efectos de la cosa juzgada: estúdios em homenaje al profesor Enrique Vescosi*. Montevideo: Fundación de Cultura Universitária, 2000. p. 314.

(665) Mendes observa: "Poucos ou quase inexistentes são os países que possuem, no seu respectivo Código de Processo Civil ou em estatutos legais desvinculados de certas matérias específicas, regras gerais para o processo coletivo. Os Estados Unidos, desde 1938, e, mais recentemente, o Canadá, a Austrália, Portugal e Inglaterra compõem, junto com poucos outros países, a exceção." MENDES, Aluísio Gonçalves de Castro. In: MAZZEI, Rodrigo; NOLASCO, Rita Dias (coords.). *O código modelo de processos coletivos para os países ibero-americanos:* processo civil coletivo. São Paulo: Quartier Latin, 2005. p. 731.

(666) SOSA, Angel Landoni. *La tutela de los derechos del consumidor en el derecho uruguayo*: estúdios en homenaje al Profesor Enrique Vescosi. Montevideo: Fundación de Cultura Universitária, 2000. p. 281-285.

(667) Aprovado nas jornadas Ibero-Americanas em Caracas, Venezuela, em outubro de 2004.

(668) Elaborado pelo Instituto Ibero-Americano de Direito Processual. *Vide* MENDES, Aluisio Gonçalves de Castro. *Op. cit.*, p. 729-744.

(669) GRINOVER, Ada Pellegrini. Relatório Geral para o XIII Congresso Mundial de Direito Processual, Salvador, de 16 a 22.9.2007. GRINOVER, Ada Pellegrini; WATANABE, Kazuo; MULLENIX, Linda (coords.). *Os processos coletivos nos países de* civil law *e* common law. São Paulo: Revista dos Tribunais, 2008. p. 31-200.

6.2.2. Uma avaliação do direito nacional

Grinover aponta o Brasil como o pioneiro, dentre os países de *civil law*, na criação e na implementação dos processos coletivos, a partir da Lei da Ação Popular, de 1965, passando pela Lei n. 6.938/81, que previu a titularidade do Ministério Público para as ações ambientais de responsabilidade penal e civil, depois, e notadamente, pela Lei n. 7.347, de 1981 — a Lei da Ação Civil Pública —, "[...] até que a Constituição Federal de 1988 veio universalizar a proteção coletiva dos interesses ou direitos individuais sem qualquer limitação em relação ao objeto do processo".(670)

O novo texto constitucional se apresentou como que uma convocação ao legislador ordinário à assunção do seu papel na regulamentação processual dos interesses coletivos. Não encerrava os debates relacionados com a tutela dos direitos metaindividuais, antes com eles aprofundando-se.

Como indica *Mancuso*,(671) vieram, em seguida, várias normas processuais ampliando o hoje largo objeto da tutela coletiva, a saber:

> [...] erário (CF, art. 37, § 4º; Lei n. 8.429/92); meio ambiente (Lei n. 6.938/81 e textos complementares); consumidores (Lei n. 8.078/90 — Código de Defesa do Consumidor; patrimônio cultural, *lato sensu* (CF, art. 216 e § 1º; Lei n. 7.347/85, art. 1º, III); ordem econômica e economia popular (Lei n. 8.884/94; Lei n. 7.347/85, art. 1º, V); deficientes físicos (Lei n. 7.853/89); infância e juventude (Lei n. 8.069/90 — Estatuto da Criança e do Adolescente); idosos (CF; art. 230; Lei n. 10.741/03 — Estatuto do Idoso); comunidades indígenas (CF, art. 232); mercado de capitais (Lei n. 7.913/89); patrimônio genético (Lei n. 11.105/05 e Dec. n. 5.591/05); ordem urbanística (Lei n. 7.347/85, art. 1º, VI; Lei n. 10.257/01 — Estatuto da Cidade); recursos hídricos (Lei n. 9.433/97); Lei n. 10.671/03 — Estatuto do Torcedor. Ainda, de modo geral, as chamadas minorias sociais (os ditos excluídos) e as vítimas de preconceito.

Trata-se de um microssistema legislativo de tutela do processo civil coletivo.

O sistema brasileiro, na perspectiva da doutrina estrangeira, é sempre digno de atenção, mesmo com algumas críticas pontuais, notadamente em relação às alegações de incentivo econômico desenfreado ao exercício, sem responsabilidades, das ações coletivas; aos mecanismos de proteção dos componentes passivos dos grupos; e à possibilidade permanente de iniciativas individuais em paralelo.(672) Alude-se a uma "recepção voluntária das *class actions* norte-americanas", mediante um "transplante responsável".(673)

---

(670) GRINOVER, Ada Pellegrini. Direito processual coletivo. In: GRINOVER, Ada Pellegrini; MENDES, Aluísio Gonçalves de Castro; WATANABE, Kazuo (coords.). *Direito processual coletivo e o anteprojeto de código brasileiro de processos coletivos*. São Paulo: Revista dos Tribunais, 2007. p. 11.

(671) MANCUSO, Rodolfo de Camargo. *Ação civil pública em defesa do meio ambiente, do patrimônio cultural e dos consumidores*. 10. ed. São Paulo: Revista dos Tribunais, 2007. p. 7.

(672) As críticas vertem da doutrina processual italiana. Assim expressamente: GIUSSANI, Andréa. *Azione collettive risarcitorie nel processo civile*, p. 163.

(673) MEROI, Andrea A. *Op. cit.*, p. 266-267.

O fato é que a judicialização das políticas públicas e das relações sociais é uma realidade no contexto do processo civil coletivo brasileiro. Desdobrando-se a temática elencada no rol previsto no microssistema, vê-se o tratamento de questões como o controle da autonomia das agências reguladoras,(674) a concretização das políticas públicas ambientais,(675) grandes temas de interesse nacional, como a transposição das águas do Rio São Francisco,(676) a efetivação do direito à saúde,(677) a tutela dos direitos das minorias sociais,(678) o controle orçamentário(679) e até o que se propõe em relação ao controle da qualidade dos programas de televisão.(680) Os atos administrativos discricionários são judicialmente reavaliados em processos coletivos, inclusive quanto à conveniência e oportunidade.(681) Constata-se, enfim, a ampliação do objeto da tutela do processo civil coletivo, como forma de suprir os vazios de efetividade e os vácuos da legislação infraconstitucional, em atividade judicial-normativa(682), como adiante demonstrar-se-á.

O instrumento é a ação civil pública, que se apresenta como modelo fungível e efetivo de tutela da ordem jurídica constitucional e dos bens e valores por ela tutelados,(683) a partir das necessidades do direito material. Um exemplo de mutação

---

(674) LEHFELD, Lucas de Souza. A participação-cidadã como instrumento de controle da autonomia das agências reguladoras. In: WAMBIER, Luiz Rodrigues; GOMES JÚNIOR, Luiz Manoel; TEOTÔNIO, Paulo José Freire; SANTOS FILHO, Ronaldo Fenelon (coords.). *As novas fronteiras do direito processual*. São Paulo: RCS, 2007. p. 376-377.

(675) HARTMAN, Ana Lúcia. A ação civil pública e a omissão na concretização das políticas públicas ambientais. In: ROCHA, João Carlos de Carvalho; HENRIQUES FILHO, Tarcísio Humberto Parreira; CAZETTA, Ubiratan. *A ação civil pública*: 20 anos da Lei n. 7.347/85. Belo Horizonte: Del Rey, 2006. p. 403-416.

(676) MANCUSO, Rodolfo de Camargo. Transposição das águas do Rio São Francisco: uma abordagem jurídica da controvérsia. In: MILARÉ, Edis (coord.). *A ação civil pública após 20 anos*: efetividade e desafios. São Paulo: Revista dos Tribunais, 2005. p. 519-558.

(677) KRUEGER, Antônia Lélia Neves Sanches. A efetivação do direito à saúde através da ação civil pública. In: ROCHA, João Carlos de Carvalho; HENRIQUES FILHO, Tarcísio Humberto Parreira; CAZETTA, Ubiratan. *A ação civil pública*: 20 anos da Lei n. 7.347/85. Belo Horizonte: Del Rey, 2006. p. 417-432.

(678) LEAL, Márcio Flávio Mafra. *Ações coletivas*: história, teoria e prática. Porto Alegre: Fabris, 1998. p. 122-123.

(679) FREIRE JÚNIOR, Américo Bedê. O controle judicial de políticas públicas. In: BEDAQUE, José Roberto dos Santos; TUCCI, José Rogério Cruz (coords.). *Temas fundamentais de direito*. São Paulo: Revista dos Tribunais, 2005. v. 1, p. 95-105; e SOARES, Inês Virgínia Prado. Ação civil pública como instrumento de controle da execução orçamentária. In: ROCHA, João Carlos de Carvalho; HENRIQUES FILHO, Tarcísio Humberto Parreiras; CAZETTA, Ubiratan. *A ação civil pública*: 20 anos da Lei n. 7.347/85. Belo Horizonte: Del Rey, 2006. p. 465-506.

(680) DAWALIBI, Marcelo. Controle da qualidade dos programas de televisão e de rádio por meio da ação civil pública. In: MILARÉ, Edis (coord.). *Op. cit.*, p. 415-430.

(681) Superior Tribunal de Justiça, Segunda Turma, Resp n. 510.259-SP, Rel. Min. Eliana Calmon, com a seguinte ementa: "ADMINISTRATIVO E PROCESSO CIVIL — AÇÃO CIVIL PÚBLICA — ATO ADMINISTRATIVO DISCRICIONÁRIO. 1. Na atualidade, a Administração pública está submetida ao império da lei. 2. O Poder Judiciário não mais se limita a examinar os aspectos extrínsecos da administração, pois pode analisar, ainda, as razões de conveniência e oportunidade, uma vez que essas razões devem observar critérios de moralidade e razoabilidade. 3. O Ministério Público não logrou demonstrar os meios para a realização da obrigação de fazer pleiteada. 4. Recurso especial improvido." *DJU* de 19.9.2005, p. 252.

(682) ALONSO JÚNIOR, Hamilton. A ampliação do objeto das ações civis públicas na implementação dos direitos fundamentais. In: MILARÉ, Edis (coord.). *Op. cit.*, p. 209-1.219.

(683) Inclusive na judicialização das questões institucionais e federativas. Cf. YOSHIDA, Consuelo Yatsuda Moromizato. Ação civil pública: judicialização dos conflitos e redução da litigiosidade. In: MILARÉ, Edis (coord.). *A ação civil pública após 20 anos*: efetividade e desafios, p. 115 ss.

evolutiva, em simbiose do direito substantivo e processual, como dito por *Arruda Alvim*, a qual se mostrou necessária pela idealização de "um aparato que, dentre as suas finalidades, servisse à vida social em massa, por meio da reconfiguração, às vezes, senão quase sempre, radical de institutos jurídicos, que, nessa nova roupagem, guardam pouquíssima relação com aqueles institutos de que se poderia pretender houvessem sido a matriz destes novos".[(684)]

Verdadeiro espaço à atuação criativa dos julgadores.

Ao propósito, *Barbosa Moreira* sintetiza: "Não surpreende, a essa luz, ouvir de vozes autorizadas que hoje o papel primacial do processo civil se está deslocando da simples solução de litígios para a geração de benefícios sociais — numerosos e variados, inclusive o desenvolvimento do direito por meio de decisões judiciais."[(685)]

6.3. As tendências do processo normativo trabalhista coletivo

Embora a jurisdição ainda se apresente em vários países como alternativa para a solução dos conflitos coletivos de trabalho, incluindo os de interesse ou econômicos, como ocorre na Austrália, Bolívia, Colômbia, Costa do Marfim, Equador, Grécia, Turquia, Venezuela, Indonésia e Nova Zelândia,[(686)] na Europa, desde o fim do sistema corporativo fascista italiano, que havia sido instituído pela Lei n. 563, de 3.4.1926, de autoria de *Alfredo Rocco*,[(687)] disseminou-se a ideia de que a jurisdição normativa não é legítima e adequada, sendo fruto de um modelo autoritário de intervenção estatal nas negociações coletivas.[(688)]

Isso também se verifica na América do Norte, ambiente em que se potencializou a utilização da arbitragem para a solução dos conflitos advindos da negociação coletiva: (a) facultativa, mas intensamente utilizada por convenção das partes (Estados Unidos da América do Norte); ou (b) exclusiva e obrigatória, afastando-se completamente o Judiciário da solução desses conflitos (Canadá).[(689)]

No Brasil, inúmeras eram as objeções à jurisdição normativa: (a) a ausência de informações da Justiça do Trabalho para exercê-la: mercadológicas, tecnológicas,

(684) ALVIM, Eduardo Arruda. Ação civil pública: sua evolução normativa significou crescimento em prol da proteção às situações coletivas. In: MILARÉ, Edis (coord.). *A ação civil pública após 20 anos:* efetividade e desafios, p. 74-75.

(685) MOREIRA, José Carlos Barbosa. O neoprivatismo no processo civil. *Temas de direito processual*, nona série. São Paulo: Saraiva, 2007. p. 99.

(686) Conciliación y arbitraje en los conflitos colectivos de trabajo. 2. ed. *Revista da Organização Internacional do Trabalho*, Genebra: OIT, 1987. p. 175-180.

(687) Como dito por Santoro-Passarelli: "Caduta dell'ordinamento corporativo. L'ordinamento corporativo fu soppresso com D.Lgs.Lgt. 23 novembre 1944, n. 369 e il 2 settembre 1943 era stato siglato il primo accordo sindacale Buozzi-Mazzini che ricostituiva il glorioso istituto della commissione interna." SANTORO-PASSARELLI, Giuseppe. *Diritto sindicale*, p. 13.

(688) Para Vallebona: "l'intervento della Corte d'Appello *in* funzione di Magistratura del lavoro, la quale risolveva la controvérsia collettiva econômica com uma sentenza che non applicava, ma creava la norma secondo equità, tenendo conto dell'interesse superiore della produzione." VALLEBONA, Antonio. *Op. cit.*, p. 15.

(689) NADEAU, Denis. Solução dos conflitos trabalhistas no âmbito sindical no Canadá: arbitragem das reclamações. Tradução do francês para o português de Estêvão Mallet. In: *Revista do Tribunal Superior do Trabalho*, v. 67, n. 4, Brasília: TST, out./dez. 2001; p. 120-121.

econômicas e financeiras (preços, inflação), contábeis (faturamento das empresas, custos, lucros, projeções, rentabilidade) e, enfim, dados que possibilitassem decisões mais consentâneas com a realidade; (b) causa de dependência psicológica das categorias envolvidas na negociação coletiva em relação ao pronunciamento do Judiciário, que geraria um condicionamento identificado pelo cientista sueco *Gunnar Myrdal* de "causação circular acumulativa", fator de frustração da negociação[(690)] e de fragilização da representação sindical[(691)]; e (c) incompatibilidade com a democracia representativa e participativa, insculpida no art. 1º, parágrafo único, da CF[(692)]. Estes seriam os motivos pelos quais se condicionou o seu exercício, na via do dissídio coletivo, ao prévio consentimento de ambas as categorias envolvidas em conflito (CF, art. 114, § 2º), abolindo-a como jurisdição contenciosa e reduzindo-a a juízo arbitral.

Sem desconhecimento dos problemas que efetivamente ocorriam no exercício de tal jurisdição pela via do dissídio coletivo (que não são exclusivos da jurisdição normativa trabalhista), o fato é que o modelo legal sindical brasileiro é uma das causas da sua fragilização e que a automação faz com que o poder de pressão dos trabalhadores diminua nas negociações coletivas, frustrando-as. Assim, partiu-se do pressuposto de que o litígio entre categorias profissionais e econômicas seria algo que unicamente a elas interessasse e, pior, que só a elas coubesse a solução, vedada qualquer intervenção estatal, a não ser por iniciativa conjunta dos próprios envolvidos, olvidando a função "social" do processo contemporâneo e do coletivo em particular, construída a partir dos pioneiros estudos de *Anton Menger*, que influenciaram o revolucionário Código austríaco de 1895.[(693)]

Seria a manifestação de um fenômeno expresso na perspectiva de se diminuir a intervenção estatal na solução dos conflitos, potencializando, exageradamente, os métodos privados e alternativos de autocomposição ou de arbitragem (*ADR*),[(694)] impropriamente denominado de "privatização" do processo[(695)] e que é apontado por Taruffo como típico sinal de patologia ideológica do sistema processual como um todo e reflexo do seu crescente descrédito como instrumento de solução dos conflitos.[(696)] Esta observação não advém da chamada "cultura da

(690) COELHO, Elaine d'Avila. O contexto atual das negociações coletivas em saúde e ambiente do trabalho. In: BONCIANI, Mário (coord.). *Saúde, ambiente e contrato coletivo de trabalho*. São Paulo: LTr, 1996. p. 28-29.

(691) Arouca observava, antes da EC n. 45/04: "Tornou-se lugar comum dizer que o sindicalismo brasileiro não sabe negociar e, além do mais, que pretende omitir-se e transferir comodamente a solução dos conflitos coletivos para a Justiça do Trabalho, responsabilizando-a pelo desatendimento das reivindicações de seus representados. Nisso, porém, só há meia verdade. [...] Se alguém reclamava do aumento salarial decretado, o sindicato justificava-se: culpa do Tribunal! Mas isto como exceção. Os sindicatos atuantes sempre tiveram o cuidado de mobilizar seus representados [...]" AROUCA, José Carlos. *O sindicato em um mundo globalizado*. São Paulo: LTr, 2003. p. 780.

(692) Com argumentos brilhantemente sustentados: ROMITA, Arion Sayão. *O fascismo no direito do trabalho brasileiro*. São Paulo: LTr, 2001. p. 101.

(693) CAPPELLETTI, Mauro. *Proceso, ideologias, sociedad*. Buenos Aires: EJEA, 1974. p. 20.

(694) *Alternative Dispute Resolution* (Métodos Alternativos de Solução dos Conflitos).

(695) MOREIRA, José Carlos Barbosa. Privatização do processo? In: *Temas de direito processual*. sétima série. São Paulo: Saraiva, 2001. p. 8-10.

(696) Para Taruffo: "Sin embargo, no hay que olvidar que ellas representan de todas maneras soluciones 'de reserva', o 'de serie B' com respecto a la tutela jurisdicional de los derechos, y que sucede no raramente

sentença",[697] pois não se nega que é a negociação coletiva, jamais a arbitragem, o principal veículo de pacificação dos conflitos coletivos trabalhistas. Porém, tal perspectiva teleológica sugere, ao menos, uma subsidiariedade funcional: frustrada a negociação, devem estar abertas as portas da jurisdição. Se, do ponto de vista prático, se sustenta que o proveito social útil da jurisdição, que é a pacificação, pode ser obtido pelos métodos alternativos de solução dos conflitos, só aquela é capaz de dar efetividade ao ordenamento jurídico material.[698] Essa possibilidade de uma solução judicial para os conflitos coletivos de trabalho, portanto, não pode ser simplesmente afastada, notadamente em relações economicamente tão desequilibradas como no Brasil.

Entretanto, seguindo a tendência processual coletiva trabalhista italiana na fase imediatamente seguinte ao fim do período corporativo fascista e da supressão da jurisdição normativa naquele país, no Brasil, a tutela dos conflitos coletivos trabalhistas econômicos ou de interesses, passou para uma "*giustizia privata del lavoro*".[699]

---

que ellas producen soluciones malas o injustas de las controvérsias." TARUFFO, Michele. *Sobre las fronteras*: escritos sobre la justicia civil. Tradução para o espanhol de Beatriz H. Quintero de Prieto. Bogotá: Temis, 2006. p. 51. Do mesmo autor: "Anche *in* Italia è però giunta, *in* questi ultimi anni, la moda dell'ADR. *in* parte si tratta di um fenômeno di mera imitazione culturale dei modelli nordamericani, scoperti com qualche decennio di ritardo rispetto al momento della loro miglior fortuna. [...] *in* favore del ricorso ai metodi di ADR vengono fatti anche discorsi di carattere ideológico, *in* base ai quali ogni forma di giustizia 'privata' sarebbe preferibile allá giustizia 'pubblica', ma rimane il fatto che la ragione principale per cui lo stesso legislatore spinge i cittadini all'uso di questi metodi consiste nella incapacita, dello stesso legislatore, di assicurare um processo giudiziario rápido ed efficiente." TARUFFO, Michele. Cultura e processo. In: *Rivista Trimestrale di Diritto e Procedura Civile*, Milão: Giuffrè, mar. 2009. p. 86-87. Embora esta seja a nossa posição, notadamente em relação à arbitragem, entendemos, contudo, amplamente útil e efetiva a mediação extrajudicial, inclusive a prévia e obrigatória, prevista como pressuposto processual. Ao contrário da arbitragem, a mediação devidamente assistida pelas entidades sindicais se apresenta como importante instrumento de filtragem de pequenos litígios que facilmente são resolvidos sem a necessidade da intervenção judicial. Nesse sentido entendemos pela conveniência e adequação da Lei n. 9.958/00, que determina, no Brasil, a prévia submissão de trabalhadores e empregadores às Comissões de Conciliação Prévia, quando elas estejam constituídas e em funcionamento, no âmbito de suas categorias profissional e econômica, como pressuposto processual à propositura da demanda trabalhista. Na Itália, *v. g.*, a ideia é muito antiga, como se vê da legislação de 1959, que já contemplava a prévia submissão à tentativa de conciliação em sede sindical, como pressuposto processual. Cf. a respeito: TARZIA, Giuseppe. Rassegna di legislazione: legge 5 novembre 1959, n. 940 (controversie di lavoro). In: *Rivista di Diritto Processuale*, ano XV, n. 1, Padova: Cedam, jan./mar. 1960. p. 74.

(697) WATANABE, Kazuo. Cultura da sentença e cultura da pacificação. In: YARSHELL, Flávio Luiz; MORAES, Maurício Zanoide de (orgs.). *Estudos em homenagem à professora Ada Pellegrini Grinover*. São Paulo: DPJ, 2005. p. 687.

(698) DINAMARCO, Cândido Rangel. *Instituições de direito processual civil*. 3. ed. São Paulo: Malheiros, 2003. v. I, p. 122.

(699) PIZZOFERRATO, Alberto. *Op. cit.*, p. 1-33; SALVANESCHI, Laura. Il nuovo arbitrato in materia di lavoro. In: *Rivista di Diritto Processuale*, Padova: Cedam, 1999. p. 25 e ss. COMOGLIO aponta o comprometimento a vários princípios constitucionais, notadamente o do Acesso à Justiça, na utilização desenfreada da arbitragem. No caso das relações de trabalho, aponta: "a) da un lato, all'arbitrato rituale (119) e, a quello irrituale (120) nelle controversie di lavoro previste dall'art. 409 CPC, i quali sono ammissibili, per iniziativa e per esclusiva volontà di parte, *in* forza di clausole compromissorie inserite nei singoli contratti individuali, solo quando la legge o la contrattazione collettiva lo consenta e, *in* ogni caso, a pena di nullità di quelle clausole, 'senza pregiudizio della facoltà delle parti di adire l'autorità giudiziaria'; b) dall'altro, alla ripristinata ammissibilità dell'arbitrato rituale nelle controversie sui lavori pubblici, disciplinate dalla l. 11 febbraio 1994, n. 109, ove le innovazioni normative del 1995, dopo di averlo reintrodotto, sembravano sancirne addirittura l'obbligatorietà nelle ipotesi *in* cui, sulle riserve formulate e poi confermate dall'affidatario appaltatore, non si sia proceduto all'accordo bonario, previsto nell'art. 31-bis di quella stessa legge." COMOGLIO, Luigi Paolo. Mezzi alternativi di tutela e garanzie costituzionali. In: *Rivista di Diritto Processuale*, Padova: Cedam, 2000. p. 355.

6.4. *A síntese das diretrizes*

Como se observou, nem mesmo toda a dificuldade que se tem na resolução processual de problemas sociais, econômicos e políticos, naquilo que *Fuller* cunhou de "tarefas policêntricas",(700) provocada, como apontava *Cappelletti*, pela falta de acesso a dados e informações necessárias para uma ponderação objetiva que uma decisão envolvendo esses complexos problemas requer,(701) impediu a expansão do processo civil coletivo. Pelo contrário, pois a tendência é de se ampliar o seu alcance, conferindo--lhe, inclusive e como se verá adiante, a perspectiva de, nele, consagrar-se a sentença de conteúdo normativo, as chamadas sentenças dispositivas ou determinativas, a partir da constatação da incapacidade dos poderes Executivo e Legislativo de fornecerem respostas efetivas à exploração das demandas sociais e da provocação do Judiciário por grupos que clamam por direitos metaindividuais, por regulação de comportamentos e reconhecimento de identidades. O quadro, portanto, é expansionista e de "publicização", que se reflete no princípio dispositivo do processo, entendido este em sua acepção substancial e própria (*supra* 2.3).(702)

Em sentido contrário, a tutela dos conflitos coletivos trabalhistas econômicos ou de interesses, antes exercida na via do processo normativo, foi quase que integralmente "privatizada". Remanescem como métodos no Brasil: a mediação, através da negociação coletiva (CF, art. 114, § 1º, parte inicial); a arbitragem extrajudicial (CF, art. 114, § 1º, parte final); e a arbitragem judicial, na via do dissídio coletivo de natureza econômica, condicionado ao "comum acordo" das partes (CF, art. 114, § 2º).

No contexto do acesso coletivo à justiça, infere-se que o direito processual civil coletivo evoluiu na referência do concebido direito processual coletivo trabalhista.

Dessa mão e contramão, a proposta é apontar um instrumento processual em substituição aos dissídios coletivos, o qual se apresente como solução democrática, garantística e efetiva na solução dos conflitos coletivos, diante da constatação, factível, de que a intervenção estatal, através da atividade jurisdicional, se não é indispensável, ao menos deve se apresentar como alternativa eficaz para a solução deles.

---

(700) FULLER, Lon. The forms and limits of adjudication. *Harvad Law Rev.*, 1978. p. 353 e ss. Disponível em: <http://cyber.law.harvard.edu/bridge/LegalProcess/fuller2.htm> Acesso em: 2.10.2008.

(701) CAPPELLETTI, Mauro. *Processo, ideologias e sociedade*, p. 18.

(702) Alude-se à indisponibilidade do objeto da ação coletiva, que deve ser aferida em cada caso concreto. Cf. Mauro Cappelletti: La publicização del proceso civil e sua conciliação com o princípio dispositivo. *Op. cit.*, p. 43-45. Também identificando essa tendência, mas de forma diferente: FAVELA, José Ovalle. *Op. cit.*, p. 10.

7. A AÇÃO CIVIL PÚBLICA PARA A TUTELA COLETIVA DAS RELAÇÕES DE TRABALHO. UMA PROPOSTA EM PERSPECTIVA COMPARATIVA COM O SISTEMA DO DISSÍDIO COLETIVO

A doutrina processual já identificou, em análise comparativa, as semelhanças entre os dois modelos de tutela processual coletiva, fundados em um sistema de ações de classe representativas. Ambos visam à proteção de direitos metaindividuais, difusos, coletivos ou individuais homogêneos; utilizam a técnica da legitimidade extraordinária; a extensão ficta dos efeitos da coisa julgada aos que se encontram no contexto da substituição, bem como a valorização da efetividade, celeridade e amplitude do Acesso à Justiça.

O momento processual brasileiro é ímpar, frente à extinção da jurisdição contenciosa normativa trabalhista pela via do dissídio coletivo, operada pela EC n. 45/04, hoje na busca de um instrumento processual alternativo que atenda às pretensões de natureza normativa de classe representativa e as enfrente.

Assim, quando se afirma, como aqui se fez, que inexistem instrumentos processuais específicos e adequados para a tutela dos direitos coletivos trabalhistas, alude-se, necessariamente, àqueles direitos que outrora foram tutelados na via dos dissídios coletivos ou que, no caso dos servidores públicos e das lides sindicais, jamais o foram.

Com essas observações, podemos dizer que as conclusões deste estudo começam aqui.

Elas vertem da possibilidade do uso da ação civil pública como via alternativa ao dissídio coletivo, fundada em três perspectivas factuais. A primeira, em função dos óbices impostos pela EC n. 45/04, impedindo que os conflitos de interesses ou econômicos, submetidos à jurisdição trabalhista, continuassem a ser tutelados naquela via processual. A segunda, pela necessidade de se tutelar esses conflitos perante a Justiça Comum (Estadual ou Federal), como no caso dos servidores públicos submetidos ao estatuto. A terceira, simplesmente pela deficiência do sistema, hoje vivenciada em relação às lides sindicais.

Como primeira aproximação para as associações que serão doravante desenvolvidas, ir-se-á à tônica dos fundamentos e do rito processual da ação civil pública trabalhista.

7.1. O fundamento legal e o rito processual da ação civil pública trabalhista

Sepultados os questionamentos a respeito do cabimento da ação civil pública na jurisdição trabalhista, desde a edição da Lei Complementar n. 75/93 — Lei Orgânica do Ministério Público da União que, em seu art. 83, III,[703] contempla-a especificamente — as atenções se concentram, embora sem grandes debates doutrinários, para o seu procedimento.

A práxis tem revelado que o rito adotado vem sendo o do procedimento previsto para as ações trabalhistas individuais (CLT, art. 837 e ss.). A ação civil pública, exemplo emblemático de tutela processual coletiva, no paradoxo de processar-se de acordo com o *iter* e os meios processuais, extremamente simplificados, destinados e concebidos para a tutela processual individual.

Esse campo de exame, aqui enfrentado apenas no que interessa, pontualmente, ao estudo da ação civil pública trabalhista, merece ser utilmente reexplorado, pois se constata, no contexto do processo trabalhista brasileiro contemporâneo, seja individual ou coletivo, cognitivo ou executivo, à luz da infinita gama de demandas atraídas para a jurisdição laboral, após o redesenho de competências operado pela EC n. 45/04, a completa ausência de referenciais atinentes à técnica e estrutura interna do procedimento a ser adotado,[704] com afetação direta ao princípio dispositivo das partes, este entendido em seu sentido processual ou impróprio (*supra* 2.3).[705]

Em perspectiva processual coletiva, a primeira explicação é a de que a CLT foi estruturada ao tempo em que os conflitos de direito (decididos pela interpretação e aplicação de uma norma jurídica) equivaliam aos litígios individuais, ainda que fossem plúrimos, com pluralidade de sujeitos (o litisconsórcio); e os conflitos econômicos ou de interesses (decididos pela criação de normas) aos litígios ou dissídios coletivos (*supra* 6.1). Logo, no sistema da CLT, tutela processual coletiva refere-se ao dissídio econômico ou de interesse (tutelados nos dissídios coletivos), e tutela processual individual refere-se ao dissídio de direito ou jurídico (tutelados nos dissídios individuais).

Assim, como a tutela processualmente coletiva, estritamente trabalhista, resumia-se aos dissídios coletivos, que são ações de competência originária dos tribunais e cujo rito processual, por tal razão, é manifestamente inadequado para a tutela das ações civis públicas, restou, no contexto da CLT, apenas o rito das ações individuais.[706]

(703) "Art. 83. Compete ao Ministério Público do Trabalho o exercício das seguintes atribuições junto aos órgãos da Justiça do Trabalho: III — promover a ação civil pública no âmbito da Justiça do Trabalho, para defesa de interesses coletivos, quando desrespeitados os direitos sociais constitucionalmente garantidos;" O dispositivo veio regulamentar previsão da Constituição: "Art. 129. São funções institucionais do Ministério Público: III — promover o inquérito civil e a ação civil pública, para a proteção do patrimônio público e social, do meio ambiente e de outros interesses difusos e coletivos;"

(704) Execuções fiscais inseridas na competência trabalhista (CF, art. 114, VII), processadas, tanto pela Lei n. 6.830/90 — Lei dos Executivos Fiscais —, quanto pela CLT (art. 876 e ss.), quanto, ainda, pelo CPC (art. 575-J e ss.); ações sobre representação sindical (CF, art. 114, III), processadas, indistintamente, tanto pelo CPC, quanto pela CLT; e até ações de improbidade administrativa, processadas pelo rito comum das ações trabalhistas individuais da CLT (art. 837 e ss.), como ocorreu, *v. g.*, no processo n. 559.2008.027.13.00-3, na jurisdição do TRT, da 13ª Região. Disponível em: <www.trt13.jus.br> Acesso em: 6.11.2008.

(705) Para Liebman, citando Carnacini: "[...] il principio dispositivo come um principio esclusivamente técnico delo processo, cioè come uma di quelle regole che le parti devono osservare per adeguarsi alle esigenze proprie del meccanismo che esse medesime hanno posto *in* movimento". LIEBMAN, Enrico Tulio. Fondamento del principio dispositivo. In: *Rivista di Diritto Processuale,* ano XV, Padova: Cedam, 1960. p. 553-554.

(706) Martins Filho, em seu *O processo coletivo do trabalho. Op. cit.*, p. 157, sustentava que o rito das ações civis públicas seria o dos processos de dissídio coletivo de natureza jurídica, de competência originária

Entretanto, sabendo-se que as ações civis públicas integram o espectro das tutelas processuais diferenciadas, reflexo direto e imediato da fase instrumentalista do direito processual e do nexo entre o processo e o direito material (*supra* 2.3), compartilha-se com os que entendem pela aplicação do art. 19 da Lei n. 7.347/85, que remete ao CPC, naquilo que não for incompatível com as disposições da lei, o *iter* processual a ser seguido.(707)

Ainda que seja, ele próprio, um processo diferenciado,(708) não pode permanecer, o processo do trabalho, na fase "autonomista" do processo, a da escola "sistemática" ou da "teoria geral do processo", a chamada escola "chiovendiana", ao conceber como verdadeiro polo metodológico um único procedimento para atender a diversificadas e múltiplas situações substanciais, que lhe foram repassadas pela EC n. 45/04 (*v. g.*, execuções fiscais, mandados de segurança, ações civis públicas, ações complexas de indenização por danos morais e materiais decorrentes de acidentes de trabalho), ainda influenciado pelo isolamento, ali quase consumado, do processo em face do direito material (*supra* 2.3), e como se ainda tutelasse, apenas, as reclamações trabalhistas.

De importante a se sublinhar: (a) para a ação civil pública, a "[...] escolha do rito não é discricionária, e muito menos arbitrária, mas deve pautar-se pelos critérios legais",(709) sendo certo que deve ser aplicado o art. 19 da Lei n. 7.347/85; e b) a incerteza, hoje vivenciada, em relação ao procedimento a ser adotado, fere de morte o direito das partes ao devido processo legal (CF, art. 5º, LIV), o que compromete a legitimidade do resultado obtido, sabendo-se que o procedimento não é apenas uma sequência de atos exteriorizados do processo, mas a sua própria essência e estrutura técnica,(710) sendo a sentença, não um ato sentimental, mas a sua consequência e expressão jurídica-racional, democraticamente construída a partir do contraditório.(711)

---

dos tribunais do trabalho. A posição tinha amparo, como dito (*supra*, 5.1), no Regimento Interno do Tribunal Superior do Trabalho, eis que o seu art. 6º, I, *a*, indicava sua competência originária para as ações civis públicas que excedessem a jurisdição dos Tribunais Regionais do Trabalho, posteriormente revogada pela Resolução Administrativa n. 743/00. Já na 2. ed. da mesma obra, 1996, sustentava que o rito a ser seguido deveria ser o das reclamações trabalhistas individuais: MARTINS FILHO, Ives Gandra. *O processo coletivo do trabalho*. 2. ed. São Paulo: LTr, 1994. p. 199.

(707) Adamovich dá os motivos: "A experiência da aplicação dos ritos das reclamações trabalhistas individuais, comum, sumaríssima ou de alçada, não parece frutificar. Os direitos em discussão em alguns casos não admitem conciliação, assim como a representação dos titulares dos direitos por entes coletivos frustra os benefícios diretos da oralidade. A impossibilidade de abandono da causa, tanto pelo sindicato quanto pelo Ministério Público, afasta a possibilidade de arquivamento, assim como a revelia por ausência da parte ré não resolveria questões de direito largamente presentes na matéria, como se viu. Ademais, o afastamento da Administração Pública como parte no rito sumaríssimo, que limita as questões de direito público veiculáveis, além das restrições ao valor da causa e à produção de provas, em se tratando de direitos coletivos ou difusos, tornam a aplicação a estes desse mesmo rito e do de alçada praticamente cerebrina." ADAMOVICH, Eduardo Von. *Sistema da ação civil pública no processo do trabalho*, p. 326. No mesmo sentido: OLIVEIRA, Francisco Antônio de. *Ação civil pública*: enfoques trabalhistas. São Paulo: Revista dos Tribunais, 2004. p. 36.

(708) COMOGLIO, Luigi Paolo. *Riti differenziati e principio di ragionevoleza*, p. 215-223.

(709) MANCUSO, Rodolfo de Camargo. *Op. cit.*, p. 86.

(710) FAZZALARI, Elio. *Diffusione del processo e compiti della dottrina*, p. 861-880. Também do mesmo autor: *Processo (teoria generale)*: novíssimo digesto italiano, ristampa. Torino: UTET, 1982. v. 13, p. 1.067-1.076.

(711) Remete-se a dois processualistas nacionais que trabalham, brilhantemente, com a relação processo e sociedade, a partir da obra de Elio Fazzalari: GONÇALVES, Aroldo Plínio. *Técnica processual e teoria do processo*. Rio de Janeiro: Aide, 1992. p. 59-154 e a LEAL, Rosemiro Pereira. *Teoria geral do processo*. 7. ed. Rio de Janeiro: Forense, 2008. p. 83.

7.2. *Um matiz fortemente definitório: o da tutela de urgência*

Ao contrário do que ocorreu em alguns países, o modelo da ação civil pública brasileira não é restrito à tutela ressarcitória.[712] A partir do referencial do art. 1º da Lei n. 7.347/85, a Constituição de 1988, posteriormente o Código de Defesa do Consumidor e, no caso trabalhista, a Lei Complementar n. 75/93 (art. 83, III) permitem "que se afirme hoje que ela pode ter por objeto declarar, constituir, condenar, emitir ordens ou executar".[713] A práxis, acrescente-se, incrementou um considerável alargamento do seu objeto ao longo da sua trajetória evolutiva, em simbiose com as necessidades do direito material (*supra* 6.2.2).

Reconhecida a transcendência jurídica dos interesses coletivos tutelados pela ação civil pública, inclusive os trabalhistas, do ponto de vista processual, o "núcleo vital" da atuação jurisdicional passa a ser o da preservação desses interesses durante a trajetória do processo.

Isso significou uma recepção inteligente da metodologia dos provimentos de urgência, o que não é peculiaridade, apenas, do processo civil coletivo brasileiro.[714]

A subsunção do direito do trabalho aos princípios da prevenção, como forma de se antecipar à deflagração do conflito coletivo ou à degradação das relações coletivas entre o capital ou entre o Estado e o trabalho, inclusive como mecanismo de alocação de responsabilidades, é pressuposto de efetividade da tutela jurisdicional exauriente.

Dessa conectividade entre as necessidades de urgência na tutela do direito material coletivo e a previsibilidade da tutela liminar na Lei n. 7.347/85, vê-se que: (a) a ação cautelar, propriamente dita, encontra-se prevista no art. 4º; e (b) há, também, a possibilidade de concessão de tutela liminar, com "justificação prévia", tal como previsto no art. 12, abrindo-se a possibilidade da cumulação objetiva, no corpo da petição inicial, do pedido liminar com o principal.[715]

No desenvolvimento da ação civil pública, a busca sempre mais exigente de efetividade resultou na expansão do seu provimento liminar, que assumiu metodologia orgânica com possibilidades que sobrepujaram os limites impostos pelo processo tipicamente cautelar: provisoriedade, instrumentalidade e cognição exauriente. A base é a fungibilidade dos pedidos liminares,[716] que tanto podem assumir feição cautelar-extensiva, quanto antecipatória-satisfativa, formatada desde antes da sua consagração,

---

(712) GIUSSANI, Andrea. *Azione collettive risarcitorie nel processo civile*, p. 27 ss.

(713) ADAMOVICH, Eduardo Von. *Sistema da ação civil pública no processo do trabalho*, p. 334.

(714) Para o caso argentino: MORELLO, Augusto M. *Op. cit.*, p. 68-69; e para o italiano: GIUSSANI, Andrea. *Op. cit.*, p. 21-26.

(715) Nesse sentido: ZAVASCKI, Teori. *Op. cit.*, p. 69-73.

(716) Assim expressamente: "Diante dos efeitos instrumentais da tutela sumária, é desnecessário se apegar com total rigidez à ideia de correlação entre pedido e pronunciamento. O que se busca até então é uma providência de caráter provisório que seja capaz de evitar o dano que se avizinha, a desafiar a utilidade da própria tutela jurisdicional." MELO, Gustavo de Medeiros. O princípio da fungibilidade no sistema de tutelas de urgência: um departamento do processo civil ainda carente de tratamento adequado. In: *Revista de Processo*, n. 167, São Paulo: Revista dos Tribunais, jan. 2009. p. 81-82.

de forma genérica, para todo o sistema processual, com o advento do art. 273, § 7º do CPC, pela Lei n. 10.444/02.(717)

Explica *Ferraz*:(718)

> Logo em seu art. 4º a Lei n. 7.347/85 já alarga o âmbito da ação cautelar, fazendo-a mais ampla e mais profunda, no campo da ação civil pública. É o que se colhe desenganadamente de sua previsão no sentido de que a ação cautelar possa, aqui, ter o fito de evitar o dano, cuja reparabilidade (este é o alvo principal consagrado no art. 1º do diploma), ao lado da recomposição do *statu quo ante* (este é o alvo basilar no art. 2º), constituem as metas desse precioso instrumento. É dizer, a ação cautelar na ação civil pública, em razão do ora examinado art. 4º, se reveste inclusive de feição satisfativa, de regra de se repelir nas medidas dessa natureza.

O caráter preventivo da tutela não se resume, apenas, ao dano material e imaterial. Pode ir além, e antecipar-se à própria lesão da ordem jurídica material. Trata-se de tutela inibitória, como tutela de prevenção do ilícito e não apenas do dano, sabendo-se que o dano é requisito indispensável para o surgimento da obrigação de reparar, mas não para a constituição do ilícito. Basta, portanto, a demonstração da ameaça da prática de ato lesivo à ordem jurídica material,(719) sem a necessidade de demonstração de dano futuro.(720)

Não encontra óbice no reexame necessário, ínsito às decisões proferidas contra a Fazenda Pública,(721) ou na sujeição desta ao pagamento de condenação judicial pela via do precatório,(722) pois o seu provimento liminar, antecipatório ou cautelar, tem

---

(717) Sobre a expansão das tutelas de urgência: GRECO, Leonardo. A função da tutela cautelar. In: ASSIS, Araken de (coord.). *Estudos em homenagem ao professor Arruda Alvim*. São Paulo: Revista dos Tribunais, 2007. p. 829-833.

(718) FERRAZ, Sérgio. Provimentos antecipatórios na ação civil pública. In: MILARÉ, Edis (coord.). *Ação civil pública*: Lei n. 7.347/85 — 15 anos. 2. ed. São Paulo: Revista dos Tribunais, 1995, 2002. p. 832.

(719) Nesse sentido é a clássica lição de BENUCCI, Eduardo Bonasi. Atto illecito e concorrenza sleale. In: *Rivista Trimestrale di Diritto e Procedura Civile*, n. 2, Milão: Giuffrè, jun. 1957, especialmente o tema "3", *Danno e illecito*, p. 569.

(720) Marinoni dá os motivos: "A ação inibitória se volta contra a probabilidade do ilícito, ainda que se trate de repetição ou continuação. Assim, é voltada para o futuro, e não para o passado. De modo que nada tem a ver com o ressarcimento do dano e, por consequência, com os elementos para a imputação ressarcitória — os chamados elementos subjetivos, culpa ou dolo. Além disso, essa ação não requer nem mesmo a probabilidade do dano, contentando-se com a simples probabilidade de ilícito (ato contrário ao direito). Isso por uma razão bem simples: imaginar que a ação inibitória se destina a inibir o dano implica na suposição de que nada existe antes dele que possa ser qualificado de ilícito civil. Acontece que o dano é uma consequência eventual do ato contrário ao direito, os quais (o dano e o ato contrário ao direito), assim, podem e devem ser destacados para que os direitos sejam adequadamente tutelados. Assim, por exemplo, se há um direito que exclui um fazer ou uma norma definindo que algo não pode ser feito, a mera probabilidade de ato contrário ao direito — e não de dano — é suficiente para a tutela jurisdicional inibitória." MARINONI, Luiz Guilherme. *Técnica processual e tutela dos direitos*. 2. ed. São Paulo: Revista dos Tribunais, 2008. p. 195. Nesse sentido: YOSHIDA, Consuelo Yatsuda Moromizato. Ação civil pública: judicialização dos conflitos e redução da litigiosidade. In: MILARÉ, Edis (coord.). *A ação civil pública após 20 anos*: efetividade e desafios. São Paulo: Revista dos Tribunais, 2005. p. 117.

(721) Superior Tribunal de Justiça: Resp n. 913.072-RJ, Rel. Min. Teori Zavascki, Primeira Turma, unânime, DJU de 21.6.2007.

(722) Superior Tribunal de Justiça: Resp n. 770.969-RS, Rel. Min. Castro Meira, Segunda Turma, unânime, DJU de 3.10.2005.

objetivos e finalidades completamente diversas daquelas regras de proteção ao patrimônio público.

Também inexiste impedimento a sua concessão em sentença ou acórdão.[723]

No caso trabalhista, as necessidades de tutela dos direitos fundamentais e dos valores sociais do trabalho, no contexto dos conflitos econômicos ou de interesses entre categorias inteiras, inclusive das greves e do fórum sindical, a partir da interseção, muito factível, entre processo e sociedade, levam até mesmo à relativização do princípio dispositivo, aqui referido em seu sentido substancial ou próprio (*nemo judex sine actore, ne eat judex ultra petita partium — supra* 2.3).[724] Alude-se à possibilidade da concessão de ofício da tutela liminar. Nesse sentido foi aprovada a tese 4.9, de autoria de *Ângela Maria Konrath*, no XIV CONAMAT — Congresso Nacional dos Magistrados do Trabalho, e que tem o seguinte enunciado:

> Tutela antecipada de ofício como fator de promoção dos direitos oriundos da relação de trabalho. Postura ativa do magistrado, com o alcance imediato do direito vindicado, quando presentes os requisitos do art. 273 do CPC, independentemente de requerimento da parte. Máxima efetividade da garantia constitucional de duração razoável do processo. Interesse do Estado na concretização do direito para afirmação da democracia.[725]

Em síntese, pode-se dizer a) que o provimento liminar é um dos traços característicos da ação civil pública, admitido pelos art. 4º e 12 da Lei n. 7.347/85, podendo ser cumulado com o principal, na própria petição inicial; b) que se admitem tanto pedidos de natureza cautelar-extensiva como antecipatória-satisfativa, a serem aferidos pela aplicação do princípio da fungibilidade, para cada caso concreto; e c) que em casos de extrema relevância, admite-se o provimento de ofício, em postura ativa do julgador, como fator de promoção dos direitos coletivos trabalhistas e também na defesa dos interesses da sociedade.

7.3. A legitimação ativa dos sindicatos

Não se discute a legitimidade do Ministério Público, da Defensoria Pública e dos entes de direito público interno, suas autarquias, empresas públicas, fundações e sociedades de economia mista. Quanto a estes, a legitimidade para a propositura da ação civil pública encontra-se bem definida no texto da lei: art. 5º, incisos I a IV, da Lei n. 7.347/85.[726]

---

(723) Superior Tribunal de Justiça: Resp n. 645.921-MG, Rel. Min. Aldir Passarinho Júnior, Quarta Turma, unânime, DJU de 14.12.2005. p. 214.

(724) Ao propósito, é bem colocada a observação de FUX: "Esse exagerado apego ao princípio dispositivo, exclui por completo a aplicação da fungibilidade anteriormente enunciada, inclusive com indicação dos exemplos alienígenas das doutrinas que nos antecederam ao tema." FUX, Luiz. *Tutela de segurança e tutela de evidência*: fundamentos da tutela antecipada. São Paulo: Revista dos Tribunais, 1997. p. 341.

(725) CONAMAT — Congresso Nacional dos Magistrados da Justiça do Trabalho realizado em Manaus, AM de 29.4 a 2.5.2008. *Revista do Congresso*. Brasília: Engenho Comunicação, p. 29.

(726) Vale mencionar a posição contrária de parte do Ministério Público quanto à legitimidade da Defensoria Pública, tendo o Conselho Nacional do Ministério Público (Conamp) proposto Ação Declaratória de Inconstitucionalidade (ADIn 3.943-DF) frente à alteração do art. 5º da Lei n. 7.347/85, pela Lei n. 11.448/07, que a conferiu. A jurisprudência já a vinha admitindo, mesmo antes dessa previsão legal específica.

O problema a ser tratado, pontual, reside na legitimidade ativa dos sindicatos, pressuposto da viabilização da ação civil pública como instrumento de tutela dos conflitos econômico-trabalhistas.

Quando a Lei n. 7.347/85, em seu art. 1º, dispõe que o objeto da ação civil pública é aquele que se destina à apuração da responsabilidade por danos morais e patrimoniais causados ao meio ambiente, à economia popular, à ordem econômica e urbanística e a outros bens e direitos, não menciona, em nenhum dos incisos do referido art. 1º, a proteção ao trabalhador ou às relações de trabalho,(727) como fez, *v. g.*, com o consumidor.

Poder-se-ia objetar, nesse contexto, que as relações de trabalho estariam fora do alcance da tutela judicial pela via da ação civil pública e que os sindicatos não estariam enquadrados no conceito de "associação", legitimada, ativamente, para a sua propositura, o que se justificaria diante da regra do art. 5º, inc. V, do referido diploma, que exige, como requisito, na alínea "b", que a associação tenha, entre as suas finalidades institucionais, a proteção a determinados bens e direitos ali discriminados, entre os quais também não se verifica a proteção ao trabalhador ou às relações de trabalho. Em abono a tal ponto de vista, pode-se acrescentar que a MP n. 2.180-35, de 24.8.2001, extirpou do objeto da ação civil pública a proteção a qualquer outro interesse difuso ou coletivo.

Entretanto, a Lei Orgânica do Ministério Público, Lei Complementar n. 75/93,(728) já havia incluído, de forma bem específica, no objeto da ação civil pública, a proteção ao trabalhador e às relações de trabalho, não tendo sido alterada pela já citada MP n. 2.180-35/01, frente ao *status* de lei complementar que ostenta.

Acrescente-se o que dispõe a Constituição Federal, quando impõe ao sindicato, no seu art. 8º, III, a defesa dos direitos e interesses coletivos ou individuais da categoria, inclusive em questões judiciais; e a própria Lei n. 8.073/90, que, apesar das suas impropriedades técnicas, consagra a legitimação extraordinária ampla das entidades sindicais na persecução dos interesses dos integrantes de suas respectivas categorias. Pode-se dizer, pois, que o sindicato, nas palavras de *Gavronski*, citando *Celso Fiorillo*,(729)

Cf. Superior Tribunal de Justiça, Resp. 181.580-SP, Rel. Min. Castro Filho, in *DJU* de 22.3.2004. Já sob o pálio da Lei n. 11.448/07, conferir acórdão do Tribunal de Justiça do Rio Grande do Sul sustentando a legitimidade da Defensoria anotado por: CARNAZ, Daniele Regina Marchi; FERREIRA, Jussara Suzi Assis Borges Nasser e; GOMES JÚNIOR, Luiz Manoel. In: *Revista de Processo*, n. 163, *Revista dos Tribunais*, set. 2008. p. 287-295.

(727) O Grupo de Pesquisa em Processo Coletivo do Trabalho da Faculdade de Direito da UERJ, liderado pelo professor Eduardo Henrique Von Adamovich, do qual fazem parte o autor do presente trabalho e o Mestre pós-graduado pela Instituição Diogo de Medina Maia, elaborou um anteprojeto de lei que propõe inserir no inc. III, do art. 1º, da Lei n. 7.783/89, atualmente vago, eis que revogado pela MP n. 2.180-35, de 24.8.2001, a proteção "ao trabalhador e às relações de trabalho". Esse anteprojeto, hoje convertido no Projeto de Lei n. 2.422/07, de autoria do Deputado Efraim Morais Filho, encontra-se em análise na Comissão de Constituição e Justiça da Câmara dos Deputados, depois de aprovado na Comissão do Trabalho da mesma casa.

(728) Art. 83. Compete ao Ministério Público do Trabalho o exercício das seguintes atribuições junto aos órgãos da Justiça do Trabalho: III — promover a ação civil pública no âmbito da Justiça do Trabalho, para defesa de interesses coletivos, quando desrespeitados os direitos sociais constitucionalmente garantidos.

(729) GAVRONSKI, Alexandre Amaral. Das origens ao futuro da lei da ação civil pública: o desafio de garantir acesso à Justiça com efetividade. In: MILARÉ, Edis (coord.). *A ação civil pública após 20 anos*: efetividade e desafios. São Paulo: Revista dos Tribunais, 2005. p. 30-31.

é "[...] ontologicamente, uma espécie de associação civil e que, nessa condição, tem plena legitimidade para defender em juízo os interesses dos seus associados e mesmo daqueles que, não sendo filiados, integram a categoria".

Nessa posição, podem ser citados, dentre outros, *Mendes*,(730) *Von Adamovich*,(731) *Mazzilli*(732) e *Cavalcanti*.(733) No mesmo sentido, o Enunciado n. 77, aprovado na já citada Primeira Jornada de Direito Material e Processual da Justiça do Trabalho, realizado pelo TST em novembro de 2007, com a seguinte redação: "Os sindicatos, nos termos do art. 8º, III, da CF, possuem legitimidade extraordinária para a defesa dos direitos e interesses — individuais e metaindividuais — da categoria respectiva, em sede de ação civil pública ou outra ação coletiva, sendo desnecessária a autorização e indicação nominal dos substituídos."(734)

Nessa perspectiva de legitimação ativa do sindicato, pode-se dizer, ainda, que a ação civil pública, no escopo de tutelar os conflitos coletivos econômicos, tem uma vantagem adicional, frente ao dissídio coletivo: ela permite a sua propositura por sindicato de categoria econômica, e não só pelo de categoria profissional, mediante a oferta de cláusulas, o que jamais foi admitido na via do dissídio coletivo de natureza econômica.(735) De acordo com o disposto nos arts. 857 e ss. da CLT, a ausência de sindicato representativo de classe leva, sucessivamente, à legitimação processual das federações e confederações para os dissídios coletivos e, portanto, para as ações coletivas em geral, inclusive a ação civil pública. Como pela norma do art. 611 da CLT, a atuação das federações e confederações é supletiva nas negociações coletivas, também será na legitimação para as ações civis públicas, isto é, apenas evidenciada nas hipóteses de categorias a elas vinculadas, inorganizadas em sindicatos e no âmbito de suas respectivas representações.(736)

---

(730) MENDES, Aluísio Gonçalves de Castro. Efetivação dos direitos fundamentais mediante ação civil pública para implementar políticas públicas. In: *Revista de Processo*, n. 163, Revista dos Tribunais, set. 2008. p. 315.

(731) ADAMOVICH, Eduardo Henrique Von. *Sistema da ação civil pública no processo do trabalho*, p. 267-272.

(732) MAZZILLI, Hugo Nigro. *A defesa dos interesses difusos em juízo*. 7. ed. São Paulo: Saraiva, 1995. p. 19.

(733) CAVALCANTI, Clarissa Lessa Ferreira. Legitimação para propor ação civil pública. In: *Revista da Amatra*, VI — 6ª Região, Recife, ano IX, n. 24, fev. 2006. p. 50-53.

(734) *Revista LTr*, v. 71, n. 12. São Paulo: LTr, dez. 2007. p. 1506.

(735) Dentre tantos precedentes do TST, vale mencionar o RODC — 837/2005-000-05-00, Rel. Min. João Oreste Dalazen, com a seguinte ementa: "DISSÍDIO COLETIVO. NATUREZA ECONÔMICA. SINDICATO PATRONAL. INTERESSE DE AGIR. Sindicato representante da categoria patronal carece de interesse de agir para o ajuizamento de dissídio coletivo de natureza econômica em face de sindicatos de categoria profissional, mediante oferta de cláusulas. Ressalva do Relator." *DJU* de 26.10.2007. No corpo do voto, são citados inúmeros precedentes: RODC-90767-2003-900-02-00, Rel. Min. Rider Nogueira de Brito, DJ 28.11.2003, RODC10085-2002-000-22-00, Rel. Min. Gelson de Azevedo, DJ 30.5.2003 e RODC-39.574/2002-900-02-00, Min. Vieira de Mello Filho.

(736) CLT, art. 611. "Convenção Coletiva de Trabalho é o acordo de caráter normativo, pelo qual dois ou mais Sindicatos representativos de categorias econômicas e profissionais estipulam condições de trabalho aplicáveis, no âmbito das respectivas representações, às relações individuais de trabalho. § 1º É facultado aos Sindicatos representativos de categorias profissionais celebrar Acordos Coletivos com uma ou mais empresas da correspondente categoria econômica, que estipulem condições de trabalho, aplicáveis no âmbito da empresa ou das acordantes respectivas relações de trabalho. § 2º As Federações e, na falta desta, as Confederações representativas de categorias econômicas ou profissionais poderão celebrar convenções coletivas de trabalho para reger as relações das categorias a elas vinculadas, inorganizadas em Sindicatos, no âmbito de suas representações".

Como se demonstrará no tópico seguinte (*infra*, 7.4), descartada é a legitimação ativa das chamadas "centrais sindicais".

7.4. A legitimação passiva dos sindicatos. As ações coletivas passivas trabalhistas

O cabimento da ação civil pública passiva ou ação coletiva passiva já tem respaldo dominante na doutrina[737] e na jurisprudência,[738] em entendimento construído a partir da interpretação sistemática que se faz do art. 83 do CDC, e do art. 5º, § 2º, da Lei n. 7.347/85 — a Lei da Ação Civil Pública.[739] Esta é a posição que se adota, notadamente no campo da tutela processual coletiva trabalhista e tem previsão específica, não só no dissídio coletivo, mas em outras ações, como as previstas no art. 1º da Lei n. 8.984/95.[740]

O problema é que todo o sistema integrado entre a Lei n. 7.347 e o Código de Defesa do Consumidor — Lei n. 8.078/90, embora fundado na técnica da legitimidade extraordinária, através da substituição processual, consagra a preocupação em não vincular, de forma negativa, os substituídos, isto é, os titulares dos direitos individualmente concebidos, a partir do pressuposto de que a coletividade encontra-se no polo ativo da ação. O trato com a ação civil pública leva, de imediato, à presunção de uma demanda em que figura, no polo ativo, uma coletividade substituída processualmente e, no passivo, um demandado individual. Isso se revela em uma perspectiva de proteção ao demandante, notadamente quanto aos efeitos da coisa julgada.

Esse modelo de legitimidade adotado, de onde se verifica a ausência de uma previsão específica para o réu coletivamente considerado, é apontado como o fator determinante para o não desenvolvimento da ação civil pública passiva ou simplesmente ação coletiva passiva e, por consequência, em um primeiro momento,

---

(737) Fava, além da sua posição favorável, acrescenta: "Admitem a possibilidade, com maior ou menor amplitude Hugo Nigro Mazzilli, Rodolfo de Camargo Mancuso, Pedro Lenza, Kazuo Watanabe e Ada Pellegrini Grinover, mas repelem-na Antônio Mello de Camargo Ferraz, Edis Millaré e Nelson Nery Júnior." FAVA, Marcos Neves. *Ação civil pública trabalhista*. São Paulo: LTr. 2005. p. 170. Também a admite: DIDIER, Fredie. O controle jurisdicional da legitimação coletiva e as ações coletivas passivas. In: MAZZEI, Rodrigo; NOLASCO, Rita (coords.). *Processo civil coletivo*. São Paulo: Quartier Latin, 2005. p. 101.

(738) Fredie Didier, discorrendo sobre a tutela processual da greve no âmbito da jurisdição civil, indica ação proposta pela União Federal contra a Federação Nacional dos Policiais Federais — FENAPE e contra o Sindicato dos Policiais Federais do Distrito Federal — SINDIPOL-DF, processo n. 2004.34.00.010685-2, da 7ª Vara Federal do Distrito Federal. *Ibidem*, p. 104.

(739) Parte-se do conteúdo do art. 83 do CDC, segundo o qual "para a defesa dos direitos e interesses protegidos por este Código são admissíveis todas as espécies de ações capazes de propiciar sua adequada e efetiva tutela", passando pelo que dispõe o art. 5º, § 2º, da Lei n. 7.347/85 — LACP, no sentido de que "fica facultado ao Poder Público e às outras associações legitimadas nos termos deste artigo habilitar-se como litisconsorte de qualquer das partes", para se concluir pelo cabimento da ação civil pública coletiva passiva.

(740) "Art. 1º Compete à Justiça do Trabalho conciliar e julgar os dissídios que tenham origem no cumprimento de convenções coletivas de trabalho ou acordos coletivos de trabalho, mesmo quando ocorram entre sindicatos ou entre sindicatos de trabalhadores e empregador." Como observa Didier: "Acaso não se admita a ação coletiva passiva, não seria possível explicar a ação rescisória de sentença proposta pelo réu da ação coletiva originária [...]" In: DIDIER, Fredie. *O controle jurisdicional da legitimação coletiva e as ações coletivas passivas*, p. 103.

como a principal dificuldade da sua viabilização como instrumento adequado à tutela dos conflitos coletivos de trabalho.

Verifica-se, entretanto, sem a necessidade de se recorrer ao estudo das sempre citadas *class actions*, notoriamente desenvolvidas no sistema processual coletivo norte-americano e, em especial, das *defendant class actions*,[741] que, no Brasil, há mais de meio século, são reconhecidas, processadas e julgadas ações coletivas passivas contra a classe de trabalhadores ou empregadores, que ficam vinculados aos efeitos das decisões nelas produzidos.

Nesse campo processual trabalhista, o sistema brasileiro é bastante eficiente, pois a Constituição Federal expressa, em seu art. 8º, III, que "ao sindicato cabe a defesa dos direitos e interesses coletivos ou individuais da categoria, inclusive em questões judiciais ou administrativas", o mesmo dispondo o art. 513, 'a', da CLT.[742] A hipótese prevista na Constituição não é de representação judicial, mas de evidente substituição processual, como vem reiteradamente proclamando o Supremo Tribunal Federal.[743]

Como se não bastasse, a Lei n. 8.073/90, ao estabelecer, em seu art. 3º, que "as entidades sindicais poderão atuar como substitutos processuais dos integrantes das categorias",[744] contempla a substituição processual também no polo passivo das ações coletivas, pois, conforme a mais elementar regra de hermenêutica, onde a lei não distingue, não cabe ao intérprete fazê-lo.

Vale dizer que os sindicatos são as entidades representativas de suas respectivas categorias profissional ou econômica e não apenas dos seus filiados, substituindo-as processualmente, tanto como autores quanto como réus. Essa é uma das exceções

(741) Greco aponta: "Apesar da autoridade de ter sido o grande propagador da tutela coletiva, o Direito norte-americano submete as *class actions* a inúmeras condições, que acabam por restringir a sua admissibilidade, como o número excessivo de partes, questões comuns de fato e de direito, etc." GRECO, Leonardo. A tutela jurisdicional dos interesses coletivos. In: *Estudos de direito processual*. Campos dos Goytacazes: Faculdade de Direito de Campos, 2005. p. 473. Também na doutrina italiana são apontadas dificuldades práticas no manejo dessas ações, notadamente na vinculação de terceiros às suas decisões e na repartição justa e equitativa dos seus custos financeiros. CONSOLO, Cláudio; RIZZARDO, Dora. Due modi di mettere lê azioni collettive allá prova: Inghilterra e Germânia. In: *Rivista Trimestrale di Diritto e Procedura Civile*, Milão: Giuffrè, anno LX, set. 2006. p. 895-896.

(742) Art. 513. "São prerrogativas dos sindicatos: a) representar, perante as autoridades administrativas e judiciárias os interesses gerais da respectiva categoria ou profissão liberal ou interesses individuais dos associados relativos à atividade ou profissão exercida".

(743) Segunda Turma, RE-AgR 211866-RS, Rel. Min. Joaquim Barbosa, com a seguinte ementa: "SINDICATO. LEGITIMIDADE EXTRAORDINÁRIA. SUBSTITUIÇÃO PROCESSUAL. ART. 8º, III DA CF/88. PRECEDENTES. AGRAVO REGIMENTAL DESPROVIDO. O Plenário desta Corte, ao apreciar e julgar, dentre outros, o RE 193.579 (red. p/ Acórdão Min. Joaquim Barbosa, j. 12.6.2006) firmou entendimento no sentido de que os sindicatos possuem legitimidade extraordinária para atuar como substitutos processuais na defesa em juízo dos direitos e interesses coletivos ou individuais da categoria que representam. Agravo regimental a que se nega provimento." in *DJU* 29.6.2007. p. 123.

(744) A Lei n. 8.073/90, cuja ementa "estabelece a Política Nacional de Salários e dá outras providências", teve todos os seus artigos vetados, à exceção do mencionado art. 3º. Apesar das críticas da doutrina, taxando-a de "uma lei solta no espaço". SÜSSEKIND, Arnaldo *apud* CARRION, Valentin. *Comentários à consolidação das leis do trabalho*. 31. ed. São Paulo: Saraiva, 2006. p. 428, a jurisprudência a tem aplicado amplamente, podendo ser citado, dentre tantos, precedente da Subseção II, de Dissídios Individuais, do Tribunal Superior do Trabalho o ROAR-2084/2002-000-01-00.0, em que foi Recorrente Faculdades Católicas. Sociedade Civil Mantenedora da Pontifícia Universidade Católica do Rio de Janeiro e Recorrido Sindicato dos Professores do Município do Rio de Janeiro, DJ 9.3.2000.

apontadas pela doutrina à falta de previsão específica de um réu coletivamente legitimado no sistema processual coletivo brasileiro.[745]

Por outro lado, embora o art. 4º, § 2º, da Lei n. 7.783/89 confira legitimidade às comissões de trabalhadores, na ausência de sindicato organizado na categoria profissional para as "negociações coletivas", entende-se que essa legitimidade de representação não extravasa os limites expressamente estabelecidos na sua concessão, limitados, objetivamente, às "negociações".[746] Não se trata, portanto, de legitimação processual ou de substituição processual, pois é da tradição processual brasileira que esta somente pode ser determinada por disposição expressa de lei (*v.g.* art. 1º da Lei n. 4.717/65, art. 5º da Lei n. 7.347/85 e art. 82 da Lei n. 8.078/90).[747] Como visto (*supra*, 7.3), de acordo com o disposto nos arts. 857 e ss. da CLT, a ausência de sindicato representativo de classe leva, sucessivamente, à legitimação processual das federações e confederações para os dissídios coletivos e, portanto, para as ações coletivas em geral, inclusive a ação civil pública.

Não há, finalmente, como se falar em legitimidade passiva (ou ativa — *supra* 7.3) das chamadas centrais sindicais, pois estes entes horizontais, embora hoje legalizados por força da Lei n. 11.648/08, não representam qualquer categoria, e, pois, não estão autorizados a participar, direta e isoladamente, das negociações coletivas. A legitimação das centrais, conferida pelo aludido diploma, limita-se à coordenação dos sindicatos que representam e a participação nos chamados "diálogos sociais", em órgãos tripartites, quiçá pela perspectiva de participação nos eventuais "pactos sociais", instrumentos de negociação ainda não assimilados na experiência trabalhista brasileira.[748]

7.5. Uma alternativa ao dissídio coletivo de natureza econômica

Estabelecida a restrição do "comum acordo" ou do "impulso bilateral" para a instauração do dissídio coletivo de natureza econômica, operada pela EC n. 45/04, no plano processual, duas teses se apresentaram como forma de viabilizá-lo. A primeira, a da inconstitucionalidade da própria restrição, isto é, da Emenda Constitucional, por infração ao princípio da inafastabilidade da jurisdição.[749] A segunda, a da possibilidade de suprimento da bilateralidade em juízo.[750]

---

(745) MAIA, Diogo Campos Medina. A ação coletiva passiva: o retrospecto histórico de uma necessidade presente. In: GRINOVER, Ada Pellegrini; MENDES, Aluísio Gonçalves de Castro; WATANABE, Kazuo (orgs.). *Direito processual coletivo e o anteprojeto do código brasileiro de processos coletivos*. São Paulo: Revista dos Tribunais, 2007. p. 333.

(746) Contra: MELO, Raimundo Simão de. *A greve no direito brasileiro*, p. 114.

(747) MAIA, Diogo Campos Medina. *A ação coletiva passiva*: o retrospecto histórico de uma necessidade presente, p. 333.

(748) NASCIMENTO, Amauri Mascaro. Aspectos da legalização das centrais em 2008. In: *Revista LTr*, v. 72, n. 4, São Paulo: LTr, abr. 2008. p. 393-394.

(749) Existem cinco Ações Diretas de Inconstitucionalidade da locução "comum acordo", do art. 114, § 2º, da Constituição Federal (ADIns ns. 3.392, 3.423, 3.431, 3.432 e 3.520, relatadas pelo Min. César Peluzo). Não houve a concessão de liminar em nenhuma delas e em todas elas o parecer da Procuradoria Geral da República foi pela improcedência do pedido. Sobre o tema remete-se a OLIVEIRA, Francisco Antônio de. Dissídio coletivo, impulso bilateral: a tese de inconstitucionalidade. In: *Revista Trabalhista Direito e Processo*, n. 26, São Paulo: LTr, abr./jun. 2008. p. 67-68.

(750) Explica-a Carmo: "[...] se o sindicato dos trabalhadores for inexpressivo, pífio, sem poder de barganha contra o patronato e sem meios de exercer com sucesso o direito de greve, a recusa de consentimento

Como já se demonstrou (*supra* 3.2), entretanto, nenhuma das duas vingou. Embora sem pronunciamento do Supremo Tribunal Federal, o Tribunal Superior do Trabalho pacificou posição no sentido de que a exigência do "comum acordo", além de não ser inconstitucional, é pressuposto processual intransponível, que leva à extinção do processo, sem resolução do mérito.

Nesse contexto, o que se propõe é uma terceira tese. A de que a EC n. 45/04, embora praticamente tenha inviabilizado, em termos definitivos, o dissídio coletivo, que hoje remanesce no sistema processual quase como letra morta, não impede que os conflitos trabalhistas econômicos ou de interesse sejam processualmente tutelados por outra via.

Esta outra via é a ação civil pública.

A viabilização dessa assertiva significa outorgar à ação civil pública aptidão para o exercício da jurisdição normativa, nos moldes antes exercida na via do dissídio coletivo de natureza econômica (ou, ainda, a ser exercida, após a EC n. 45/04, mediante o quase inatingível "comum acordo" dos litigantes, como juízo arbitral). Mas isso passa, necessariamente, pelo enfrentamento de três questões fundamentais.

A primeira, pela reafirmação da natureza da aludida "jurisdição". Se antes já houve uma tomada de posição a respeito (*supra* 3.2.1), o tema deve ser retomado, em contraste com a visão contemporânea da teoria da separação dos poderes.

A segunda, reflexo da primeira, é a de se saber se os órgãos jurisdicionais, para exercê-la, necessitam de autorização constitucional expressa e, ainda assim, apenas mediante a utilização daquele instrumento processual constitucionalmente previsto: o dissídio coletivo de natureza econômica (CF, art. 114, § 2º). Seria possível exercer a jurisdição normativa fora do dissídio coletivo?

Finalmente, a terceira, é se, na prática, haveria viabilidade processual para o seu exercício. É de se reiterar, de forma explícita, a preocupação de ordem prática do estudo, concernente à contemporânea realidade jurídico-trabalhista brasileira, que deve ser evidenciada, a partir de um demonstrativo do seu *modus operandi*.

7.5.1. A natureza da jurisdição normativa em contraste com a teoria da separação dos poderes

Mesmo para aqueles que construíram a base teórica de sustentação do exercício da jurisdição normativa, essa seria, tecnicamente, um "poder" e não propriamente

---

da categoria econômica para o ajuizamento conjunto do dissídio coletivo de natureza econômica pode sim caracterizar a recusa abusiva, injurídica ou de extrema má-fé que obsta efetivamente o exercício do direito de ação coletiva por parte do operariado. Neste contexto parece-me que a parte prejudicada poderá sim, de imediato, ajuizar o dissídio coletivo de natureza econômica e nele requerer de forma incidental o suprimento judicial da recusa da categoria econômica contraposta. Sopesando o caso dos autos, o Tribunal do Trabalho poderá, desde que visualizada má-fé, abuso de direito ou ilicitude por parte da categoria econômica, outorgar o suprimento judicial suplicado, quando sua decisão terá a mesma eficácia jurídica do consentimento denegado, possibilitando assim a tramitação normal do dissídio coletivo de natureza econômica, até seu final julgamento." CARMO, Júlio Bernardo do. Do mútuo consenso como condição de procedibilidade do dissídio coletivo de natureza econômica. In: *Revista LTr*, v. 69, n. 5, São Paulo, maio 2005. p. 597. Desse entendimento também comunga MELO, Raimundo Simão de. Ajuizamento de dissídio coletivo de comum acordo. In: *Revista do Tribunal Superior do Trabalho*, v. 72, n. 2, maio/ago. 2006. p. 93.

"jurisdição", o chamado "poder normativo", derivado da atividade legiferante, ínsita ao Poder Legislativo.[(751)] O juízo de equidade, nela exercido, antes na Itália e depois no Brasil, era observado pela doutrina processual em perspectiva subjetiva: como exercício de função legislativa.[(752)]

Tratar-se-ia, pois, de exceção ao princípio da separação dos poderes, algo só admitido por autorização restrita, específica e expressa da Constituição.[(753)] À luz desse entendimento, se a autorização contida no art. 114, § 2º, da CF, para o exercício do chamado "poder normativo" é restrita às hipóteses de cabimento do dissídio coletivo, vedado estaria o seu exercício em outros instrumentos processuais, ainda que coletivos, como no caso da ação civil pública.

Entretanto, para se compreender todo o significado da função legislativa atribuída ao Poder Legislativo, impõe-se uma associação entre o sistema da separação de poderes e a ideia de Estado Democrático de Direito, a partir da construção doutrinária, amplamente difundida e conhecida como *sistema de freios e contrapesos* (*checks and balances*), tão bem explicada por *Dallari*:[(754)]

> Segundo essa teoria os atos que o Estado pratica podem ser de duas espécies: ou são atos gerais ou são especiais. Os atos gerais, que só podem ser praticados pelo poder legislativo, constituem-se na emissão de regras gerais e abstratas, não se sabendo, no momento de serem emitidas, a quem elas irão atingir. Dessa forma, o poder legislativo, que só pratica atos gerais, não atua concretamente na vida social, não tendo meios para cometer abusos de poder nem para beneficiar ou prejudicar a uma pessoa ou a um grupo em particular. Só depois de emitida a norma geral é que se abre a possibilidade de atuação do poder executivo, por meio de atos especiais.

---

(751) Essa era claramente a posição de Francisco José Oliveira Viana, quando tratou do "Problema da Delegação de Poderes". Capítulo II, de. *Op. cit.*, p. 41-51.

(752) Frosini explica: "Il punto più preciso di frizione fra le due posizioni contrastanti, comunque, è quello relativo al problema, se considerare l'equità in senso oggettivo ovvero in senso soggettivo. Nel primo caso, l'equità si risolverebbe nella manifestazione particolare di un principio generale dell'ordenamento giuridico, già ínsito fra le pieghe — o piuttosto fra le righe — del sistema normativo. Nel secondo caso, invece, sarebbe in giudice di equità a creare la norma, e nella giurisdizione di equità si verificherebbe peretanto l'esercizio d'uma funzione legislativa." FROSINI, Vittorio. L'equità nella teoria generale del diritto. In: *Rivista Trimestrale di Diritto e Procedura Civile,* n. 1. Milão: Giuffrè, mar. 1974. p. 6.

(753) Mesmo assim, de constitucionalidade duvidosa e historicamente questionada na doutrina. Sitrângulo lembra: "A outorga de poder para a elaboração de normas pelo Poder Judiciário, na verdade, salvo a defesa de alguns, nunca convenceu os juristas, que, em respeito à clara tripartição de poderes do Estado, se sentem defendendo o ponto de vista tradicional, que atribui aos magistrados unicamente sua função judicante específica, de dirimir conflitos com base na aplicação das normas elaboradas pelo poder legislativo. O Ministro Resende Puech, do TST, nos oferece um rol de respeitados juristas que a propósito se manifestaram, ao lembrar que a atividade judicante, 'à luz da Constituição de 1946, novamente se tornaria de constitucionalidade discutível, tendo sido combatida pelos ilustres juristas Eduardo Espínola, Ferreira de Souza, Vicente Ráo, Francisco Campos, Levi Carneiro, Jorge Americano, Pontes de Miranda, Themístoles Cavalcante, todos contrários à competência normativa da Justiça do Trabalho, conforme eruditos pareceres divulgados pelo Sindicato da Indústria de Fiação e Tecelagem de São Paulo'." SITRÂNGULO, Cid José. *Op. cit.*, p. 28. A tese da delegação legislativa conferida aos tribunais do trabalho é brilhantemente defendida por CORREIA, Marcus Orione Gonçalves. *Op. cit.*, p. 65-76.

(754) DALLARI, Dalmo de Abreu. *Elementos de teoria geral do Estado*. São Paulo: Saraiva, 1979. p. 193.

Se o traço característico da função exercida pelo Poder Legislativo é a emissão de uma norma absolutamente geral, sem direcionamento a uma pessoa ou a um grupo em particular, conclui-se que a jurisdição normativa ou dispositiva, dita "criativa", conquanto seja complementar e semelhante àquela, apresenta uma pontual e nítida diferença: só atua para a decisão de determinado e específico conflito coletivo e, ainda assim, por provocação expressa dos grupos e categorias envolvidos. Enquanto o conteúdo da norma legal não se dirige especificamente a ninguém, aquele outro, fruto da jurisdição normativa, é produzido, casuisticamente, a pedido, e para atuar, apenas, no âmbito dos grupos e categorias envolvidos. Embora a jurisdição normativa produza normas em abstrato, faz isso para decidir, em concreto, determinado conflito.

Existem, ainda, outros aspectos ressaltados por *Nascimento*:[(755)]

> [...] no ato jurisdicional a normatividade é um *prius* para que o caso concreto, que envolve pessoas indeterminadas, possa ser decidido *supra partes*.
>
> No ato legislativo, ao contrário, a normatividade não é um *prius*, mas o próprio fim em si da atividade legislativa. Os tribunais não fazem leis nem invadem a esfera da competência legislativa. Limitam-se, quando provocados, à heterocomposição dos litigantes, tarefa que não é exercida pelo legislador que, para elaborar a lei, não necessita de uma lide, nem de provocação dos interessados, muito menos age com o objetivo de julgar uma demanda.

É de se dizer, ainda, que a atividade normativa não se confunde com a legislativa. Embora nesta encontre-se inserida, predominantemente, aquela, "[...] a função normativa, assim designada e tendo o seu conteúdo definido a partir de uma classificação material das funções estatais, está originalmente espraiada pelo todo que constitui o Estado".[(756)] É também ínsita à função jurisdicional.

No Brasil, é de se acrescentar, como fez *Pontes de Miranda*: "Sempre que a Justiça do Trabalho edita regra jurídica, tem que dizer qual a lei que lho permitiu *na espécie*. Se o caso não entra na classe de casos, que a especificação legal discerniu, para dentro dela se exercer a atividade normativa da Justiça do Trabalho, está ela a exorbitar das suas funções constitucionalmente delimitadas."[(757)]

Como dito, a jurisdição normativa trabalhista brasileira sempre teve referencial na norma legal (supra, 3.2). Tanto que o art. 2º da Lei n. 4.725/65, no contexto da antiga "política salarial", restringia o seu poder criativo, coarctando-o, mediante a imposição de critérios e parâmetros objetivos rígidos, ao estabelecer:

> A sentença tomará por base o índice resultante da reconstituição do salário real médio da categoria nos últimos vinte e quatro meses anteriores ao término da vigência do último acordo ou sentença normativa, adaptados às situações configuradas pela ocorrência conjunta ou separadamente dos seguintes fatores: a) repercussão dos reajustamentos salariais na comunidade e na economia nacional; b) adequação do reajuste às necessidades mínimas de sobrevivência do assalariado e sua família.

---

(755) NASCIMENTO, Amauri Mascaro. *Conflitos coletivos de trabalho*, p. 209.
(756) GRAU, Eros Roberto. *O direito posto e o direito pressuposto*. 6. ed. São Paulo: Malheiros, 2005. p. 249.
(757) MIRANDA, Francisco Cavalcanti Pontes de. *Comentários à Constituição de 1967*. São Paulo: Revista dos Tribunais, 1967. p. 266.

Embora então taxado de inconstitucional, pela suposta mácula ao "poder" normativo que a Constituição outorgava, foi, o mesmo, julgado constitucional, em posição cristalizada pelo Enunciado n. 141 da Súmula do Tribunal Superior do Trabalho.(758) No mesmo sentido, a Lei n. 10.192/01, editada sob o impacto do "plano real", também restringe a atuação normativa, dispondo, em seu art. 9º: "nos dissídios coletivos, é vedada a estipulação ou fixação de cláusula de reajuste ou correção salarial automática vinculada a índices de preços".(759)

Logo, conclui-se que o chamado "poder normativo" só é "poder" no sentido de ser uma das manifestações do poder estatal, não encerrando atividade legislativa, derivativa daquela atribuída ao Poder Legislativo. Trata-se, pelo contrário, de atividade jurisdicional,(760) em que são utilizadas todas as técnicas da jurisdição tradicional, pois, como já visto (*supra* 2.4), o fenômeno da criatividade da interpretação judiciária é geral e não está, sequer, atrelado à tutela processual coletiva.

7.5.2. A possibilidade de exercício da jurisdição normativa fora do dissídio coletivo

Se a jurisdição normativa trabalhista não é nem atividade derivativa da legislativa nem exceção ao princípio da separação, por delegação de poderes, não há razão para se exigir autorização constitucional expressa e específica para o seu exercício.

Na Itália, de onde a mesma provém, tanto a sua introdução quanto a sua supressão operaram-se no âmbito da legislação infraconstitucional (*supra* 6.3).(761) O período pós-corporativo italiano, embora tenha vacilado entre a tese do "direito coletivo do trabalho exaustivamente legal" e a da possibilidade da sua "criação extralegislativa",(762)

---

(758) BATALHA, Wilson de Souza Campos. *Op. cit.*, p. 81-82.

(759) Embora considerável parcela da doutrina apontasse para a inconstitucionalidade do dispositivo, por ofensa ao art. 114, § 2º, da CF, tal como redigido até a EC n. 45/04, como se vê da abalizada posição de MELO, Raimundo Simão de. *Dissídio coletivo de trabalho,* p. 111, o mesmo jamais foi declarado inconstitucional.

(760) No mesmo sentido: NASCIMENTO, Amauri Mascaro. *Conflitos coletivos de trabalho,* p. 209; ADAMOVICH, Eduardo Von. A justiça geométrica e o anteprojeto de código de processos coletivos: elementos para uma justificativa histórico-filosófica, ou por uma visão atual do alcance e da função criadora da jurisdição coletiva. In: GRINOVER, Ada Pellegrini; MENDES, Aluísio Gonçalves de Castro; WATANABE, Kazuo (orgs.). *Direito processual coletivo e o anteprojeto do código brasileiro de processos coletivos.* São Paulo: Revista dos Tribunais, 2007. p. 65; e GONÇALVES, Lílian. *Ultratividade das cláusulas normativas.* São Paulo: LTr, 2008. p. 41.

(761) Introduzida pela Lei de autoria de Alfredo Rocco, Lei n. 563, de 3.4.1926, posteriormente, como observado por Santoro-Passarelli, "[...] fu soppresso com D.Lgs.Lgt. 23 novembre 1944, n. 369 e il 2 settembre 1943 era stato siglato il primo accordo sindacale Buozzi-Mazzini che ricostituiva il glorioso istituto della commissione interna." SANTORO-PASSARELLI, Giuseppe. *Diritto sindicale,* p. 13.

(762) Identifica-o Cessari: "Esattamente in questa situaszione si trova il diritto sindicale italiano del quale è caratterizzato da un 'vuoto legislativo' poichè allá vecchia disciplina, caduta assieme con l'ordinamento corporativo, non se ne è sostituita un'altra, ad opera del legislatore le soluzioni proposte per il riempimentodi questa área vuota si sono polarizzate intorno a due tendenze fondamentali. Una di esse, sorretta dall'ideologia positivistica distampo tradizionale, muove implicitamente da una concezione delle fonti nella quale il 'diritto legale' assume sostanziale funzione esaustiva. L'altra riconosce ormai apertamente la possibilitá di creazione extralegislativa di diritto." CESSARI, Aldo. Poteri creativi della giurisprudenza e 'natura dei fatti' nel diritto sindicale. In: *Rivista Trimestrale di Diritto e Procedura Civile,* Milão: Giuffrè, mar. 1969, n. 1, p. 12-13.

inclusive mediante a outorga de ultratividade para as cláusulas dos contratos coletivos de trabalho, ou pela inderrogabilidade *in pejus* dos seus efeitos,[(763)] tal como ocorre no Brasil pós EC n. 45/04, caracterizou-se, do ponto de vista fenomenológico, pela "affermazione della possibilità di creare diritto extralegislativo"[(764)] e pelo "poteri creativi della giurisprudenza e 'natura dei fatti' nel diritto sindicale":[(765)] uma metodologia sociológica e não positivista do direito sindical italiano.[(766)] A normatividade e criatividade das decisões judiciais, em matéria de direito coletivo e sindical do trabalho, não cessaram na Itália, mesmo após o fim da sua autorização legal. Mais de vinte anos depois, em 1967, identificou-se que esse ramo do direito do trabalho era, em grande parte, de criação extralegislativa, inclusive a partir de precedentes judiciais.[(767)] E isso não mudou na jurisdição contemporânea trabalhista italiana. Tem-se verificado que, frustrada pontualmente a negociação, e posto o conflito a julgamento, a jurisdição atua pela utilização da equidade e dos referenciais: (a) dos direitos concedidos em convenções coletivas pretéritas, das próprias categorias em litígio ou de outras categorias (*L'attitudine del contratto collettivo a dettare regole generali e i tentativi di assicurarne l'efficacia ultra partes*); e (b) dos principios constitucionais da isonomia e do tratamento mínimo, dos arts. 1º, 3º, 36 e 39 da vigente Constituição italiana. Uma jurisdição criativa, muito semelhante a do período de previsão legal da jurisdição atípica-normativa: o corporativo.[(768)]

---

(763) Pela prevalência dos seus efeitos sobre os contratos de trabalho individuais, a partir da invocação do art. 2.077, do Código Civil italiano, de origem corporativa. Cf. CATAUDELLA, Antonino. Adesione al sindicato e prevalenza del contratto collettivo sul contratto individuale di lavoro. In: *Rivista Trimestrale di Diritto e Procedura Civile*, Milão: Giuffrè, jun. 1966, n. 2, p. 545; ou, invocando-se o art. 2.074, do mesmo Código, como dito por Borgomeo, indicando precedentes da jurisprudência: "Trib. Verona, 28 gennaio 1952, in: *Orient. Giur. Lav.*, 1953, p. 503, che sostiene che dalla natura privatística dei contratti collettivi stipulati dalle attuali associazioni sindicali discende come conseguenza che deve ritenersi abrogato il principio dell'ultrattività di cui all'art. 2.074 CC." BORGOMEO, Luca. Il contratto collettivo di lavoro (1944 — 1964). In: *Rivista Trimestrale di Diritto e Procedura Civile*, n. 3. Milão: Giuffrè, set. 1965. p. 1.321.

(764) CESSARI, Aldo. *Op. cit.*, p. 16.

(765) *Ibidem*, p. 1 e 29-35.

(766) *Ibidem*, p. 23-29.

(767) Essa questão foi tema de debates no Congresso Nacional de Direito do Trabalho realizado em Pescara-Teramo, em 14.6.1967, por iniciativa da Associação italiana de direito do trabalho e securidade social. *Ibidem*, p. 1 e 25. Também nesse sentido: GHEZZI, Giorgio. Diritto di sciopero e attività creatrice dei suoi interpreti. In: *Rivista Trimestrale di Diritto e Procedura Civile*, n. 1, Milão: Giuffrè, mar. 1968, *passim*, especialmente p. 27-28; SMURAGLIA, Carlo. L'attività interpretativa della corte constituzionale e il diritto di sciopero. In: *Riv. Giur. Lav.* 1963, I, p. 211 e ss. *apud* GHEZZI, Giorgio. *Op. cit.*, p. 36; e MONTUSCHI, Luigi. Il diritto di sciopero e il cd danno ingiusto. In: *Rivista Trimestrale di Diritto e Procedura Civile*, n. 1. Milão: Giuffrè, mar. 1968. p. 51.

(768) "[...] si apre il varco all'intervento del giudice: che, ai sensi del comma 2º dell'art 2099 c.c., *in* mancanza di un accordo, sul punto, tra le parti, determina la retribuzione secondo equità, 'tenuto conto, ovo occorra, del parere delle associazioni professionali'. Il giudice, di fatto, applica le clausole retributive del contratto collettivo anche a lavoratori che, a stretto rigore técnico-giuridico, no ne avrebberi diritto (in quanto dipendenti da un datore di lavoro non aderente all'associazione imprenditoriale stipulante). Una símile operazione giurisprudenziale non incide sulla struttura e sulla natura del contratto collettivo. Che continua ad essere qualificato come contratto di diritto comune, perchè la produzione di effetti, oltre la cerchia degli iscritti alle organizzazioni stipulanti, non deriva dalla natura dell'atto, bensi dalla sentenza del giudice: il quale, di quell'atto, utilizza i parametri retributivi." RUSCIANO, Mario. *Op. cit.*, p. 37-38. Esse matiz fenômenológico já era observado por Giugni desde a Lei de 14.7.1959, envolta à solução dos problemas da eficácia das convenções coletivas de trabalho, quinze anos após o fim da autorização legal para o exercício da jurisdição atípica-normativa italiana, em nov. 1944, com a supressão

Também no contexto da família *civil law*, a Espanha (onde a Constituição não contempla qualquer jurisdição atípica-normativa) dispõe do canal do processo coletivo para a solução dos conflitos econômicos ou de interesses, frustrada a negociação coletiva. Embora disponíveis a mediação e a arbitragem, utiliza-se "la impugnación de convenios colectivos", na busca de uma solução jurisdicional do conflito, mediante o cotejo ou a revisão das normas e condições coletivas de trabalho (fruto de acordos ou convenções coletivas vigentes ou pretéritas), com as imposições do ordenamento jurídico laboral à negociação coletiva.(769) Nessa atividade jurisdicional, se está a exercer atividade normativa, pois, ao se prestar à revisão de uma norma (autônoma), se está, indiretamente, tornando-se veículo de criação de outra, que a substitui no conteúdo normativo revisado, tal como ocorre com a jurisdição exercida no nosso dissídio coletivo revisional (*supra*, 3.2.1).

Ainda nesse matiz fenomenológico, verificou-se, na França — berço da teoria da separação dos poderes — a partir da década de 1990, como observado por *Jeammaud*, um fenômeno recorrente na apreciação de certas questões trabalhistas pela Câmara Social da Corte de Cassação: "[...] o impacto das transformações do trabalho nos tribunais, cujas apreciações consubstanciam-se em uma certa produção normativa, designada por jurisprudência".(770) E isso, deve ser realçado, sem qualquer autorização expressa na Constituição francesa.

O caso norte-americano é emblemático, pois naquele país, nenhuma norma constitucional autoriza qualquer tipo de jurisdição especificamente normativa. A práxis, contudo, revela que, tanto dentro como fora da seara trabalhista, esse tipo de jurisdição é ínsito à tutela processual coletiva,(771) a partir da sua interseção com a *equity*.(772) Vejamos, por exemplo, no campo da então incipiente trajetória na utilização das *class actions* no combate à discriminação racial nas escolas, o já citado (*supra*, 6.2.1) paradigmático *case Brown v. Board of Education*, cuja decisão editou regras de reestruturação do sistema educacional norte-americano.(773) Reafirmando essa posição

---

do ordenamento corporativo: "I precedenti giuridici: la c.d. ultrattività dei contratti corporativi e la giurisprudenza sulla 'retribuzione sufficiente'". GIUGNI, Gino. La disciplina legislativa del trattamento mínimo di categoria. In: *Rivista Trimestrale di Diritto e Procedura Civile*, Milão: Giuffrè, set. 1959. p. 869-872; e também sob o título: *Op. cit.*, p. 872-873.

(769) Explica Maria Luz Rodríguez Fernández: "[...] la impugnación em sede judicial sea posible cuando haya fracasado el método baseado em la negociación, o, dicho a la inversa, que el método baseado em la negociación pueda ser uma fase previa a la propia impugnación em via judicial. Esta posibilidad es de fácil encaje em el supuesto de que el convenio colectivo se impugne de maneira directa ante la jurisdicción social por la parte interesada al efecto. Sabido es que, em supuesto, los arts. 151.2 y 161.3 de la LPL disponen que la impugnación del convenio colectivo deba seguir los trámites de la modalidad procesal de conflicto colectivo." FERNÁNDEZ, Maria Luz Rodriguez. *Negociación colectiva y solución de conflictos laborales*. Albacete: Bomarzo, 2004. p. 48.

(770) JEAMMAUD, Antoine. Transformações do trabalho e seus reflexos nos tribunais. In: *Trabalho, cidadania e magistratura*. Trad. de Joaquim Leonel de Rezende Alvim. Rio de Janeiro: Edições Trabalhistas, 2000. p. 62.

(771) Na evolução das *class actions* (com suas decisões reconhecidamente normativas), Yeazell alude A procedure without a Constituency. YAZELL, Stephen C. *Op. cit.*, p. 220-224.

(772) Assimilada desde os estudos de Joseph Story: *Equity Jurisprudence* (*1836*) e *Equity Pleadings* (*1838*). *Ibidem*, p. 216.

(773) Para Yazell: "The first such area was the place of black people *in* American society, a question providing the background to the most significant developments in the legal doctrines surrounding the

viu-se, posteriormente, que por descumprimento às regras editadas no julgamento deste *case*, originou-se o *case Swann v. Charlotte-Mecklenburg Board of Education*.[774] Já nos *cases Milliken v. Bradley* e *Missouri v. Jenkins*, exerceu-se jurisdição interpretativa dos limites e comandos normativos editados no *case Brown*, à feição do nosso dissídio coletivo de natureza jurídica.[775] No campo do direito coletivo e sindical trabalhista, especificamente na tutela do direito de greve, isso é ainda mais factível. A evolução dos *cases* demonstra que a normatização da greve, como direito material, foi feita a partir de construção judicial (*Dorchy v. Kansas*, de 1926 — 272 U.S. 306, 47 S.Ct. 86, 71 L.Ed. 248 — Mr. Justice Brandeis; *Thornhill v. Alabama*, de 1940 — 310 U.S. 88, 60 S.Ct. 736, 84 L.Ed. 1093 — Mr. Justice Murphy; *International Brtotherhood of Teamsters, Local 695 v. Vogt Inc.* — Mr. Justice Frankfurter).[776]

No Brasil, com a Lei n. 7.347/85, a Lei da Ação Civil Pública, aquilo que antes só se concebia como atividade legislativa, só formalmente jurisdicional, derivada das atribuições do Legislativo, mediante autorização constitucional expressa, ínsita e exclusiva à jurisdição trabalhista, passou a ser amplamente utilizada na jurisdição civil, como visto (*supra* 6.4).[777]

Entre nós, a jurisdição normativa ou dispositiva grassa, há anos, na via da ação civil pública (embora não exista autorização direta e expressa da Constituição), no âmbito da qual há regulação de comportamentos[778] e reconhecimento de identidades, no fenômeno tão amplamente difundido como a judicialização da política e das relações sociais.[779] Pouco se percebeu, na jurisdição civil, que quando se proíbe o fumo em aeronaves e em aeroportos, se determina a abertura de vagas em instituições de ensino ou em hospitais, a distribuição de medicamentos e, enfim, tutelam-se conflitos de interesses sociais coletivos,[780] até mediante o controle de políticas públicas, se está a decidir para além da ordem jurídica infraconstitucional posta; se decide, não simplesmente pela interpretação e aplicação de normas, como se faz com os conflitos essencialmente jurídicos, mas pela criação delas, a exemplo do que se faz para a decisão

class actions." YAZELL, Stephen C. *From medieval group litigation to the modern class action*, p. 240. Cf. também KLONOFF, Robert H.; BILICH, Edward K. M. *Op. cit.*, p. 667.

(774) *Ibidem*, p. 668.

(775) *Ibidem*, p. 669.

(776) OBERER, Walker E.; HANSLOWE, Kurt L.; HEINZ, Timothy J. *Op. cit.*, p. 333-348.

(777) Cappelletti aponta para um fenômeno mundial, tanto nos países de *common law*, na interpretação dos precedentes (*case law*), quanto nos de *civil law*, na interpretação da lei (*statutary law*): "'Class actions' e 'public interest litigation' nos Estados Unidos, 'actions collectives' e 'Verbandsklagen' na França, Bélgica e outros lugares, são símbolos do novo e acentuado papel dos tribunais judiciários." CAPPELLETTI, Mauro. *Juízes legisladores?*, p. 43-45 e 57.

(778) Pode-se citar apenas um exemplo, dentre tantos: a sentença publicamente notória, proferida em ação civil pública, que proíbe o fumo em aeronaves.

(779) VIANNA, Luiz Werneck; CARVALHO, Maria Alice Resende.; MELO, Manuel Palácios Cunha; BURGOS, Marcelo Baumann. *A judicialização da política e das relações sociais no Brasil*. Rio de Janeiro: Revan, 1999. p. 149.

(780) Estranhos ao dualismo sempre estabelecido entre interesse público e privado e que atendam a uma necessidade coletiva, de massa, referente a uma qualidade de vida e tendo um objeto comum e indivisível a uma universalidade, categoria ou grupo. Expressamente: GRINOVER, Ada Pellegrini. Significato sociale, politico e giuridico della tutela degli delli interessi diffusi. In: *Rivista di Diritto Processuale*, Padova: Cedam, 1999. p. 17-18.

dos conflitos econômicos ou de interesses trabalhistas.(781) Exerce-se, inegavelmente, jurisdição criativa, dita normativa, com limites substanciais de criação do direito menos frequentes e precisos do que aqueles ditados para a jurisdição individual.

O fenômeno, embora identificado por alguns como "patologia" sistêmica na utilização da ação civil pública,(782) é factível e decorre, como lembra *Fontes*, porque "[...] se a jurisdição, em certa medida, é sempre criativa, essa característica se vê reforçada quando se trata da defesa de interesses difusos e coletivos, em razão das suas peculiaridades".(783)

Do diálogo das fontes entre a Lei n. 7.347/85 e o Código de Defesa do Consumidor, vê-se, inclusive, que a identificação particularizada de direitos individuais, genericamente reconhecidos na tutela processual coletiva (sentença-norma), via ação civil pública, pressupõe, necessariamente, outra atividade jurisdicional-cognitiva, como está a ensejar o art. 97, do CDC.

Bedaque(784) explica o fenômeno:

> A sentença proferida no processo coletivo tem características próprias, pois não individualiza a regra jurídica do caso concreto, como ocorre nos casos de direitos subjetivos individuais. Ela se situa entre a generalidade da lei e a sentença que declara o direito de alguém. Nos casos de tutela coletiva, a individualização de eventuais direitos requer outra atividade jurisdicional (v. CDC, arts. 97 e ss.).

Ambas as sentenças, a normativa do dissídio coletivo e a da ação civil pública, por conterem comandos normativos genéricos e abstratos, pressupõem, para a particularização de direitos, duas atividades jurisdicionais cognitivas: a primeira, do dissídio coletivo, pela ação de cumprimento; e a segunda, da ação civil pública, em posterior liquidação de sentença ou mediante outra ação.(785)

---

(781) Yoshida cita: "E tomemos também como referencial para análise a sentença proferida nos autos da ACP 1999.61.00.004437-1, da 1ª Vara Cível Federal de São Paulo, ajuizada pela Ordem dos Advogados do Brasil — Seção de São Paulo, por ocasião da maxidesvalorização da moeda nacional, ocorrida no mês de janeiro de 1999, na qual é pleiteada a declaração de nulidade da cláusula dos contratos de arrendamento mercantil de veículos firmados com as instituições financeiras rés, que estabelece a correção das prestações pela variação do dólar norte-americano e sua substituição pela variação do INPC do IBGE, a partir de dez. 1998, ou outro índice legal que reflita a realidade inflacionária." YOSHIDA, Consuelo Yatsuda Moromizato. Ação civil pública: judicialização dos conflitos e redução da litigiosidade. In: MILARÉ, Édis (coord.). *A ação civil pública após 20 anos*: efetividade e desafios. São Paulo: Revista dos Tribunais, 2005. p. 129.

(782) MEIRELLES, Hely Lopes. *Mandado de segurança, ação popular, ação civil pública*. Atualização por Arnold Wald e Gilmar Ferreira Mendes. São Paulo: Malheiros, 2003, Capítulo 10: "A recente evolução da ação civil pública. Usos e abusos. Análise de sua patologia."

(783) FONTES, Paulo Gustavo Guedes. Ação civil pública e o princípio da separação de poderes: estudo analítico de suas possibilidades e limites. In: MILARÉ, Edis (coord.). *A ação civil pública após 20 anos*: efetividade e desafios. São Paulo: Revista dos Tribunais, 2005. p. 473.

(784) BEDAQUE, José Roberto dos Santos. *Direito e processo*, p. 41.

(785) Também para Yoshida: "A sentença genérica que acolhe pretensão difusa ou coletiva e que beneficia simultaneamente toda a coletividade de pessoas (em razão da indivisibilidade do objeto tutelado), de natureza mandamental ou executiva *lato sensu*, rende ensejo a que cada vítima/lesado obtenha a devolução do que foi pago a maior, devidamente corrigido. Contudo, eventual pretensão indenizatória, de danos materiais e morais experimentados individualmente, terá que ser objeto de ação própria." YOSHIDA, Consuelo Yatsuda Moromizato. Ação civil pública: judicialização dos conflitos e redução da litigiosidade. In: *Op. cit.*, p. 129.

Então, de nada adiantou a supressão, na Constituição, da previsão de exercício da jurisdição normativa contenciosa trabalhista, pois, como dito por *Adamovich*:

> [...] a explicação do alcance da decisão jurisdicional e de seus efeitos criadores é muito mais estrutural do que política, e, assim, talvez o esforço acima realizado sirva para mostrar que este foi o erro em que incidiram todos os que julgaram poder conter esta feição da atividade jurisdicional com o uso de instrumentos de ordem estritamente política, impostas por via legislativa [...](786)

É de se concluir, neste tópico, que a jurisdição normativa: (a) por ser atividade jurisdicional e não derivada da legislativa, para ser exercida, não depende de previsão constitucional específica, pois esta é ínsita à jurisdição como um todo; (b) a EC n. 45/04 apenas limitou o seu exercício na via do dissídio coletivo econômico, pela imposição de novo e específico pressuposto processual (o "comum acordo dos litigantes"),(787) mas não vedou a sua utilização em outros instrumentos processuais de tutela coletiva; e (c) o seu fundamento constitucional remanesce inabalado, nos deveres constitucionais impostos ao sindicato (art. 8º, III, da CF) e ao Ministério Público (art. 129, III, da CF c/c o art. 83, III, da Lei Complementar n. 75/93), de tutela dos direitos coletivos dos trabalhadores, voltado, especificamente à ação civil pública.

7.5.3. Limites à jurisdição criativa na ação civil pública trabalhista

Como visto (*supra*, 3.2.3.2), na condição de legítima sucessora das convenções coletivas, a sentença normativa apresenta conteúdo substancial bipartido: de um lado, o normativo (*normativer Teil*) e, de outro, o obrigacional (*obligatorischer, o schuldrechtlicher Teil*).(788) Este pode e vem sendo obtido na jurisdição exercida na ação civil pública, inclusive a trabalhista, amplamente desenvolvida a partir das iniciativas do Ministério Público do Trabalho. Aquele, seja no seu aspecto econômico (cláusulas econômicas), seja no social (cláusulas sociais), a despeito de ser produto de criação judiciária, com limites substanciais menos frequentes e precisos, também encontra viabilidade na ação civil pública.

Tratando-se da ação civil pública, para a obtenção de conteúdo normativo, a baliza do julgador é a mesma exercida no dissídio coletivo: o respeito às disposições

---

(786) ADAMOVICH, Eduardo Von. *A justiça geométrica e o anteprojeto de código de processos coletivos*: elementos para uma justificativa histórico-filosófica, ou por uma visão atual do alcance e da função criadora da jurisdição coletiva. *Op. cit.*, p. 65. O mesmo autor, ao redigir o 14º Enunciado, da Comissão III, que tratou das Lides Sindicais e Direito Coletivo, aprovado na 1ª Jornada de Direito Material e Processual na Justiça do Trabalho, realizada pelo TST, em nov. 2007, assim se posiciona: "O poder normativo da Justiça do Trabalho não decorre de escolha política do legislador. É mera consequência da projeção na dimensão transindividual do provimento da jurisdição de equidade em face de causa de pedir que por definição, no processo coletivo, tangencia a teoria da individualização. Só confirma tal constatação o argumento de que a nova redação do art. 114, § 2º, da Constituição, teria dado feição de arbitragem jurisdicional ao poder conferido àquela Justiça para decisão dos dissídios coletivos."

(787) Ao exigir o "comum acordo" dos litigantes: art. 114, § 2º, da Constituição Federal.

(788) À luz do direito alemão, como exposto por GHEZZI, Giorgio. *Il dovere di pace sindicale*, p. 456-457.

legais mínimas de proteção ao trabalhador e as conveniadas anteriormente, tal como estabelecido pelo art. 114, § 2º, da CF. O referencial dos julgamentos, portanto, encontra-se no direito objetivo: um patamar "mínimo" de proteção à categoria profissional, a partir do qual direitos superiores podem ser concedidos aos já estabelecidos, seja em fontes normativas legais ou convencionais, seja em produto de sentença normativa anterior, estas pretéritas ou vigentes. Se pretéritas, a jurisdição será primária ou originária, criando-se norma inédita ou substitutiva da antes estabelecida (convenções coletivas ou sentenças normativas), cujo prazo haja esgotado. Se vigentes estas, a jurisdição será de revisão. Em ambos os casos, ter-se-á a decisão de um conflito de natureza econômica.

Se o Supremo Tribunal Federal, mesmo antes da EC n. 45/04, já entendia que a função criativa da jurisdição normativa trabalhista deveria respeitar o princípio da reserva legal, limitando-se a atuar no vazio legislativo, a alteração do texto, como dito antes, com a supressão da expressão "estabelecer normas", do art. 114 da CF, encerra a contradição de, no particular, mudar para permanecer como estava. Pode-se dizer que a limitação imposta no atual texto do art. 114, § 2º, da CF, à função criativa da jurisdição normativa, no que concerne ao respeito às disposições mínimas legais, já havia sido decretada pelo Supremo, desde o julgamento do RE n. 197911-9, PE, relatado pelo então Ministro Octávio Gallotti.(789)

Inovou-se, apenas, no que concerne às normas convencionadas anteriormente, conferindo-se, pelo que se percebe, ultratividade às cláusulas objeto de convenção coletiva e até às de sentença normativa anterior.(790)

À luz dessa breve prospecção comparativa, afirma-se que, tanto na via arbitral do dissídio coletivo de natureza econômica, quanto através da ação civil pública, a atuação da jurisdição normativa ou dispositiva, na avaliação da procedência, ou não, das reivindicações de interesse, se opera no vazio normativo, seja em respeito às normas heterônomas, seja em respeito às autônomas. Isso significa que continua vedada a criação de direito absolutamente novo, ou efetivação daqueles só formalmente previstos na Constituição, mas subordinados à reserva da lei formal ou à da negociação coletiva. Nesses casos, vedada encontra-se a atuação jurisdicional-normativa, como já acontecia

(789) Publicado na *Revista LTr*, v. 62, n. 7, São Paulo: LTr, p. 923.

(790) A exemplo do que ocorria na Itália, desde o período corporativo fascista. Borgomeo cita precedente da Corte Suprema da Itália, de 15.11.1950, considerando a ultratividade das convenções coletivas inconstitucional: "Se il contratto collettivo corporativo stabiliva la validità a tempo indeterminato — sino allá stipulazione di um nuovo patto —, l'efficacia del contratto doveva intendersi venuta meno com la soppressione dei soggetti *in* grado di stipulare um nuovo patto: in tal senso la sentenza della Corte suprema, 15 novembre 1950, n. 2.594, in *Mass. Giur. Lav.*, 1950. p. 247. BORGOMEO, Luca. *Op. cit.*, p. 1.275. Findo o período corporativo, a tese foi reativada e passou a ser dominante na doutrina italiana. Assim, expressamente: CESSARI, Aldo. *Op. cit.*, p. 16. No Brasil, após a EC n. 45/04, a tese da ultratividade das cláusulas das convenções coletivas e sentenças normativas é amplamente vitoriosa na doutrina, embora ainda não tenha se consolidado na jurisprudência. Ao propósito, cf. o Enunciado n. 34, aprovado na Primeira Jornada de Direito Material e Processual na Justiça do Trabalho, pelo Tribunal Superior do Trabalho em nov. 2007, com o seguinte texto: "O § 2º do art. 114 da CF impõe aos tribunais do trabalho que, no julgamento dos dissídios coletivos, respeitem as disposições convencionadas anteriormente. Idêntico entendimento deve ser aplicado às cláusulas preexistentes previstas em sentenças normativas." *Revista LTr*, v. 71. n. 12, São Paulo: LTr, dez. 2007. p. 1.503.

na via do dissídio coletivo.(791) É o caso de nova estabilidade ou de ampliação do prazo daquelas já contempladas (salvo em situações especiais), do prazo do aviso-prévio, participação nos lucros, ampliação dos adicionais de periculosidade e insalubridade e proteção em virtude da automação.(792)

Mas, desde que haja direito reconhecido sem subordinação à reserva da lei formal ou à negociação coletiva, seja por fonte normativa autônoma, seja heterônoma, a jurisdição normativa pode ser exercida, para amoldá-lo, particularizá-lo, ampliando-o, adaptando-o às especificidades das categorias envolvidas, função manifestamente inviável de ser exercida pela função tipicamente legislativa.

7.5.4. O *modus operandi*

7.5.4.1. A concessão de direitos pela projeção da ultratividade dos efeitos das cláusulas normativas de convenções coletivas ou sentenças normativas históricas

A aferição da procedência, ou não, das reivindicações de interesse (econômico ou social) de uma categoria profissional, seja na via do dissídio coletivo, seja na da ação civil pública, dar-se-á, em primeiro plano, pela simples possibilidade da sentença

(791) Para Santos, em obra publicada em nov. 2003, portanto, anteriormente à edição da EC n. 45/04: "[...] além dos limites fixados pela 1ª Turma do Supremo Tribunal Federal, é assente na doutrina e na jurisprudência que a atuação do poder normativo da Justiça do Trabalho não pode invadir a esfera reservada ao exercício da autonomia coletiva dos particulares, de sorte que deverão ser preservadas as áreas remetidas à negociação coletiva pela Constituição ou pelas leis infraconstitucionais. Assim, não poderão os Tribunais trabalhistas imiscuírem-se na fixação de regras referentes: a) à participação nos lucros e resultados, delegada à negociação coletiva (art. 2º da Lei n. 10.101/00); b) redução de salários (inciso VI do art. 7º da CF/88); c) compensação de horários e redução de jornada (inciso XIII do art. 7º da CF/88); d) fixação de jornadas para turnos ininterruptos de revezamento (inciso XIV do art. 7º da CF/88); e) implementação de banco de horas, delegada à negociação coletiva pelo § 2º do art. 59 da CLT; f) instituição de contrato por prazo determinado, delegada à negociação coletiva pelo art. 1º da Lei n. 9.601/98; g) suspensão do contrato de trabalho para realização de programa de qualificação profissional (§ 1º do art. 476 da CLT); h) adoção do regime de trabalho a tempo parcial para os atuais empregados da empresa (§ 2º do art. 58-A da CLT)." SANTOS, Ronaldo Lima dos. *Sindicatos e ações coletivas*. São Paulo: LTr, 2003. p. 329.

(792) Contra defendendo, com brilhantismo, que a proteção da automação pode ser obtida na via da ação civil pública, PISCO: "Assim, imaginemos que certa categoria, descontente com o fato de estar sendo continuamente substituída pela aquisição de máquinas automáticas e robôs de última geração, ajuíze ação civil pública (ação coletiva ativa) pretendendo que o Judiciário implemente o preceito esculpido no inc. XXVII do art. 7º, da CF, que garante 'proteção em face da automação, na forma da lei', sustentando, como fundamento, que o Poder Legislativo está injustificadamente omisso na hipótese e que a automação está acabando com a categoria em questão, ferindo o inc. XII dos arts. 5º e 6º, que garantem o livre exercício do trabalho e a sua consideração como um direito social. Embora o tema ainda tormentoso, certo é que não se pode imaginar que uma norma constitucional possa ter caráter meramente programático diante de uma injustificável omissão legislativa. Nesse sentido Luis Roberto Barroso. Assim, reconhecida a capacidade da norma de gerar direitos subjetivos, surge para o cidadão e, para o Judiciário, neste caso, o dever de implementá-los. Ora, se o Judiciário pode reconhecer direitos, implementando preceitos constitucionais não atendidos ou regulados espontaneamente pelo Estado, obrigando o mesmo Estado em matéria de políticas públicas, com maior razão poderá o Judiciário, ao implementar tais direitos, fixar obrigações para particulares." PISCO, Cláudia de Abreu Lima. O anteprojeto do código brasileiro de processos coletivos, os dissídios coletivos e outras ações coletivas trabalhistas. In: GRINOVER, Ada Pellegrini; MENDES, Aluísio Gonçalves de Castro; WATANABE, Kazuo (orgs.). *Direito processual coletivo e o anteprojeto do código brasileiro de processos coletivos*. São Paulo: LTr, 2007. p. 409.

determinar a projeção dos efeitos de cláusulas convencionais (objeto de convenções coletivas) ou previstas em sentenças normativas anteriores, cujos prazos de vigência hajam expirado. Pode-se obter, não apenas a declaração (como se poderia fazer no dissídio coletivo de natureza jurídica, *supra*, 3.3), mas, também, a efetivação da ultratividade conferida pela EC n. 45/04, isto é, a imposição da condenação correspondente. Não apenas das cláusulas sociais, mas, também, das econômicas, como se infere do comando do art. 114, § 2º, da CF. Nesses casos, ainda que haja reserva legal ou à negociação coletiva (ao exercício da autonomia privada coletiva) para a concessão do direito, pode, o mesmo, ser deferido, pois, nesse caso, não se estará a exercer jurisdição criativa de direito genuinamente novo, mas, simplesmente, projetando efeitos de direito preexistente.

No contexto da ação civil pública, isso ocorre com o mesmo efeito prático que se obtinha pelo deferimento, em sede de dissídio coletivo, das chamadas cláusulas preexistentes ou pretéritas, as chamadas cláusulas "históricas", que se apresentavam como fundamental baliza para os julgamentos dos dissídios coletivos, pelo juízo de equidade, na medida em que retratam um ponto de equilíbrio definido autonomamente pelos litigantes, e que também devem balizar os julgamentos das ações civis públicas propostas para o mesmo fim.(793)

Convém ressaltar que a nova competência trabalhista trouxe, em seu bojo, essa ampliação do alcance dos juízos de equidade, típicos da jurisdição normativa, que passam a ser um novo referencial do processo trabalhista como um todo (*supra* 3.1.4).(794) Além da factível compatibilidade entre o juízo de equidade e a ação civil pública,(795) diz-se que esta encontra na equidade suas próprias raízes: na *equity* do sistema norte-americano, inspiradas que são no modelo das *class actions*.(796)

7.5.4.2. Majoração de salários e concessão de produtividade

É perfeitamente viável, na via da ação civil pública, a invocação do princípio do art. 7º, V, da CF, que consagra o direito a um piso salarial proporcional à extensão e à complexidade do trabalho, combinado com o do art. 766 da CLT, que confere a toda

---

(793) Sob esse fundamento e na via dos dissídios coletivos, a jurisprudência do Tribunal Superior do Trabalho grassa, há anos, na concessão de direitos preexistentes, desde que previstos em cláusulas "históricas", objeto de convenções coletivas anteriores, inclusive o da garantia de emprego. Nesse sentido, o RODC 20027/2004-000-02-00, relatado pelo Min. João Oreste Dalazen, com a seguinte ementa: "DISSÍDIO COLETIVO DE NATUREZA ECONÔMICA E REVISIONAL. GARANTIA DE EMPREGO. PORTADOR DE DOENÇA PROFISSIONAL OU OCUPACIONAL. Justa e razoável a manutenção de garantia de emprego ao portador de doença profissional ou ocupacional até a aposentadoria, com base em cláusula prevista em convenção coletiva celebrada anteriormente pelas mesmas partes." in *DJU* de 18.8.2006.

(794) Como defendido por ADAMOVICH, Eduardo Von. A nova competência da justiça do trabalho: ampliação do alcance dos juízos de equidade ou nova concepção bicéfala da Justiça Civil de raízes burguesas. In: *Revista LTr*, v. 70, n. 5, São Paulo: LTr, maio 2006. p. 557-562.

(795) Nesse sentido: MANCUSO, Rodolfo de Camargo, citando NERY JÚNIOR, Nelson; NERY, Rosa Maria de Andrade. *Ação civil pública. Em defesa do meio ambiente, do patrimônio cultural e dos consumidores*, p. 87.

(796) ANDRADE, Dárcio Guimarães de, citando WATANABE, Kazuo. *Ação civil pública*, v. 66, n. 4, Brasília: TST, out./dez. 2000. p. 201.

categoria profissional o direito a um salário justo, que permita justa retribuição às empresas tomadoras.[797]

Com tal fundamentação jurídica, pode-se invocar fatos tendentes à demonstração de aumento quantitativo e qualitativo do trabalho, frente a lucros exorbitantes das empresas tomadoras, deduzindo-se pedidos, cumulativos, de concessão de produtividade e de índice de reajustamento salarial, compatível com a nova realidade social. Comparando-se a ação civil pública acima descrita, em confronto com um dissídio coletivo econômico-salarial, prova-se a factível identidade entre as causas de pedir e de pedidos, ambas ensejando, portanto, um provimento jurisdicional de idênticos resultados práticos.

Logo, a viabilidade processual na concessão de reajustes de salários e de produtividade é factível, sendo lastreada em elementos técnicos que permitam a perfeita identificação, pelo exercício da equidade integrativa, dos comandos dos arts. 7º, V, da CF e 766 da CLT.

7.5.4.3. Concessão de outros direitos, antes tutelados na via do dissídio coletivo

Além daquelas conquistas históricas, dos reajustes de salários e da produtividade, aquelas concessões, antes efetivadas na via do dissídio coletivo, que têm como fundamento os direitos sociais dos trabalhadores, fundadas no art. 6º da CF, e que decorrem do vazio da lei, mas tendo esta como referencial, como as cestas básicas[798], também podem ser objeto de tutela na via da ação civil pública.

À luz da jurisprudência consagrada na via do dissídio coletivo, é possível visualizar, no contexto da ação civil pública, a obtenção de tutela da ordem jurídica-material, em jurisdição normativa, concernente à: (a) garantia ao empregado substituto do mesmo salário do substituído, enquanto perdurar a substituição, pela aplicação do princípio da isonomia (CF, art. 7º, XXX, XXXI e CLT, art. 461);[799] (b) ampliação da estabilidade do empregado incorporado ao serviço militar obrigatório, na invocação do art. 472 da CLT;[800] (c) reconfiguração do prazo para o pagamento das verbas rescisórias, pela interpretação da Lei n. 7.855/89, que deu nova redação ao art. 477 da CLT;[801] (d) concessão de auxílio-creche para a mulher empregada, pela aplicação do princípio da proteção ao menor (arts. 7º, XXV e 208, IV, da CF, além da norma do art. 389, § 1º, da CLT);[802] (e) vedação de período experimental (contratação por experiência) para empregado readmitido na empresa, pela aplicação da norma do

(797) Semelhante exemplo e outros são citados em uma mesma análise comparativa entre os dois institutos, por PISCO, Cláudia de Abreu Lima. *O anteprojeto do código brasileiro de processos coletivos, os dissídios coletivos e outras ações coletivas trabalhistas*, p. 409-411.

(798) MELO, Raimundo Simão de. *Dissídio coletivo de trabalho*, p. 52

(799) Tribunal Superior do Trabalho, Seção de Dissídios Coletivos, Proc. n. RODC 20067/2005-000-02-00.2, Rel. Min. João Oreste Dalazen, in *DJU* de 9.11.2007.

(800) Precedentes Normativos ns. 80 e 85, da Seção de Dissídios Coletivos do Tribunal Superior do Trabalho.

(801) Tribunal Superior do Trabalho, Seção de Dissídios Coletivos, Proc. n. RODC 20067/2005-000-02-00.2, Rel. Min. João Oreste Dalazen, in *DJU* de 9.11.2007.

(802) Precedente Normativo n. 22, da Seção de Dissídios Coletivos do Tribunal Superior do Trabalho.

art. 445, parágrafo único, da CLT;[803] (f) compensação de jornada para mulheres, pela regra do art. 373 da CLT, e dos menores, pelas regras dos art. 403, parágrafo único, 404, 405, I, da CLT;[804] (g) liberação dos empregados em dias "pontes", intercalados com feriados e fins de semana, pela aplicação do princípio da proteção à família do art. 226 da CF;[805] (h) obrigatoriedade na antecipação de 50% do 13º salário, na invocação do art. 1º, § 1º, da Lei n. 4.090/62;[806] (i) limitação a um único dia de testes práticos operacional-admissionais e obrigação de fornecimento de alimentação gratuita aos candidatos a emprego, na interpretação do art. 168, § 2º, da CLT;[807] (j) ampliação do adicional das horas extras, em situações especiais, aplicando-se o princípio da proteção à saúde do trabalhador, pela limitação da duração ativa da sua jornada de trabalho, consagrado nos art. 7º, XVIII e XVI, da CF e art. 58 e ss., da CLT;[808] (k) ampliação do prazo da jornada extraordinária em situações excepcionais, pela aplicação da norma do art. 59 da CLT;[809] (l) concessão de adicional de 100% para as horas extras de empregados comissionistas, invocando-se o art. 7º, XVIII, da CF;[810] (m) fornecimento gratuito de lanches, frente à exigibilidade de horário extraordinário, pela invocação do art. 200, VII, da CLT;[811] (n) obrigação de fornecer assentos adequados aos trabalhadores, que possam ser utilizados nos intervalos da jornada, invocando-se o art. 199 da CLT;[812] (o) obrigação de enviar ao sindicato profissional o edital de convocação para as eleições da CIPA — Comissão Interna de Prevenção de Acidentes, interpretando-se o art. 10, II, "a", do ADCT, da CF;[813] (p) fixação de prazo para o cumprimento de obrigação de restituição de desconto indevido, interpretando-se o princípio da proteção ao salário dos art. 7º, X, da CF e art. 462, *caput* e § 1º, da CLT;[814] e (q) obrigação de realização de eleições diretas e livres para a representação

(803) Tribunal Superior do Trabalho, Seção de Dissídios Coletivos, Proc. n. RODC 20343/2004-000-02-00.1, Rel. Min. João Oreste Dalazen, in *DJU* de 9.11.2007.

(804) Tribunal Superior do Trabalho, Seção de Dissídios Coletivos, Processos RODC 23721/2002-900-02-00.0, Rel. Min. José Luciano Castilho Pereira, in *DJU* de 17.6.2005 e RODC 20343/2004-000-02-00.1, Rel. Min. João Oreste Dalazen, in *DJU* de 9.11.2007.

(805) Tribunal Superior do Trabalho, Seção de Dissídios Coletivos, Proc. n. RODC 20343/2004-000-02-00.1, Rel. Min. João Oreste Dalazen, in *DJU* de 9.11.2007.

(806) Tribunal Superior do Trabalho, Seção de Dissídios Coletivos, Proc. n. RODC 20343/2004-000-02-00.1, in *DJU* de 9.11.2007 e Proc. n. RODC 20191/2002-000-02-00, in *DJU* de 16.6.2006, ambos relatados pelo Min. João Oreste Dalazen.

(807) Tribunal Superior do Trabalho, Seção de Dissídios Coletivos, Proc. n. RODC 20343/2004-000-02-00.1, Rel. Min. João Oreste Dalazen, in *DJU* de 9.11.2007.

(808) Tribunal Superior do Trabalho, Seção de Dissídios Coletivos, Proc. n. RODC 1462/2003-000-15-00.3, Rel. Min. João Oreste Dalazen, in *DJU* de 9.11.2007; Tribunal Regional do Trabalho da 6ª Região, Proc. DC 12/99, Plenário, Rel. Des. Maria do Socorro Silva Emerenciano, in *DJ-PE* de 17.12.1999.

(809) Tribunal Regional do Trabalho da 22ª Região, Proc. DC 00752-2007-000-22-00-5, Plenário, Rel. Des. Manoel Edilson Cardoso, in *DJ-PE*, de 29.8.2008.

(810) Tribunal Regional do Trabalho da 6ª Região, Proc. DC 12/99, Plenário, Rel. Maria do Socorro Silva Emerenciano, in *DJ-PE* de 17.12.1999.

(811) Tribunal Regional do Trabalho da 12ª Região, Proc. DC 00347-2002-000-12-00-7, Seção de Dissídio Coletivo, Rel. Marta Maria Villalba FABRE, in *DJ-SC*, de 17.12.2003.

(812) Tribunal Regional do Trabalho da 12ª Região, Proc. DC 00347-2002-000-12-00-7, Seção de Dissídio Coletivo, Rel. Marta Maria Villalba Fabre, in *DJ-SC*, de 17.12.2003.

(813) Tribunal Superior do Trabalho, Seção de Dissídios Coletivos, Proc. n. RODC 5/2004-000-08-00.0, Rel. Min. João Oreste Dalazen, in *DJU* de 26.5.2006.

(814) Tribunal Superior do Trabalho, Seção de Dissídios Coletivos, Proc. n. RODC 20343/2004-000-02-00.1, Rel. Min. João Oreste Dalazen, in *DJU* de 9.11.2007.

dos empregados, assegurando-lhe estabilidade no emprego, nas empresas com mais de 200 empregados.(815)

Em síntese, a ação civil pública se apresenta como instrumento alternativo ao dissídio coletivo de natureza econômica e via processual apta à tutela dos conflitos econômicos ou de interesses entre o capital e o trabalho, pela possibilidade de se obter provimento jurisdicional com os mesmos resultados práticos daqueles antes obtidos naquela via processual coletiva.

7.6. Uma alternativa ao dissídio coletivo de greve

Retomando a exposição acima desenvolvida (*supra* 5), veem-se duas questões a serem enfrentadas: a primeira, relacionada com as greves no contexto das relações privadas; a segunda, dos trabalhadores públicos. Quanto a estas, mais duas questões: a das greves dos servidores públicos regidos pela CLT, submetidos à jurisdição trabalhista; e a dos servidores submetidos ao estatuto ou a outro tipo de relação jurídico-administrativa, que se submetem à jurisdição comum, estadual ou federal (*supra*, 5.1).

No primeiro caso e no dos servidores públicos celetistas, salvo as remotas hipóteses de cabimento do dissídio coletivo de greve (CF, art. 114, § 2º — *supra* 5.3 e 5.3.2), a tutela deve ser encaminhada para a ação civil pública. No caso dos servidores públicos submetidos à jurisdição civil (regidos pelo estatuto ou por qualquer outra relação jurídico-administrativa), a única via processualmente adequada para a tutela do direito de greve é a ação civil pública.(816)

7.6.1. Das greves dos trabalhadores no contexto das relações privadas

Vista a interdependência processual entre a tutela da greve e a do conflito econômico ou de interesses que a originou (*supra* 5.3), decorrente da conexão, no plano material, entre a greve, como efeito e as reivindicações dos trabalhadores, como causa, a viabilização da ação civil pública para decidir as causas do conflito, pela possibilidade de aferição, concessão ou rejeição das reivindicações econômicas ou de interesses sociais dos trabalhadores, como se viu (*supra* 7.5), significa dar-lhe aptidão para a solução dos seus efeitos: a greve.

No processo coletivo trabalhista italiano, tão paradigmático para o brasileiro, viu-se que a tutela das greves, mesmo com o fim do período corporativo fascista e da jurisdição normativa, continuou a ser feita judicialmente. *Romagnoli*, assentado em abalizada doutrina, destaca que a interpretação conferida pela Corte Constitucional italiana ao art. 28 do Estatuto do Trabalhador e ao papel do sindicato na Itália levou à

(815) Precedente Normativo em Dissídios Coletivos n. 86, da Seção de Dissídios Coletivos do Tribunal Superior do Trabalho. Também Proc. RODC n. 20343/2004-000-02-00.1, Rel. Min. João Oreste Dalazen, in *DJU* de 9.11.2007.

(816) A referência aqui é ao nosso trabalho: Ação civil pública como via alternativa ao dissídio coletivo: uma análise comparativa. In: *Revista do Tribunal Superior do Trabalho*, v. 74, n. 3, Brasília: Magister, jul./set. 2008. p. 61-92.

solução desses conflitos de volta aos órgãos jurisdicionais,(817) já a partir da década de 1960, pela ausência de regulamentação do direito constitucional de greve(818) e, mais intensamente, a partir da década de 1970.(819) Trata-se de uma politização no tratamento e composição dos conflitos coletivos de trabalho, que se assenta na dicção ideológica da própria magistratura togada italiana.(820) Verificou-se, empiricamente, que os sindicatos com menos estrutura de combate "socioinstitucional" tinham de recorrer com mais frequência e intensidade à jurisdição, até como forma de alocação de espaço político.(821)

Se os dissídios coletivos de greve sempre tiveram natureza extensiva, acessória e instrumental dos dissídios de natureza econômica, pois, como dita o próprio art. 8º da Lei n. 7.783/89 (Lei de Greve), a decisão da greve envolve uma decisão sobre a procedência ou improcedência das reivindicações (econômicas ou sociais), o pedido de declaração da legalidade ou ilegalidade da greve deve ser cumulado, objetivamente, com os demais, concernentes às pretensões reivindicatórias da categoria grevista, as causas da greve: *v. g.* manutenção das cláusulas "históricas" ou "pretéritas" de convenções coletivas ou sentenças normativas anteriores, reajuste salarial, cesta básica, produtividade e outros que não se submetam à reserva legal ou à da convenção coletiva. Eis, aí, uma vantagem adicional da ação civil pública frente ao dissídio coletivo: a da possibilidade de se obter a declaração da legalidade do movimento pela própria categoria que o deflagrou, algo sempre vedado pela construção restritiva que o Tribunal Superior do Trabalho edificou em torno do dissídio coletivo de greve, sintetizada na Orientação Jurisprudencial n. 12 da sua Seção de Dissídios Coletivos (*supra* 5.2).

Nada mais legítimo do que uma categoria exercitar o seu direito de greve, tentar a negociação coletiva e, frustrada essa, propor ação civil pública, através do seu

(817) "Con la normativa prevista nell'art. 28 — pensa e dice la Corte — il legislatore há inteso apprestare mezzi procedurali allo scopo di dar rilievo giuridico a quel movimento evolutivo, già largamente attuato *in* altre nazioni, per cui le divergenze di interessi tra datori di lavoro e lavoratori, in luogo di svolgersi sul piano extragiuridico e del contrasto extragiudiziale con mezzi diretti di autodifesa e di offesa quali scioperi, astensioni dal lavoro, occupazioni, serrate, licenziamenti ecc., tendano spontaneamente sempre piùa condursi entro l'ambito del diritto dello stato e siano composte e regolate dinanzi agli organi giurisdizionali di questo." ROMAGNOLI, Umberto. Lo statuto dei lavoratori nella prassi giudiziaria. In: *Rivista Trimestrale di Diritto e Procedura Civile,* Milão: Giuffrè, mar. 1976, n. 1, p. 278.

(818) "[...] fase inevitabilmente creatrice, dal momento che la norma costituzionale e, si, imperiosa, ma non e 'positivizzata' da parte della legge ordinária. Ed e proprio su questo aspetto 'creativo' [...]" GHEZZI, Giorgio. *Diritto di sciopero e attività creatrice dei suoi interpreti,* p. 35. Também Montuschi ressaltava: "La dottrina há, per solito, trascurato di ricercare il denominatore che accomuna, nell'interpretazione creativa dei giudici italiani [...]." MONTUSCHI, Luigi. *Op. cit.,* p. 51.

(819) ROMAGNOLI, Umberto. Lo statuto dei lavoratori nella prassi giudiziaria. In: *Op. cit.,* p. 280.

(820) "L'uso político dello statuto dei lavoratori — che raccoglie i risultati della prima fase di uma ricerca empírica su 'tipologia della domanda di giustizia e ideologia della magistratura nell'applicazione dello Statuto dei lavoratori'." *Ibidem,* p. 275. Cappelletti, ao abordar a "ideologia no direito processual", a partir da expressão cunhada por Piero Calamandrei "sentimento na sentença", enfrentou, com maestria, os temas da "lacuna na lei", da "sentença legítima, mas injusta" e da "injustiça na lei". CAPPELLETTI, Mauro. *Ideologie nel diritto processuale, passim,* especialmente p. 217.

(821) "[...] che sono proprio i sindicati più deboli sul piano organizzativo e meno integrati nel contesto sócio-instituzionale a ricorrere con maggiore frequenza allo Statuto ed a farne 'un uso più' 'agressivo', volto cio è a conquistarsi attraverso il ricorso uno spazio 'politico'". ROMAGNOLI, Umberto. *Ibidem,* p. 279.

sindicato, em face de sindicato de categoria econômica ou empresa, na persecução, em cumulação objetiva, da procedência das reivindicações (econômicas e sociais), mediante condenação consubstanciada em obrigações de fazer (*v. g.*, reajustes salariais, cestas básicas e concessão de produtividade) e não fazer (*v. g.*, proibição de descontos dos dias parados e de retirada de vantagens de cláusulas pretéritas de convenções coletivas ou sentenças normativas anteriores), e, além disso, de declaração da legalidade do movimento.

Em uma única ação, com possibilidades de tutela liminar, em cognição sumária (*supra* 7.2), ter-se-ia a tutela processual do movimento como um todo: suas causas e seus efeitos.

Também afigura-nos legítimo que o sindicato de categoria econômica proponha ação civil pública em face de sindicato de categoria profissional grevista, apenas com pedido de declaração de ilegalidade do movimento, ou agregado à oferta de cláusulas, algo também sempre vedado na via do dissídio coletivo (*supra*, 7.4.3).

O objeto da negociação coletiva frustrada seria judicialmente decidido, com vantagens processuais frente ao quase sepultado dissídio coletivo.

Esse instrumento, entretanto, não vem sendo utilizado pelos sindicatos. Uma das boas exceções é citada por *Spies*:[822]

> O Juiz Hélio Monjardim, da 55ª Vara Trabalhista do Rio de Janeiro, julgou recentemente ação civil pública (ACPU n. 1.229/04) ajuizada pelo Sindicato dos Bancários carioca. O magistrado enfrentou com brilhantismo o rol de pedidos, para ao final condenar os réus em total abstinência de toda e qualquer atitude que impedisse o direito de greve, como coações, ameaças de dispensa, descontos salariais, vedação do ingresso dos dirigentes sindicais, para panfletagem, tudo sob pena de crime de desobediência. Na oportunidade, Monjardim louvou-se nos escólios de *Alice Monteiro de Barros*, quanto ao tema condutas antissindicais, que deve voltar à baila, diga-se de passagem, e com força.

Na oportunidade, ainda sob o impacto da edição da EC n. 45/04, não se tinha percebido o potencial da ação civil pública, pois, no caso concreto citado, os pedidos foram restritos à tutela do direito de greve, como efeito do conflito econômico, não tendo havido pedido de tutela do próprio conflito (causas da greve), o que seria, como se viu, viável do ponto de vista processual (*supra* 7.5).

Em síntese, pode-se dizer: (a) dentre todos os legitimados ativamente, são os entes sindicais *lato sensu*, como atores sociais diretamente envolvidos no conflito coletivo de trabalho, aqueles que detêm a representatividade adequada para a propositura da ação civil pública, quando esta tiver como objeto a tutela do direito de greve; (b) ao Ministério Público do Trabalho fica reservada a possibilidade de ajuizamento do dissídio coletivo de greve, sempre que existentes os seus pressupostos excepcionais — art. 114, § 2º, da CF (*supra*, 5.2); (c) ao sindicato de categoria

---

(822) SPIES, André Luis. As ações que envolvem o exercício do direito de greve: primeiras impressões da Emenda Constitucional n. 45/04. In: *Rev. TST*, v. 71, n. 1, Brasília: jan./abr. 2005. p. 303.

profissional caberá propor a ação, mediante a dedução de pedido simples ou cumulado, tanto de declaração da legalidade da greve que ele próprio deflagrou, quanto de reivindicação do objeto da negociação coletiva frustrada (*supra*, 7.5.3); e (d) ao sindicato de categoria econômica caberá fazê-lo, da mesma forma, mediante a oferta de cláusulas e declaração de ilegalidade do mesmo movimento.

7.6.2. Das greves dos servidores públicos

Como já se viu (*supra* 5.3.2), a Constituição de 1988 consagrou, como direito dos servidores públicos, a sindicalização e a greve (art. 37, VI e VII), este último até hoje sem regulamentação por norma infraconstitucional,[823] mas, por outro, negou-lhes, como categoria, o direito da negociação coletiva (art. 39, §§ 2º e 7º, XXV). A práxis, entretanto, demonstra que uma forma de negociação coletiva entre os servidores e os entes públicos tem se efetivado abertamente.[824] Trata-se do chamado "diálogo social" que, exitoso, leva à assinatura de um "protocolo de intenções", de natureza normativa,[825] semelhante à convenção coletiva, pelo qual são assumidos compromissos perante os servidores, dentre eles o de encaminhamento de projeto de lei para o reajustamento ou majoração de salários ou vencimentos e vantagens.[826]

É por isso que se passou a admitir, em tese, o dissídio coletivo no contexto das greves dos servidores públicos submetidos à jurisdição trabalhista, relativizando-se a interpretação que se tinha em relação à OJ n. 5 da Seção de Dissídios Coletivos do TST (*supra* 5.3.2), para se permitir a dedução de cláusulas sociais, vedadas as econômicas. Na prática, contudo, a exigência do "comum acordo", como forma de viabilizá-lo processualmente (CF, art. 114, § 2º), acaba por torná-lo letra morta no sistema vigente, também para essa categoria profissional: seria um dissídio coletivo de natureza econômica, com restrição do objeto às cláusulas sociais, a depender, como pressuposto processual, da autorização do ente público.[827]

---

(823) A regulamentação provisória veio das decisões do Supremo Tribunal Federal, proferidas nos Mandados de Injunção ns. 670, 708 e 712, que determinaram a aplicação analógica e no que couber, da Lei de Greve: Lei n. 7.783/89, conforme exposto (*supra*, 5.3.2).

(824) A exemplo do que se faz na Itália desde a década de 1970: TOSI, Paolo. Un modello di contrattazione collettiva nel pubblico impiego: l' 'accordo nazionale' per il personale ospedaliero. In: *Rivista di Diritto e Procedura Civile*, Milão: Giuffrè, n. 4, dez. 1975. p. 1.433-1.442; e na Espanha, desde a década de 1980, quando a situação foi resolvida com a ratificação das Convenções ns. 151 e 154 da OIT, e posteriormente com a Lei n. 9, de 12 de junho de 1987, que evitou o uso da expressão "negociação coletiva", optando pela "participação na determinação das condições de trabalho". Cf. SATO, Márcia Cunha Teixeira. *Sindicalização e negociação coletiva de trabalho no serviço público*. In: SANTOS, Enoque Ribeiro dos; SILVA, Otávio Pinto (coords.). *Temas controvertidos do direito coletivo do trabalho no cenário nacional e internacional*, p. 198.

(825) MELO, Raimundo Simão de. *A greve no direito brasileiro*, p. 127.

(826) Como observado por Raimundo Simão de Melo: "[...] até mesmo com a participação de membros da casa legislativa (o seu presidente ou outro representante), o que é salutar e mostra a responsabilidade dos dois Poderes em resolver o problema, para evitar prejuízos e desconfortos à população com relação ao atendimento do serviço público." *Loc. cit.*

(827) Do Órgão Especial do Tribunal Superior do Trabalho: "O entendimento jurisprudencial recente desta Seção Especializada (Processos n. TST-RXOF e RODC 20.232/2005-000-02-00, Rel. Min. Márcio Eurico Vitral Amaro, DJ 2.5.2008; TST-RXOF e RODC 20.231/2004-000-02-00, Rel. Min. José Luciano Castilho Pereira, DJ 30.9.2005 é o de que carece de possibilidade jurídica o pedido de natureza econômica formulado

Sem a possibilidade dessa autorização e, portanto, de se obter decisão sobre o conflito coletivo (algo só viável no dissídio coletivo econômico), o dissídio coletivo de greve (CF, art. 114, § 3º), cuja legitimidade ativa é exclusiva do Ministério Público do Trabalho e somente cabível em situações excepcionais, isoladamente, perde a sua função, que é instrumental e extensiva do dissídio coletivo econômico. Como já questionado, de que vale uma decisão que apenas declara ilegal a greve de servidores públicos? Longe de decidir o conflito, irá agravá-lo.

Em relação aos servidores vinculados ao estatuto ou a outra forma de relação jurídico-administrativa, que se submetem à jurisdição civil (estadual ou federal), nem mesmo essa remota possibilidade de dissídio coletivo lhes é facultada (*supra* 5.1).

A ação civil pública, nesse contexto, apresenta-se como alternativa instrumental metodológica para a solução, não só do conflito coletivo, materializado nas reivindicações dos servidores, mas também dos seus efeitos: a greve. Instrumento de tutela dos "valores sociais do trabalho",[(828)] seja na jurisdição trabalhista, seja na civil.

Se é dever do Judiciário suprir os vazios de efetividade, e tutelar os direitos fundamentais (e a greve é um deles), impõe-se-lhe o dever de atuar na omissão legislativa (*supra*, 2.4), tanto quanto na omissão administrativa,[(829)] inclusive, quanto ao não atendimento às pretensões dos servidores públicos como categoria profissional. Trata-se da efetivação dos direitos fundamentais de terceira geração, "que materializam poderes de titularidade coletiva atribuídos genericamente a todas as formações sociais".[(830)]

Cabe-lhe, portanto, o controle das políticas públicas relacionadas com o pessoal.

Na Itália, essa percepção vem da década de 1960,[(831)] quando se passou a associar as ações sindicais à modernização e democratização da gestão pública de

---

em dissídio coletivo ante a entidade de direito público. Logo, a aplicação da OJ n. 5 da SDC limita-se à apreciação das cláusulas econômicas, sendo possível a apreciação do mérito das cláusulas sociais." AG-ES n. 152685/2005-000-00-00, Rel. Min. Rilder Nogueira de Brito, in *DJU* de 26.9.2008.

(828) YOSHIDA, Consuelo Yatsuda Moromizato. Ação civil pública: judicialização dos conflitos e redução da litigiosidade. In: *Op. cit.*, p. 117.

(829) O Supremo Tribunal Federal tem proclamado: "Se Estado deixar de adotar as medidas necessárias à realização concreta dos preceitos da Constituição, em ordem a torná-los efetivos, operantes e exequíveis, abstendo-se, em consequência, de cumprir o dever de prestação que a Constituição lhe impôs, incidirá em violação negativa do texto constitucional. Desse *non facere* ou *praestare*, resultará a inconstitucionalidade por omissão, que pode ser total, quando é nenhuma a providência adotada, ou parcial, quando é insuficiente a medida efetivada pelo Poder Público". Medida Cautelar na ADI n. 1.439-DF, Rel. Min. Celso de Melo, Plenário, in *Revista Trimestral de Jurisprudência*, v. 185, n. 3. Brasília: Imprensa Nacional, jul./set. 2003. p. 795. No mesmo sentido: "O *caráter programático* da regra inscrita no art. 196 da Carta Política — que tem por destinatários *todos* os entes políticos que compõem, no plano institucional, a organização federativa do Estado brasileiro — *não pode converter-se* em promessa constitucional inconsequente, *sob pena* de o Poder Público, *fraudando* justas expectativas nele depositadas pela coletividade, substituir, *de maneira ilegítima*, o cumprimento de *seu* impostergável dever, por *um gesto irresponsável* de infidelidade governamental ao que determina a própria Lei Fundamental do Estado." Recurso Extraordinário n. 271.286 (Ag. Rg.-RS) Rel. Min. Celso de Melo, Segunda Turma, unânime, in: *Revista Trimestral de Jurisprudência*, v. 175, Brasília: Imprensa Nacional, mar. 2001. p. 1.212-1.213.

(830) Supremo Tribunal Federal, Mandado de Segurança n. 22.164-SP, Rel. Min. Celso de Melo, Plenário, unânime, in *Revista Trimestral de Jurisprudência*, v. 164, Brasília: Imprensa Nacional, abr. 1998. p. 160.

(831) Uma decisão da Corte Constitucional italiana de 28 de dez. 1962 (*Sent. 28 dicembre 1962, n. 123*) afirma que as greves de pressão para políticas públicas, que sustentem reivindicações socioeconômicas dos trabalhadores no setor público, têm amparo constitucional, mesmo frente à autoridade legislativa ou

pessoal:(832) mais impessoal e menos clientelista.(833) Em 2009, nota-se a crescente judicialização das relações de trabalho no setor público, a partir, inclusive, da interpretação e aplicação das convenções coletivas de trabalho naquele setor, hoje na busca de referenciais objetivos de atuação.(834) Um rompimento definitivo com a conexão sempre estabelecida no contexto das reivindicações dos trabalhadores no serviço público, entre a motivação política (notadamente das greves) e a indispensabilidade da atuação legislativa.(835)

Desta forma, enfileirando-nos aqui entre os que entendem que "o controle da constitucionalidade das políticas públicas pelo Poder Judiciário não se faz apenas sob o prisma da infringência frontal à Constituição pelos atos do Poder Público, mas, também, por intermédio do cotejo desses atos com os fins do Estado".(836) Como já visto (*supra*, 2.4.1), atua não só no expurgo da norma inconstitucional ou violadora dos preceitos fundamentais, mas também no suprimento das omissões que agridam esses preceitos. Nessa diretriz: "contando com o juiz como coautor das políticas públicas, fica claro que, sempre que os demais poderes comprometerem a integridade e a eficácia dos fins do Estado — incluindo as dos direitos fundamentais, individuais ou coletivos —, o Judiciário deve atuar na sua função de controle".(837) A omissão não deixa de ser uma política pública negativa e, portanto, a atuação do Judiciário na efetivação da força normativa da Constituição (*supra*, 2.1) deve se operar no duplo viés: (a) da falta de realização da política, para a sua implementação; e (b) da realização ilícita dela, para a sua correção.(838)

É certo que essa atuação judicial no controle das políticas com os servidores públicos deve se pautar por critérios ético-jurídicos, fixados na paradigmática decisão monocrática do Ministro Celso de Mello, do Supremo Tribunal Federal, tombada na

---

administrativa. ROMAGNOLI, Umberto. Ordinamento sindicale e sistema economico nella costituzione. In: *Rivista di Diritto e Procedura Civile*, n. 4. Milão: Giuffrè, dez. 1975. p. 1496. Cf. LEDDA, Franco. Giusta retribuzione dei dipendenti pubblici e problemi di tutela giudiziaria. In: *Rivista di Diritto e Procedura Civile*, n. 2, Milão: Giuffrè, jun. 1974. p. 481 ss.

(832) Acerca do debate da linha política da ação sindical reivindicativa no serviço público: "Per un verso infatti le scelte politiche e rivendicative del sindicato possono costituire un fattore decisivo di modernizzazione della gestione del personale e dei servizi, nonché di rifondazione democratica delle strutture pubbliche a tutti i livelli." TREU, Tiziano. Struttura contrattuale e tendenze delle politiche rivendicative nel pubblico impiego. In: *Rivista di Diritto e Procedura Civile*, n. 3, Milão: Giuffrè, set. 1973; p. 1.112-1.113.

(833) *Ibidem*, p. 1.125.

(834) Em reconhecimento, inclusive que, ao se interpretar de forma não originalista ou revisar o conteúdo normativo de convenção coletiva, se está, indiretamente, tornando-se veículo de criação de outro, objeto da interpretação ou revisão. RUSCIANO, Mario. *Op. cit.*, p. 54.

(835) Para Paolo TOSI: "Su questa tradizione, sulle sue motivazioni 'politiche', i suoi collegamenti com gli interventi legislativi della prima parte del secolo, cf. in particolare Giannini M. S., voce impiego pubblico (teoria e storia). In: *Enc. Dir.*, XX, Milano, 1970. p. 293 ss." TOSI, Paolo. *Op. cit.*, p. 1.434, nota de rodapé 2; ROMAGNOLI, Umberto. Giolitismo, burocrazia e legge sull'impiego privato. In: *Rivista di Diritto e Procedura Civile*, Milão: Giuffrè, n. 1, dez. 1971. p. 191; TREU, Tiziano. *Op. cit.*, p. 1.113.

(836) GRINOVER citando CANELA JÚNIOR, Oswaldo. GRINOVER, Ada Pellegrini. O controle de políticas públicas pelo poder judiciário. In: *Revista de Processo*, n. 164, São Paulo: Revista dos Tribunais, out. 2008. p. 13. Também nesse sentido: ALONSO JÚNIOR, Hamilton. A ampliação do objeto das ações civis públicas na implementação dos direitos fundamentais. In: *Op. cit.*, p. 214-219.

(837) GRINOVER, Ada Pellegrini. *O controle de políticas públicas pelo poder judiciário*, p. 13.

(838) FREIRE JÚNIOR, Américo Bedê. O controle judicial de políticas públicas. In: In: BEDAQUE, José Roberto dos Santos; TUCCI, José Rogério Cruz (coords.). *Temas fundamentais de direito*. São Paulo: Revista dos Tribunais, 2005. p. 66-72.

ADPF n. 45, aqui invocada analogicamente:(839) (1) o mínimo existencial a ser garantido ao servidor, enquanto prestador de serviços ao cidadão; (2) a razoabilidade da pretensão deduzida em face do poder público; e (3) a existência de disponibilidade financeira do Estado para tornar efetivas as prestações reclamadas, aplicando-se o princípio da "reserva do possível".(840)

Entende-se por mínimo existencial o direito às condições mínimas para o exercício digno das funções e atribuições que o serviço público impõe ao servidor. Desse direito fundamental deflui um conjunto de direitos, do qual o direito a um vencimento digno é elemento.(841) A propósito, vozes abalizadas da doutrina vertem no sentido de que a vedação que o Supremo Tribunal Federal impôs à concessão, pelo Judiciário, de aumento de vencimentos aos servidores públicos, mesmo com fundamento na isonomia, consagrada em sua Súmula n. 339,(842) encontra-se superada. Era do tempo, anterior à Constituição de 1988, que os tribunais autolimitavam-se, entendendo que não podiam ou não queriam adentrar o mérito do ato administrativo.(843)

Essa nova posição, portanto, abre novas perspectivas para a ação civil pública(844) na tutela das greves dos servidores públicos, sabendo-se que a grande causa dos movimentos paredistas nesse setor é o desrespeito, pela administração, ao princípio da isonomia, notadamente nos vencimentos.

Medindo-se a razoabilidade pela proporcionalidade, como princípio constitucional,(845) há de se encontrar a legitimidade para o exercício da jurisdição coletiva na concessão de direitos aos servidores públicos, pelo equilíbrio a existir entre a sua utilização como meio e os resultados práticos obtidos pela decisão como fim. O próprio exercício do direito fundamental à liberdade sindical e daqueles que dele advêm (incluindo a greve), no plano processual, como meio, deve ser contrastado com a sua utilidade social, que a administração pública se propõe a efetivar, como fim.(846)

---

(839) Ação de Descumprimento de Preceito Fundamental n. 45, Rel. Min. Celso de Mello, in *DJU* de 4.5.2004.

(840) GRINOVER, Ada Pellegrini. *O controle de políticas públicas pelo poder judiciário*, p. 15.

(841) "Anche per il lavoratore pubblico, la retribuzione giusta o sufficiente costituisce oggeto di un diritto soggettivo vero e proprio, e non di un interesse materiale tutelado indirettamente dall'ordinamento." LEDDA, Franco. *Op. cit.*, p. 542.

(842) Na década de 1960, o Supremo Tribunal Federal aprovou a Súmula n. 339, com o seguinte enunciado: "Não cabe ao Poder Judiciário, que não tem função legislativa, aumentar vencimentos de servidores sob o fundamento da isonomia."

(843) Essa é a posição de GRINOVER, Ada Pellegrini. *Op. cit.*, p. 10.

(844) Sobre o tema da conexão entre a ação civil pública e a jurisdição na implementação das políticas públicas, Cf. FREIRE JÚNIOR, Américo Bedê. O controle judicial de políticas públicas. In: BEDAQUE, José Roberto dos Santos; TUCCI, José Rogério Cruz (coords.). *Temas fundamentais de direito*. São Paulo: Revista dos Tribunais, 2005. p. 99-108.

(845) Para Bonavides: "Em sentido amplo, entende Muller que o principio da proporcionalidade é regra fundamental a que devem obedecer tanto os que exercem quanto os que padecem o poder. Numa dimensão menos larga, o princípio se caracteriza pelo fato de presumir a existência de relação adequada entre um ou vários fins determinados e os meios com que são levados a cabo. Nesta última acepção, entende Muller que há violação do princípio da proporcionalidade, com ocorrência de arbítrio, toda vez que os meios destinados a realizar um fim não são por si mesmos apropriados e ou quando a desproporção entre meios e fim é particularmente evidente, ou seja, manifesta." BONAVIDES, Paulo. *A razoabilidade das leis. Apud* GRINOVER, Ada Pellegrini. *Op. cit.*, p. 17.

(846) No original: "I quali prevedono che la medesima attività non possa 'svolgersi *in* contrasto con l'utilità sociale o *in* modo da recare danno allá sicurezza, allá liberta e allá dignità umana'." RUSCIANO, Mario. *Op. cit.*, p. 55; inserida no capítulo: I fattori della legificazione del contratto collettivo del lavoro pubblico, p. 50-55; nesse sentido: SANTORO-PASSARELLI, Giuseppe. *Sulla liberta sindicale dell'imprenditore*, p. 170-173.

Se houver desproporção entre meio e fim, não será legítima, mas arbitrária a jurisdição exercida.(847)

Finalmente, a chamada "reserva do possível" que, evidenciada, fará letra morta a decisão. Se não existe disponibilidade financeira para a efetivação da política pública de pessoal, de nenhuma utilidade é o provimento jurisdicional que a determina.(848)

Grinover,(849) contudo, aponta as soluções de ordem processual:

> Observe-se, em primeiro lugar, que não será suficiente a alegação, pelo Poder Público, de falta de recursos. Esta deverá ser provada, pela própria Administração, vigorando nesse campo quer a regra da inversão do ônus da prova (art. 6º, VIII, do CDC), aplicável por analogia, quer a regra da distribuição dinâmica do ônus da prova, que flexibiliza o art. 333 do CPC, para atribuir a carga da prova à parte que estiver mais próxima dos fatos e tiver mais facilidade de prová-los.
>
> Mas não é só: o Judiciário, em face da insuficiência de recursos e de falta de previsão orçamentária, devidamente comprovadas, determinará ao Poder Público que faça constar da próxima proposta orçamentária a verba necessária à implementação da política pública. E, como a lei orçamentária não é vinculante, permitindo transposição de verbas, o Judiciário ainda deverá determinar, em caso de descumprimento do orçamento, a obrigação de fazer consistente na implementação de determinada política pública [...] Para tanto, o § 5º do art. 461, CPC servirá perfeitamente para atingir o objetivo final almejado.

Dessa conectividade entre a tão almejada adequação da estrutura processual existente (utilizando-se dos instrumentos disponíveis, aplicados em função do princípio da fungibilidade) e a natureza da relação jurídico-administrativa tutelada, conclui-se que a ação civil pública apresenta-se como alternativa viável à solução dos conflitos coletivos no serviço público, os quais têm as greves como principal e visível efeito. Essa ação civil pública pode ser proposta: (a) tanto pelo sindicato de categoria profissional, para a obtenção da declaração da legalidade da greve pelo mesma deflagrada, cumulada com as reivindicações relativas à adoção de política pública de pessoal; (b) quanto pelo ente público, para a declaração da ilegalidade do mesmo movimento, autorização para descontos dos dias parados e alocação de responsabilidades.

7.7. Uma alternativa ao dissídio coletivo de natureza jurídica

Mesmo para aqueles que entendem subsistente o dissídio coletivo de natureza jurídica, após a EC n. 45/04,(850) é inegável a viabilidade da ação civil pública para o

---

(847) Assim, expressamente: "É preciso consciência dos juízes para usar do ativismo na exata proporção, ou seja, sem excessos ou omissões." FREIRE JÚNIOR, Américo Bedê. O controle judicial de políticas públicas. In: BEDAQUE, José Roberto dos Santos; TUCCI, José Rogério Cruz (coords.). *Temas fundamentais de direito*. São Paulo: Revista dos Tribunais, 2005. p. 131.

(848) A falta de adequação dos instrumentos processuais de tutela à natureza jurídica administrativa das relações de trabalho dos servidores públicos era apontada, na doutrina processual italiana, como óbice quase intransponível à efetivação dos provimentos jurisdicionais nessa seara. Nesse sentido: LEDDA, Franco. *Op. cit.*, p. 542.

(849) GRINOVER, Ada Pellegrini. *O controle de políticas públicas pelo poder judiciário*, p. 20.

(850) Essa não é a nossa posição (*supra*, 3.3).

mesmo fim, isto é, para o exercício da jurisdição interpretativa de adaptação, integrativa e complementar à normativa, com vantagens em relação ao sistema do dissídio coletivo.

Em uma análise comparativa entre, de um lado, a jurisdição exercida no dissídio coletivo de direito ou de natureza jurídica e, de outro, a mesma a ser exercida na ação civil pública, vê-se que ambas encerram provimento jurisdicional genérico-declaratório, atuando através da interpretação científica de determinação cognoscitiva, a partir de um ato de vontade, em que há uma escolha, entre várias possíveis, para a produção normativa derivativa, inferior e integrativa.

Martins Filho, já em 1994, proclamava: "a ação civil pública aparece como modalidade de ação coletiva, que se assemelha ao dissídio coletivo de *natureza jurídica* [...]".(851)

Adamovich,(852) citando *Mallet*, aponta as vantagens da utilização da ação civil pública, frente ao dissídio coletivo de natureza jurídica:

> É o caso, *v. g.*, do cabimento simultâneo do dissídio de natureza jurídica para interpretar direitos de natureza individual homogênea sobre os quais divirjam os integrantes de determinada categoria e seus empregadores e a ação civil pública para a mesma declaração de interpretação e consequente condenação genérica nas mesmas prestações. A possibilidade de tutela antecipada ou mandamental, com declaração e condenação e posterior liquidação individualizada, nos termos dos arts. 91 a 100 do CDC, como já se viu, é mais adequada e efetiva do que as antigas ações de cumprimento que só poderiam ser promovidas depois de proferida a sentença declaratória no dissídio, para, só então, obter-se a condenação e posterior execução, com inegável prejuízo de tempo, esforço e dinheiro.

Também aqui, à luz da jurisprudência consagrada na via do dissídio coletivo de natureza jurídica, é possível visualizar, no contexto da ação civil pública, a obtenção de tutela da ordem jurídica-material concernente a: (a) desvendar a natureza da verba recebida a título de abono único, se de natureza salarial ou indenizatória, estabelecida em convenção coletiva;(853) (b) interpretação de norma interna da empresa que promoveu a alteração do regime de trabalho dos seus empregados de turnos ininterruptos de revezamento para turnos fixos;(854) (c) interpretação e declaração de ilegalidade e ineficácia de acordo extrajudicial firmado perante o Ministério Público do Trabalho;(855) (d) interpretação e declaração da aplicabilidade da Lei n. 3.999/61 à categoria dos técnicos, citotécnicos e auxiliares de laboratórios, especificamente do

---

(851) MARTINS FILHO, Ives Gandra. *Processo coletivo do trabalho*, p. 157.

(852) ADAMOVICH, Eduardo Henrique Von. *Sistema da ação civil pública no processo do trabalho*, p. 175.

(853) Tribunal Superior do Trabalho, Seção de Dissídios Coletivos, Proc. n. RODC 4232/2005-000-04-08.8, Rel. Min. Katia Magalhães Arruda, in *DJU* de 21.11.2008.

(854) Tribunal Superior do Trabalho, Seção de Dissídios Coletivos, Proc. n. DC 196518/2008-000-00-00.9, Rel. Min. Walmir Oliveira da Costa, in *DJU* de 22.8.2008.

(855) Tribunal Superior do Trabalho, Seção de Dissídios Coletivos, Proc. n. RODC 881/2007-000-15-00.1, Rel. Min. Fernando Eizo Ono, in *DJU* de 6.2.2009. O processo foi extinto, sem resolução de mérito, na forma do art. 267, IV, do CPC, por incompatibilidade com a natureza e as possibilidades processuais do dissídio coletivo de natureza jurídica. Na via da ação civil pública, entretanto, haveria possibilidade de obtenção do provimento ali perseguido.

seu art. 5º, que dispõe sobre o salário mínimo profissional;[856] (e) interpretação e declaração da incidência do adicional de insalubridade sobre o salário mínimo profissional do art. 5º da Lei n. 3.999/61;[857] (f) declaração da ultratividade dos efeitos de convenção coletiva, cujo prazo de vigência haja expirado;[858] (g) interpretação e declaração da abrangência subjetiva de convenção coletiva de trabalho;[859] (h) interpretação do art. 26, parágrafo único, da Lei n. 8.630/93, que trata da possibilidade dos operadores portuários admitirem, com vínculo empregatício e por prazo indeterminado, trabalhadores para a atividade de capatazia, selecionados livremente no mercado de trabalho, sem cadastramento prévio;[860] e (i) declaração de que a base de cálculo das bolsas pagas aos estagiários é o salário profissional previsto em convenção coletiva,[861] dentre outros.

Há algo mais a ser evidenciado. Alude-se ao pleito relacionado à extensão dos efeitos decorrentes da ultratividade das cláusulas de convenção coletiva e de sentença normativa anterior (*supra*, 7.5.4.1), que é mais adequado e completo na via da ação civil pública. Isto porque, a um só tempo, poderá, o órgão julgador, interpretá-las (declarando, como se fazia no dissídio coletivo de natureza jurídica) e aplicá-las (condenando e, portanto, indo além do que se fazia no dissídio coletivo de natureza econômica) na concessão de direitos nelas estabelecidos, ainda que abstratamente.

Imaginemos uma ação civil pública na qual se persegue: (a) a definição de base de cálculo de comissões objeto de cláusula de convenção coletiva anterior, cujo prazo de vigência haja expirado; e (b) condenação relacionada com obrigação de implantar (fazer) o pagamento das comissões pela base de cálculo objeto da interpretação, além de pagar as diferenças pretéritas, eventualmente existentes, entre o valor pago à luz da interpretação que o empregador fazia da cláusula e o valor encontrado a par da interpretação efetivada pelo órgão julgador.

Em cumulação objetiva, com outras reivindicações ou isoladamente, infere-se que a ação civil pública apresenta-se como instrumento amplamente viável à obtenção de provimento jurisdicional declaratório de interpretação de norma legal, convencional ou judicial-normativa, com o mesmo efeito prático daquele que se obtinha na via do dissídio coletivo, mas com a vantagem adicional, antes comentada, de se poder obter, também, condenação ao cumprimento do objeto da interpretação.

---

(856) Tribunal Superior do Trabalho, Seção de Dissídios Coletivos, Proc. n. RODC 127/2006-000-19-00.9, Rel. Min. Dora Maria da Costa, in *DJU* de 27.6.2008.

(857) Tribunal Superior do Trabalho, Seção de Dissídios Coletivos, Proc. n. RODC 127/2006-000-19-00.9, Rel. Min. Dora Maria da Costa, in *DJU* de 27.6.2008.

(858) Tribunal Superior do Trabalho, Seção de Dissídios Coletivos, Proc. n. RODC 127/2006-000-19-00.9, in *DJU* de 27.6.2008 e n. RODC 528/2004-000-08-00.7, in *DJU* de 27.6.2008, ambos da relatoria da Min. Dora Maria da Costa.

(859) Tribunal Superior do Trabalho, Seção de Dissídios Coletivos, Proc. n. RODC 242/2006-000-23-00.1, Rel. Min. Dora Maria da Costa, in *DJU* de 9.5.2008.

(860) Tribunal Superior do Trabalho, Seção de Dissídios Coletivos, Proc. n. RODC 20.174/2004-000-02-00.0, Rel. Min. Ives Gandra Martins Filho, in *DJU* de 22.1.2008. O Tribunal interpretou a norma e entendeu que não há vedação à contratação de trabalhadores sem registro prévio no OGMO — Órgão Gestor de Mão de Obra do Trabalho Portuário e Avulso, embora estes devam ser contratados prioritariamente.

(861) Tribunal Superior do Trabalho, Seção de Dissídios Coletivos, Proc. n. DC 179135/2007-000-00-00.0, Rel. Min. Vantuil Abdala in *DJU* de 19.10.2007.

7.8. A via adequada para a tutela das lides sindicais

O fim do dualismo na distribuição de competências na tutela processual das lides sindicais, como visto (*supra*, 4.1), trouxe em paralelo problemas teóricos e práticos, a partir da utilização de instrumentos processuais inadequados, típicos do processo individual (*supra*, 4.3).

No direito comparado, a experiência norte-americana é sempre merecedora de atenções. A despeito da inexistência de um instrumento processual específico para o processamento das lides sindicais, ali se revela um efetivo sistema de tutela do direito sindical, notadamente no combate às práticas antissindicais (*supra*, 4.3). Trata-se de um misto de jurisdição administrativa, esta exercida eficientemente pelo *NLRB — National Labor Relations Board* —, e contencioso judicial. O Judiciário atua tanto na revisão das decisões administrativas do *Board*, inclusive pela Suprema Corte, quanto a partir das *labor injuctions*, estas utilizadas quando o direito sindical encontra-se em conectividade com o de greve (*supra*, 5). Assim, mesmo sem a utilização das *class actions* para esse fim (até em função de todos os problemas processuais enfrentados durante a trajetória evolutiva dessas ações),(862) de importante a destacar não é apenas o aspecto funcional dos instrumentos utilizados, mas a característica eminentemente processual coletiva de todos eles, caracterizada, fundamentalmente, pela natureza genérica e impessoal do provimento(863) e pelos efeitos *ultra partes* das decisões neles proferidas.(864) Até mesmo os litígios individuais nesse campo são utilizados como veículo de imposição de comandos extensíveis a toda categoria profissional.(865)

Ainda na busca de referenciais no direito estrangeiro, vê-se que toda a tradição sindical da Espanha fê-la adotar um processo judicial especial, em jurisdição cunhada "laboral social" para a tutela das lides sindicais,(866) caracterizado pela tramitação preferencial (art. 177.1, LPL),(867) inversão do ônus da prova (art. 179.2), possibilidades

(862) Enfrentados por Stephen C. YAZELL sob o título *Tensions in theory and practice*. YAZELL, Stephen C. *Op. cit.*, p. 249-255.

(863) Muito bem evidenciado nos *cases* dos hospitais do final da década de 1970: (a) *Beth Israel Hospital v. NLRB, 437 U.S. 483, 98 S.Ct.2463, 57 L.Ed. 2d.370 (1978)*; e (b) *NLRB v. Baptist Hospital, Inc., 442 U.S. 773, 99 S.Ct. 2598, 61 L.Ed. 2d 251 (1970)*. Neles, o *Board* vetou regras internas dos Hospitais, relacionadas à proibição de distribuição de material literário aos empregados no interior dos seus estabelecimentos, em decisões confirmadas pela Suprema Corte. OBERER, Walker E.; HANSLOWE, Kurt L.; HEINZ, Timothy J. *Op. cit.*, p. 278.

(864) No *case NLRB v. Screvener, 405 US 117 S.Ct. (1972)*, a Suprema Corte, confirmando decisão do *Board* e interpretando o § 8 (a) (4), do *National Labor Relations Act*, entendeu que a proteção aos empregados que prestam reclamações ou são testemunhas em procedimentos de investigação contra práticas antissindicais é extensiva àqueles que apenas tenham entregado um comentário escrito a um membro do *Board*, em investigação instaurada por reclamação de outra pessoa. Disponível em: <http://supreme.justia.com/us/405/117>.

(865) EPSTEI, Lee; SEGAL, Jeffrey A. *Op. cit.*, p. 64.

(866) "Sabido es que el vigente texto de la LPL regula un procedimiento especial — previsto en el Capítulo XI del Título II de la LPL, arts. 175 a 182, bajo la denominación 'De la tutela de los derechos de liberdad sindical' — que tiene la finalidad de establecer en la jurisdicción social el proceso preferente y sumario que exige el art. 53.2 de la CE para los derechos fundamentales dotados de protección especial — entre ellos los derechos de liberdad sindical." GÓMEZ, María Sepúlveda. *Los medios de protección de la liberdad sindical*. Albacete: Bomarzo, 2006. p. 50.

(867) *Ley Procedimiento Laboral.*

de cognição sumária através dos provimentos liminares (art. 178) e intervenção do Ministério Público (art. 175.3), esta em reconhecimento à dimensão coletiva da jurisdição exercida.[868] O sindicato, se não for o autor da ação, como principal legitimado ativo, pode intervir como assistente litisconsorcial.[869] A transcendência do direito material coletivo tutelado projetou-se para o processo, fazendo-o instrumento de alocação genérica de responsabilidades, para ulteriores particularizações concretas a serem estabelecidas para os lesados individuais.[870]

O processualismo italiano mostra que, desde a edição da Lei n. 300, de 1970 (Estatuto do Trabalhador), a tutela da liberdade sindical e a da atividade sindical *lato sensu*, incluído o combate e repressão às práticas antissindicais, se efetivaram de forma processualmente coletiva (*supra*, 4.2),[871] ainda que, no plano material, o confronto se estabeleça entre um único empregador e um único trabalhador.[872] Isso foi viabilizado a partir da outorga ao sindicato, pelo disposto no art. 28 do Estatuto do Trabalhador, do monopólio para as respectivas ações.[873] Trata-se da coletivização processual do direito sindical, a partir do modelo alemão (*Kollektivakt*), e da perspectiva de atuação do dirigente ou representante sindical como membro (*als Mitglied*) de uma coletividade de trabalhadores.[874] É a instrumentalização da tutela processual do grupo, enquanto instituição ou dos seus interesses institucionais (*Verbandsinteresse*), e não como um somatório de situações individuais (*Gruppeninteresse*).[875] Uma interdependência estrutural dos interesses: o coletivo, no plano material e sua tutela, no processual.[876]

---

(868) *Ibidem*, p. 54.

(869) GRAU, Antonio Baylos. *Sindicalismo y derecho sindical*. Albacete: Bomarzo, 2006. p. 26-27.

(870) GÓMEZ, María Sepúlveda. *Op. cit.*, p. 56.

(871) PUNZI, Carmine. La tutela giudiziale degli interessi diffusi e degli interessi collettivi. In: *Rivista di Diritto Processuale*, Padova: Cedam, 2002. p. 653. Essa tendência, posteriormente, foi confirmada com a Lei n. 125/91, que contempla a ação pública coletiva (*azione publica — art. 4º, VI, "c"*), semelhante à nossa ação civil pública, como instrumento de tutela na repressão e combate à discriminação no trabalho, inclusive frente à mulher trabalhadora, sem a necessidade de individualização subjetiva da lesão. Conferir a esse respeito: CICCHITTI, Valeria E. *Op. cit.*, p. 1.196-1.197.

(872) Para Umberto Romagnoli: "Poi, è venuta la legge n. 300 del 1970, che sembra darci ragione, permettendoci di concludere con un'apropriata 'pars construens' il discorso giuridico fino a quel momento puramente distruttivo. La nuova legge, infatti, introduce la nozione di lesione plurioffensiva nel senso che è súbita simultaneamente dal singolo lavoratore e dal sindicato; e ciò perché essa colpisce situazioni giuridiche soggettive a titolaritá individuale — i diritti di livertà sindicale — ma destinate ad operare in una dimensione collettiva, essendo evidente l'interesse del gruppo 'a che tutti i suoi componenti esercitino senza interferenze le liberta elementari su cui poggia la sua possibilita di organizzarsi per realizzare gli obiettivi comuni'." ROMAGNOLI, Umberto. *Lo statuto dei lavoratori nella prassi giudiziaria*, p. 280.

(873) *Loc. cit.*

(874) MONTUSCHI citando BULLA, Cosi. *Das zweiseitig kollektive Wesen dês Arbeitskampfes.in Festschirift fur H.C. Nipperdey, Munchen u. Berlin*, 1955. p. 163 e ss. MONTUSCHI, Luigi. *Op. cit.*, p. 70.

(875) PARDOLESI, Roberto. *Op. cit.*, p. 1.524; ROCCA, Franco Morozzo Della. *Op. cit.*, p. 909. Também na Alemanha foi editada a Lei Geral de Combate às Práticas Discriminatórias (*Allgemeines Gleichbehandlungsgesetz — AGG*), em 14.8.2006, com modificações pontuais em 2.12.2006, efetivando Diretivas Comunitárias a respeito da matéria (Dir. Ce ns. 43/00; 78/00; 73/22 e 113/04), tratando, de forma processualmente coletiva, o combate às práticas antidiscriminatórias e antirrepresentativas nas relações de trabalho — Capítulos Segundo e Quinto, tratando da tutela das relações de trabalho, e Quarto, da metodologia processual. Cf. HABERL, Sonja. Antidiscriminazione e stato liberale di diritto. Lo sviluppo della tutela antidiscriminatoria nel diritto tedesco dei contratti. In: *Rivista Trimestrale di Diritto e Procedura Civile*, Milão: Giuffrè, mar. 2009. p. 234, 241 e 243.

(876) ROMAGNOLI citando TREU, Tiziano. Attività antisindicale e interessi collettivi. In: *Pol. Dir.*, 1971. p. 565 e ss. ROMAGNOLI, Umberto. *Aspetti processuali dell'art. 28 dello statuto dei lavoratori*, p. 1.309-1.313.

Também aqui não se alude, apenas, ao aspecto funcional desempenhado pelo processo coletivo (factível, tratando-se de direito sindical), mas, igualmente, à forma pela qual ele se estrutura, a partir da conectividade marcante e profunda entre sua finalidade e seu procedimento,[(877)] até mesmo frente ao poder público.[(878)]

Essa construção nos leva a duas constatações.

A primeira, da conexão existente entre os direitos coletivos, Acesso à Justiça e participação do sindicato, notadamente no plano processual. Sem a representação ou substituição processual do sindicato, notadamente para os trabalhadores, não há acesso à Justiça e tutela dos direitos coletivos trabalhistas.[(879)]

A segunda, mais complexa e aqui só mencionada pontualmente, relaciona-se à eficácia *ultra partes* da sentença proferida em matéria de direito sindical. De um lado, pela interdependência existente entre a sua eficácia direta e a legitimação *ad causam*; e, de outro, em razão da sua eventual eficácia reflexa. Assim: (a) a presença do sindicato, no plano processual, é indispensável nos litígios intrassindicais, intersindicais, entre sindicatos e empregadores ou trabalhadores e em todos que envolvam a representação sindical (CF, art. 114, III), sob pena de ineficácia direta dos efeitos *ultra partes* das sentenças (em relação aos sindicatos e aos que eles representam, para os quais o comando sentencial deve se dirigir);[(880)] e (b) a tutela do direito sindical em perspectiva individual (*v g.* por um dirigente sindical individualmente atingido em sua representação sindical), em função da sua dimensão substancial coletiva (*supra*, 4.2), poderá provocar efeitos reflexos àqueles que não integraram a relação processual, mas que pertençam ao sindicato ou categoria, detentores, ainda que de forma subjacente, do direito inadequadamente tutelado.[(881)]

Entre nós, portanto, para a tutela do "foro sindical" a experiência do direito comparado e as imposições de ordem técnica-processual nos remetem à ação civil pública. A propósito, o próprio Tribunal Superior do Trabalho já reconheceu a dimensão coletiva da tutela processual dos litígios sindicais, ao inseri-los, ainda que restritivamente, no âmbito material reservado à competência recursal de sua Seção de

---

(877) Tratando especificamente do tema: VIGORITI, Vizenzo. Partecipazione, sindacato, processo. In: *Rivista Trimestrale di Diritto e Procedura Civile*, n. 4, Milão: Giuffrè, dez. 1974. p. 1.218-1.221 e 1.229-1.235.

(878) Sobre as dificuldades de atingimento da tutela específica de obrigações de fazer frente ao poder público na repressão processual ao comportamento antissindical: TOSI, Paolo. *Op. cit.*, p. 1.435.

(879) VIGORITI, Vizenzo. *Partecipazione, sindacato, processo,* p. 1.212-1.218, especialmente quando trata de La partecipazione in generale, p. 1.212-1.215 e de La partecipazione del sindicato attraverso la giustizia, p. 1.215-1.218.

(880) Tratando-se de tutela coletiva, a legitimação processual está diretamente relacionada com a eficácia direta dos efeitos *ultra partes* da sentença. Vale dizer: só estarão diretamente submetido aos efeitos da sentença aqueles que estejam representados ou substituídos pelos legitimados *ad causam* ou *ad processum*. Conferir PISANI, Andrea Proto. Appunti sui rapporti tra i limiti soggettivi di efficacia della sentenza civile e la garanzia costituzionale del diritto di defesa. In: *Rivista Trimestrale di Diritto e Procedura Civile*, n. 4. Milão: Giuffrè, dez. 1971. p. 1.219-1.223; TARUFFO, Michele. I limiti soggettivi del giudicato e le "class actions". In: *Rivista di Diritto Processuale*, Padova: Cedam, 1969. p. 609 e ss.; e TROCKER, Nicolo. Enrico Allorio e La dottrina della riflessione della cosa giudicata rispetto al terzi. In: *Rivista di Diritto Processuale,* Padova: Cedam, 2001. p. 359-375.

(881) Na distinção entre a eficácia direta e reflexa dos efeitos *ultra partes* da sentença coletiva remete-se a COMOGLIO, Luigi Paolo. L'art. 28 CPC e i profili costituzionali dei limiti soggettivi del giudicato. In: *Rivista di Diritto Processuale*, Padova: Cedam, 1966. p. 653 e ss.

Dissídios Coletivos (Regimento Interno, art. 70, II, "b"),(882) embora, paradoxalmente, não o tenha feito em relação às ações civis públicas, como se demonstrou (*supra*, 6.1).

Mesmo empiricamente, já se tem observado na experiência brasileira a utilização das ações civis públicas nesse campo. Vejam-se os exemplos: (a) repressão à prática antissindical: conduta do empregador dirigida à oposição das decisões da assembleia da categoria profissional que rejeitou proposta patronal em negociação coletiva (pressão, sob coação de demissão, para que os empregados assinassem listas conclamando o sindicato profissional a concordar com a proposta empresarial);(883) (b) repressão à prática antissindical: coação, pressão e intimidação sobre os empregados, com o objetivo de interferir ou anular o livre exercício da atividade sindical e a livre manifestação de vontade dos trabalhadores, inclusive na gestão do sindicato profissional (manutenção da jornada de trabalho de oito horas diárias, em turnos ininterruptos, alternados, de revezamento);(884) (c) repressão à prática antissindical: pressão para desfiliação em massa dos empregados sindicalizados;(885) (d) repressão à prática antissindical, relativamente ao exercício do direito de greve: impedir a livre manifestação dos bancários nas calçadas, perto das agências bancárias e ao lado das portas dos bancos, utilizando-se de força policial;(886) (e) repressão à prática antissindical: perseguições a dirigentes sindicais (punições indevidas, ameaças, impedimento de comparecimento a reuniões sindicais, ofensas pessoais), rescisão de contratos de funcionários antigos, com admissão de substitutos com salários inferiores;(887) (f) repressão à prática antissindical: limitação ao exercício da liberdade sindical, mediante a exigência de quitação, sem ressalvas, nos termos de rescisão de contrato de trabalho que aderiam ao PDV (Plano de Demissão Voluntária).(888)

O mais importante na utilização dessas ações é a possibilidade de se tutelar, em um só instrumento, a mais factível das práticas antissindicais: a recusa à negociação coletiva; e, em cumulação objetiva, as reivindicações dos trabalhadores, além da greve.

---

(882) Fê-lo apenas nas hipóteses de recurso ordinário interposto de decisão proferida em mandado de segurança ou ação rescisória, julgadas originalmente pelos Tribunais Regionais do Trabalho e que veiculem o direito sindical.

(883) Tribunal Regional do Trabalho da 3ª Região, Segunda Turma, Proc. n. RO 01628-2006-104-03-00-3, Rel. Des. Márcio Flávio Salem Vidigal, in *DJ* de 27.6.2007. Ação civil pública proposta contra a SADIA pelo Ministério Público do Trabalho e houve condenação em indenização por dano moral coletivo no valor de R$ 1.000.000,00 (um milhão de reais), revertidos ao FAT — Fundo de Amparo ao Trabalhador.

(884) Tribunal Regional do Trabalho da 3ª Região, QuartaTurma, Proc. n. RO 00350-2008-056-03-00-0, Rel. Des. Júlio Bernardo do Carmo, in *DJ* de 31.1.2009. Ação civil pública proposta, conjuntamente, pelo Ministério Público do Trabalho e Sindicato Profissional, e houve condenação em indenização por dano moral coletivo no valor de R$ 500.000,00 (quinhentos mil reais), revertidos ao FAT — Fundo de Amparo ao Trabalhador.

(885) Tribunal Regional do Trabalho da 10ª Região, Primeira Turma, Proc. n. RO 01013-2006-015-10-00-4, Rel. Des. Maria Regina Machado Guimarães, in *DJ* de 7.12.2007.

(886) Tribunal Regional do Trabalho da 15ª Região, Seção de Dissídios Coletivos, Proc. n. 01605-2005-000-15-00-9, Rel. Juiz Lourival Ferreira dos Santos, in *DJ* de 20.1.2006.

(887) Tribunal Regional do Trabalho da 4ª Região, Terceira Turma, Proc. n. RO 725-2002-026.04.00-9, Rel. Juiz Hugo Carlos Scheuermann, in *DJ* de 26.2.2004.

(888) Tribunal Regional do Trabalho da 22ª Região, Pleno, Proc. n. RO 01464-2001-022-002-00-0, Rel. Juíza Enedina Maria Gomes dos Santos, in *DJ* de 10.12.2002. Ação civil pública proposta pelo Ministério Público do Trabalho.

Deflagrada a greve, *v. g.*, houve reusa do patronato ou dos trabalhadores à negociação coletiva e, da mesma forma, à arbitragem extrajudicial e também à judicial, a que se resumiu o dissídio coletivo de natureza econômica, pela necessidade do "comum acordo" entre os litigantes (CF, art. 114, § 2º). Nesse quadro, o sindicato da categoria profissional poderá propor ação civil pública, cumulando objetivamente pedidos relativos a: (a) declaração da prática antissindical do empregador ou do sindicato de categoria econômica (recusa à negociação coletiva); (b) declaração da legalidade do movimento paredista; (c) procedência das reivindicações (econômicas e sociais); (d) fixação de indenização por dano moral e material coletivo; e (e) alocação de responsabilidades para a apuração dos danos individualmente sofridos pelos dirigentes sindicais ou trabalhadores em geral. Em sentido inverso, poderá o sindicato de categoria econômica propor idêntica demanda pleiteando a: (a) declaração da prática antissindical do sindicato da categoria profissional e dos seus dirigentes (recusa à negociação coletiva); (b) declaração da ilegalidade do movimento paredista; (c) oferta de cláusulas (econômicas e sociais); (d) fixação de indenização por dano material e moral coletivo; e (e) alocação de responsabilidades para a apuração dos danos sofridos pelos empregadores.

Assim como ocorre na Espanha[(889)] e na Itália,[(890)] esse instrumento processual possibilita uma vantagem adicional em termos procedimentais: permite que, em uma primeira fase, se estabeleça a dimensão coletiva da lesão ao direito sindical, sem a individualização da regra jurídica do caso concreto, como ocorre nos casos de direitos subjetivos individuais (*supra*, 7.5.2); e, na segunda fase, também de natureza cognoscitiva, individualiza-se a dimensão subjetiva do ato lesivo, apurando-se as respectivas indenizações individuais (dos trabalhadores ou empregadores), como permite o art. 97 ss., do CDC.

Isto representa a possibilidade de Acesso à Justiça para trabalhadores e empregadores. Para estes porque, sem a via do dissídio coletivo, não dispõem de outro instrumento processual de tutela do direito material coletivo, com possibilidades de decidir o conflito por inteiro: suas causas e seus efeitos. E para aqueles porque, individualmente, sem estabilidade e no curso das respectivas relações de trabalho, não teriam como demandar contra os seus empregadores, sem a perda do emprego.

(889) GÓMEZ, María Sepúlveda. *Op. cit.*, p. 56.

(890) Punzi, à luz do procedimento a ser estabelecido a partir do art. 28, do Estatuto do Trabalhador italiano na tutela ao direito sindical: "Viceversa, nella fase di opposizione bisogna preliminarmente stabilire quale sia il contenuto del diritto sociale leso dal datore di lavoro, se cioè si sia di fronte a diritti che, coerentemente con il loro contenuto, vengono normalmente esercitati collettivamente — vedi diritto di associazione o diritto di assemblea — ovvero singolarmente — vedi diritto al lavoro e diritto ad un trattamento scevro da discriminazioni per motivi politici, religiosi o sindacali — e, in questa seconda ipotesi, individuare la direzione soggettiva dell'atto lesivo, nonché gli effetti prodotti (per verificare se questi effetti si siano determinati nella sfera individuale dei singoli lavoratori)." PUNZI, Carmine. *Op. cit.*, p. 656. Também pela possibilidade da tutela processual coletiva de práticas antissindicais no Brasil, comparativamente ao método utilizado na Itália à luz do art. 28 do Estatuto dos Trabalhadores italiano, ver: MENEZES, Claudio Armando Couce de. Proteção contra condutas antissindicais: atos sindicais, controle contra a discriminação e procedimentos antissindicais. In: *Revista do Tribunal Superior do Trabalho*, Brasília: TST, v. 71, n. 2, maio/ago. 2005. p. 50, especialmente a nota de rodapé 39.

7.9. *A competência territorial*

Definida a competência dos órgãos jurisdicionais de primeiro grau para as ações civis públicas, inclusive as trabalhistas que tutelam o direito de greve (*supra*, 5.1), a questão a ser enfrentada é a da competência territorial, considerando a dimensão subjetiva e objetiva do conflito: se local, regional ou suprarregional.

Esse tema apresenta relevância em virtude da pretensa limitação territorial dos efeitos *erga omnes* da coisa julgada da sentença da ação civil pública (e, consequentemente, do seu alcance), prevista no art. 16, da Lei n. 7.347/85.(891) Embora julgado constitucional o dispositivo,(892) a limitação nele prevista apresenta-se inócua, pois, se não é capaz de limitar os efeitos da sentença coletiva ao território de competência do órgão prolator (por absoluta impossibilidade material), também não poderá fazê-lo em relação à coisa julgada, reflexa dos seus efeitos, que se produz, portanto, *erga omnes*, para além da circunscrição jurisdicional do prolator.(893) Como bem observado por Mancuso, "[...] tratando-se de direitos transindividuais, não há como se limitar os efeitos da sentença coletiva territorialmente, que é critério determinativo da competência e não dos limites subjetivos e objetivos da sentença coletiva".(894)

Se não há tal limitação, impõe-se a fixação de critérios objetivos para a competência na ação civil pública que tutele direitos coletivos, cujos efeitos da correspondente sentença assumam dimensão regional ou suprarregional.

Comparando-se a competência originária dos tribunais regionais do trabalho para os dissídios coletivos de dimensão regional (CLT, art. 856 e ss.) à do Tribunal Superior do Trabalho para os de dimensão suprarregional (art. 2º, I, "a", da Lei n. 7.701/88), conclui-se que a Orientação Jurisprudencial n. 130 da Seção Especializada em Dissídios Individuais-2,(895) do próprio Tribunal Superior do Trabalho tem a solução.

---

(891) Com a redação que lhe foi conferida pela Lei n. 9.494/97: "Art. 16. A sentença civil fará coisa julgada *erga omnes*, nos limites da competência territorial do órgão prolator, exceto se o pedido for julgado improcedente por insuficiência de provas, hipótese em que qualquer legitimado poderá intentar outra ação com idêntico fundamento, valendo-se de nova prova." Nesse mesmo diploma e na mesma direção veio o art. 2º-A: "A sentença civil prolatada em ação de caráter coletivo proposta por entidade associativa, na defesa dos interesses e direitos dos seus associados, abrangerá apenas os substituídos que tenham, na data da propositura da ação, domicílio no âmbito da competência territorial do órgão prolator."

(892) Supremo Tribunal Federal: ADI-MC n. 1.576-UF, Rel. Min. Marco Aurélio, Plenário, por maioria, in *DJU* de 6.6.2003.

(893) Nesse sentido: Supremo Tribunal Federal: Petição n. 1984-RS, Rel. Min. Marco Aurélio, decisão monocrática, in: *DJU* de 20.2.2003; e Superior Tribunal de Justiça: Resp n. 411.529-SP, Relatora para o acórdão: Min. Nancy Andrighi, nos seguintes termos: "A distinção, defendida inicialmente por Liebman, entre os conceitos de eficácia e de autoridade da sentença, torna inócua a limitação territorial dos efeitos da coisa julgada estabelecida pelo art. 16 da LAP. A coisa julgada é meramente a imutabilidade dos efeitos da sentença. Mesmo limitada aquela, os efeitos da sentença produzem-se *erga omnes*, para além dos limites da competência territorial do órgão julgador." In: *DJU* de 5.8.2008.

(894) MANCUSO, Rodolfo de Camargo. *Ação civil pública. Em defesa do meio ambiente, do patrimônio cultural e do consumidor*, p. 301.

(895) Renova-se a crítica que se fez na identificação de tutela processual coletiva como tutela apenas de conflitos econômicos e da ação civil pública como tutela processual individual (*supra*, 6.1).

Eis o teor do seu enunciado:

> Ação civil pública. Competência territorial. Extensão do dano causado ou a ser reparado. Aplicação analógica do art. 93, do Código de Defesa do Consumidor. Para a fixação da competência territorial em sede de ação civil pública, cumpre tomar em conta a extensão do dano causado ou a ser reparado, pautando-se pela incidência analógica do art. 93 do Código de Defesa do Consumidor. Assim, se a extensão do dano a ser reparado limitar-se ao âmbito regional, a competência é de uma das Varas do Trabalho da Capital do Estado; se for de âmbito suprarregional ou nacional, o foro é o do Distrito Federal.

Dessas disposições e da regra do art. 93 do CDC, esta aplicável à jurisdição como um todo (do Trabalho, Federal e Estadual), conclui-se: (a) tratando-se de conflito local, que não exceda à jurisdição territorial de uma unidade judiciária, a competência será desta. É o caso de greve com reivindicações econômicas e sociais que se situem no contexto da jurisdição de uma única Vara do Trabalho, Vara Federal ou Estadual; (b) se o conflito for regional, cujo provimento se espraie para além das fronteiras da jurisdição de uma unidade judiciária, mas que não extrapole a jurisdição de um único Tribunal do Trabalho, Tribunal Federal ou Estadual, a competência será de Vara da sede do Tribunal;[896] e (c) para os conflitos suprarregionais (não necessariamente de dimensão nacional) que excedam a jurisdição de um único Tribunal, a competência será dos órgãos jurisdicionais de primeiro grau situados no Distrito Federal: do Trabalho ou Federal.

7.10. Os efeitos da "sentença-norma" na ação civil pública

Tratando-se de "sentença-norma", os seus "efeitos" assumem duplo significado: (a) no plano material, mas com repercussões processuais, com o significado de período de sua vigência normativa (inicial e final); e (b) no plano estritamente processual, e naquilo que nos interessa, com o significado ínsito às sentenças em geral, concernente a sua exequibilidade: a partir de quando os seus comandos são exigíveis.

Do primeiro, e valendo-se da construção até aqui desenvolvida, se o nosso postulado é o da utilização da sentença da ação civil pública na condição de substituta da sentença normativa, alguns questionamentos se impõem. Como lhe fixar limites temporais de vigência (inicial e final) na forma de lhe compatibilizá-la com as exigências dos arts. 867 e 868, parágrafo único, da CLT[897] (*supra*, 3.2.3.3), ínsitas à normativa? Qual será o seu termo inicial de vigência? Haverá limitação temporal para a coisa julgada, isto é, termo final de vigência dos seus efeitos?

---

(896) Não necessariamente da capital do Estado, pois o Estado de São Paulo possui em seu território dois Tribunais Regionais do Trabalho: a Segunda Região, com sede na capital, e a Décima Quinta Região, com sede em Campinas.

(897) Art. 867 — Da decisão do Tribunal serão notificadas as partes, ou seus representantes, em registrado postal, com franquia, fazendo-se, outrossim, a sua publicação no jornal oficial, para ciência dos demais interessados. Parágrafo único — A sentença normativa vigorará: a) a partir da data de sua publicação, quando ajuizado o dissídio após o prazo do art. 616, § 3º, ou, quando não existir acordo, convenção ou sentença normativa em vigor, da data do ajuizamento; b) a partir do dia imediato ao termo final de vigência do acordo, convenção ou sentença normativa, quando ajuizado o dissídio no prazo do art. 616, § 3º. Art. 868, parágrafo único: O Tribunal fixará a data em que a decisão deve entrar em execução, bem como o prazo de sua vigência, o qual não poderá ser superior a quatro anos.

Esse tema, aqui só mencionado pontualmente, merece ser posteriormente reexplorado, considerando que pouco se percebeu, no campo doutrinário, que a sentença de conteúdo normativo, proferida na ação civil pública, não pode receber o mesmo tratamento conferido àquelas que não ostentam tal condição, ínsitas ao sistema tradicional de tutela processual. Isto porque, tanto quanto as proferidas nos dissídios coletivos (*supra*, 3.2.3.1), também a da ação civil pública é fonte formal do direito, pode ser derrogada por norma legal, convencional ou outra judicial-normativa, submetendo-se às regras de direito intertemporal, previstas na Lei de Introdução ao Código Civil.

A despeito da ausência de norma processual específica no campo da ação civil pública, mas sem a necessidade de socorro à analogia (especificamente às disposições dos arts. 867 e 868, parágrafo único, da CLT), as respostas encontram-se no próprio sistema vigente.

Com esse significado substancial, a projeção dos seus efeitos, de forma intertemporal, far-se-á em duas vertentes: (a) o prazo de vigência, que pode e deve ser fixado na própria sentença, a saber: (a.1) determinado, se este for objeto do pedido inicial (*v. g.*, pleiteou-se um abono com período de vigência de cinco anos), pela adstrição do provimento aos limites objetivos do pedido, mas sem a necessidade de limitação máxima aos quatro anos, imposta à sentença do dissídio coletivo — CLT, art. 868, parágrafo único; ou (a.2) indeterminado, se não houver determinação no pedido, eis que a regra é a da ultratividade (hoje também ínsita às sentenças normativas proferidas nos dissídios coletivos — *supra* 7.5.4.1 e 3.2.3.3) e até que outra norma legal, convencional ou judicial-normativa a substitua;[898] e (b) do termo inicial da contagem desse prazo, que pode e deve ser fixado na própria decisão, observando-se as particularidades do p*edido* (*v. g.*, data-base da categoria; último reajuste salarial; data indicada como termo final de vigência de acordo ou convenção coletiva pretérita).

Quanto ao segundo significado dos "efeitos" da sentença, isto é, em sua acepção processual, identificada a sua exequibilidade, aplicar-se-á o regramento do próprio sistema da ação civil pública, fundado em seu provimento antecipatório (*supra*, 7.2). Neste ponto, destacam-se vantagens frente à sentença normativa do dissídio coletivo, pois, enquanto esta só se encontrará apta à execução após o julgamento colegiado de um Tribunal do Trabalho (pela obtenção da certidão do julgamento do dissídio coletivo — CLT, art. 872, parágrafo único, com a redação da Lei n. 7.701/98), o provimento na ação civil pública pode ser executado imediatamente: (a) seja o obtido em cognição sumária, liminar (*supra*, 7.2); (b) seja aquele em cognição exauriente, aqui também pela possibilidade de obtenção da tutela antecipatória na própria sentença (art. 19, § 2º, da Lei n. 7.347/85);[899] e (c) seja porque, nas demandas submetidas à jurisdição

---

(898) Essa é a posição do Tribunal Superior do Trabalho: Seção de Dissídios Coletivos: RODC 1439/2004-000-04-00-0, Rel. Min. Maurício Godinho Delgado, DJU de 9.5.2009; RODC 1822/2006-000-04-00-0, Rel. Min. Dora Maria da Costa, *DJU* de 6.2.2009; e RODC 1840/2004.000.04.00.0, Rel. Min. Walmir Oliveira da Costa, *DJU* 6.2.2009.

(899) MANCUSO, Rodolfo de Camargo. *Ação civil pública. Em defesa do meio ambiente, do patrimônio cultural e dos consumidores*, p. 193.

trabalhista (e aqui excluem-se aquelas submetidas à juridição comum), o princípio é o da não suspensividade dos recursos, consoante regra do art. 899 da CLT.[(900)]

7.11. Considerações sobre a coisa julgada

Ultrapassada a questão da pretensa limitação territorial dos efeitos *erga omnes* da coisa julgada produzida pela sentença da ação civil pública (*supra*, 7.9), duas questões se apresentam. Na tutela das relações de trabalho, a coisa julgada se fará *secundum eventus litis* e *in utilibus*? Fará a sentença-norma, produzida na ação civil pública, coisa julgada material?

Do primeiro, vê-se tema recorrente, pois: (a) a aplicação sistemática do art. 16 da Lei n. 7.347/85; art. 103 e parágrafos, do Código de Defesa do Consumidor (coisa julgada *secuncum eventus litis* e *in utilibus*), se volta para a proteção dos consumidores e das vítimas das relações de consumo, exercida pelos legitimados ativos à ação coletiva, na forma do seu art. 81, *caput* e, portanto, de aplicação inadequada às ações coletivas passivas (a sentença favorável ao autor coletivo beneficiará a todos os membros da categoria, mas a desfavorável não os atingirá, ficando aberta a via da ação individual — art. 103, III e § 2º, do CDC);[(901)] e (b) as ações civis públicas trabalhistas (incluindo-se as submetidas à jurisdição comum) são quase que exclusivamente ações coletivas passivas, propostas contra sindicatos ou associações.

A solução, conforme proposição de *Grinover,*[(902)] seria a de que, "[...] em se tratando de demanda movida contra a classe, a proteção especial conferida a esta pela lei deve ser mantida, bastando inverter, para tanto, os termos da questão".

Vale dizer que a proteção continuaria no mesmo foco, conferida à coletividade, agora exercida pelos legitimados passivos à ação coletiva passiva, resguardando-se a intenção legal. Se a ação fosse duplamente coletiva, tanto no polo ativo quanto no passivo, a proposta é de tratamento igualitário, "[...] não havendo justificativas para privilegiar a posição de uma em relação à outra".[(903)]

Não nos parece, contudo, uma solução adequada à tutela das ações coletivas passivas trabalhistas, pois, como já explicitado (*supra*, 7.4), a representação sindical passiva é perfeitamente eficaz na tutela jurisdicional.

Como bem coloca *Adamovich*:[(904)]

> A extensão do tratamento originário dos efeitos das decisões coletivas do trabalho e o da coisa julgada nesta matéria às novas ações civis assimiladas pelo ramo trabalhista do processo, como é o caso da ação civil pública, seria, então, intuitiva,

---

(900) Art. 899 da CLT: "Os recursos serão interpostos por simples petição e terão efeito meramente devolutivo, salvo as exceções previstas neste título, permitida a execução provisória até a penhora."

(901) GRINOVER, Ada Pellegrini. Ações coletivas ibero-americanas: novas questões sobre a legitimação e a coisa julgada. In: *Revista Forense,* v. 36, Rio de Janeiro: Forense, 2002. p. 8.

(902) *Loc. cit.*

(903) *Ibidem,* p. 9.

(904) ADAMOVICH, Eduardo Von. *Sistema da ação civil pública no processo do trabalho,* p. 440-441.

ainda que em homenagem à persistência daquelas preocupações do legislador acima ressaltadas, que de certo modo permitiriam, em síntese, invocar-se a velha máxima latina *ubi eadem ratio ibi eadem ilegis dispositio.* Encontra-se, de fato, abalizada doutrina defendendo que as peculiaridades do processo coletivo do trabalho não autorizam a assimilação do tratamento da matéria no art. 103, do CDC, argumentando-se que a representação sindical não teria os mesmos defeitos e riscos que a genérica do consumidor, o que permitiria alcançar a coisa julgada tanto a esfera coletiva quanto a individual, seja em direitos difusos, coletivos ou individuais homogêneos e mesmo ao Ministério Público do Trabalho nas ações propostas pelos sindicatos, ressalvados apenas aqueles trabalhadores que, cientes da ação coletiva nos termos do art. 94, do CDC, manifestassem seu desejo de não serem por ela atingidos (*right to opt out*).

Esta, inclusive, é a posição do Código Modelo de Processos Coletivos para a Ibero-América.(905)

O que se propõe, portanto, é um tratamento simétrico e isonômico, quanto aos efeitos da coisa julgada, seguindo o modelo das *class actions* norte-americanas, pois estas, no regramento do art. 23 do sistema processual ali vigente (*Federal Rules of Civil Procedure*), não fazem qualquer distinção entre o autor e o réu.(906) Aqui, com base legal própria, o modelo proposto está construído a partir da constatação da existência de um sistema de formatação integrado entre a CLT, através do seu art. 836, que determina: "É vedado aos órgãos da Justiça do Trabalho conhecer de questões já decididas, excetuados os casos expressamente previstos neste Título e a ação rescisória [...]", e o CPC, fundado na técnica da coisa julgada com efeitos *erga omnes*, em preterição clara aos critérios estabelecidos no art. 103 do CDC.

Nas ações coletivas trabalhistas, sempre houve a vinculação das entidades legitimadas coletivamente às decisões proferidas, estejam elas no polo ativo ou passivo da ação e, nesse contexto, a ação civil pública não pode ser exceção.

A segunda questão, referente à coisa julgada material nas sentenças normativas (dispositivas), inclusive as proferidas na ação civil pública, merece ser tratada apenas como ponto de chegada.

Já se desenvolveu e concluiu (*supra*, 3.2.4) que não há incompatibilidade entre a natureza *determinativa* ou *dispositiva* (*festsetzende Urteil*) da sentença, inclusive em

---

(905) Art. 37 — Coisa julgada passiva: interesses ou direitos individuais homogêneos — quando se tratar de interesses ou direitos individuais homogêneos, a coisa julgada atuará *erga omnes* no plano coletivo, mas a sentença de procedência não vinculará os membros do grupo, categoria ou classe, que poderão mover ações próprias ou defender-se no processo de execução, para afastar a eficácia da decisão na sua esfera jurídica individual. Parágrafo único: Quando a ação coletiva passiva for promovida contra o sindicato, como substituto processual da categoria, a coisa julgada terá eficácia *erga omnes*, vinculando individualmente todos os membros, mesmo em caso de procedência do pedido. Também parece ser a posição de DIDIER JR., Fredie; ZANETI JR., Hermes. *Curso de direito processual civil.* 4. ed. Salvador: JusPodivm, 2009. v. 4, p. 410-411.

(906) FISS, Owen; BRONSTEEN, John. Rule 23 is perfectly symmetrical: No distinction is made between plaintiffs and defendants in class actions. The class action rule. *Notre Dame Law Review,* n. 78, ago. 2003. p. 1.422.

razão de se fundar no juízo da equidade e no instituto da coisa julgada material. Também não o há sob o aspecto de se assentar sobre uma relação jurídica continuativa, condicionada e variável, no sentido de se modificarem o objeto e o conteúdo, com comando *rebus sic stantibus*. É de se conferir à sentença de natureza normativa ou dispositiva, em toda a sua extensão, o reconhecimento à coisa julgada material, traduzida pelo respeito às disposições do art. 467 do CPC.

O importante é que ressaltemos a sua nota particular de se sujeitar a um processo de integração, imposto pela superveniência de modificações no estado de fato ou de direito em que se fundou, atraindo, consequentemente, a sempre perene possibilidade de derrogação, seja por norma privada (acordo coletivo e convenção coletiva), seja por norma pública (lei formal ou outra sentença normativa: de dissídio coletivo ou de outra ação civil pública). E disso não se pode concluir pela relativização da coisa julgada, pois, como bem observado por *Mancuso*: "[...] toda coisa julgada está sujeita a 'limites temporais', nesse sentido de que ela agrega imutabilidade a uma decisão sobre um determinado objeto litigioso nos 'limites em que este se estabilizou à época'".(907)

Dessa possibilidade de serem revistas e reavaliadas as condições de trabalho estabelecidas em sentença transitada em julgado de conteúdo normativo, ainda que vigentes suas normas (proferida em ação civil pública trabalhista), diante da alteração das condições que a ditaram, vê-se o campo de incidência da jurisdição de natureza revisional, que também encontra viabilidade na ação civil pública, sob o pálio da Lei n. 7.347/85 e pela aplicação das disposições do art. 471, I, do CPC, combinado com a Lei de Greve, Lei n. 7.783/89, art. 14, parágrafo único, II. Esta, como se constatou, também terá função criativa ou normativa, na medida em que, ao revisar as condições de trabalho estabelecidas na sentença anterior (a revisada), criam-se, por via oblíqua, outras, de natureza substitutiva.

---

(907) MANCUSO, Rodolfo de Camargo. *Jurisdição coletiva e coisa julgada*, p. 463.

8. A PROPOSTA DE UM SISTEMA NORMATIVO PROCESSUAL COLETIVO TRABALHISTA NA PERSPECTIVA DO PROJETO DE REFORMA SINDICAL: ASPECTOS INOVADORES E CONTROVERTIDOS

Neste último capítulo, enfrentaremos, de *lege ferenda*, três pontos (dois inovadores e um controvertido) da proposta de efetivação de um novo modelo de processo coletivo trabalhista, em discussão no Congresso Nacional, com o Projeto de Reforma Sindical.

Mas antes se faz um convite à reflexão, a partir de uma demonstração, pontual e fenomenológica, das perspectivas em termos de projetos de lei que têm como objeto a tutela processual coletiva. Trata-se de uma pequena tentativa de se criar um "sentimento de situação".

8.1. Breves anotações sobre o Fórum Nacional do Trabalho

Como já colocamos na introdução (*supra*, 1.1), em julho de 2003, foi criado o Fórum Nacional do Trabalho, sob a coordenação do Ministério do Trabalho e Emprego, com o objetivo de estabelecer metas e diretrizes de uma ampla reforma do modelo trabalhista como um todo, notadamente do sindical e do sistema processual coletivo trabalhista.

Concebido como um órgão tripartite e paritário, mas que deixou de fora importantes organismos de representação,[908] o Fórum produziu resultados positivos; e também alguns negativos, o que é natural, pois, no contexto das relações entre o capital (ou entre o Estado) e o trabalho, algumas divergências, são, naturalmente, insuperáveis.

A despeito da boa intenção de se buscar um novo padrão jurídico-institucional para as relações coletivas de trabalho, inclusive no plano processual, os debates partiram de uma premissa, ao nosso sentir, equivocada: a de que a jurisdição normativa brasileira, ínsita aos dissídios coletivos (a exemplo da italiana, sua fonte de inspiração), de feição corporativa que remonta à década de 1930, estava contaminada tanto pelos seus fundamentos ideológicos quanto pela sua ultrapassada e desfuncional posição no sistema.[909]

(908) Como a ANAMATRA — Associação Nacional dos Juízes do Trabalho.

(909) Tal qual consta de sua Exposição de Motivos. Disponível em: <www.pstu.org> Acesso em: 8.4.2009.

Grande equívoco, pois, como visto (*supra*, 2.4), o fenômeno da criatividade da interpretação judiciária é ínsito a toda e qualquer jurisdição, e a normativa trabalhista brasileira, tanto quanto a italiana, apenas teve o fatalismo histórico de ter recebido previsão específica na ordem processual em um período político autoritário (*supra*, 3), sem que isto, no entanto, a contaminasse e a revelasse autoritária (*supra*, 2.4.3).(910) Também não se apresentava desfuncional ou ultrapassada; pelo contrário, viu-se que foi adotada, a partir da década de 1970, pelo processualismo civil coletivo contemporâneo, que passou a utilizá-la, em larga escala, na tutela das relações civis e até administrativas (*supra*, 6.2).

Então, a nota particular do Fórum foi o consenso estabelecido na proposta de supressão, da previsão constitucional, da jurisdição contenciosa normativa, antes exercida nos dissídios coletivos.(911)

Foi uma vã tentativa política de contê-la. A propósito, vale citar, mais uma vez, a posição percuciente de *Adamovich*, para quem:

> [...] a explicação do alcance da decisão jurisdicional e de seus efeitos criadores é muito mais estrutural do que política, e, assim, talvez o esforço acima realizado sirva para mostrar que este foi o erro em que incidiram todos os que julgaram poder conter esta feição da atividade jurisdicional com o uso de instrumentos de ordem estritamente política, impostas por via legislativa [...](912)

8.2. Tendência de codificação do direito processual coletivo brasileiro

É notório que a Constituição de 1988 se apresentou como que uma convocação ao legislador ordinário à assunção do seu papel na regulamentação processual dos interesses coletivos.

Várias normas processuais ampliaram significativamenteo espaço da tutela processual coletiva civil, notadamente na via da ação civil pública (*supra*, 6.2.2).

No plano processual trabalhista, somaram-se às disposições da Consolidação das Leis do Trabalho — art. 856 e ss., que tratam do dissídio coletivo,(913) e art. 872,

---

(910) No mesmo sentido: PISCO, Cláudia de Abreu Lima. *Dissídios coletivos e ações de cumprimento:* aspectos controvertidos e atuais. Dissertação de mestrado apresentada perante a UERJ em 2007.

(911) Uma das poucas aprovadas no Congresso Nacional, pela EC n. 45/04 e que resultou no atual texto do art. 114, § 2º, da Constituição Federal. Esse consenso foi muito bem observado e relatado por Pisco, como exposto (*supra*, 1.1). Cf.: PISCO, Claudia Abreu Lima. *Dissídios coletivos e mútuo consentimento*: análise da constitucionalidade da exigência, p. 74-75.

(912) ADAMOVICH, Eduardo Von. *A justiça geométrica e o anteprojeto de código de processos coletivos*: elementos para uma justificativa histórico-filosófica, ou por uma visão atual do alcance e da função criadora da jurisdição coletiva, p. 65. O mesmo autor, ao redigir o 14º Enunciado, da Comissão III, que tratou das Lides Sindicais e Direito Coletivo, aprovado na 1ª Jornada de Direito Material e Processual na Justiça do Trabalho, realizada pelo TST, em nov. 2007, assim se posiciona: "O poder normativo da Justiça do Trabalho não decorre de escolha política do legislador. É mera consequência da projeção na dimensão transindividual do provimento da jurisdição de equidade em face de causa de pedir que por definição, no processo coletivo, tangencia a teoria da individualização. Só confirma tal constatação o argumento de que a nova redação do art. 114, § 2º, da Constituição, teria dado feição de arbitragem jurisdicional ao poder conferido àquela Justiça para decisão dos dissídios coletivos."

(913) Estas disposições são complementadas pelas da Lei n. 4.725/65, que dispõe sobre normas processuais para os dissídios coletivos.

relativo à ação de cumprimento de sentença normativa — a Lei n. 8.984/95, sobre a ação de cumprimento de convenção coletiva; a Lei n. 8.073/90, que consagra a substituição processual; e a Lei n. 7.783/89, dispondo sobre o dissídio coletivo de greve.

O estudo doutrinário deste microssistema normativo(914) de processos coletivos fomentou a criação de um novo ramo da ciência processual — o direito processual coletivo — e a expectativa de codificação e remodelação das normas de regência, na inspiração do Código-Tipo, editado em 2004: Código Modelo de Processos Coletivos do Instituto Ibero-Americano de Direito Processual.

Foram apresentadas duas propostas: a do Anteprojeto do Código Brasileiro de Processos Coletivos e a da sistematização das normas da tutela jurisdicional das ações coletivas trabalhistas, esta no contexto do Anteprojeto de Lei de Relações Sindicais.

A razão para esse dualismo nas propostas, provavelmente, é que tanto o Código Modelo de Processos Coletivos para Ibero-América(915) quanto o Anteprojeto do Código Brasileiro de Processos Coletivos não contemplam o trato processual das ações coletivas que tutelam as relações de trabalho, sequer cuidando das especificidades da jurisdição normativa, exercida através dos dissídios coletivos. Perde-se, assim, a principal vantagem da codificação, que seria a formatação concentrada do direito processual coletivo brasileiro, ordenando e uniformizando o seu objeto formal.(916)

Duas recentes experiências, entretanto, demonstram que a aprovação de um Código não é tarefa de fácil cometimento. Em dois polos distintos viu-se que o Código Civil de 1916 permaneceu quase um século à míngua de mudanças substanciais em seu texto, até que um novo Código, enfim, fosse aprovado; e, em sentido vetorialmente inverso, o Código de Processo Civil vem sendo modificado sem uma ruptura radical, mas em etapas, por meio de mudanças pontuais, que se desenvolvem desde a década de 1990 e que já o transformaram significativamente.

Feitas estas considerações, podemos dizer que, se a ideia de um Código para os processos coletivos é desejável, a visualização das dificuldades na sua aprovação pode levar esse desejo à outra direção: a do desenvolvimento, em etapas, da própria Lei da Ação Civil Pública, com a inserção de dispositivos que lhe aumentem o alcance e a efetividade, o que seria mais factível. O Projeto de Lei n. 5.139/09, de autoria do Executivo, reafirma essa posição pela a abrangência das suas propostas que, de um lado, acabam por sepultar a ideia do debate em torno do Código, e, de outro, enseja amplas dificuldades para sua aprovação.

---

(914) Almeida destaca que, no campo da pesquisa, "[...] dois microssistemas merecem destaque especial, pois, são relacionados com a composição do objeto formal do direito processual coletivo brasileiro. O primeiro é o *microssistema* de tutela jurisdicional coletiva comum, formado pela completa integração, legalmente existente, entre a Lei n. 7.347/85 (LACP, art. 21) e a Lei n. 8.078/90 (CDC, art. 90). O segundo é o *microssistema* de tutela jurisdicional coletiva especial (controle concentrado e abstrato da constitucionalidade), composto, no plano infraconstitucional pela Lei n. 9.868/99 e Lei n. 9.882/99." ALMEIDA, Gregório Assagra de. *Codificação do direito processual coletivo brasileiro*. Belo Horizonte: Del Rey, 2007. p. 48.

(915) Sendo um Código Modelo, que se apresenta como fonte de princípios e regras gerais de interpretação e de inspiração para os projetos legislativos, pensamos que a jurisdição coletiva normativa devesse ser considerada.

(916) ALMEIDA, Gregório Assagra. *Op. cit.*, p. 83.

Foi com essa perspectiva que a Universidade do Estado do Rio de Janeiro, por seu Grupo de Estudos em processo do trabalho, concebeu o Projeto de Lei n. 2.422/07, que faz pontuais alterações na Lei da Ação Civil Pública, pela: (a) introdução de dispositivo que confere legitimidade ativa ao sindicato *ope legis* (imprimindo visibilidade, na própria Lei da Ação Civil Pública, àquilo que já se consolidou a partir de outros diplomas); e (b) nova dimensão que confere ao provimento liminar antecipatório nessas demandas (*supra*, 7.3).[(917)]

8.3. Aspectos estruturais da parte processual do Projeto de Reforma Sindical

O projeto de lei de relações sindicais é estruturalmente formatado em oito partes, correspondentes aos oito títulos, dedicando, o sétimo, à tutela jurisdicional. O penúltimo capítulo, composto por 77 artigos, compreendendo os arts. 137 ao 214, apresenta uma boa compilação sistemática, tanto em seu aspecto formal quanto no material, bem como a utilização da técnica adequada de redação dos dispositivos, o que é de grande valia na sua compreensão e interpretação.

---

(917) A íntegra do Projeto: Art. 1º Esta lei promove modificações na Lei n. 7.347, de 24 de julho de 1985, explicitando a destinação da Ação Civil Pública para reparação dos danos e prejuízos ocorrentes no âmbito das relações de trabalho, com consequentes alterações nos casos que especifica.

Art. 2º O art. 1º, inciso III, da Lei n. 7.347, de 24 de julho de 1985, passa a vigorar com a seguinte redação:
"III — no âmbito da relação de trabalho."(NR).

Art. 3º O art. 4º da mesma lei mencionada no *caput* do art. 1º, passará a vigorar com a seguinte redação:
"Art. 4º Poderá ser ajuizada ação cautelar para os fins desta Lei, ou, observado o contraditório, postulada nos próprios autos a antecipação de tutela, objetivando, inclusive, evitar o dano ao meio ambiente, ao consumidor, à ordem urbanística ou aos bens e direitos de valor artístico, estético, histórico, turístico e paisagístico e aos sujeitos da relação de trabalho." (NR)

Art. 4º É acrescentado à redação do art. 5º, também da lei mencionada no *caput* do art. 1º, o seguinte inciso:
"VI — as entidades sindicais, nos limites da representação que lhes outorga o art. 8º, incisos II e III, da Constituição da República."

Art. 5º São acrescentados ao art. 5º, mencionado no *caput* do artigo anterior os seguintes parágrafos:
"§ 7º Na ação para defesa dos direitos transindividuais dos trabalhadores, estes, individualmente, poderão habilitar-se como assistentes, preservado sempre o caráter coletivo da mesma ação, vedado o desmembramento em ações individuais, ainda que na fase de execução;"
"§ 8º Os acordos ou convenções coletivos celebrados pelas entidades sindicais para tutela aos direitos contemplados na presente lei terão força de título executivo extrajudicial para execução coletiva na Justiça do Trabalho."

Art. 6º É acrescido ao art. 8º, da mesma Lei n. 7.347, de 24 de julho de 1985, o seguinte parágrafo:
"§ 3º O representante do Ministério Público sob a presidência do qual for instaurado o inquérito civil deverá, no prazo de dez dias, comunicar a sua instauração ao juiz da comarca em que se processar a investigação, para que, à vista de ações que versem sobre ilícitos da mesma natureza, sejam encaminhadas desde logo ao mesmo órgão investigador as peças e elementos de convicção que possam auxiliar no procedimento."

Art. 7º O *caput* do art. 12, da Lei n. 7.347, de 24 de julho de 1985, passará a vigorar com a seguinte redação:
"Art. 12. Poderá o juiz conceder mandado liminar, com ou sem justificação prévia, em decisão sujeita a agravo, o qual, na Justiça do Trabalho, será de instrumento e processado perante o tribunal competente." (NR)

Art. 8º É acrescentado ao art. 19, da mesma lei referida no *caput* do artigo antecedente, o seguinte parágrafo:
"Parágrafo único. A ação de competência da Justiça do Trabalho será processada perante o juiz da Vara do Trabalho competente na forma do art. 2º, da presente lei."

Art. 9º Esta lei entra em vigor na data de sua publicação.

Art. 10. Revogam-se as disposições em contrário.

O Título VII — Da tutela jurisdicional é integrado por seis capítulos: Capítulo I — Das disposições preliminares; Capítulo II — Das ações coletivas em geral; Capítulo III — Da ação de prevenção e repressão à conduta antissindical; Capítulo IV — Da ação em matéria de greve; Capítulo V — Do conflito coletivo de interesses; Capítulo VI — Das ações de anulação, declaração e revisão de normas coletivas.

Esta distribuição sistemática seguiu sequencialmente a lógica da teoria geral do processo e o tratamento dos institutos processuais, voltados, exclusivamente, para a tutela processual coletiva trabalhista.

A par da factível necessidade da especialização e estruturação dos órgãos judiciários encarregados dos julgamentos das ações coletivas em todas as áreas, que se projetou no Anteprojeto do Código Brasileiro de Processos Coletivos,[918] não há, contudo, idêntica previsão no Projeto de Lei de Relações Sindicais aqui examinado. Mas nem é preciso, pois a Lei n. 10.770/03 já autoriza os tribunais do trabalho a estabelecerem a jurisdição das Varas do Trabalho, por ato próprio, abrindo-se a possibilidade de que sejam criadas Varas do Trabalho especializadas na tutela jurisdicional coletiva.[919]

Dentre os institutos propostos no Projeto, examinaremos duas inovações: (a) a ação coletiva para a tutela de interesses individuais e (b) a ação para o trato específico da prevenção e repressão à conduta antissindical e ao exercício do direito de greve. Além delas, examinaremos o tratamento dispensado à coisa julgada.

8.4. As ações coletivas para a defesa de direitos individuais heterogêneos. O desafio da quebra de paradigmas

Ao tratar do objeto das ações coletivas em geral, o Projeto assim dispõe:

> Art. 141 — A defesa coletiva dos direitos decorrentes da relação de trabalho será exercida quando se tratar de:
>
> I — direitos coletivos, assim entendidos os transindividuais, de natureza indivisível, de que seja titular grupo de pessoas ligadas entre si ou com a parte contrária por uma relação jurídica base;

---

(918) No seu art. 40: "Sempre que possível, as ações coletivas serão processadas e julgadas por magistrados especializados."

(919) Art. 28. "Cabe a cada Tribunal Regional do Trabalho, no âmbito de sua Região, mediante ato próprio, alterar e estabelecer a jurisdição das Varas do Trabalho, bem como transferir-lhes a sede de um Município para outro, de acordo com a necessidade de agilização da prestação jurisdicional trabalhista." Até o presente momento, não se verificou, no âmbito de nenhum Tribunal Regional do Trabalho, a criação de Varas do Trabalho especializadas na tutela das ações coletivas, nem mesmo na 10ª Região, cujas Varas do Distrito Federal têm competência para o julgamento de todas as ações civis públicas em que o dano seja de dimensão suprarregional ou nacional, conforme Orientação Jurisprudencial n. 130, da subseção 2, de Dissídios Individuais, do Tribunal Superior do Trabalho. Se a tendência é o exercício da jurisdição coletiva, quase de forma exclusiva, pelos órgãos de primeira instância, uma vez que foi praticamente suprimida a jurisdição normativa de competência originária dos tribunais do trabalho, pela Emenda Constitucional n. 45/04, a perspectiva é que os Tribunais criem varas especializadas, mediante resoluções administrativas.

II — direitos individuais homogêneos, assim entendidos os de natureza divisível, de que sejam titulares pessoas determinadas, que tenham origem no mesmo fato ou ato jurídico e que sejam caracterizados pela prevalência das questões comuns sobre as questões individuais;

III — direitos individuais, assim entendidos os de natureza divisível e de que sejam titulares pessoas determinadas, sempre que apresentarem afinidade de questões por um ponto comum de fato ou de direito, nas hipóteses previstas nesta lei.

Parágrafo único: O disposto nesta lei não prejudicará as hipóteses de defesa de direitos difusos previstas no processo comum.

Não é inédita a ideia de tutela processual conjunta de direitos afins "por um ponto comum de fato ou de direito". Encontra antecedente remoto no Código de Processo Civil de 1939, que, ao tratar do litisconsórcio, assim dispunha: "Art. 88. Admitir-se-á o litisconsórcio ativo ou passivo, quando fundado na comunhão de interesses, na conexão de causas, ou na afinidade de questões por um ponto comum de fato ou de direito."

A diferença fundamental entre a previsão do Código de 1939 e a proposta do Projeto de Reforma Sindical é que, enquanto naquele, a previsão de tratamento comum para questões afins operava-se de forma processualmente individual (pois o litisconsórcio é uma acumulação de ações individuais), a previsão deste é de tratamento processual coletivo, como ação de classe representativa, fundada na técnica da substituição processual, feita através do sindicato, como ação "sem rosto".

Confirma-se que não é a natureza do direito posto a julgamento, indivisível, transindividual, difuso, coletivo em sentido estrito ou individual homogêneo que identifica as ações coletivas, pois tais direitos, embora coletivos, podem ser tutelados individualmente.[(920)] *Zavascky*, apontando para o que denomina "situações jurídicas heterogêneas", esclarece que uma lesão a direito difuso pode determinar, concretamente, lesões individuais a direitos divisíveis e individualizáveis.[(921)] Assim, tanto pode haver a "defesa de direitos coletivos" (tratados de forma processualmente individual), quanto a "defesa coletiva de direitos" (direitos individuais, tratados de forma processualmente coletiva).[(922)]

Ao contrário, reside na estrutura processual o elemento que a faz distinguir das ações individuais,[(923)] tanto por ser ação de classe representativa, utilizando-se da técnica

(920) Assim, expressamente: "Um mesmo fato pode ensejar diferentes tipos de tutela, por ofender diversos tipos de interesses, como previsto pelo próprio art. 99, CDC, ao conceber a possibilidade de várias espécies de indenizações, 'resultantes de um mesmo evento danoso'." SHIMURA, Sérgio. *Tutela coletiva e sua efetividade*. São Paulo: Método, 2006. p. 46. O mesmo autor adiante complementa: "Em outras palavras, a ação civil pública não pode limitar a iniciativa do particular na busca da proteção individual." *Op. cit.*, p. 47.

(921) ZAVASCKI, Teori. Processo coletivo. In: *Tutela de direitos coletivos e tutela coletiva de direitos*. São Paulo: Revista dos Tribunais, 2006. p. 47.

(922) As expressões entre parênteses são atribuídas a ZAVASCKI, Teori *apud* MENDES, Aluísio Gonçalves de Castro. *Ações coletivas no direito comparado e nacional*. São Paulo: Revista dos Tribunais, 2002. p. 210, nota de rodapé n. 23.

(923) Contra: MANCUSO, Rodolfo de Camargo. *Jurisdição coletiva e coisa julgada*: teoria geral das ações coletivas. São Paulo: Revista dos Tribunais, 2006. p. 52; e MENDES, Aluísio Gonçalves de Castro. *Ações coletivas no direito comparado e nacional*. São Paulo: Revista dos Tribunais, 2002. p. 211.

da substituição processual ou da representação (estrutura subjetiva), quanto pela identificação coletiva do seu objeto (estrutura objetiva), caracterizada pela natureza da tutela jurisdicional que se persegue,[(924)] nada tendo esse enquadramento com a matéria discutida ou, tampouco, com a indivisibilidade do direito tutelado.[(925)]

O *elemento distintivo* entre as ações coletivas (identificando-as) e as individuais, portanto, é o *processual.*

A novidade que se propõe, portanto, de todo elogiável, representa a opção pela ruptura do dualismo adotado pelo sistema normativo de tutela processual coletiva, sistematizado em duas vertentes: de um lado, na adoção de um modelo de tutela do interesse público (difuso, supraindividual ou metaindividual), e, do outro, na escolha de um modelo para a defesa de direitos inerentes a uma categoria ou de direitos simetricamente individuais, concebidos por uma origem comum (coletivos em sentido estrito e individuais homogêneos). Abre-se, portanto, a possibilidade de se tutelar, de forma processualmente coletiva, direitos assimetricamente individuais, sem a necessidade da origem comum, bastando que tenham uma mera "afinidade de questões", por "um ponto comum", de "fato ou de direito"[(926)] ou, por que não dizer, que apresentem uma simples "afinidade".[(927)]

Da mesma forma, encerra a ruptura de paradigmas representados pelos sistemas processuais tradicionais, segundo os quais o direito individual será preferencialmente tutelado de forma individual. Potencializa-se a tutela processual como um todo, abandonando-se a ideia de um processo formal e individualista, para o ideal de um outro, menos científico e mais efetivo, na persecução do ideal do Acesso à Justiça aos trabalhadores.

---

(924) Nesse mesmo sentido, NERY JÚNIOR, Nelson; NERY, Rosa Maria de Andrade *apud* SHIMURA, Sérgio. *Op. cit.*, p. 47.

(925) Para o TST, em precedente emblemático: "O direito de arena não está limitado a atletas profissionais determinados, mas beneficia, de modo uniforme, aqueles que, detendo relação com clubes de futebol, tenham participado ou venham a participar de partidas futuras. Trata-se de direito individual homogêneo passível de defesa pelo *parquet.*" Terceira Turma, Proc. n. 421/2005-013-05-00, Rel. Min. Luiz Bresciani de Fontan Pereira, DJU de 13.2.2009. No voto do Relator, adotou-se a tese de que: "A toda evidência, penso que há uma relação jurídica comum subjacente entre esses atletas profissionais, mas o que os atrai não é a relação jurídica em si, mas, sim, o fato de terem sofrido prejuízos pelo não pagamento dos valores pertinentes ao direito de arena — daí a origem comum. Em consequência, cada integrante do grupo terá direito divisível à reparação devida."

(926) Assim, comentando a mesma expressão do Código de 1939: MIRANDA, Francisco Cavalcanti Pontes de. *Comentários ao código de processo civil.* Rio de Janeiro: Forense, 1947. v. I, p. 340-341.

(927) Fava, em análise do texto, anota: "As hipóteses limitadas do texto do anteprojeto — uma crítica *a priori* refere-se à própria limitação taxativa e reducionista — não configuram interesses heterogêneos, porque, ambas têm os caracteres da origem comum e definição do titular. Diferença marcante deve ser feita entre a origem do prejuízo, o ato patronal padronizado para um grupo de trabalhadores (ou para todos os empregados da empresa) e a liquidação ou apuração do *quantum* devido a cada um dos interessados (divisibilidade do objeto). Afaste-se o argumento de que a apuração da insalubridade e da periculosidade depende de comprovação individual do uso de equipamentos de proteção ou da proximidade com o agente perigoso, porque tal assertiva milita em prol da fragmentação dos litígios, de toda indesejada, quando se busca a efetividade às decisões judiciais. A sentença genérica pode fixar a insuficiência do uso dos equipamentos na neutralização do agente, assim como pode mapear as funções, na empresa, nas quais os trabalhadores expõem-se aos riscos do perigo e malefícios da insalubridade. Se, no tema, não for constatado o caráter amplo que possibilite genérico mapeamento dos agentes em relação às funções, o pedido deve ser afastado — julgado extinto sem análise do mérito, por inadequação da via eleita —, porque o caso não comporta proteção por instrumentos processual coletivo." FAVA, Marcos Neves. *Op. cit.*, p. 205.

Se, no campo do processo civil, a regra é a da tutela individual, sendo, a coletiva, uma exceção, pela utilização da técnica da substituição processual, que, conforme a tradição processual brasileira, somente pode ser determinada por disposição expressa de lei (*v. g.* art. 1º da Lei n. 4.717/65, art. 5º da Lei n. 7.347/85 e art. 82 da Lei n. 8.078/90),[(928)] no processo trabalhista a situação deveria se inverter.

A primeira razão é a da existência de um seguro e eficiente sistema de representação por categoria (*supra*, 7.3), pois, repita-se, a própria Constituição Federal expressa, em seu art. 8º, III, que "ao sindicato cabe a defesa dos direitos e interesses coletivos ou individuais da categoria, inclusive em questões judiciais ou administrativas". O mesmo dispõe o art. 513, "a", da Consolidação das Leis do Trabalho,[(929)] valendo notar que a hipótese prevista na Constituição não é de simples representação judicial, mas de evidente substituição processual, como vem reiteradamente proclamando o Supremo Tribunal Federal.[(930)] No Projeto, esse sistema é mantido (art. 144).

A segunda consiste na constatação de que, no curso da relação de emprego, não há Acesso à Justiça a um empregado que trabalha em um sistema legal que permite ao empregador demiti-lo, sem justa causa, para contratar outro, no mesmo instante, ganhando salário até inferior. As chamadas "ações sem rosto"[(931)], propostas através dos sindicatos, são fundamentais, pois possibilitam que o empregado exerça direitos, no curso da avença, os quais, de outra forma, não seriam exercidos e acabariam consumidos pela prescrição.[(932)]

Mesmo em se tratando de direito individual, este não se torna acessível senão coletivamente. *Greco* coloca:[(933)]

> O cidadão não está mais em condições de defender-se individualmente das ameaças e lesões aos seus direitos perpetradas por pessoas ou grupos que se encontram em vantagem, nas relações econômicas e sociais.
>
> O sindicato veio a exercer este papel, em relação ao trabalhador empregado.

---

(928) MAIA, Diogo Campos Medina. *A ação coletiva passiva:* o retrospecto histórico de uma necessidade presente. In: GRINOVER, Ada Pellegrini; MENDES, Aluísio Gonçalves de Castro; WATANABE, Kazuo (orgs.). *Direito processual coletivo e o anteprojeto do código brasileiro de processos coletivos*. São Paulo: Revista dos Tribunais, 2007. p. 333.

(929) "Art. 513. São prerrogativas dos sindicatos: a) representar, perante as autoridades administrativas e judiciárias os interesses gerais da respectiva categoria ou profissão liberal ou interesses individuais dos associados relativos à atividade ou profissão exercida."

(930) Segunda Turma, RE-AgR 211866-RS, Rel. Ministro Joaquim Barbosa, com a seguinte ementa: "SINDICATO. LEGITIMIDADE EXTRAORDINÁRIA. SUBSTITUIÇÃO PROCESSUAL. ART. 8º, III, DA CF/88. PRECEDENTES. AGRAVO REGIMENTAL DESPROVIDO. O Plenário desta Corte, ao apreciar e julgar, dentre outros, o RE 193.579 (red. p/ acórdão min. Joaquim Barbosa, j. 12.6.2006) firmou entendimento no sentido de que os sindicatos possuem legitimidade extraordinária para atuar como substitutos processuais na defesa em juízo dos direitos e interesses coletivos ou individuais da categoria que representam. Agravo regimental a que se nega provimento." in *DJU* de 29.6.2007. p. 123.

(931) FAVA, Marcos Neves. *Op. cit.*, p. 204.

(932) O Tribunal Superior do Trabalho tem vários verbetes que consagram a prescrição total no curso da relação de emprego, a partir de posição nuclear adotada na Súmula n. 294, que tem o seguinte enunciado: "Tratando-se de ação que envolva pedido de prestações sucessivas decorrente de alteração do pactuado, a prescrição é total, exceto quando o direito à parcela esteja também assegurado por preceito de lei."

(933) GRECO, Leonardo. O acesso ao direito e à justiça. In: *Estudos de Direito Processual*. Campos dos Goytacazes: Faculdade de Direito de Campos, 2005. p. 199.

Ademais, a utilização das ações de classe representativa como regra, inclusive para a tutela de direito individual heterogêneo, atende ao princípio da "acessibilidade", propugnado por *Carneiro*,[(934)] seja pelo acesso do trabalhador à informação (ponto de partida) e ao significado dela (ponto de chegada), seja pelo atendimento a sua legitimidade adequada, feita através do seu sindicato, e, finalmente, pela diminuição dos custos financeiros do processo, em razão da sua diluição entre os substituídos.

Sob outro aspecto ainda, pode-se dizer que o sindicato, como litigante habitual, organizacional, é o mais indicado para o embate judicial, em detrimento do trabalhador, litigante eventual, individual, que é o menos indicado. *Cappelletti* e *Garth*, citando *Galanter*,[(935)] explicam:

> O professor *Galanter* desenvolveu uma distinção entre o que ele chama de litigantes "eventuais" e "habituais", baseado na frequência de encontros com o sistema judicial. Ele sugeriu que esta distinção corresponde, em larga escala, à que se verifica entre indivíduos que costumam ter contatos isolados e pouco frequentes com o sistema judicial e entidades desenvolvidas, com experiência judicial mais extensa. As vantagens dos "habituais", de acordo com *Galanter*, são numerosas: 1) maior experiência com o direito possibilita-lhes melhor planejamento do litígio; 2) o litigante habitual tem economia de escala, porque tem mais casos; 3) o litigante habitual tem oportunidades de desenvolver relações informais com os membros da instância decisora; 4) ele pode diluir os riscos da demanda por maior número de casos; e 5) pode testar estratégias com determinados casos, de modo a garantir expectativa mais favorável em relação a casos futuros. Parece que, em função dessas vantagens, os litigantes organizacionais são, sem dúvida, mais eficientes que os indivíduos.

Não se trata, apenas, de se aferir a eventual superioridade da tutela coletiva frente à individual, em uma mera perspectiva de melhor desempenho e efetividade processual, em relação àquele que seria obtido com as ações individuais, inclusive no que se refere ao custo benefício.[(936)] Ou a partir do trinômio concebido para as paradigmáticas *class actions* norte-americanas: *custo-tempo-benefício*, como sustenta *Fiss*,[(937)] mas, notadamente, da necessidade absoluta de se tutelar, coletivamente, direitos no curso de uma relação de trabalho através do mecanismo da substituição processual os quais, de outro modo, jamais seriam tutelados. No caso, o interesse de agir não se apresenta como no sistema *common law*, proposto pela doutrina para a tutela das relações do

(934) O autor observa: "Não podemos mais afirmar, como tradicionalmente se faz, que o titular do direito material é o mais adequado e, portanto, terá o melhor desempenho na defesa de direitos em geral, seja individual, seja coletivo. No plano individual e em especial no campo da defesa de direitos individuais homogêneos, o titular do direito material não seria, em regra, no Brasil, a pessoa mais indicada, quer para a defesa coletiva desses direitos, quer para a sua própria defesa individualmente considerada. Isto não só pela situação do nosso país, de maioria pobre e com pouquíssimo preparo, mas também pelo peso dos adversários, em regra mais fortes, mais estruturados, com maior poder econômico e, portanto, mais preparado." CARNEIRO, Paulo Cézar Pinheiro. *Acesso à justiça, juizados especiais cíveis e ação civil pública*. 2. ed. Rio de Janeiro: Forense, 2003. p. 59.

(935) CAPPELLETTI, Mauro; BRYANT, Garth. *Op. cit.*, p. 25.

(936) MANCUSO, Rodolfo de Camargo. *Op. cit.*, p. 61.

(937) FISS, Owen M. The political theory of the class actions. In: *Washington and Lee Law Review*, v. 53, 1, Lexington: Virginia, 1993. p. 23.

direito comum,[938] fundado na superioridade das ações de classe, mas decorre *da necessidade do Acesso à Justiça.*

Depois dos elogios, duas pontuais críticas.

A primeira, diz respeito à restrição ao uso dessas ações, com a sua limitação (a) à persecução da insalubridade e periculosidade, o que não representaria nenhum avanço, pois essa possibilidade já se encontra presente na CLT;[939] e (b) ao cumprimento de norma coletiva, objeto de convenção coletiva ou sentença normativa, o que também já é possível sob o pálio da Lei n. 7.238/84 (*supra*, 5.2 e 7.3).[940] Seria mudar para continuar como está.

A segunda refere-se à necessidade de identificação, pelo sindicato autor da ação, dos substituídos (art. 164) e comunicação de sua instauração (art. 165), exigindo dos beneficiários a anuência ou o exercício do direito de exclusão (§ 1º) — *opt out* das *class actions* —, retirando do instrumento sua principal virtude de ser ação "sem rosto" e expondo os trabalhadores (substituídos) às pressões e até demissões.[941]

8.5. A ação de prevenção e repressão à conduta antissindical e ao exercício do direito de greve: um novo modelo de ação mandamental

Dispõe o art. 173 do Projeto:

> Sempre que o empregador comportar-se de maneira a impedir ou limitar a liberdade e a atividade sindical, bem como o exercício do direito de greve, o juiz do trabalho, em decisão imediatamente executiva, poderá ordenar a cessação do comportamento ilegítimo e a eliminação de seus efeitos.

À primeira vista, infere-se uma nova modalidade de provimento mandamental autoexecutivo, que prestigia a tutela específica.[942] Conjugado com o art. 145 do Projeto, o provimento admite pedido de tutela antecipada, em cognição sumária, "sendo relevante o fundamento da demanda e havendo justificado receio de ineficácia do provimento final".[943]

---

(938) Ada Pellegrini Grinover observa: "Não é difícil, assim, estabelecer a correlação entre a exigência de superioridade da ação de classe, em relação a outros meios de solução dos litígios (própria da *common law*). Se o provimento jurisdicional resultante da ação civil pública em defesa de direitos individuais homogêneos não é tão eficaz quanto aquele que derivaria de ações individuais, a ação coletiva não se demonstra útil à tutela dos referidos interesses. E, ademais, não se caracteriza como via adequada à sua proteção. Das *class action for damages...*". In: MILARÉ, Edis (coord.). *Ação civil pública*: Lei n. 7.347/85 — 15 anos. 2. ed. 2002. p. 32 *apud* MANCUSO, Rodolfo de Camargo. *Ação civil pública. Em defesa do meio ambiente, do patrimônio cultural e dos consumidores*, cit. p. 61.

(939) Art. 195, § 2º: "Arguida em juízo insalubridade ou periculosidade, seja por empregado, seja por sindicato em favor de grupo de associados, o juiz designará perito habilitado na forma deste artigo, e, onde não houver, requisitará perícia ao órgão competente do Ministério do Trabalho."

(940) Na íntegra o dispositivo proposto: Art. 163. O sindicato dotado de personalidade sindical, no âmbito de sua representação, poderá propor, em nome próprio e no interesse dos seus filiados, demanda coletiva para defesa de direitos individuais nas hipóteses previstas no § 2º do art. 195 da Consolidação das Leis do Trabalho, no art. 25 da Lei n. 8.036, de 11 de maio de 1990, e visando ao cumprimento de cláusula de contrato coletivo ou de sentença proferida na forma do Capítulo V, do Título VII, desta Lei.

(941) No mesmo sentido: FAVA, Marcos Neves. *Op. cit.*, p. 204.

(942) Assim, expressamente: FAVA, Marcos Neves. *Ibidem*, p. 205.

(943) Do Projeto: art. 145. Sendo relevante o fundamento da demanda e havendo justificado receio de ineficácia do provimento final, é lícito ao juiz, mediante requerimento da parte, conceder a tutela liminarmente

A proposta representa a consolidação da tendência de ruptura metodológica do modelo clássico processual, fundado na classificação trinária das sentenças judiciais[944] e na ideia da reparação do dano como fórmula quase única de tutela processual frente ao ato ilícito (*supra*, 7.2).

Trata-se de provimento perfeitamente modulável à realidade dos conflitos a serem tutelados (comportamento ilegítimo do empregador na violação à liberdade sindical e ao direito de greve), do qual podem ser extraídos comandos de extraordinário impacto psicológico, autorizando, como dito por *Dinamarco* ao tratar dos provimentos mandamentais em geral, "[...] o juiz, ainda no processo de conhecimento e sem necessidade de propositura ou instalação do executivo, a desencadear medidas destinadas a proporcionar ao vencedor a efetiva satisfação de seu direito."[945] Tal é a dimensão do comando desses provimentos mandamentais, que *Barbosa Moreira* lembra que a sua obediência é dever da parte e de outros partícipes do processo, conforme regra do art. 14, V, do Código de Processo Civil, e sua violação "[...] constitui ato atentatório ao exercício da jurisdição e acarreta a aplicação de diversas sanções",[946] inclusive penais, conforme conclusão de Malachini, por violação ao art. 330 do Código Penal — crime de desobediência.[947]

Marinoni,[948] tentando explicar as razões da inexistência de um modelo semelhante no sistema processual comum, observa:

> É difícil compreender a razão pela qual o Código de Processo Civil, quando editado, só estabeleceu tutelas inibitórias antecipadas nos casos de interdito proibitório (art. 932 do CPC) e nunciação de obra nova (art. 936, II, do CPC). Ora, se o legislador processual previu a necessidade da multa para dar efetividade aos preceitos emitidos *initio litis*, é porque ele estava ciente de que a prevenção requer tutela antecipada mais multa.

---

ou após justificação prévia, citado o réu. Parágrafo único. A liminar poderá ser revogada ou modificada, a qualquer tempo, em decisão fundamentada. Art. 146. Quando a ação tiver por objeto o cumprimento de obrigação de fazer ou não fazer, o juiz concederá a tutela específica ou determinará providências que assegurem o resultado prático equivalente ao do adimplemento.

(944) Nessa diretriz: MARINONI, Luiz Guilherme. *Tutela inibitória, individual ou coletiva*. 4. ed. São Paulo: Revista dos Tribunais, 2006. p. 24. Contra, incluindo as sentenças mandamentais na classificação trinária, no contexto das condenatórias, *verbis*: "As sentenças condenatórias mandamentais são dotadas da mesma estrutura lógico-substancial das condenatórias clássicas, compondo-se portanto de um momento declaratório, onde o direito do autor é reconhecido, e de um momento sancionador, que abre caminho para a execução forçada. A sentença mandamental é título para a execução forçada, tanto quanto a condenação ordinária — e portanto é também uma condenação. A diferença está no conteúdo da sanção imposta em seu segundo momento, no qual se exarceba o fator comando, ou mandamento." DINAMARCO, Cândido Rangel. *Instituições de direito processual civil*. 3. ed. São Paulo: Malheiros, 2003. v. 3, p. 242-243.

(945) *Ibidem*, p. 243.

(946) MOREIRA, José Carlos Barbosa. Questões novas e velhas em matéria de classificação das sentenças. In: *Temas de direito processual*. 8. série. São Paulo: Saraiva, 2004. p. 136-137.

(947) MALACHINI, Edson Ribas. As ações (e sentenças) condenatórias, mandamentais e executivas. In: MARINONI, Luiz Guilherme (coord.). *Estudos de direito processual civil em homenagem ao professor Egas Dirceu Moniz de Aragão*. São Paulo: Revista dos Tribunais, 2005. p. 457.

(948) MARINONI, Luiz Guilherme. *Op. cit.*, p. 86.

Por qual motivo, então, teria o Código deixado de criar uma ação preventiva genérica, à semelhança do mandado de segurança preventivo? Qual a razão que teria levado o legislador de 1973 a esquecer-se de estabelecer uma verdadeira ação preventiva contra o particular? Parece que a explicação deste fato somente pode ser encontrada através de uma investigação dos valores submersos à técnica processual.

Na expressão utilizada pelo texto, conferindo ao juiz a possibilidade de "ordenar a cessação do comportamento ilegítimo", verifica-se induvidosa tutela inibitória, "não fazer", que se complementa pela utilização da expressão que se segue, "com a eliminação dos seus efeitos" — tutela reparatória — (949) em uma demonstração de evidente prestígio à tutela específica, na formatação de instrumento sincrético, eis que dispensa a utilização de um processo executivo específico, para tornar efetiva a sua decisão.

É de ser dito, ademais, que a proposta representa um avanço ao paradigmático art. 461 do Código de Processo Civil e aos arts. 11 da Lei da Ação Civil Pública e 84 do Código de Defesa do Consumidor, pois deixa claro que, no contexto de "comportamento ilegítimo", inserem-se não só as obrigações de fazer e não fazer, mas, também, os deveres.(950) Ao condicionar o cabimento da medida à ocorrência pretérita de comportamento do empregador, consubstanciado no impedimento ou limitação "a liberdade e a atividade sindical, bem como o exercício do direito de greve", deixa a tutela preventiva para o art. 146 do Projeto, este sim cópia quase fiel do já citado art. 461 do Código de Processo Civil,(951) tendo a seguinte redação: "Quando a ação tiver por objeto o cumprimento de obrigação de fazer ou não fazer, o juiz concederá a tutela específica ou determinará providências que assegurem o resultado prático equivalente ao do adimplemento."

---

(949) Assim, Dinamarco: "Quando já consumados os atos comissivos ou as omissões lesivas, resta dar remédio à situação criada (*repará-la*), o que o direito material manda que se faça mediante a recondução dos sujeitos, na medida do possível, ao estado precedente à transgressão." Adiante completa: "Sempre que jurídica ou materialmente a *tutela específica* não seja possível — e só mesmo quando não o for — tem lugar a tutela ressarcitória, que é modalidade da reparatória." DINAMARCO, Cândido Rangel. *Instituições de direito processual civil*. 3. ed. São Paulo: Malheiros, 2003. v. 1, p. 153.

(950) Incluindo no contexto das obrigações negativas os "deveres de abstenção", antes mesmo da atual redação do art. 461 do Código de Processo Civil. MOREIRA, José Carlos Barbosa. *A tutela específica do credor nas obrigações negativas*: temas de direito processual. 2. série. São Paulo: Saraiva, 1980. p. 30.

(951) Teixeira ressalta "[...] os principais aspectos e inovações geradas pela nova técnica de tutela, a saber: a) a consagração de um modelo sincrético de ação, por dispensar a necessidade de instauração de processo subsequente de execução para a efetivação do comando substancial; b) tutela jurisdicional que privilegia a obtenção do resultado específico da obrigação, seja pelo cumprimento específico, seja através do resultado prático equivalente; c) autorização para a utilização de mecanismos sancionatórios coercitivos, com vistas a reforçar a executoriedade dos provimentos *ex* art. 461; d) cominação de multa processual coercitiva, alterável em sua periodicidade e valor acaso venha a revelar-se inadequada ou insuficiente; e) imposição de mecanismos executivos de sub-rogação, gerados através da aplicação de medidas capazes de reproduzir o resultado específico da obrigação, independentemente da vontade do réu; f) antecipação dos efeitos da sentença (tutela antecipada específica), visando preservar a utilidade da prestação jurisdicional específica (§ 3º, art. 461 c/c art. 273), cumulável com a aplicação de mecanismos coercitivos e sub-rogatórios para a efetivação da decisão; g) subsidiariedade da solução indenizatória (tutela ressarcitória), reservada às hipóteses de simples opção pelo credor e em casos de impossibilidade da reprodução do resultado específico ou prático equivalente da obrigação." TEIXEIRA, Guilherme Puchalski. O art. 461 do CPC e a ruptura do paradigma conhecimento-execução. In: *Revista de Processo*, n. 147, São Paulo: Revista dos Tribunais, maio 2007. p. 68.

Como analisa *Marinoni*, o "art. 461 quebra o princípio das formas executivas, prevendo a possibilidade de o juiz determinar a medida executiva adequada ao caso concreto",(952) e conclui: "Buscar uma tutela jurisdicional adequada aos 'novos direitos' e, mais que isso, encontrar fundamento normativo-processual da tutela inibitória no Código de Processo Civil, são deveres da doutrina [...]."(953)

Por outro lado, é bastante difundida a ideia de que todo sistema processual que prestigie a tutela específica, no plano concreto e não meramente formal, notadamente a relacionada com os deveres e obrigações de fazer e não fazer, deve dispor não apenas das técnicas amplas e avançadas de tutela, inclusive liminares, mas, igualmente, de um eficiente sistema de sanções pecuniárias.

No particular, o Projeto não apresenta a melhor opção, pois, embora nos §§ 1º ao 6º estejam disponibilizadas amplas e avançadas técnicas, com vistas a alcançar a tutela específica,(954) inclusive pela possibilidade de se aplicar sanções pecuniárias, notadamente multas (§§ 5º e 6º), em relação a estas, a previsão é de destinação do correspondente valor a um "fundo público", "cuja finalidade guarde conexão com o objeto da demanda (§ 7º)".(955)

Esse inusitado *fluid recovery*, integrado com os recursos advindos do retardamento da prestação jurisdicional — multas, tal como proposto —, não se justifica, pois, nessa sistemática, os recursos angariados devem ter correlação com os danos causados a um bem indivisivelmente considerado, nas chamadas ações "ontologicamente" coletivas, tanto que, no atual sistema da ação civil pública, o art. 13 da Lei n. 7.437, é claro, quando dispõe que os seus recursos serão "destinados à reconstituição dos bens lesados".(956)

Nessas ações trabalhistas, entretanto, não raro são tutelados direitos substancialmente individuais e só, *ex vi legis*, processualmente coletivos (tutelam conduta concreta do empregador na violação à liberdade sindical e ao exercício do direito de greve), sendo perfeitamente identificada, de forma concreta, a extensão do dano, provocado pelo retardamento no cumprimento de decisão judicial, restrito, conforme o caso, a um contexto de categoria profissional, ou a um grupo, ou a todos

---

(952) MARINONI, Luiz Guilherme. *Tutela inibitória individual e coletiva*. 4. ed. São Paulo: Revista dos Tribunais, 2006. p. 90.

(953) *Loc. cit.*

(954) Não de forma exaustiva, mas exemplificativa.

(955) Na íntegra: "§ 6º A multa será exigível desde o dia em que se houver configurado o descumprimento à ordem e ficará depositada, em instituição de crédito, até o trânsito em julgado da decisão. § 7º O valor da multa será destinado a fundo público cuja finalidade guarde conexão com o objeto da demanda."

(956) Grinover: "Parecer, Ação civil pública. Proteção de consumidores e não consumidores. Os interesses objeto da demanda: interesses difusos e individuais homogêneos. Impossibilidade da destinação da indenização ao fundo. Incongruência entre pedido e causa de pedir e impossibilidade jurídica do pedido indenizatório. O termo inicial para o cálculo da indenização. Inquérito civil não contraditório: imprestabilidade das provas e impossibilidade de inversão do seu ônus. Da ilegitimidade passiva da União e do deslocamento da competência. Caráter punitivo da liminar e sua extensão." GRINOVER, Ada Pellegrini. *O processo em evolução*. 2. ed. Rio de Janeiro: Forense Universitária, 1998. p. 464.

os empregados de determinada empresa ou até em relação a determinado dirigente sindical.(957)

Como bem coloca *Martins Filho*:(958)

> [...] a própria fixação da indivisibilidade do objeto (cuja lesão afeta toda a coletividade) como elemento caracterizador dos interesses difusos e coletivos (Lei n. 8.078/90, art. 81, parágrafo único, I e II), não se adequaria perfeitamente às relações trabalhistas, na medida em que, no caso de determinados procedimentos genéricos das empresas, contrários à ordem jurídica trabalhista, eles se concretizam como lesão em *momentos distintos* para cada empregado e podem não atingir efetivamente a todos, como no caso de orientação normativa interna da empresa, relativa a medidas discriminatórias a serem adotadas contra empregado que ajuíze reclamação contra a empresa. O procedimento, na hipótese, é genérico, mas a lesão se materializa em relação a cada empregado que ajuizar a reclamatória postulando direitos.

Assim, a proposta do Projeto não considera que os prejuízos são sofridos por aqueles que se apresentam atingidos pela postergação da solução da ação, exatamente pela incapacidade do processo de transformar a situação existente naquela ordenada pelo provimento jurisdicional. Não diz respeito a toda a coletividade de trabalhadores brasileiros, mas, apenas, àqueles materialmente atingidos por um determinado empregador recalcitrante no cumprimento de decisão judicial. Então, a previsão de destinação da multa a um fundo público, além de inadequada, vem a configurar lesão material a direitos subjetivos dos empregados atingidos com o ilícito patronal ou da própria categoria profissional.

8.6. Uma crítica ao sistema da coisa julgada proposto

Um único dispositivo se propõe a regular a matéria:

> Art. 170. Nas ações coletivas previstas neste Título, o conteúdo da sentença fará coisa julgada:
>
> I — *ultra partes*, mas limitadamente ao grupo, quando se tratar da hipótese prevista no inciso I do art. 141 desta Lei;
>
> II — *erga omnes*, apenas no caso de procedência do pedido, para beneficiar todos os integrantes do grupo, na hipótese do inciso II do art. 141 desta Lei;
>
> III — *erga omnes*, no caso de procedência ou improcedência do pedido, para beneficiar ou prejudicar o autor da demanda e o titular da relação jurídica controvertida, na hipótese do inciso III do art. 141 desta Lei, bem como na liquidação coletiva de direitos individuais homogêneos.

---

(957) Tanto é assim, que o próprio Anteprojeto, no art. 173, confere legitimidade ativa concorrente ao "trabalhador prejudicado".

(958) MARTINS FILHO, Ives Gandra. *Processo coletivo do trabalho*, p. 160.

Embora o Projeto não trate, de forma específica, das ações coletivas passivas,[959] elas estão previstas em vários dos seus dispositivos. Tome-se como exemplo o art. 178 — que contempla a legitimidade concorrente, ativa e passiva, dos sindicatos e empregadores, para a ação em matéria de greve — e o art. 206 — que trata da legitimidade de qualquer dos sujeitos do contrato coletivo ou das partes em processo judicial ou arbitral ou ainda do Ministério Público, para as ações de anulação de norma coletiva, sem mencionar as inúmeras hipóteses de ocorrência de ações em que sindicatos possam figurar em posições contrapostas, tanto no polo ativo como no passivo.

Salvo em relação ao trato das ações que tutelam os direitos individuais heterogêneos, cujas sentenças atuarão *erga omnes*, sem restrições, o tratamento dispensado à coisa julgada leva, de imediato, à presunção de uma demanda em que figura, no polo ativo, uma coletividade substituída processualmente e, no passivo, um demandado individual, projetando-se em uma perspectiva equivocada de proteção ao demandante, deixando de considerar que, nem sempre, a coletividade encontra-se a demandar.

Assim e como já se observou (*supra*, 7.8), quando uma ação envolve a tutela de direitos individuais homogêneos, a coisa julgada se efetivará *erga omnes*, mas *secundum eventum litis*. Como bem destaca *Grinover*, comentando semelhante disposição do vigente no art. 103, III, do CDC: "Esta solução, que só aproveita a coisa julgada *in utilibus*, objetiva não prejudicar os direitos subjetivos individuais, resguardando-os do resultado favorável do processo coletivo".[960] Mas desconsidera a coletividade como ré.

E o Projeto insiste no equívoco, perdendo uma excelente oportunidade de acabar com o hiato normativo sobre o tema, fator motivador de propostas de soluções doutrinárias, como a que propõe: "[...] em se tratando de ação movida contra a classe, a proteção especial a esta pela lei deve ser mantida, bastando inverter, para tanto, os termos da questão".[961]

Como dito (*supra*, 7.8), o Projeto deveria ter caminhado para um tratamento simétrico.

---

(959) Diferentemente de outras propostas. Ao propósito, Maia destaca: "A necessidade da tutela coletiva passiva se destaca na proposta de Código Modelo de Processos Coletivos para Ibero-América do Instituto Ibero-Americano de Direito Processual e, especialmente, nos recentes anteprojetos de Código Brasileiro, elaborados e estudados, dentre outros, pelos professores Ada Pellegrini Grinover na Universidade de São Paulo (USP) e Aluisio Gonçalves de Castro Mendes, nas Universidades do Estado do Rio de Janeiro (UERJ) e Estácio de Sá (Unesa)." MAIA, Diogo Campos Medina. *A ação coletiva passiva:* o retrospecto histórico de uma necessidade presente. In: GRINOVER, Ada Pellegrini; MENDES, Aluísio Gonçalves de Castro; WATANABE, Kazuo (orgs.). *Direito processual coletivo e o anteprojeto do código brasileiro de processos coletivos*. São Paulo: Revista dos Tribunais, 2007. p. 322. No Anteprojeto de Código Brasileiro de Processos Coletivos, a previsão consta do art. 38 — "Ações contra o grupo, categoria ou classe — Qualquer espécie de ação pode ser proposta contra uma coletividade organizada, mesmo sem personalidade jurídica, desde que apresente representatividade adequada (art. 20, I, *a*, *b* e *c*), trate-se de tutela de interesses ou direitos difusos e coletivos (art. 4º, incisos I e II) e a tutela se revista de interesse social." Última Versão, jan. 2007, *Ibidem*, p. 461.

(960) GRINOVER, Ada Pellegrini. *Ações coletivas ibero-americanas:* novas questões sobre a legitimação e a coisa julgada, p. 24.

(961) *Loc. cit.*

Também andou mal o Projeto, ao propor a atuação da coisa julgada nas ações que tutelam direitos coletivos em sentido estrito e individuais homogêneos, "limitadamente ao grupo" (art. 170, I e II), em sistemática, como observa *Fava*, comentando o texto, que: "[...] faz desaparecer o 'sujeito oculto' da demanda, na medida em que expõe o trabalhador às pressões do empregador, para que se exclua da proteção da lide transindividual".[962]

(962) FAVA, Marcos Neves. *Op. cit.*, p. 205.

9. CONCLUSÕES

9.1. Conclusões gerais

1. O trabalho logrou demonstrar que a missão do Estado contemporâneo é a de tutelar os direitos fundamentais, a partir, inclusive, da força normativa da Constituição, a qual impõe tarefas. Nas relações entre o Estado e os particulares, a eficácia desses direitos é vertical, no sentido de ser direta e imediata. Também o é nas relações "desequilibradas" entre particulares, a partir de uma "ponderação de interesses", entre a autonomia privada e a desigualdade fática, como ocorre nas relações entre o capital e o trabalho. Feita esta constatação, verificou-se, sob o prisma fenomenológico, que a distribuição dessa missão estatal entre os três poderes determina que o Judiciário assuma o seu papel na concretização dos direitos fundamentais. E é na execução desse novo papel do Estado e do Judiciário que se encontra o fundamento originário-existencial: (a) da teoria processual do Acesso à Justiça; (b) da crescente influência do direito material sobre o processo; e (c) da criatividade da interpretação judiciária.

2. Dentro da visão do direito fundamental de Acesso à Justiça, a ordem constitucional assume especial importância para o processo e sua organização. É na ótica constitucional que os princípios processuais devem ser interpretados e aplicados, o que significa dizer que o direito fundamental à tutela jurisdicional exige que os procedimentos respeitem as garantias dos litigantes, estejam estruturados e sejam aplicados a partir das necessidades do direito material.

3. Como desdobramento do direito fundamental de Acesso à Justiça, tem-se a coletivização da jurisdição, dimensão social do processo da pós-modernidade, inspirada nos modelos de tutela processual coletiva trabalhista, notadamente daqueles destinados à solução dos conflitos econômicos, nos quais se exerceu — e em alguns países ainda se exerce — a jurisdição contenciosa normativa e criativa, fundada no juízo de equidade.

4. Se, na fase autonomista do direito processual, o método de estudo do processo, escolástico, formalista, dogmático e neutro frente ao direito material, levou a conceber, como polo metodológico, um único procedimento para atender a todas as necessidades do direito material, na instrumentalista, em sentido contrário, verificou-se a hipertrofia na criação de modelos de tutela processual diferenciada e de métodos alternativos de solução dos conflitos. É na embrionária fase pós-instrumentalista, portanto, que se buscará a tutela jurisdicional do direito material, sem a necessidade de criação de novos modelos de processo, mas a partir da adaptação, em fungibilidade, dos instrumentos existentes, à luz de toda a base científica construída nas fases que a antecederam.

5. Em relação aos direitos "sociais" e "coletivos fundamentais", como os inerentes à determinada categoria profissional de trabalhadores, não há como suprimir, da ordem positiva processual, o princípio dispositivo em seu sentido substancial e próprio, que é, para o autor (da demanda), o direito de ação. Assim, a jurisdição contenciosa normativa trabalhista não pode ser contida, como se pretendeu, no Brasil, com a EC n. 45/04, que condicionou o seu exercício ao "comum acordo dos litigantes" (CF, art. 114, § 2º), retirando sua morada processual do dissídio coletivo de natureza econômica, este hoje transformado em instrumento de atuação de juízo arbitral estatal, remanescendo apenas como "letra morta" no sistema. A simples existência do direito material levará à utilização, em fungibilidade, das vias processuais remanescentes. É a tutela do direito substancial como base da construção de um processo, não mais pela generalizada tendência de se criar "estatutos diferenciados", mas, a partir de adaptações dos instrumentos processuais existentes, em função da natureza do seu próprio objeto. Um novo enfoque a sua natureza instrumental e a própria técnica processual.

6. Sob o prisma fenomenológico, verificou-se que, tanto nos países de *common law* quanto nos de *civil law*, a hipertrofia legislativa trouxe consigo a paralela e crescente criação do direito judiciário, em fenômeno universal, reflexo da redefinição do papel interpretativo da norma legislativa, da nova concepção das atividades políticas estatais contemporâneas e dos seus núcleos de atuação, em combinação com o chamado sistema de freios e contrapesos (*checks and balances*), próprios da formação do Estado democrático de direito.

7. Ultrapassado o mito da exclusividade da sentença normativa como veículo de criação de novas regras jurídicas, pois a criação judiciária do direito é ínsita a todas as formas de jurisdição, a diferença entre a sentença normativa e aquela outra, produto da jurisdição tradicional, não é de natureza, mas de frequência ou grau de intensidade com que se cria o direito. Ambas decidem determinado conflito nos limites subjetivos e objetivos com que foi deduzido em juízo, mas, do ponto de vista substancial, a criatividade da jurisdição normativa fica a um meio termo quantitativo e não qualitativo entre a legislação e a jurisdição tradicional. Em síntese, pode-se dizer que a liberdade criativa, com limites substanciais menos frequentes e menos precisos, é decrescente na seguinte ordem e grau: legislação, jurisdição normativa e jurisdição tradicional.

8. A jurisdição normativa brasileira, antes exercida na via dos dissídios coletivos, sempre se utilizou da equidade integrativa (ou supletiva), que, ao contrário da formativa (ou substitutiva), não se manifesta em total oposição ao juízo legalitário, mas em complementação a este. Atua, portanto, com limites substanciais de criação judiciária mais frequentes e mais precisos, sempre vinculados a uma fundamentação e ao controle por revisão, seja por *error in judicando*, seja por *error in procedendo.*

9. A partir da delimitação do alcance subjetivo e objetivo das lides sindicais, notadamente daquelas que tratam do "foro sindical" e da repressão às práticas antissindicais, concluiu-se que a solução delas pode e deve ser viabilizada em uma perspectiva processual coletiva, ainda que a lesão se apresente também no plano individual.

10. Na tutela do direito de greve, verificou-se, após a EC n. 45/04, que o dissídio coletivo de greve, previsto no art. 114, § 3º, da CF, transformou-se em instrumento de exceção, pois: (a) é via processual exclusiva da jurisdição trabalhista, da competência originária dos tribunais do trabalho e, portanto, não pode ser utilizado para a tutela das greves dos servidores públicos que se submetem à jurisdição civil; (b) tem natureza acessória e instrumental do dissídio coletivo de natureza econômica e, sem a possibilidade de instauração deste, torna-se inócuo o seu provimento declaratório; e (c) para a sua instauração, a legitimidade ativa é exclusiva do Ministério Público do Trabalho, que somente terá a representatividade adequada, quando a greve se situar em atividade essencial e na perspectiva de lesão ao interesse público.

11. Em análise comparativa dos dois sistemas de tutela processual coletiva, o civil e o trabalhista, na perspectiva de exercício de uma jurisdição normativa, observa-se: (a) no primeiro, a tendência é expansionista, no qual a jurisdição normativa ou criativa grassa há décadas, a partir da constatação da incapacidade de os poderes Executivo e Legislativo fornecerem respostas efetivas à exploração das demandas sociais e da provocação do Judiciário por grupos que clamam por direitos metaindividuais, por regulação de comportamentos e reconhecimento de identidades, no fenômeno identificado como a judicialização da política e das relações sociais (o quadro, portanto, é expansionista e de "publicização"); e (b) no segundo, desde o fim da jurisdição normativa corporativa italiana, disseminou-se a ideia de que este modelo de jurisdição de equidade não é legítimo e adequado, sendo vertente autoritária de intervenção estatal nas negociações coletivas (o quadro, portanto, é amplamente reducionista, em tendência de seu expurgo do sistema, para a adoção de métodos alternativos de solução dos conflitos, naquilo que se cunhou de "privatização do processo").

9.2. Conclusões específicas

1. Não sendo, a jurisdição normativa, uma atividade derivativa da legislativa, conclui-se que: (a) pode ser exercida fora do dissídio coletivo; (b) para ser exercida, não depende de autorização constitucional expressa; e (c) pode e está efetivamente sendo exercida no contexto das ações civis públicas, tanto na jurisdição civil, quanto na trabalhista. Na trabalhista, entretanto, a ação civil pública ainda não está sendo utilizada para a solução dos conflitos econômicos.

2. Demonstrou-se, comparativamente, a partir do *modus operandi*, que o conteúdo da sentença normativa do dissídio coletivo de natureza econômica pode ser obtido em sentença da ação civil pública, mediante a concessão: (a) de direitos, pela projeção da ultratividade dos efeitos de cláusulas normativas de convenções coletivas ou sentenças normativas históricas e pretéritas, cujos prazos de vigência hajam esgotado; (b) de majoração de salários e concessão de produtividade, utilizando-se da equidade; e (c) de outros direitos, também a partir da equidade integrativa, em atuação *intra legem* ou *praeter legem*.

3. A partir da interdependência processual entre a tutela da greve e a do conflito econômico que a originou, concluímos que, se é a ação civil pública a via adequada

para a obtenção de decisão a respeito das causas do conflito, exatamente pela possibilidade de aferição, concessão ou rejeição das reivindicações econômicas e sociais dos trabalhadores, também será essa ação a adequada para a solução dos seus efeitos: a greve.

4. É a ação civil pública a via adequada para a tutela processual do direito de greve no serviço público, pela sua possibilidade instrumental de efetivação de política pública de pessoal, a partir das reivindicações dos grevistas, mediante a utilização de três parâmetros ético-jurídicos: (a) o mínimo existencial a ser garantido ao servidor, enquanto prestador de serviços ao cidadão; (b) a razoabilidade da pretensão deduzida em face do poder público; e (c) a existência de disponibilidade financeira do Estado para tornar efetivas as prestações reclamadas, aplicando-se o princípio da "reserva do possível".

5. A ação civil pública também é o instrumento adequado ao exercício da atividade interpretativa de adaptação de norma legal, convencional ou judicial-normativa, antes exercida no dissídio coletivo de natureza jurídica.

6. A experiência processual trabalhista já demonstra a utilização da ação civil pública para a tutela do direito sindical, notadamente do "foro sindical", na repressão às práticas antissindicais. Mas a experiência demonstra a falta de percepção das vantagens procedimentais da ação, pela possibilidade de cumulação da tutela coletiva com a tutela individual, pois permite que em uma primeira fase se estabeleça a dimensão coletiva da lesão ao direito sindical, sem a individualização da regra jurídica do caso concreto, como ocorre nos casos de direitos subjetivos individuais; e, na segunda, também de natureza cognoscitiva, se individualiza a dimensão subjetiva do ato lesivo, apurando-se as respectivas indenizações individuais (dos trabalhadores ou empregadores), como permitem os arts. 97 e ss. do CDC.

7. Com possibilidades de tutela preventiva, a ação civil pública permite o julgamento conjunto de práticas antissindicais, das reivindicações sociais e econômicas dos trabalhadores e do direito de greve, com amplas vantagens frente ao dissídio coletivo. Possibilita também a prevenção ao conflito — através dos seus provimentos de cognição sumária — e sua solução como um todo: suas causas e seus efeitos.

8. Para essas ações, terão representatividade adequada, tanto o ente sindical de categoria profissional (para a declaração da legalidade da greve que ele próprio deflagrou, com pedidos reivindicatórios), quanto o ente sindical de categoria econômica (para a declaração da ilegalidade da greve deflagrada, mediante a oferta de novas condições de trabalho).

9. A sentença de conteúdo normativo, proferida na ação civil pública, tanto quanto a proferida no dissídio coletivo, é fonte formal do direito, e pode ser derrogada por norma legal, convencional ou outra judicial-normativa, além de se submeter às regras de direito intertemporal, previstas na Lei de Introdução ao Código Civil.

10. Quanto à exequibilidade dos provimentos, destacam-se as vantagens da ação civil pública frente ao dissídio coletivo, pois, enquanto neste o provimento é, apenas, em cognição exauriente, e só se encontrará apto à execução após o julgamento colegiado

de um tribunal do trabalho, naquele, pelas possibilidades de cognição sumária, mediante provimentos antecipatórios, admite-se a execução imediata.

11. No plano da competência, é mais legítima e adequada a tutela jurisdicional coletiva dos conflitos trabalhistas pelos órgãos jurisdicionais de primeira instância, mediante o controle revisional dos tribunais, como ocorre na ação civil pública. Se o conflito for local, não excedendo a jurisdição de uma unidade judiciária, a competência será dela; se tiver dimensão regional, sem exceder a jurisdição de um tribunal, a competência será de uma das varas da sede do tribunal; e, se o conflito tiver dimensão suprarregional, a competência será de uma das varas do Distrito Federal, aplicando-se a OJ n. 130, da SDI-1, do TST.

12. No tratamento da coisa julgada, as características do processo coletivo trabalhista não autorizam a aplicação da regra do art. 103 do CDC (*secundum eventus litis* e *in utilibus*, na perspectiva da coletividade no polo ativo), pois, embora as ações civis públicas trabalhistas (incluindo-se as submetidas à jurisdição comum) sejam quase exclusivamente ações coletivas ativas e passivas, propostas por e contra sindicatos, delas se extrai um eficiente sistema de representação da coletividade dos trabalhadores, através dos entes sindicais, sem os riscos da fluida e defeituosa representação dos consumidores.

13. O sistema normativo de tutela processual coletiva trabalhista, proposto pelo Projeto de Lei de Relações Sindicais, traz duas inovações, a saber: (a) um modelo mandamental autoexecutivo para a tutela do direito à liberdade sindical e à greve; e (b) a ação coletiva para a tutela de direitos individuais heterogêneos.

13.1. Entretanto, o contraste entre o conteúdo do Projeto e o sistema vigente, autoriza o exame e a revisão das propostas relacionadas: (a) ao *fluid recovery*, destinado a um fundo público, mas integrado com os recursos advindos do retardamento da prestação jurisdicional nas ações mandamentais para a tutela do direito à liberdade sindical e à greve; (b) à necessidade de identificação e de anuência ou exercício do direito de exclusão dos substituídos (*opt in* e *opt out* das *class actions*) nas ações coletivas para a tutela de direitos individuais heterogêneos, bem como a restrição do seu objeto à periculosidade e insalubridade; e (c) ao sistema da coisa julgada proposto.

13.2. Sem o expurgo das limitações impostas às inovações e dos equívocos que remanescem, o Projeto retorna ao ponto de partida. Na antinomia entre a técnica avançada da tutela processual coletiva trabalhista e o formalismo burocrático e concreto, decorrente de normas que acabam por neutralizar os avanços propostos, encerra o paradoxo de propor mudar para continuar como está.

REFERÊNCIAS

ABBOUD, Georges; OLIVEIRA, Rafael Tomaz. O dito e o não dito sobre a instrumentalidade do processo: críticas e projeções a partir de uma exploração hermenêutica da teoria processual. In: *Revista de Processo*, São Paulo: Revista dos Tribunais, n. 166, dez. 2008. p. 29-37.

ABRAHAM, Henry J. *The judicial process.* New York: Oxford University, 1969.

ABREU, Pedro Manoel; OLIVEIRA, Pedro Miranda (coords.). *O modelo constitucional de processo civil, direito e processo*: estudos em homenagem ao desembargador Norberto Ungaretti. Florianópolis: Conceito, 2007.

ACKER, Ana Brito da Rocha. *Poder normativo e regime democrático.* São Paulo: LTr, 1986.

ADAMOVICH, Eduardo Henrique Von. *Sistema da ação civil pública no processo do trabalho.* São Paulo: LTr, 2005.

________ . A nova competência da justiça do trabalho: ampliação do alcance dos juízos de equidade ou nova concepção bicéfala da justiça civil de raízes burguesas? *Revista LTr*, São Paulo: LTr, v. 70, n. 5, maio 2006. p. 557-562.

AGUIAR JÚNIOR, Ruy Rosado. Interpretação. *Revista Ajuris,* Porto Alegre, mar. 1989. p. 16-17.

ALCURE, Fábio Aurélio. Assédio moral: uma questão coletiva. In: *Revista Decisório Trabalhista,* Curitiba, n. 158, set. 2007. p. 35.

ALEXY, Robert. *Teoria dos direitos fundamentais.* Trad. da 5. ed. alemã, Suhrkamp Verlag, 1986, por Virgílio Afonso da Silva. São Paulo: Malheiros, 2008.

ALMEIDA, Gregório Assagra de. *Codificação do direito processual coletivo brasileiro.* Belo Horizonte: Del Rey, 2007.

ANDRADE, Dárcio Guimarães de. *Ação civil pública*, Brasília: TST, v. 66, n. 4, out./dez. 2000. p. 201.

ANDREWS, Neil. The modern procedural synthesis: the american law institute and UNIDROIT's Principles and rules of transnational civil procedure. In: *Revista de Processo,* São Paulo: Revista dos Tribunais, v. 164, out. 2008. p. 118-120.

ARAGÃO, Egas Dirceu Moniz de. Hobbes, Montesquieu e a teoria da ação. In: *Revista de Processo,* n. 108, p. 9-22.

ARAÚJO, João Carlos. *Ação coletiva do trabalho.* São Paulo: LTr, 1993.

AROCA, Juan (coord.). *Proceso civil e ideología:* un prefacio, una sentencia, dos cartas y quince ensayos. Valencia: Tirant Lo Blanch, 2006.

AROCA, Juan Montero. *El derecho procesal en el siglo XX.* Valencia: Tirant lo Blanch, 2000.

________. *Proceso y garantia*: el proceso como garantía de libertad y responsabilidad. Valencia: Tirant Lo Blanch, 2006.

AROUCA, José Carlos. *O sindicato em um mundo globalizado.* São Paulo: LTr, 2003.

ARRUDA, Hélio Mário de. *Oliveira Vianna e a legislação do trabalho no Brasil.* São Paulo: LTr, 2007.

ASCARELLI, Tullio. Processo e democrazia. In: *Rivista Trimestrale di Diritto e Procedura Civile*, Milano: Giuffrè, ano XII, n. 3, set. 1958. p. 857-859.

________. Tema di interpretazione ed applicazione della legge (Lettera al prof. Carnelutti). In: *Rivista di Diritto Processuale*, Padova, v. XIII, 1958. p. 14-22.

ASSIS, Araken de *et al.* (coords.). *Estudos em homenagem ao professor Arruda Alvim.* São Paulo: Revista dos Tribunais, 2007.

________. *Breve contribuição da coisa julgada nas ações de alimentos.* Disponível em: <www.carpe na.com.br/artigos> Acesso em: 2.9.2008.

AZEVEDO, Plauto Faraco. *Aplicação do direito e contexto social.* São Paulo: Revista dos Tribunais, 1996.

BAGOLINI, Luigi. Il problema della definizione generale del diritto nella crise del positivismo giuridico. In: *Rivista Trimestrale di Diritto e Procedura Civile*, Milão: Giuffrè, ano XV, n. 1, mar. 1961. p. 163.

BANCO MUNDIAL, *relatório 319.*

BARBAGELATA, Hector-Hugo. Os princípios de direito do trabalho de segunda geração. In: *Cadernos da Amatra IV*, 7º Caderno de Estudos sobre Processo e Direito do Trabalho, Porto Alegre: HS, abr./jun. 2008. p. 26.

BARROS, Cássio de Mesquita. Representatividade dos sindicatos. In: *Revista LTr*, São Paulo: LTr, set. 2004. p. 1.046.

BARROSO, Luiz Roberto. *O direito constitucional e a efetividade de suas normas*: limites e possibilidades da Constituição brasileira. 2. ed. Rio de Janeiro: Renovar, 1993.

________. *Interpretação e aplicação da Constituição.* 5. ed. São Paulo: Saraiva, 2003.

BATALHA, Wilson de Souza Campos. *Direito processual das coletividades e dos grupos.* 3. ed. São Paulo: LTr, 1992.

BAUMAN, Zygmunt. *Medo líquido.* Rio de Janeiro: Jorge Zahar, 2007.

BECKER, L. A.; SANTOS, E. L. Silva. *Elementos para uma teoria crítica do processo.* Porto Alegre: Fabris, 2002.

BEDAQUE, José Roberto dos Santos; TUCCI, José Rogério Cruz (coords.). *Temas fundamentais de direito.* São Paulo: Revista dos Tribunais, 2005. v. 1.

________. *Direito e processo.* 4. ed. São Paulo: Malheiros, 2006.

________. *Poderes instrutórios do juiz.* 4. ed. São Paulo: Revista dos Tribunais, 2009.

BENITES FILHO, Flávio Antonello; BRESCIANI, Luís Paulo. *Negociações tripartites na Itália e no Brasil.* São Paulo: LTr, 1995.

BENUCCI, Eduardo Bonasi. Atto illecito e concorrenza sleale. In: *Rivista Trimestrale di Diritto e Procedura Civile*, Milão: Giuffrè, n. 2, jun. 1957. p. 569.

BERGALLI, Roberto. *Hacia una cultura de la jurisdicción*: ideologias de jueces y fiscales. Buenos Aires: Ad-hoc, 1999.

BETTI, Emilio. *Interpretazione della legge e degli atti giuridici.* 2. ed. Milano: Giuffrè, 1971.

BEZERRA, Paulo César Santos. *Acesso à justiça*: um problema ético-social no plano da realização do direito. 2. ed. Rio de Janeiro: Renovar, 2008.

BILICH, Edward K. M.; KLONOFF, Robert H. *Class actions and other multi-party litigation.* Cases and materials. Saint Paul: West Group, 2000.

BOBBIO, Norberto. *A era dos direitos.* 3. reimp. Tradução de Regina Lyra. Apresentação de Celso Lafer. Rio de Janeiro: Elsevier, 2004.

BONA, Marco; CONSOLO, Claudio; BUZZELLI, Paolo. *Obiettivo class action:* l'azione collettiva risarcitoria. Turim: Ipsoa, 2008.

BONAVIDES, Paulo. *Do Estado liberal ao Estado social.* 4. ed. Rio de Janeiro: Forense, 1980.

_________. *Do Estado liberal ao Estado social.* 7. ed. São Paulo: Malheiros, 2001.

_________. *Curso de direito constitucional.* 12. ed. São Paulo: Malheiros, 2002.

BONCIANI, Mário (coord.). *Saúde, ambiente e contrato coletivo de trabalho.* São Paulo: LTr, 1996.

BORGOMEO, Luca. Il contratto collettivo di lavoro (1944-1964). In: *Rivista Trimestrale di Diritto e Procedura Civile*, Milano: Giuffrè, n. 3, set. 1965. p. 1.321.

BOVE, Mauro. Art. 111 Cost. e "giusto processo civile". In: *Rivista di Diritto Processal,* Padova: Cedam, 2002. p. 479-522.

BRITO FILHO, José Claudio Monteiro. *Direito sindical.* São Paulo: LTr, 2000.

BRONSTEEN, John. Rule 23 is perfectly symmetrical: no distinction is made between plaintiffs and defendants in class actions. *Notre Dame law review*, n. 78, ago. 2003. p. 1.422.

BRONSTEEN, John; FISS, Owen. Admittedly, it is common for one individual to represent others in a lawsuit. The class action rule. In: *Notre Dame Law Review*, n. 78, ago. 2003.

BÜLOW, Oskar Von. *Excepciones procesales y presupuestos procesales.* Traducción de Miguel Angel Rosas Lichtschein. Buenos Aires: EJEA, 1964.

_________. Gesetz und Richtertamt. *In Juristische zeitgeschichte* — Kleine Reihe — Klassische Texte. Berl. In: *Berliner Wissenschafts— Verlag GmbH*, v. 10, 2003. p. 1-30.

BUSTAMANTE, Ricardo (coord.). *Ensaios jurídicos, o direito em revista.* Instituto Brasileiro de Atualização Jurídica, Sindicato Nacional. Rio de Janeiro: Sindicato Nacional dos Editores de Livros, 1997.

CABRAL, Pedro Passo. O novo procedimento-modelo (Musterverfahren) alemão: uma alternativa às ações coletivas. In: *Revista de Processo*, São Paulo: Revista dos Tribunais, n. 147, maio 2007. p. 130.

CALAMANDREI, Piero. *Instituzioni di diritto processuale civile.* Segunda parte. Padova: Cedam, 1944.

________. *Processo e democrazia.* Padova: Cedam, 1954.

________. *Instituciones de derecho procesal civil.* Buenos Aires: EJEA, 1962.

________. *Direito processual civil.* Campinas: Bookseller, 1999. v. I.

CAMPOS, Santiago Pereira. *Intereses difusos y efectos de la cosa juzgada*: estúdios en homenaje al profesor Enrique Vescosi. Montevideo: Fundación de Cultura Universitária, 2000.

CANOTILHO, José Joaquim Gomes. *Direito constitucional.* 4. ed. Coimbra: Almedina, 1989.

________. Tópicos de um curso de mestrado sobre direitos fundamentais, procedimento, processo e organização. *Boletim da Faculdade de Direito de Coimbra,* 1990. p. 151-201.

________; MOREIRA, Vital. *Fundamentos da Constituição.* Coimbra: Coimbra, 1991.

CAPPELLETTI, Mauro. Il controllo di constituzionalità delle leggi nel quadro delle funzioni dello stato. Studio destinato agli scritti in onore a GuidoZanobini. In: *Rivista di Diritto Processuale,* Padova: Cedam, ano XV, n. 3, jul./set. 1960. p. 376-417.

________. Ideologie nel diritto processuale. In: *Rivista Trimestrale di Diritto e Procedura Civile,* Milano: Giuffrè, ano XVI, n. 1, mar. 1962. p. 215.

________. Social and political aspects of civil procedure: reforms and trends in western and Europe. In: *Michigan Law Review,* v. 69, n. 5, abr. 1971. p. 858.

________. *El proceso civil en el derecho comparado. Las grandes tendencias evolutivas.* Tradução para o espanhol de Santiago Sentis Melendo. Buenos Aires: Ediciones Jurídicas Europa-America, 1973.

________. *Proceso, ideologias, sociedad.* Buenos Aires: EJEA, 1974.

________. Formazioni sociali e interessi di gruppo davanti alla giustizia civili. In: *Rivista di Diritto Processuale,* Padova: Cedam, 1975. p. 647 e ss.

________. Psychoanalytic jurisprudence. On etchics, aesthetics, and "law". *Rivista Di Diritto e Procedura Civile,* Milão, ano XXIX, n. 4, dez. 1975. p. 1.579-1.583.

________. Formações sociais e interesses coletivos diante da justiça civil. In: *Revista de Processo,* São Paulo: Revista dos Tribunais, n. 5, ano 2, jan./mar. 1977. p. 133-134; 132-136; 159.

________. Problemas de reforma do processo civil nas sociedades contemporâneas. Conferência de Abertura do Primeiro Congresso Brasileiro de Direito Processual Civil, proferida em 20.11.1991. Tradução livre de Alcides Munhoz da Cunha. In: *Revista Ciência Jurídica,* ano VI, v. 45, maio/jun. 1992. p. 38.

________. *Juízes legisladores?* Tradução de Carlos Alberto Álvaro de Oliveira. Porto Alegre: Fabris, 2008.

________. *El testimonio de la parte en el sistema de la oralidad.* Primeira parte. Tradução para o espanhol de Tomás A. Banzhaf. La Plata: Platense, 2002.

________. *Processo, ideologias e sociedade.* Tradução de Elicio de Cresci Sobrinho. Porto Alegre: Fabris, 2008. v. 1.

________; BRYANT, Garth. *Acess to justice:* the worldwide movement to make rights effective. A general report. Publicação no Brasil com o título: *Acesso à justiça.* Tradução de Ellen Gracie Northfleet. Porto Alegre: Fabris, 2002.

CAPONI, Remo. Azione collettive: interessi protetti e modelli processali di tutela. In: *Rivista di Diritto Processuale,* Padova: Cedam, set./out. 2008. p. 1.205-1.206.

CÁRCOVA, Carlos Maria. *Direito, política e magistratura.* Tradução para o português de Rogério Viola Coelho e Marcelo Ludwig Dornelles Coelho. São Paulo: LTr, 1996.

CARMO, Júlio Bernardo do. Do mútuo consenso como condição de procedibilidade do dissídio coletivo de natureza econômica. In: *Revista LTr,* São Paulo, v. 69, n. 5, maio 2005. p. 597.

CARNEIRO, Paulo Cezar Pinheiro. *Acesso à justiça, juizados especiais cíveis e ação civil pública.* 2. ed. Rio de Janeiro: Forense, 2003.

CARNELUTTI, Francesco. *Sistema di diritto processuale civile.* Padova: Cedam, 1936. v. 1.

________. *Sistema de derecho procesal civil.* Buenos Aires: UTEHA, 1944. v. 1.

________. *Trattato del processo civile, diritto e processo.* Napoli: Morano, 1958.

________. Risposta al prof. Ascarelli. In: *Rivista di Diritto Processuale,* Padova, v. XIII, 1958. p. 22-26.

________. Aspetti problematici del processo al legislatore. In: *Rivista di Diritto Processuale,* Padova, ano XIV, n. 1, jan./mar. 1959. p. 2.

________. *Teoria geral do direito.* Tradução de A. Rodrigues Queirós e Artur Anselmo de Castro. Rio de Janeiro: Âmbito Cultural, 2006.

CARPI, Frederico. Cenni sulla tutela degli interessi collettivi nel processo civile e la cosa giudicata. In: *Rivista Trimestrale di Diritto e Procedura Civil,* Milão: Giuffrè, ano XXVIII, n. 3, set. 1974. p. 957.

CARRION, Valentin. *Comentários à consolidação das leis do trabalho.* 31. ed. São Paulo: Saraiva, 2006.

CARVALHO, Amilton Bueno. *Magistratura e direito alternativo.* 6. ed. Rio de Janeiro: Lumen Juris, 2003.

CARVALHO, Ricardo Mota Vaz de. *A greve no serviço público.* Rio de Janeiro: América Jurídica, 2005.

CASTILLO, Niceto Alcalá-Zamora Y. La scuola processuale di San Paolo del Brasile. In: *Rivista Trimestrale di Diritto e Procedura Civile,* Milano: Giuffrè, anno X, n. 3, set. 1956. p. 864-869.

________. *Estudios de teoría general e historia del proceso (1945-1972).* Cidade do México: Universidade Nacional Autónoma de México, 1974. t. II.

CASTRO, Carlos Roberto de Siqueira. *O devido processo legal e a razoabilidade das leis na nova Constituição do Brasil.* 2. ed. Rio de Janeiro: Forense, 1989.

CATAUDELLA, Antonino. Adesione al sindacato e prevalenza del contratto collettivo sul contratto individuale di lavoro. In: *Rivista Trimestrale di Diritto e Procedura Civile,* Milão: Giuffrè, n. 2, jun. 1966. p. 545.

CAVALCANTI, Clarissa Lessa Ferreira. Legitimação para propor ação civil pública. In: *Revista da Amatra VI* — 6ª Região, Recife, ano IX. n. 24, fev. 2006. p. 50-53.

CESÁRIO, João Humberto. O direito constitucional fundamental de greve e a função social da posse: um novo olhar sobre os interditos possessórios na justiça do trabalho brasileira. In: *Revista LTr*, São Paulo: LTr, v. 72, n. 3, mar. 2008. p. 289-303.

CESSARI, Aldo. Poteri creativi della giurisprudenza e "natura dei fatti" nel diritto sindacale. In: *Rivista Trimestrale di Diritto e Procedura Civile*, Milano: Giuffrè, n. 1, mar. 1969. p. 12-13.

CHIOVENDA, Giuseppe. *Instituições de direito processual civil.* Tradução da 2. ed. italiana de J. Guimarães Menegale. São Paulo: Saraiva, 1942. v. 1.

CICCHITTI, Valeria E. Profili processuali della tutela della parità tra uomini e donne in materia di lavoro. In: *Rivista di Diritto e Procedura Civile*, Padova: Cedam, 1996. p. 1.196-1.197.

CIPRIANI, Franco. Il processo civile tra vecchie ideologie e novi slogan. In: *Rivista di Diritto Processuale*, Padova: Cedam, 2003. p. 455-466.

________. Nel centenario del regolamento di Klein (il processo civili tra libertà e autorità). In: *Rivista di DirittoProcessuale*, Padova: Cedam, 1995. p. 370-376.

CLOSKEY, Robert Mc. *The american supreme court.* Chicago: Chicago University, 1960.

COMOGLIO, Luigi Paolo. L'art. 28 CPC e i profili costituzionali dei limiti soggettivi del giudicato. In: *Rivista di Diritto Processuale*, Padova: Cedam, 1966. p. 653 e ss.

________. Il "giusto processo" civile nella dimensine comparatistica. In: *Rivista di Diritto Processuale*, Padova: Cedam, 2002. p. 735-739.

________. Riti differenziati e principio di ragionevoleza. In: *Rivista di Diritto Processuale*, Padova: Cedam, jan./fev. 2008. p. 211-216 e 221.

________. Tutela differenziata e pari effettività nella giustizia civile. In: *Rivista di Diritto Processuale*, Padova: Cedam, n. 6, nov./dez. 2008. p. 1.520.

________. Mezzi alternativi di tutela e garanzie costituzionali. In: *Rivista di Diritto Processuale*, Padova: Cedam, 2000. p. 355.

CONAMAT — Congresso Nacional dos Magistrados da Justiça do Trabalho realizado em Manaus, AM de 29.4 a 2.5.2008. *Revista do Congresso*, Brasília: Engenho Comunicação, p. 29.

CONSENSO DE WASHINGTON, 1989.

CONSOLO, Claudio; BONA, Marco; BUZZELLI, Paolo. *Obiettivo class action*: l'azione collettiva risarcitoria. Turim: Ipsoa, 2008.

________; RIZZARDO, Dora. Due modi di mettere lê azioni collettive allá prova: Inghilterra e Germânia. In: *Rivista Trimestrale di Diritto e Procedura Civile*, Milano: Giuffrè, anno LX, set. 2006. p. 895-896.

CORNET, Saracho; FUNES, Olivia. *Conflictos colectivos, huelga y emergencia economica.* Buenos Aires: Depalma, 1992.

CORREIA, Marcus Orione Gonçalves. *As ações coletivas e o direito do trabalho.* São Paulo: Saraiva, 1994.

COSTA, Carlos Coqueijo. *Direito processual do trabalho.* 3. ed. Rio de Janeiro: Forense, 1986.

COSTA, Nelson Nery. *Teoria e realidade da desobediência civil.* 2. ed. Rio de Janeiro: Forense, 2000.

COUTINHO, Grijalbo Fernandes; FAVA, Marcos Neves (coords.). *Nova competência da justiça do trabalho.* São Paulo: LTr, 2005.

________. (coords.). *Justiça do trabalho*: competência ampliada. São Paulo: LTr, 2005.

CRUZ NETO, Eurico. *Temas relevantes no processo do trabalho.* Campinas: Bookseller, 2000.

DALAZEN, João Oreste. *Competência material trabalhista.* São Paulo: LTr, 1994.

DALLARI, Dalmo de Abreu. *Elementos de teoria geral do Estado.* São Paulo: Saraiva, 1979.

________. *O poder dos juízes.* São Paulo: Saraiva, 1996.

DENTI, Vittorio. Diritto di azione e la Constituzione. In: *Rivista di Diritto Processuale*, Padova: Cedam, 1964. p. 116.

________. Le azioni a tutela di interessi collettivi. In: *Rivista di Diritto Processuale*, Padova: Cedam, 1974. p. 533-550.

________. *La giustizia civile.* Bologna: Il Mulino, 2004.

DIAS, Carlos Eduardo Oliveira. O "maior acordo do mundo" e seus reflexos no contrato de trabalho. In: *Revista LTr*, São Paulo: LTr, v. 67, n. 2, fev. 2003. p. 157.

DIDIER JR., Fredie; MAZZEI, Rodrigo (coords.). *Reflexos do novo código civil no direito processual.* 2. ed. Salvador: JusPodivm, 2007.

________; ZANETI JR., Hermes. *Curso de direito processual civil.* 4. ed. Salvador: JusPodivm, 2009. v. 4.

________. (org.). *Leituras complementares de processo civil.* 5. ed. Salvador: JusPodivm, 2007.

DINAMARCO, Cândido. *A instrumentalidade do processo.* 10. ed. São Paulo: Malheiros, 2002.

________. *Instituições de direito processual civil.* 2. ed. São Paulo: Malheiros, 2002. v. 2.

________. *Instituições de direito processual civil.* 3. ed. São Paulo: Malheiros, 2003. v. 1.

________. *Instituições de direito processual civil.* 3. ed. São Paulo: Malheiros, 2003. v. 3.

________. *Nova era do processo civil.* Universalizar a tutela jurisdicional. 2. ed. São Paulo: Malheiros, 2004.

DROMI, Roberto. *Los jueces.* Buenos Aires: Ciudad Argentina, 1992.

DUARTE, Ronnie Preuss. *Garantia de acesso à justiça*: os direitos processuais fundamentais. Coimbra: Coimbra, 2007.

DURAN, Manuel Carrasco. *Los procesos para la tutela judicial de los derechos fundamentales.* Madrid: Lael, 2002.

DWORKIN, Ronald. *Uma questão de princípio.* São Paulo: Martins Fontes, 2001.

________. *O império do direito.* São Paulo: Martins Fontes, 2003.

EPSTEI, Lee; SEGAL, Jeffrey A. *The politcs of judicial appointments.* Nova York: Oxford University, 2005.

ERMIDA URIARTE, Oscar. *A proteção contra os atos antissindicais.* Tradução para o português de Irany Ferrari. São Paulo: LTr, 1989.

________. *A flexibilização da greve.* Tradução para o português de Edilson Alkimin. São Paulo: LTr, 2000.

ETALA, Carlos Alberto. *Derecho colectivo del trabajo.* 2. ed. Buenos Aires: Ástrea, 2007.

FALLETTI, Francesco. Nuovi problemi del processo del lavoro. In: *Rivista di Diritto Processuale*, Padova, v. XXI, 1966. p. 611.

FARIA, José Eduardo (coord.). *Direitos humanos, direito sociais e justiça.* São Paulo: Malheiros, 2005.

________. (org.). *Os desafios do judiciário:* um enquadramento teórico. Direitos humanos, sociais e justiça. São Paulo: Malheiros, 2005.

FASSÒ, Guido. Il positivismo giuridico "contestato". In: *Rivista Trimestrale di Diritto e Procedura Civile*, Milão, ano XXIII, n. 1, mar. 1969. p. 304.

FAVA, Marcos Neves. *Ação civil pública trabalhista.* São Paulo: LTr, 2005.

FAVELA, José Ovalle. *Derecho procesal civil.* Cidade do México: Harla, 1980.

FAZZALARI, Elio. Diffusione del processo e compiti della dottrina. In: *Rivista Trimestrale di Diritto e Procedura Civile*, Milano: Giuffrè, anno XII, n. 3, set. 1958. p. 869.

________. La esperienza del processo nella cultura contemporanea. In: *Rivista di Diritto Processuale*, Padova: Cedam, v. XX, 1965. p. 25-26.

________. *Processo (teoria generale)*: novíssimo digesto italiano, ristampa. Torino: UTET, 1982. v. 13.

________. La dottrina processualística italiana: dall "azione" ao "processo" (1864--1994). *Rivista di diritto processuale*, Padova: Cedam, ano 49, n. 4, 1994.

________. *Istituzioni di diritto processuale.* 7. ed. Padova: Cedam, 1994.

________. Lodovico Mortara nella cultura processualística italiana. In: *Rivista di Diritto Processuale*, Padova: Cedam, 1997. p. 675 ss.

FERNÁNDEZ, Maria Luz Rodriguez. *Negociación colectiva y solución de conflictos laborales.* Albacete: Bomarzo, 2004.

FERRARA, Francesco. *Interpretação e aplicação das leis.* Tradução e prefácio de Manuel A. D. de Andrade. São Paulo: Saraiva, 1934.

FERRAZ JÚNIOR, Tércio Sampaio. *Introdução ao estudo do direito*. São Paulo: Atlas, 1989.

FISS, Owen. The forms of justice. In: *Harvard Law Review*, v. 93, nov. 1979. p. 2.

________. The political theory of the class actions. In: *Washington and Lee Law Review*, Lexington: Virginia, v. 53, 1, 1993. p. 23.

________. The class action rule. In: *Notre Dame Law Review*, n. 78, ago. 2003. p. 1.419.

________. *Um novo processo civil*: estudos norte-americanos sobre jurisdição, Constituição e sociedade. Tradução para o português de Daniel Porto Godinho da Silva e Melina de Medeiros Rós. São Paulo: Revista dos Tribunais, 2004.

FLORES, Joaquín Herrera. Reivindicación del movimiento del derecho alternativo. Claves para recuperar el espacio de lo común. In: *Revista da Amatra*, Recife, v. VI, ano X, n. 29, dez. 2007. p. 4.

FREDIANI, Yone. *Greve nos serviços essenciais à luz da Constituição Federal de 1988*. São Paulo: LTr, 2002.

FROSINI, Vittorio. L'equità nella teoria generale del diritto. In: *Rivista Trimestrale di Diritto e Procedura Civil*, Milão: Giuffrè, n. 1, mar. 1974. p. 6.

FULLER, Lon. The forms and limits of adjudication. *Harvad Law Rev*., 1978. p. 353 e ss. Disponível em: <http://cyber.law.harvard.edu/bridge/LegalProcess/fuller2.htm> Acesso em: 2.10.2008.

FUNES, Olivia; CORNET, Saracho. *Conflictos colectivos, huelga y emergencia económica*. Buenos Aires: Depalma, 1992.

FUX, Luiz. *Tutela de segurança e tutela de evidência*: fundamentos da tutela antecipada. São Paulo: Revista dos Tribunais, 1997.

________; NERY JÚNIOR, Nelson; WAMBIER, Teresa Arruda Alvim (coords.). *Processo e Constituição*: estudos em homenagem ao professor José Carlos Barbosa Moreira. São Paulo: Revista dos Tribunais, 2006.

GALANTINO, Luisa (org.). *La finalitá della riforma, in la riforma del mercato del lavoro*. Torino: G. Giappichelli.

GARAPON, Antoine. *O juiz e a democracia: o guardião das promessas*. 2. ed. Do original: *Le gardien des promesses*. Tradução de Maria Luiza de Carvalho. Rio de Janeiro: Revan, 2000.

GARCIA, Ivan Simões. Direito do capital e direito do trabalho. *Revista LTr*, São Paulo: LTr, ano 71, maio 2007, v. 5, p. 572.

GARCIA, Juvêncio Gomes. *Função criadora do juiz*. Brasília: Brasília Jurídica, 1966.

GARCÍA, Lidón Montón. *Acciones colectivas y acciones de cesación*. Madri: Fareso, 2004.

GENTILI, Aurelio. Contraddittorio e giusta decisione nel processo civile. *Rivista Trimestrale di Diritti e Procedura Civile*, Milão: Guiffrè, ano LXIII, n. 2, giu. 2009. p. 745-762.

GHEZZI, Giorgio. Il dovere di pace sindacale. *Rivista Trimestrale di Diritto e Procedura Civile*, Milão: Giuffrè, ano XV, n. 1, jun. 1961. p. 456-457.

________. Diritto di sciopero e attività creatrice dei suoi interpreti. *Rivista Trimestrale di Diritto e Procedura Civile*, Milano: Giuffrè, n. 1, mar. 1968. p. 27-28.

GHINCHARD, S. Une class action à la française? In: *Rec. Dalloz*, Paris, 2005. p. 2.180 ss. Disponível em: <http://m2bde.u-paris10.fr> Acesso em: 15.10.2008.

GIANNINI, Leandro J. *La tutela colectiva de derechos individuales homogeneos*. La Plata: Platense, 2007.

GIDI, Antônio. *A* class action *como instrumento de tutela coletiva dos direitos*: as ações coletivas em uma perspectiva comparada. São Paulo: Revista dos Tribunais, 2007.

________. *Rumo a um código de processo civil coletivo:* a codificação das ações coletivas do Brasil. Rio de Janeiro: Forense, 2008.

GIORGETTI, Alessandro; VALLEFUOCO, Valério. *Il contenzioso di massa in Italia, in Europa e nel Mondo*. Milão: Giuffrè, 2008.

GIUGGIOLI, Píer-Filippo. *Class action e azione di gruppo*. Pádova: Cedam, 2006.

GIUGNI, Gino. La disciplina legislativa Del tratamento mínimo di categoria. *Rivista Trimestrale di Diritto e Procedura Civile*, Milano: Giuffrè, set. 1959. p. 869-872.

GIUSSANI, Andréa. *Azioni collettive risarcitorie nel processo civile*. Bologna: Mulino, 2008.

________. L'azione collettiva risarcitoria nell'art. 140 bis c. cons. *Rivista di Diritto Processuale*, Padova: Cedam, set./out. 2008. p. 1.227-1.248.

GOLDSCHIMIDT, James. *Teoria general del proceso*. Barcelona: Labor, 1936.

________. *Derecho procesal civil*. Tradução para o espanhol de Niceto Alcalá-Zamora y Castillo. Barcelona: Labor, 1936.

GOMES NETO, José Mário Wanderley. *O acesso à justiça em Mauro Cappelletti. Análise teórica desta concepção como movimento de transformação das estruturas do processo civil brasileiro*. Porto Alegre: Fabris, 2005.

GÓMEZ, María Sepúlveda. *Los medios de protección de la liberdad sindical*. Albacete: Bomarzo, 2006.

GONÇALVES, Aroldo Plínio. *Técnica processual e teoria do processo*. Rio de Janeiro: Aide, 1992.

GONÇALVES, Lílian. *Ultratividade das cláusulas normativas*. São Paulo: LTr, 2008.

GOULART, Rodrigo Fortunato; HASSON, Roland. A eficácia horizontal dos direitos fundamentais nas relações de trabalho. In: *Revista Trabalhista Direito e Processo*, São Paulo: LTr, n. 25, ano 7, 2008. p. 139.

GRADE, Marco. Il sentimento di giudizia Nei giudizi di equità necessária e il controllo della decisione in cassazione. *Rivista di Diritti Processuale*, Padova: Cedam, n. 1, jan./fev. 2008. p. 278-290.

GRAU, Antonio Baylos. *Sindicalismo y derecho sindical*. Albacete: Bomarzo, 2006.

GRAU, Eros Roberto. *O direito posto e o direito pressuposto.* 6. ed. São Paulo: Malheiros, 2005.

GRECO, Leonardo. *A titularidade da ação civil pública.* Rio de Janeiro: Universidade Gama Filho, 1988.

________. Garantias fundamentais do processo: o processo justo. In: *Estudos de Direito processual.* Campos dos Goytacazes: Faculdade de Direito de Campos, 2005.

________. O acesso ao direito e à justiça. In: *Estudos de direito processual.* Campos dos Goytacazes: Faculdade de Direito de Campos, 2005.

________. A tutela jurisdicional dos interesses coletivos e o acesso ao direito e à justiça. In: *Estudos de direito processual.* Campos dos Goytacazes: Faculdade de Direito de Campos, 2005.

GRINOVER, Ada Pellegrini. *As garantias constitucionais do direito de ação.* São Paulo: Revista dos Tribunais, 1973.

________. *O processo em evolução.* 2. ed. Rio de Janeiro: Forense Universitária, 1998.

________. Significato sociale, politico e giuridico della tutela degli interessi diffusi. In: *Rivista di Diritto Processuale,* Padova: Cedam, 1999. p. 17-18.

________. Ações coletivas ibero-americanas: novas questões sobre a legitimação e a coisa julgada. In: *Revista Forense,* Rio de Janeiro: Forense, ano 98, v. 36, maio/jun. 2002.

________. O controle de políticas públicas pelo Poder Judiciário. In: *Revista de Processo,* São Paulo: Revista dos Tribunais, n. 164, out. 2008. p. 13.

________; MENDES, Aluísio Gonçalves de Castro; WATANABE, Kazuo (orgs.). *Direito processual coletivo e o anteprojeto do código brasileiro de processos coletivos.* São Paulo: Revista dos Tribunais, 2007.

________; WATANABE, Kazuo; MULLENIX, Linda (coords.). Relatório Geral para o XIII Congresso Mundial de Direito Processual, Salvador, BA, de 16 a 22.9.2007. In: *Os processos coletivos nos países de* civil law *e* common law. São Paulo: Revista dos Tribunais, 2008. p. 31-200.

GUERRA, Isabel Carvalho. *Participação e acção colectiva.* Portugal: Princípia, 2006.

GUERRA FILHO, Willis Santiago. *Autopoiese do direito na sociedade pós-moderna.* Porto Alegre: Livraria do Advogado, 1997.

________. *Teoria processual da Constituição.* 3. ed. São Paulo: RCS, 2007.

GUILLÈN, Victor Faibén. Il centenario del primo códice civile spagnolo di procedura civil. Tradução para o italiano de Ângelo Bonsignori. In: *Rivista Trimestrale di Diritto e Procedura Civile,* Milano: Giuffrè, ano X, n. 1, mar. 1956. p. 215-217.

HABERL, Sonja. Antidiscriminazione e stato liberale di diritto. Lo sviluppo della tutela antidiscriminatoria nel diritto tedesco dei contratti. In: *Rivista Trimestrale di Diritto e Procedura Civile,* Milano: Giuffrè, mar. 2009. p. 234, 241 e 243.

HABERMAS, Jürgen. *Teoria de la acción comunicativa.* Madrid: Taurus, 1988. t. 2.

________. *Direito e democracia entre a facticidade e validade.* (*Faktizität und Geltung*). Tradução para o português de Flávio Beno Siebeneichler. Rio de Janeiro: Tempo Brasileiro, 2003. v. I e II.

HABSCHEID, Walther J. *Der streitgegenstand im zivilprozes um im streitverfahren der freiwilligen gerichtsbarkeit, deutscher heimat-verlag.* Bielefeld, 1956.

HANSLOWE, Kurt L.; OBERER, Wlaker E.; HEINZ, Timothy J. *Labor law:* collective bargaining in a free society. 4. ed. Minesota: West Publishing, 1994.

HEINITZ, Ernest. Il principio del "tratamento eguale" (Gleichbehandlung) nel diritto del lavoro tedesco. In: *Rivista Trimestrale di Diritto e Procedura Civile,* Milão: Giuffrè, mar. 1959, v. 1, p. 176-177, 182-185.

HERKENHOFF, João Batista. *Como aplicar o direito.* 3. ed. Rio de Janeiro: Forense, 1994.

HERRERA, Joaquín Flores. Reivindicación del movimiento de derecho alternativo: claves para recuperar el espacio de lo común. In: *Revista da Amatra,* v. VI, ano X, n. 29, dez. 2007. p. 5.

HESSE, Konrad. *Die normative kraft der verfassung. A força normativa da Constituição.* Tradução de Gilmar Ferreira Mendes. Porto Alegre: Fabris, 1991.

HINZ, Henrique Macedo. *O poder normativo da justiça do trabalho.* São Paulo: LTr, 2000.

HOMMERDING, Adalberto Narciso. *Fundamentos para uma compreensão hermenêutica do processo civil.* Porto Alegre: Livraria do Advogado, 2007.

JEAMMAUD, Antoine. *Derecho del trabajo, democracia y crisis.* Madrid: Ministério de Trabajo, 1989.

________. *A questão do futuro do direito do trabalho*: visão da Europa. Trabalho, cidadania e magistratura. Rio de Janeiro: Edições Trabalhistas, 2000.

________. Transformações do trabalho e seus reflexos nos tribunais. In: *Trabalho, cidadania e magistratura.* Tradução de Joaquim Leonel de Rezende Alvim. Rio de Janeiro: Edições Trabalhistas, 2000.

JONES, Craig. *Theory of class actions.* Toronto: Irwin Law Inc., 2003.

KELSEN, Hans. *Teoria pura do direito.* São Paulo: Martins Fontes, 1985.

________. *Teoria geral do direito e do Estado.* São Paulo: Martins Fontes/Universidade de Brasília, 1990.

KLONOFF, Robert H.; BILICH, Edward K. M. *Class actions and other multi-party litigation*: cases and materials. Saint Paul: West Group, 2000.

LAMY, Eduardo de Avelar. *Princípio da fungibilidade no processo civil.* São Paulo: Dialética, 2007.

LARENZ, Karl. *Metodologia da ciência do direito.* Lisboa: Fundação Calouste Gulbenkian, 1997.

LASERRA, Giorgio. *L´interpretazione della legge.* Nápoli: Jovene, 1955.

LASSALLE, Ferdinand. *Gesammelte reden um Schriften.* Que é uma Constituição? Tradução para o Alemão por Walter Stönner. Rio de Janeiro: Laemmert, 1969.

LEAL, André Cordeiro. *Instrumentalidade do processo em crise.* Belo Horizonte: Mandamentos, 2008.

LEAL, Márcio Flávio Mafra. *Ações coletivas*: história, teoria e prática. Porto Alegre: Fabris, 1998.

LEAL, Rosemiro Pereira. *Teoria geral do processo.* 7. ed. Rio de Janeiro: Forense, 2008.

________. *Teoria processual da decisão jurídica.* São Paulo: Landy, 2002.

LEDDA, Franco. Giusta retribuzione dei dipendenti pubblici e problemi di tutela giudiziaria. In: *Rivista di Diritto e Procedura Civile*, Milano: Giuffrè, n. 2, jun. 1974. p. 481 ss.

LEVI, Lionello R. *Instituzioni di legislazione sociale.* Milão: Giuffrè, 1949.

LIEBMAN, Enrico Tullio. Diritto costituzionale e processo civile. In: *Rivista di Diritto Processuale*, Padova: Cedam, 1952. p. 327 e ss.

________. Fondamento del principio dispositivo. *In*: *Rivista di Diritto Processuale*, Padova: Cedam, n. 4, ano XV, out./dez. 1960. p. 551-553.

________. *Eficácia e autoridade da sentença e outros escritos sobre a coisa julgada.* Tradução de Alfredo Buzaid e Benvindo Aires, tradução dos textos posteriores à edição de 1945 e notas relativas ao direito brasileiro vigente de Ada Pellegrini Grinover. 3. ed. Rio de Janeiro: Forense, 1984.

LIMA, Enio Galarça. *O acesso à justiça do trabalho e outros estudos.* São Paulo: LTr, 1994.

LUCA, Carlos Moreira de. *Convenção coletiva do trabalho*: um estudo comparativo: a convenção coletiva do trabalho no Brasil e o contrato coletivo de trabalho na Itália. São Paulo: LTr, 1991.

MACHADO, Fábio Cardoso; AMARAL, Guilherme Rizzo (orgs.). *Polêmica sobre a ação*: a tutela jurisdicional na perspectiva das relações entre direito e processo. Porto Alegre: Livraria do Advogado, 2006.

MACHADO, José Daniel; OJEDA, Raúl Horacio. *Tutela sindical*: estabilidad del representante gremial. Santa Fé: Rubinzal-Culzoni, 2006.

MAGGIOLINI, Piercarlo. *As negociações trabalhistas e a introdução de inovações tecnológicas na Europa*: automação e trabalho. Tradução de Nice Rissone. Petrópolis: Ibase, 1988.

MAIA FILHO, Paulo Américo. A proposta de um sistema normativo processual coletivo trabalhista na perspectiva do anteprojeto da reforma sindical. *Decisório Trabalhista*, Curitiba, ano XIV, n. 158, set. 2007. p. 18-23.

________. A ação civil pública como via alternativa ao dissídio coletivo de greve: uma análise comparativa. *Revista do TST*, Brasília: Magister, v. 74, n. 3, set. 2008. p. 18-23.

MANCUSO, Rodolfo de Camargo. *Interesses difusos, conceito e legitimação para agir.* 5. ed. São Paulo: Revista dos Tribunais, 2001.

________. *Jurisdição coletiva e coisa julgada*: teoria geral das ações coletivas. São Paulo: Revista dos Tribunais, 2006.

________. *Ação civil pública:* em defesa do meio ambiente, do patrimônio cultural e dos consumidores. 10. ed. São Paulo: Revista dos Tribunais, 2007.

MARINONI, Luiz Guilherme. A jurisdição no Estado contemporâneo. In: *Estudos em homenagem ao professor Egas Dirceu Moniz de Aragão.* São Paulo: Revista dos Tribunais, 2005.

________. (coord.). *Estudos de direito processual civil em homenagem ao professor Egas Dirceu Moniz de Aragão.* São Paulo: Revista dos Tribunais, 2005.

________. *Tutela inibitória individual e coletiva.* 4. ed. São Paulo: Revista dos Tribunais, 2006.

________. *Técnica processual e tutela dos direitos.* 2. ed. São Paulo: Revista dos Tribunais, 2008.

MARQUES, José Frederico. *Tratado de direito processual penal.* São Paulo: Saraiva, 1980. v. 1.

MARRANI, Pelio. *Il contratto collettivo di lavoro*: nella statica e nella dinâmica della economia industriale. Padova: Cedam, 1935.

MARTINS, José Renato Silva. *O dogma da neutralidade judicial.* Rio de Janeiro: Lumen Juris, 2007.

MARTINS FILHO, Ives Gandra. *Processo coletivo do trabalho.* São Paulo. LTr, 1994.

________. *O processo coletivo do trabalho.* 2. ed. São Paulo: LTr, 1996.

________. O direito natural como fundamento da ordem jurídica numa visão tomista. In: *Revista LTr*, São Paulo: LTr, v. 71, n. 7, jul. 2007. p. 775.

MAURINO, Gustavo; NINO, Ezequiel; SIGAL, Martin. *Las acciones colectivas. Análisis conceptual, constitucional, procesal, jurisprudencial y comparado.* Buenos Aires: Lexis Nexis, 2005.

MAZZEI, Rodrigo; NOLASCO, Rita Dias (coords.). *O código modelo de processos coletivos para os países ibero-americanos*: processo civil coletivo. São Paulo: Quartier Latin, 2005.

MAZZILLI, Hugo Nigro. *A defesa dos interesses difusos em juízo.* 7. ed. São Paulo: Saraiva, 1995.

MAZZIOTTI, Fabio. *Diritto del lavoro.* Nápoles: Jovene, 1977.

MEIRELLES, David Furtado. Poder normativo: momento de transição. *Revista LTr*, São Paulo: LTr, v. 69, n. 6, jun. 2005. p. 695.

MEIRELLES, Hely Lopes. *Mandado de segurança, ação popular, ação civil pública.* Atualização por Arnold Wald e Gilmar Ferreira Mendes. São Paulo: Malheiros, 2003.

MELO, Gustavo de Medeiros. O princípio da fungibilidade no sistema de tutelas de urgência: um departamento do processo civil ainda carente de tratamento adequado. In: *Revista de Processo*, São Paulo: Revista dos Tribunais, n. 167, jan. 2009. p. 81-82.

MELO, Raimundo Simão de. *Dissídio coletivo de trabalho*. São Paulo: LTr, 2002.

________. Ajuizamento de dissídio coletivo de comum acordo. In: *Revista do Tribunal Superior do Trabalho*, v. 72, n. 2, maio/ago. 2006. p. 93.

________. *A greve no direito brasileiro*. São Paulo: LTr, 2006.

MENDES, Aluísio Gonçalves de Castro. *Ações coletivas no direito comparado e nacional*. São Paulo: Revista dos Tribunais, 2002.

________. Efetivação dos direitos fundamentais mediante ação civil pública para implementar políticas públicas. *Revista de Processo*, Revista dos Tribunais, n. 163, set. 2008. p. 315.

MENDES, Gilmar Ferreira. *Direitos fundamentais e controle de constitucionalidade*: estudos de direito constitucional. 2. ed. São Paulo: Método, 1999.

MENDES, João de Castro. *Limites objectivos do caso julgado em processo civil*. Lisboa: Ática, 1968, n. 2.

MENDONÇA, Ricardo Nunes de. O abuso de direito das ações possessórias como atos antissindicais. In: *Revista Trabalhista Direito e Processo*, Anamatra, Rio de Janeiro: Forense, ano 1, v. 1, jan./mar. 2002. p. 100-105.

MENEZES, Claudio Armando Couce de. Proteção contra condutas antissindicais: atos sindicais, controle contra a discriminação e procedimentos antissindicais. In: *Revista do Tribunal Superior do Trabalho*, Brasília: TST, v. 71, n. 2, maio/ago. 2005. p. 46-47.

MEROI, Andrea A. *Procesos colectivos*: recepción y problemas. Santa Fé: Rubinzal-Culzoni, 2008.

MILARÉ, Edis (coord.). *Ação civil pública*: Lei n. 7.347/85 — 15 anos. 2. ed. São Paulo: Revista dos Tribunais, 1995.

________. (coord.). *A ação civil pública após 20 anos*: efetividade e desafios. São Paulo: Revista dos Tribunais, 2005.

MINOLI, Eugênio. La Itália e la convenzione di New York per il riconoscimento e l'esecuzione delle sentenze arbitrali straniere. In: *Rivista Trimestrale di Diritto e Procedura Civile*, Milano: Giuffrè, anno XIII, n. 3, set. 1959. p. 1.026-1.043.

MIRANDA, Francisco Cavalcanti Pontes de. *Comentários ao código de processo civil*. Rio de Janeiro: Forense, 1947. v. I.

________. *Comentários à Constituição de 1967*. São Paulo: Revista dos Tribunais, 1967.

________. *Tratado das ações*. 2. ed. São Paulo: Revista dos Tribunais, 1972. t. I.

________. Conferência proferida em Salvador, em 7.12.1979. Disponível em: <http://www.trt19.gov.br/mpm/secaopatrono/conferencias/conferencia_salvador.htm> Acesso em: 18.2.2008.

MIRANDA, Jorge. *Manual de direito constitucional*. Coimbra: Coimbra, 1988. t. II e IV.

MITIDIERO, Daniel Francisco *et al.* (orgs.). *Polêmica sobre a ação*: a tutela jurisdicional na perspectiva das relações entre direito e processo. Porto Alegre, Livraria do Advogado, 2006.

MONTEIRO, Cláudia Servilha (org.). *Temas de filosofia do direito.* Florianopólis: Fundação Boiteux, 2004.

MONTELEONE, Girolamo. Principì ed ideologie del processo civile: impressioni di un 'revisionista'. In: *Rivista Trimestrale di Diritto e Procedura Civile,* Milano: Giuffrè, 2003. p. 575-582.

MONTI, José L. *Los intereses difusos y su protección jurisdiccional.* Buenos Aires: Ad-Hoc, 2005.

MONTUSCHI, Luigi. Il diritto di sciopero e il c.d. danno ingiusto. In: *Rivista Trimestrale di Diritto e Procedura Civile,* Milano: Giuffrè, n. 1, mar. 1968. p. 51.

MOREIRA, José Carlos Barbosa. Ainda e sempre a coisa julgada. In: *Direito processual civil.* Rio de Janeiro: Borsói, 1971.

________. *A tutela específica do credor nas obrigações negativas*: temas de direito processual. 2. Série. São Paulo: Saraiva, 1980.

________. *Temas de direito processual.* 2. série. São Paulo: Saraiva, 1980.

________. Eficácia da sentença e autoridade da coisa julgada. In: *Ajuris*/28, Porto Alegre, n. 7, s/e, 1983.

________. Tendências contemporâneas do direito processual civil. In: *Revista Brasileira de Direito Processual,* Rio de Janeiro: Forense, v. 42, 1984. p. 43-45.

________. *Legitimação para agir. Indeferimento da petição inicial.* Temas de direito processual. 1. série. 2. ed. São Paulo: Saraiva, 1988.

________. Privatização do processo? In: *Temas de direito processual.* 7. série. São Paulo: Saraiva, 2001.

________. Questões novas e velhas em matéria de classificação das sentenças. In: *Temas de direito processual.* 8. série. São Paulo: Saraiva, 2004.

________. O neoprivatismo no processo civil. In: *Temas de direito processual.* 9. série. São Paulo: Saraiva, 2007.

________. A legitimação para a defesa dos interesses difusos no direito brasileiro. In: *Revista Forense,* Rio de Janeiro: Forense, v. 271, p. 1.

________. Ações coletivas na Constituição Federal de 1988. In: *Revista de Processo,* São Paulo: Revista dos Tribunais, n. 61.

MORELLO, Augusto M. *La tutela de los intereses difusos em el derecho argentino.* La Plata: Platense, 1999.

________. *La Justicia, de frente a la realidad.* Buenos Aires: Rubinzal-Culzoni, 2002.

________. *El proceso justo.* 2. ed. Buenos Aires: Platense, 2005.

MORO, Sérgio Fernando. *Jurisdição constitucional como democracia.* São Paulo: Revista dos Tribunais, 2004.

MULHERON, Rachel. *The class action in common law legal systems.* A comparative perspective. Oxford-Portland Oregon: Hart Publishing, 2004.

NADEAU, Denis. Solução dos conflitos trabalhistas no âmbito sindical no Canadá: arbitragem das reclamações. Tradução do francês para o português de Estêvão Mallet.

In: *Revista do Tribunal Superior do Trabalho*, Brasília: TST, v. 67, n. 4, out./dez. 2001. p. 120-121.

NASCIMENTO, Amauri Mascaro. *Conflitos coletivos de trabalho*. São Paulo: Saraiva, 1978.

________. *Direito sindical*. 2. ed. São Paulo: Saraiva, 1991.

________. *Curso de direito processual do trabalho*. 20. ed. São Paulo: Saraiva, 2001.

________. Aspectos da legalização das centrais em 2008. In: *Revista LTr*, São Paulo: LTr, v. 72, n. 4, abr. 2008. p. 393-394.

NERY JÚNIOR, Nélson. *Princípios do processo civil na Constituição Federal*. São Paulo: Revista dos Tribunais, 1992.

________. O processo do trabalho e os direitos individuais homogêneos — um estudo sobre a ação civil pública trabalhista. In: *Revista LTr*, São Paulo: LTr, v. 64, n. 2, fev. 2000. p. 154.

NICÁCIO, Antônio. *Reforma do poder judiciário*. São Paulo: LTr, 2006.

________. Centrais sindicais, reconhecimento formal. Projeto de Lei n. 1.990, 11.9.2007. *Suplemento Trabalhista*, São Paulo: LTr, v. 137, n. 7, 2007.

NINO, Ezequiel; MAURINO, Gustavo; SIGAL, Martín. *Las acciones colectivas*. Buenos Aires: Lexis Nexis, 2005.

NOJIRI, Sérgio. *A interpretação judicial do direito*. São Paulo: Revista dos Tribunais, 2005.

NOVAES, Fernando (org.). *História da vida privada no Brasil*. São Paulo: Companhia das Letras, 2006.

NUNES, Victor. Funções normativas de órgãos judiciários. In: *Revista Forense*, Rio de Janeiro: Forense, CXVII.

OBERER, Walker E.; HANSLOWE, Kurt L.; HEINZ, Timothy J. *Labor law*: collective bargaining in a free society. 4. ed. Minesota: West Publishing, 1994.

OJEDA, Raúl Horácio; MACHADO, José Daniel. *Tutela sindical:* estabilidad del representante gremial. Santa Fé: Rubinzal-Culzoni, 2006.

OLEA, Manuel Alonso. *Derecho del trabajo*. 8. ed. Madrid: Universidad de Madrid, 1983.

OLIVEIRA, Carlos Alberto Álvaro de. *Do formalismo no processo civil*. 2. ed. São Paulo: Saraiva, 2003.

________. *Teoria e prática da tutela jurisdicional*. Rio de Janeiro: Forense, 2008.

OLIVEIRA, Francisco Antônio de. *Ação civil pública*: enfoques trabalhistas. São Paulo: Revista dos Tribunais, 2004.

________. Dissídio coletivo, impulso bilateral: a tese de inconstitucionalidade. In: *Revista Trabalhista Direito e Processo*, São Paulo: LTr, n. 26, abr./jun. 2008. p. 67-68.

OLIVEIRA, Rafael Tomaz; ABBOUD, Georges. O dito e o não dito sobre a instrumentalidade do processo: críticas e projeções a partir de uma exploração hermenêutica da teoria processual. In: *Revista de Processo*, São Paulo: Revista dos Tribunais, n. 166, dez. 2008.

OVIEDO, Carlos Garcia. *Tratado elemental de derecho social.* 6. ed. Madrid, 1954.

PARDOLESI, Roberto. Il problema degli interessi collettivi e i problemi dei giuristi. In: *Rivista di Diritto e Procedura Civile*, Milão: Giuffrè, ano XXIX, n. 4, dez. 1975. p. 1.524.

PELAYO, Manuel Garcia. *Las transformaciones del Estado contemporáneo.* 2. ed. Madrid: Alianza, 1985.

PEREIRA, José Luciano Castilho. Dignidade ao homem que trabalha. In: *Revista Anamatra*, Brasília, n. 55, 2008. p. 21.

PINTO, José Augusto Rodrigues. *Direito sindical e coletivo do trabalho.* São Paulo: LTr, 1998.

________ ; PAMPLONA FILHO, Rodolfo. *Manual da conciliação preventiva e do procedimento sumaríssimo trabalhista.* São Paulo: LTr, 2001.

PIROLO, Miguel Angel. *Manual de derecho procesal del trabajo.* 2. ed. Buenos Aires: Astrea, 2008.

PISANI, Andréa Proto. *Lezioni di diritto processuale civile.* 5. ed. Napoli: Jovene, 2006.

________. Appunti sui rapporti tra i limiti soggettivi di efficacia della sentenza civile e la garanzia costituzionale del diritto di defesa. In: *Rivista Trimestrale di Diritto e Procedura Civile*, Milão: Giuffrè, ano XXV, n. 4, dez. 1971.

PISCO, Claudia Abreu Lima. *Dissídios coletivos e ações de cumprimento:* aspectos controvertidos e atuais. Dissertação de mestrado apresentada perante a UERJ em 2007.

________. Dissídios coletivos e mútuo consentimento. Análise da constitucionalidade da exigência. In: *Revista LTr*, São Paulo, v. 73, jan. 2009. p. 74-75.

PIZZOFERRATO, Alberto. *Giustizia privata del lavoro.* Padova: Cedam, 2003.

PODETTI, J. Ramiro. *Derecho procesal civil, comercial y laboral.* Buenos Aires: Editar, 1954.

PRADE, Péricles. *Conceito de interesses difusos.* 2. ed. São Paulo: Revista dos Tribunais, 1987.

PRADO, Roberto Barreto. *Curso de direito coletivo de trabalho.* São Paulo: LTr, 1986.

PRILLAMAN, William. *The judidciary and democratic decay in Latin America*: declining confidence in the rule of law. Westport: Praeger, 2000.

PUNZI, Carmine. La tutela giudiziale degli interessi diffusi e degli interessi collettivi. In: *Rivista di Diritto Processuale*, Padova: Cedam, 2002. p. 653.

RÁO, Vicente. *O direito e a vida dos direitos.* 4. ed. São Paulo: Revista dos Tribunais, 1997. v. II.

RAWLS, John. *Justiça como equidade.* São Paulo: Martins Fontes, 2003.

REDENTI, Enrico. *Diritto processuale civile.* Milano: Giuffrè, 1952. v. I.

RIBEIRO FILHO, Romeo Marques. *Das invasões coletivas*: aspectos jurisprudenciais. Porto Alegre: Livraria do Advogado, 1998.

ROCHA, João Carlos de Carvalho; HENRIQUES FILHO, Tarcísio Humberto Parreiras; CAZETTA, Ubiratan (coords.). *Anotações acerca da ação civil pública como uma ação constitucional.* Ação civil pública: 20 anos da Lei n. 7.347/85. Belo Horizonte: Del Rey, 2006.

ROCCA, Franco Morozzo Della. Rappresentanza sindacale e mandato nel contratto collettivo. In: *Rivista Trimestrale di Diritto e Procedura Civile*, Milão: Giuffrè, ano XVIII, n. 3, set. 1964. p. 907-908.

ROMAGNOLI, Umberto. Aspetti processuali dell'art. 28 dello statuto dei lavoratori. In: *Rivista Trimestrale di Diritto e Procedura Civile*, Milão: Giuffrè, ano XXV, n. 4, dez. 1971. p. 1.311-1.312.

________. Giolitismo, burocrazia e legge sull'impiego privato. In: *Rivista di Diritto e Procedura Civile*, Milão: Giuffrè, n. 1, dez. 1971. p. 191.

________. Ordinamento sindacale e sistema economico nella costituzione. In: *Rivista di Diritto e Procedura Civile*, Milão: Giuffrè, n. 4, dez. 1975. p. 1.496.

________. Lo statuto dei lavoratori nella prassi giudiziaria. In: *Rivista Trimestrale di Diritto e Procedura Civile*, Turim: Giuffrè, n. 1, mar. 1976. p. 278.

ROMITA, Arion Sayão. O poder normativo da Justiça do Trabalho: Antinomias constitucionais. In: *Revista do Tribunal Superior do Trabalho*, Brasília: TST, v. 67, n. 2, abr./jun. 2001. p. 46-47.

________. *O facismo no direito do trabalho brasileiro.* São Paulo: LTr, 2001.

________. O poder normativo da Justiça do Trabalho: a necessária reforma. In: *Revista do Direito Trabalhista, Consulex*, Brasília, ano 7, n. 5, maio 2001.

________. *Direitos fundamentais nas relações de trabalho.* São Paulo: LTr, 2005.

ROSEMBERG, Leo. *Tratado de derecho procesal civil.* Tradução para o espanhol de Ângela Romera Vera. Buenos Aires: EJEA, 1955. t. II.

________. *Da jurisdição no processo civil.* Campinas: Impactus, 2005.

ROSS, Alf. *Direito e justiça.* Tradução de Edson Bini. São Paulo: Edipro, 2000.

RUPRECHT, Alfredo J. *Relações coletivas de trabalho.* Tradução para o português de Edilson Alkmin Cunha. São Paulo: LTr, 1995.

RUSCIANO, Mario. La metamorfosi del contratto collettivo. In: *Rivista Trimestrale di Diritto e Procedura Civile,* Milano: Giuffrè, mar. 2009. p. 39.

RUSSOMANO, Mozart Vitor; CABANELLAS, Guillermo. *Conflitos coletivos de trabalho.* São Paulo: Revista dos Tribunais, 1979.

SALAIS, Robert. *Liberté du travail et capacités*: une perspective pour la construction européenne? n. 5. Paris: Droit Social, maio 2000.

SALVANESCHI, Laura. Il nuovo arbitrato in materia di lavoro. In: *Rivista di Diritto Processuale*, Padova: Cedam, 1999. p. 25 e ss.

SANTORO-PASSARELLI, Giuseppe. Sulla libertà sindacale dell'imprenditore. In: *Rivista Trimestrale di Diritto e Procedura Civile,* Milano: Giuffrè, mar. 1976. p. 185.

________. *Diritto sindacale.* Roma: Laterza, 2007.

SANTOS, Enoque Ribeiro dos. *Fundamentos do direito coletivo do trabalho nos Estados Unidos da América, na União Europeia, no Mercosul e a experiência brasileira.* Rio de Janeiro: Lumen Juris, 2005.

________. Internacionalização dos direitos humanos trabalhistas. O advento da dimensão objetiva e subjetiva dos Direitos Fundamentais. In: *Revista LTr,* São Paulo, v. 72, n. 3, mar. 2008.

________; SILVA, Otávio Pinto (coords.). *Temas controvertidos do direito coletivo no cenário nacional e internacional.* São Paulo: LTr, 2006.

SANTOS, J. M. Carvalho. *Repertório enciclopédico do direito brasileiro.* Rio de Janeiro: Borsoi.

SANTOS, Moacir Amaral dos. *Primeiras linhas de direito processual civil.* São Paulo: Saraiva, 1980.

SANTOS, Ronaldo Lima dos. *Sindicatos e ações coletivas.* São Paulo: LTr, 2003.

SARLET, Ingo Wolfgang. *A eficácia dos direitos fundamentais.* 7. ed. Porto Alegre: Livraria do Advogado, 2007.

SATTA, Salvatore. Di alcuni problemi della giurisdizione. In: *Rivista Trimestrale di Diritto e Procedura Civile,* Milano: Giuffrè, anno XII, n. 1, mar. 1959. p. 452.

________. Giuseppe Chiovenda nel venticinquesimo anniversario della morte. In: *Rivista Trimestrale di Diritto e Procedura Civile,* Milano: Giuffrè, ano XVII, n. 1, mar. 1963. p. 2-9.

________. Dalla procedura civile al diritto processuale civile. In: *Rivista Trimestrale di Diritto e Procedura Civil,* Milano: Giuffrè, n. 1, ano XVIII, mar. 1964. p. 29-30.

SCARMAN, Leslie. *O direito inglês:* a nova dimensão. Tradução de Inez Tóffoli Baptista. Porto Alegre: Fabris, 1978.

SCHÖNKE, Adolf. *Derecho procesal civil.* Tradução espanhola da 5. ed. alemã de Victor Fairén Guillèn. Barcelona: Bosch, 1950.

SCHUBERT, Glendon A. *Quantitative analysis of judicial behavior.* Detroit: Michigan, 1959.

SEGAL, Jeffrey A.; EPSTEI, Lee. *The politics of judicial appointments.* Nova York: Oxford University, 2005.

SHAPIRO, David L. Class actions: the class as party and client. In: *Notre Dame Law Review,* v. 73, n. 3, 1998. p. 913-921.

SHIMURA, Sérgio. *Tutela coletiva e sua efetividade.* São Paulo: Método, 2006.

SIGAL, Martín; NINO, Ezequiel; MAURINO, Gustavo. *Las acciones colectivas.* Buenos Aires: Lexis Nexis, 2005.

SILLANI, Chiara Tenella. *L' arbitrato di equità.* Milão: Giuffrè, 2006.

SILVA, Antônio Álvares da. *Eleição de juízes pelo voto popular.* São Paulo: LTr, 1998.

SILVA, Edson Braz. Aspectos processuais e materiais do dissídio coletivo frente à Emenda Constitucional n. 45/04. In: *Revista LTr*, São Paulo, v. 69, set. 2005. p. 1.039.

SILVA, Ovídio Baptista. *Eficácia da sentença e coisa julgada*. 2. ed. Porto Alegre: Fabris, 1988.

_________. *Jurisdição e execução na tradição romano-canônica*. 2. ed. São Paulo: Revista dos Tribunais, 1997.

SILVEIRA, Alípio. *O papel do juiz na aplicação da lei*. Doutrina e jurisprudência. São Paulo: Universtária de Direito, 1977.

SIMM, Zeno. Os direitos fundamentais nas relações de trabalho. In: *Revista LTr*, São Paulo: LTr, v. 69, n. 11, nov. 2005. p. 1.287.

SINGER, Paul. *A crise do milagre*: interpretação crítica da economia brasileira. 4. ed. Rio de Janeiro: Paz e Terra, 1977.

SITRÂNGULO, Cid José. *Conteúdo dos dissídios coletivos do trabalho*. São Paulo: LTr, 1978.

SOLER, Sebastian. *Interpretación de la ley*. Barcelona: Ariel, 1962.

SOSA, Angel Landoni. *La tutela de los derechos del consumidor en el derecho uruguayo*: estudios en homenaje al profesor Enrique Vescosi. Montevideo: Fundación de Cultura Universitária, 2000.

SOUZA, Carlos Fernando Mathias. O preenchimento de lacunas no direito do trabalho. In: *Revista do Tribunal Superior do Trabalho*, Brasília: TST, v. 67, n. 3, jul./set. 2001. p. 102.

SOUZA, Wilson Alves de. Princípios do direito processual do trabalho: o princípio da adequação e suas variantes. In: *Revista LTr*, São Paulo, 1986. p. 50-52, 171-172.

SPIES, André Luis. As ações que envolvem o exercício do direito de greve: primeiras impressões da Emenda Constitucional n. 45/04. In: *Revista TST*, Brasília, v. 71, n. 1, jan./abr. 2005.

_________. As ações que envolvem o exercício do direito de greve: primeiras impressões da Emenda Constitucional n. 45/04. In: *Revista TST*, Brasília, v. 71, n. 2, maio/ago. 2005. p. 302.

STEFANO, Giuseppe de. *Rivista trimestrale di Diritto e Procedura Civile*, Milano: Giuffrè, ano XI, n. 1, mar. 1957. p. 327.

STRECK, Lenio Luiz. *Hermenêutica jurídica e(m) crise*: uma exploração hermenêutica da construção do direito. 2. ed. Porto Alegre: Livraria do Advogado, 2000.

SUPITOT, Alain. *Au-delà de l'emploi*. Transformations du droit du travail et devenir du droit du travail en Europe. Paris: Flammarion, 1999.

SÜSSEKIND, Arnaldo. Responsabilidade pelo abuso do direito de greve. In: *Revista da Academia Nacional de Direito do Trabalho*, ano I, n. 1, 1993. p. 38.

_________. *Convenções da OIT*. São Paulo: LTr, 1994.

_________. *Direito internacional do trabalho*. 3. ed. São Paulo: LTr, 2000.

TARUFFO, Michele. I limiti soggettivi del giudicato e le "class actions". In: *Rivista di Diritto Processuale*, Padova: Cedam, 1969.

________. *Sobre las fronteras*: escritos sobre la justicia civil. Tradução para o espanhol de Beatriz H. Quintero de Prieto. Bogotá: Temis, 2006.

________. *El vértice ambíguo*: ensayos sobre la casación civil. Tradução para o espanhol de Juan J. Monroy Palácios e Juan F. Monroy Gálvez. Lima: Palestra, 2006.

________. Il controllo di razionalità della decisione fra logica, retorica e dialettica. In: *Revista de Processo*, São Paulo: Revista dos Tribunais, n. 143, jan. 2007. p. 73.

________. Cultura e processo. In: *Rivista Trimestrale di Diritto e Procedura Civile*, Milano: Giuffrè, mar. 2009.

TARZIA, Giuseppe. Rassegna di legislazione: legge 5 novembre 1959, n. 940 (controversie di lavoro). In: *Rivista di Diritto Processuale*, Padova: Cedam, ano XV, n. 1, jan./mar. 1960. p. 74.

TEIXEIRA FILHO, Manoel Antonio. *Ação rescisória no processo do trabalho*. 2. ed. São Paulo: LTr, 1994.

________. *Dissídio coletivo*. Curso de processo do trabalho em perguntas e respostas. São Paulo: LTr, 1998. v. 24.

TEIXEIRA, Guilherme Puchalski. O art. 461 do CPC e a ruptura do paradigma conhecimento-execução. In: *Revista de Processo*, São Paulo: Revista dos Tribunais, n. 147, maio 2007. p. 68.

TESORIERE, Giovanni. Appunti per uma storia della scienza del processo civile in Itália dall'unificazzione ad oggi (parte II e III). *Rivista Trimestrale di Diritto e Procedura Civile*, Milano: Giuffrè, n. 3, ano XXVI, set. 1972. p. 1.335-1.336.

THIBAUT, John; WALKER, Laurens. *Procedural justice*: a psychological analysis. Hillsdale, New Jersey: Lawrence Erlbaum, 1975.

TIDMARSH, Jay; TRAGSRUD, Roger H. *Complex litigation*: problems in advanced civil procedure. Nova York: Foudation, 2002.

TORRENTE, Andrea. Il giudice e il diritto. In: *Rivista di Diritto e Procedura Civile*, Milano: Giuffrè, anno XVI, n. 4, dic. 1962. p. 1.261.

TOSI, Paolo. Un modello di contrattazione collettiva nel pubblico impiego: l'"accordo nazionale" per il personale ospedaliero. In: *Rivista di Diritto e Procedura Civile*, Milão: Giuffrè, n. 4, dez. 1975. p. 1.433-1.442.

TREU, Tiziano. Struttura contrattuale e tendenze delle politiche rivendicative nel pubblico impiego. In: *Rivista di Diritto e Procedura Civile*, Milano: Giuffrè, n. 3, set. 1973. p. 1.112-1.113.

TROCKER, Nicolo. Enrico Allorio e La dottrina della riflessione della cosa giudicata rispetto al terzi. In: *Rivista di Diritto Processuale*, Padova: Cedam, 2001. p. 359-375.

TUCCI, José Rogério Cruz. *Limites subjetivos da eficácia da sentença e da coisa julgada nas ações coletivas*. São Paulo: Revista dos Tribunais, 2004.

________. *Precedente judicial como fonte do direito*. São Paulo: Revista dos Tribunais, 2004.

TUPINAMBÁ NETO, Hermes Afonso. *A solução jurisdicional dos conflitos coletivos no direito comparado*: uma revisão crítica. São Paulo: LTr, 1993.

VALLEBONA, Antonio. *Istituzioni di diritto del lavoro i il diritto sindacale*. 7. ed. Padova: Cedam, 2008.

VALLEFUOCO, Valério; GIORGETTI, Alessandro. *Il contenzioso di massa in Italia, in Europa e nel Mondo*. Milão: Giuffrè, 2008.

VECCHIONE, Renato. *Novíssimo digesto italiano*. Torino: Unione, 1957. v. VI.

VELLANI, Mario. Appunti sul nuovo processo del lavoro. In: *Rivista Trimestrale di Diritto e Procedura Civile*, Milão, ano XXVII, n. 4, dez. 1973. p. 1.540.

VELLOSO, Adolfo Alvarado *et al*. Jornada ocorrida em Valência, Espanha, em 27.1.2006. In: *Revista de Processo*, São Paulo: Revista dos Tribunais, n. 145, ano 32, mar. 2007. p. 242.

VENEZIANI, Bruno. Il conflitto sindacale in Italia. In: *Rivista Trimestrale di Diritto e Procedura Civile*, Milão: Giuffrè, ano XXVII, n. 4, dez. 1973. p. 1.625.

VERBIC, Francisco. *Procesos colectivos*. Buenos Aires: Astrea, 2007.

VERDE, Giovanni. Le ideologie del processo in recente saggio. In: *Rivista di Diritto Processuale*, Padova: Cedam, 2002. p. 676-687.

VIANA, Francisco José de Oliveira. *Problemas de direito corporativo*. Brasília: Câmara dos Deputados, 1983.

VIANA, José Segadas. *Greve*. Rio de Janeiro: Renovar, 1986.

VIANA, Márcio Túlio. A reforma sindical, entre o consenso e o dissenso. In: *Revista LTr*, São Paulo: LTr, v. 68, ago. 2004.

VIANNA, Luiz Werneck; CARVALHO, Maria Alice Resende; MELO, Manuel Palácios Cunha; BURGOS, Marcelo Baumann. *A judicialização da política e das relações sociais no Brasil*. Rio de Janeiro: Revan, 1999.

VIDAL NETO, Pedro. *Do poder normativo da justiça do trabalho*. São Paulo: LTr, 1983.

VIGORITI, Vincenzo. Problemi attuali del processo del lavoro: il contributo dell'esperienza comparativa. In: *Rivista Trimestrale di Diritto e Procedura Civile*, Milão: Giuffrè, ano XXVI, n. 4, dez. 1972. p. 1.623-1.624.

________. Partecipazione, sindacato, processo. In: *Rivista Trimestrale di Diritto e Procedura Civile*, Milão: Giuffrè, n. 4, dez. 1974.

VILHENA, Paulo Emílio Ribeiro de. *Da sentença normativa à luz da Emenda Constitucional n. 45/04*. 2. ed. São Paulo: LTr, 2006.

VIOLA, Francesco. Metodologia, teoria ideologia del diritto. In: CARNELUTTI, F. *Rivista di Diritto Processuale*, Padova, v. XXII, 1967. p. 53.

WAGNER, Steven. Disponível em: <http://hnn.us./articles/1036.html> Acesso em: 20.10.2008.

WAMBIER, Luiz Rodrigues; GOMES JÚNIOR, Luiz Manoel; TEOTÔNIO, Paulo José Freire; SANTOS FILHO, Ronaldo Fenelon (coords.) *As novas fronteiras do direito processual.* São Paulo: RCS, 2007.

WATANABE, Kazuo. *Da cognição no processo civil.* 3. ed. São Paulo: Perfil, 2005.

YARSHELL, Flávio Luiz. *Tutela jurisdicional.* São Paulo: Atlas, 1999.

________; MORAES, Maurício Zanoide de (orgs.). *Estudos em homenagem à professora Ada Pellegrini Grinover.* São Paulo: DPJ, 2005.

YAZELL, Stephen C. *From medieval group litigation to the modern class action.* New Haven: Yale University, 1987.

ZACHERT, Ulrich. Liberdade sindical e a autonomia coletiva na Alemanha e Europa. In: *Anais do Fórum internacional sobre Direitos Humanos e Direitos Sociais.* Organizado e realizado pelo TST. São Paulo: LTr, 2004.

ZAHAR, Jorge (ed.). *Medo líquido.* São Paulo, 2007.

ZANGRANDO, Carlos Henrique da Silva. *A greve no direito brasileiro.* Rio de Janeiro: Forense, 1994.

ZAVASCKI, Teori Albino. *Processo coletivo*: tutela de direitos coletivos e tutela coletiva de direitos. São Paulo: Revista dos Tribunais, 2006.

ÍNDICE ONOMÁSTICO

A

B

C

D

H

I

J

K

L

M

N

O

P

R

S

T

V

W

Y

Z